Kali
Books

THE (IM) POSSIBILITY OF ART ARCHIVES
艺术档案(库)的
可能与不可能

亚洲的理论和经验
THEORIES AND EXPERIENCE
IN/FROM ASIA

主编 潘 律 副主编 李继忠

编者的话

我对于档案库的兴趣其实是来自我对"档案"这个概念本身的疑问。2015年的秋天,我正在准备一个新的研究计划,而当时这个研究计划的撰写受到一位德高望重的历史学家的指导。当时他看完我的研究计划后给了我一个"非常不客气"的评语,他说:你的研究计划里为什么没有档案库中的材料?因为我自己本身的学术训练是文学的,所以我基本上对于像历史学家,或是艺术史学家那种非常娴熟地去挖掘档案资源的方法是相对陌生的。所以当时听完他的这个评语,我也觉得我应该听他的话,应该去看看档案库。但是与此同时,我也会对他的评语里面的一个潜台词,就是"档案是历史的一个非常真实的记录",产生了一种疑问。换句话说,我想知道,"档案"或者"档案库"的这个"库"里的材料究竟是什么?它们是不是百分之一百就是真实的,或者说我们是否就能依赖它们作为"如实地"去描绘所谓历史的一个依据。我很快发现,这种将档案库视作为身处被动地位的,为了储存那些通过"公正、中立和客观"[1]的方法来选取出来的材料而建的储藏室的想法已经在受到现代理论家们的挑战。这其中影响最大的包括比如莫里斯·哈布瓦赫(Maurice Halbwachs)的《论集体记忆》(1992)、米歇尔·福柯(Michel Foucault)的《知识考古学》(1989)以及雅克·德里达(Jacques Derrida)的《灼热的档案:弗洛伊德印象》(1996)。哈布瓦赫提醒我们,集体记忆结构的建构是不可能脱离现时代的文化共识以及权力操控的框架的；福柯和德里达则试图完全解构档案库，而不让其作为人类语言、知识、死亡冲动、历史、记忆和权力最关键的隐喻。也就是说，档案库不应再被看成是一个收藏、选择、分类旧材料的静止空间，而应该是一个充满多数层次的时间性、媒介、主体性，以及表现和呈现方式的场域。

这些理论挑战所产生的重要影响也许都能在当代艺术领域找到。我开始注意到，近年来越来越多的新视觉/艺术档案库正在诞生，也有很多展览正在展出档案（而不是通常意义上的艺术作品），"档案"这个词也越来越多地为艺术家的创作所使用。从理论层面来看，不论是在中国还是国外，档案作为艺术创作和展览呈现的一种"方法"在很大程度上受到了上述西方批判理论的启发。许多当代艺术家，比如苏珊·海勒（Susan Hiller），格哈德·里希特（Gerhard Richter），汉斯-彼得·费尔德曼（Hans-Peter Feldmann），瓦利德·拉德（Walid Raad）和鲍里斯·米哈伊洛夫（Boris Mikhailov）不断回应并挑战19世纪的档案库概念，反对将历史进程客观化。艺术史学者和策展人也开始书写关于视觉艺术、历史和归档的发明过程，或者为艺术家所做的与档案材料相关的作品进行解读。约翰·塔格（John Tagg）(1988)，阿伦·塞库拉（Allan Sekula）(1986, 1989)，罗莎琳·克劳斯（Rosalind Krauss）(1992)和奥奎·恩维佐（Okwui Enwezor）(2008)集中讨论了摄影在档案库中的话语权力。哈尔·福斯特（Hal Foster）(2004)在其《档案的跃动》(*An Archival Impulse*)一文中，分析了三位艺术家如何使用档案作为创作概念。查尔斯·梅里韦瑟（Charles Merewether）(2006)编写了《档案库》(*The Archive*)这本小册子，其中涵盖了与档案相关的理论、访谈以及与档案相关的艺术创作。斯文·史伯加（Sven Spieker）的《大档案库：官僚体系中的艺术》(*The Big Archive: Art from Bureaucracy*, 2008) 一书探讨了以档案材料为驱动力的艺术作品与媒介技术——即打字机、电话、电报、电影——的变迁之间的关系。除了艺术档案以外，视觉档案也与社会活动相关。值得注意的参考文本有安德鲁·傅林（Andrew Flinn）的数篇文章，它们都有关关于档案运动和独立的社区主导的档案库的建立(2007, 2008, 2009, 2010 和 2011)。这些对档案（库）的讨论似乎都建立在让当下视觉和艺术历史书写的多样化的"急切需要"之上。

迷失在汉语中的"archive"：文献、档案还是其他？

从这些源于西方的文献中，我获得了很多重新思考档案的灵感。我尤其注意到，无论在英文或中文的当代艺术界中，大家提及档案研究和策展中被最常引用的就是法国哲学家雅克·德里达提出的"灼热的档案"（archive fever）这个概念。与很多西方哲学家的论述类似，德里达的这篇文章以分析某个概念的词源作为一个起点，在这里即 archive 这个在大部分西文中分享同一个词根的单词的来源。按照德里达的观点，archive 这个词来自于"Arkhé"，而由这个词源出发，archive 这个词便有两层意思：一个是开始（commencement），还有一个就是戒律、律法（commandment）。这两个词不仅在英文书写上很相似，它们之间在"archive"的定义之下也存在一定的关联性。换言之，在德里达的理论里，archive 可以被分为两种，一种与"开始"这层含义相关，即是所谓原初的 archive，比如你走进了一个洞穴，一个一千年前遗迹的考古现场，这个经历了时间冲刷遗留下来的现场本身就可以成为一个 archive。另外还有一种与"戒律、律法"这层含义相关，指的是建立并保存某一种规则和权力的archive，或者说是保存一个国家或一个特别的共同体的记忆，一个从上到下或者具有中央性质的一个文书系统，它与民族、国家的叙事有着密切的关系。所以archive在西方首先是一个空间的概念，本质上其实是一个有储存作用的房子，这个房子里面充满了规则和权力。作为一个后结构主义哲学家，德里达觉得archive是由众多的符号标记聚集而成（consignation）同时也是自带死亡冲动的（death drive）。换句话说archive fever其实指的是档案库在"发烧"（archive中的毁灭倾向），这个原来看似坚不可摧的"档案库"，是很有可能被瞬间摧毁的。[2]

德里达的理论也在方法上给了我一个启发，因为当我回到中文的语境来观察对archive的讨论的时候，我首先遇到了一个翻译上的问题。在中文里面，在不同的场合人们会主要用两个概念来翻译"archive"：一个是档案（库），另一个是文献（库）。如果说德里达和其他西方理论家对archive的讨论主要是基于基督教、犹太教这样一个思维传统的话，那么在汉语里这两个词究竟是什么意思，从语言学角度看这两个词，会不会对我们理解archive在汉语的文化和历史语境里的意义有一些新的认识？我带着这个问题做了一个词源梳理，于是有了很多有意思的发现。

首先是"文献"。这个词在《论语》中已经出现，有着悠久的使用历史，并影响到其他的亚洲语言如日语和韩语。这个词其实应该分为两部分，也就是"文"和"献"。虽然一直以来对这两个字的理解有不同解释，基本上我们可以认同"文"指的是文件、书、经典图录，也包括统治性的书写。"献"主要有两种不同的解释，有一种解释说"献"通"贤"，通常指有学识和智慧的人，或者说孔子本身。这个人有能力来识别、记录和保存历史材料。后来也有其他的学者，比如古文献历史学家马端临持另一种观点,即"献"是之后的学者和官员对于"文"的解释和评论。不论是原始材料,还是一个与权力相关的文书,"文"是一手的资料,但是"献"其实是某人或某些人对"文"的评论。[3]所以"文"和"献"两个字加在一起,在汉语中不光具有英文中的archive(档案)的意思,它其实已经包含着一种解释和阐释的意思,两种情况下一个有能力的诠释者都被当作"archive"整体的一部分,都是档案库的一部分。直到晚清,文献都被用作指涉历史文件和记录。1902年,梁启超最先将德语的Quellenkritike翻译成"文献学"。[4]因此我想当我们在使用"文献"这个词的时候,是不是也应该思考它从古代中国本身的概念一直到20世纪初与西方概念接洽之后的演变过程呢?

第二个词是档案。通常大家认为档案这个词在中文里首次出现是1707年,清代有位叫杨宾的人写的一本书,名为《柳边纪略》。这是一本讲述东北的地理学专著。它全面记录了宁古塔地区的地理风貌,这个地区处在清朝成立之前的汉族栖息地和满洲边界之间。[5]这本书首先出现档案这个词。这个词用来解释"档子",档子是满洲人记录边境往来的一种木片。近年来关于"档案"词源的研究则展现了这一词汇在汉语中诞生的复杂过程。"档"或者"档子"其实是汉语对满语dangse的音译。而dangse是满族人在进行萨满教仪式时所用的道具。dangse是各种尺寸的木片,主要是用来记录神在世间的来和去,以便日后做展示之用。[6]档子作为一种档案记忆,在萨满教信仰里面有非常重要的作用——稳固权力之用[7],它被当作是一种宗教精神以及权力的象征。部落之间一旦发生战争,萨满祭司和档子是敌人要摧毁的首要目标。摧毁它就是为了让部落族群跟他们族群过去的记忆失去联系。档这个字本身在满语里面跟记忆有很大的关联。

清朝建立以后，当时官方使用的语言，一部分满语，一部分汉语（也有部分是蒙古语）。每当提及文书、记录、登记的概念时，满人会用满语的"档子"，而在汉则是文案（即"文书"或者"卷宗"）。一直到《清文鉴》（1673-1708）这样标准化的工具书出现，这种满汉混用的情况才停止。《清文鉴》目的是将满文的词汇翻译成各种在清朝可以使用的行政语言。正是因为有这样一个将官方语言标准化的过程，把档子和文案二者结合，所以才有了今天的"档案"一词。[8]因此"档案"这个概念是一个近代的产物，它跟文献其实并不完全等同，而且它更多是指向国家的官僚制度。而"档案"一词最有意思的地方在于，它其实是汉语在历史上吸纳了多文化面向而产生的融合的结果。

因此我觉得"档案"、"文献"相对于archive这个概念并不是理所当然的翻译关系。这些概念应该与我们自己的历史、文化还有语言的整个形成的过程相关。这些过程展现了它们与archive背后所隐含的一种截然不同的空间性以及时间性关系。在香港，archive还有另外一个翻译："库存"。例如香港有一个社会运动的"视觉档案库"，英文叫visual archive，而中文叫"视觉库存"。"库存"大家普遍认为是一种商业性的一个概念。我觉得这里有趣之处在于，库存这个词充分体现了它的民间性质，与官方的文献库或是档案库之间有意保持的距离。另外，库存这个词还有一个时间性上的不同。我觉得"库存"里的东西给人的感觉似乎是随时准备着再重新冲到街上，或者能再重新冲回到历史时间里，再做一些事情的。

总而言之，我们对汉语中文献（库）和档案（库）概念深层挖掘的缺乏的原因也许来自两个方面。一方面我们对日常运用的语言太过熟悉，所以往往容易忽略去重新思考这些词语背后包含的概念上的深层意义。因此，在本书中文翻译的校订过程中,我和副主编还是充分考虑到了这两者的差别。[9] 还有另外一方面在于我们一定程度上太过于依赖西方的理论。所以我想借此书打破这样一种对档案库的误解,即档案库是理所当然的应该存在的,它就应该在那里;我们需要找什么资料的时候,档案库里就应该有;它是中立的,它是用事实堆砌出来的。但是对我来说,思考档案库本身究竟是什么似乎更为重要。而当我们面对这个档案库的时候,除了从它的"库存"里抽取一些内容之外,我还能做一些什么?能不能让档案库也变成一个公共空间?这也是我试着去理解"亚洲档案(库)"这个概念的一个起点。

亚洲经验能否生产档案理论?

本出版计划起源于研究自2000年起在亚洲艺术场域中正在发生的"档案转向"现象。2016年至今,我已经用演讲和论文的方式在不同平台发表了有关华语地区和东亚的艺术档案概念以及以档案作为导向的艺术/视觉项目的案例分析。[10] 作为这次研究的总结,我编写这本书的初衷是为了弥补已有材料中对亚洲艺术档案库研究、并置和集中讨论的空缺。另外很重要的一点是,本书中出现的大部分档案库都不从属于官方机构(包括美术馆、博物馆和公共财政支持下的档案馆)或者商业机构,而是个人、民间团体、非营利组织自己建立的独立档案库。我认为正是在这些"另类"档案库以及艺术家和策展人对档案在亚洲当代艺术的运用中,我们也许才能够更容易发现档案在这个历史和文化场域的活力和自我生成的能力。在本书的编写过程中,我发现许多章节之间的互相呼应和共鸣来自于亚洲各地共同或者类似的经验——不论是与西方档案概念的遭遇,或者是殖民经验的影响,或是面对媒介迅速变化时的记忆危机。这是亚洲生产档案理论的基础。在此我无意去证明某种"只属于亚洲"的档案理论或者经验的存在，正如也许我们也已经很少再见到所谓纯粹的西方经验。但是我希望本书能够让亚洲各地的艺术/视觉档案（库）和与其相关的人们看见对方，了解这个时期身处在邻近时空的档案"爱好者"们做了些什么、如何做的，以及还能做些什么。

本书也不能完全被称为一本严格意义上的学术书籍，即使有好几个章节都提供了非常深刻的智性讨论。在本书中，学者、艺术家、档案库建立者以及策展人的想法以论述、自述、创意写作以及对谈的方式呈现出来。我们还重印了一本关于如何自己建立艺术档案库的指导手册，作为本书的附册。书中多样的文类本身也对应着亚洲艺术/视觉档案生产的多样性及其情感结构的丰富性。当然，由于我本身所处的时空和活动网络的局限，本书也不可能包含亚洲所有的地区，以及所有的案例。这不是一本百科全书，也无意作为一个归档档案库的元档案库而存在。它只是对亚洲艺术/视觉档案库做一个阶段性的速写，为今后更加漫长的理论生产和操作活动提供一个小小的参考点。

本书分为三个部分。第一部分关于新档案库的诞生及其过程。在此我们可以窥见这些独立的亚洲艺术档案库在何种历史背景和动力的驱动下诞生。第二部分则收录那些使用档案库概念或/和内容进行艺术及展览实践的艺术家和策展人的自述，或者是学者对这些作品/展览的分析。这部分也是最有可能产生档案理论的部分，因而所占的篇幅最大。第三部分有关社群参与及集体制作的档案库。在这部分我们可以看到档案库如何通过新媒体和图像成为一种连结公众和社群的空间。档案库在此以一种自下而上的方式不断生长，成为群体的自我肖像。章节的提供者生活和工作于亚洲不同城市，他们来自北京、广州、香港、台北、台南、新加坡、首尔、吉隆坡、东京、仙台、名古屋、马尼拉、泗水和新德里。

这本书的诞生异常不易，不仅是由于我们坚持用中英双语而使得翻译的工作量巨大（英文版另行出版），也由于各个亚洲语言之间的沟壑必须由中英文的语言表达来填补。在本书的编写过程中，我得到了很多个人和机构的慷慨支持。首先，本书的出版、翻译和校对经费全部来自于香港理工大学的新晋教员启动研究奖金。我所任教的中国文化学系的各位同事和行政人员也在本书编写的整个过程中给我提供了很多建议和帮助。我对亚洲艺术档案的深入挖掘特别受益于2016年在日本福冈亚洲美术馆为期一个月的研究者驻留项目，以及在2016-2018年期间给我提供发表我研究成果舞台的深圳越众历史影像馆、广州时代美术馆、上海多余美术馆和OCAT深圳馆。除了感谢所有的作者之外，在此我要特别感谢黑田雷儿（福冈）、黄海昌和Jaafar Ismail（吉隆坡）、高重黎（台北）、赵琍（台北）、于渺（北京）、阮纯诗（河内）、井出竜郎（东京）、Anita Silvia（泗水）、申铉准（首尔）、Özge Ersoy（香港）、芬雷（杭州）、任绪军（重庆）和黎子康（香港），以及穿梭在中、英、日、韩四种语言中的翻译者们，平尾亚希子、张至维、石飐（Craig D. Stevens）、刘以霖、李佳桓、Josh Trichilo、王璐、金济珉、Yvonne Kennedy、符梦青、邓丽雯、李威和谢思堃为本书做出的贡献。我也要由衷感谢迦梨计划的陈韵，在此项目陷入困境的时候向我们伸出了援手。感谢香港艺术发展局为我们的新书线上讲座提供经费支持。最后我要感谢本书的副主编李继忠先生，我不仅从作为艺术家的他的作品中获得了很多有关档案概念的思考灵感，更重要的是，在他的全力帮助下，这本书的编辑工作才能够顺利完成。

注 释

1. Joan M.Schwarz,and Terry Cook.. "Archives, Records, and Power: The Making of Modern Memory." *Archival Science* 2 (2002): 1

2. Jacque Derria, *Archive Fever, Archive Fever: A Freudian Impression.* Chicago: U of Chicago, 1996.

3. 请见 Endymion Wilkinson, 2012. *Chinese History: A New Manual.* Cambridge, MA: Harvard University Asia Center for the Harvard-Yenching Institute 中有关马端临的《文献通考》翻译的条目，52–53页。

4. 见 *Chinese History: A New Manuel* 中的条目"Documentation Studies"，924页。

5. 有关"档案"一词的段落描述了"档子"演变成"档案"的语言学转变，即其意义由木片转成记录和文案记载的过程。杨宾同时也描述了汉语言文化内部的类似变化，比如"简"和"编"仍然被用作指向文书，即使真正使用的媒介已经变成了纸张。见《柳边纪略》第三卷，45页。

6. 王爱华 (1997)《满汉文化融合与"档案"词源》，《清史研究》第三期，72页。

7. 洪华，王霞 (2005)《"档案"词源新探》，《山西档案》第六期，16页。

8. 李荣忠 (1994)《满汉民族文化交流的结晶》，《档案学研究》第三期，52页。

9. 在本书中，原文是用中文执笔的文章，可能会用不同的翻译方法。

10. 这些文章包括"The Making of Gòng / Kyō-Visual Archive and the Common in Contemporary East Asia." Inter-Asia Cultural Studies 19.3 (2018): 431-48. "Socially Engaged Archive: Art, Media and Public Memory in East Asia." Media Theory [线上], 2.1 (2018): 222-244. Web. 29 Jul. 2018。见：<http://journalcontent.mediatheoryjournal.org/index.php/mt/article/view/44>. "Translating visual archives: on the Making of the New through Three Cases of Hong Kong", in Journal of Visual Art Practice, Vol. 16, Issue 3 (2017):1-18. "Archival Flows: Fragment, Material, and Memory in/through the Fukuoka Asian Art Museum", in Yishu: Journal of Contemporary Chinese Art, Volume 16, No. 4 (2017): 14-24. 于2022年8月2日造访。

目　录	15
编者的话	5

第一部分　积累与创造：档案库的诞生　　　　　　　　　　17

日本现当代艺术群声：日本艺术口述历史档案库	19
"积累"与"回馈"：陈侗谈录像局	33
文献的各种可能：	47
亚洲"关系式/去殖民"视觉艺术档案库之创建与策展	
土方巽档案库：日本舞蹈档案库的先驱	81
一个人的档案库：许元豪谈建立新加坡艺术档案库之可能性	95

第二部分　瓦解与重塑：艺术家、策展人和学者论档案库　119

与不完整性的邂逅：档案、机构体制与展览生产	121
论印度艺术档案库之必要	151
没有尽头的档案：文献中的中国当代艺术与策展实践	171
档案之眼：当代台湾录像艺术如何对日本殖民史事发动影像起义	187
曝光：（关于）松澤宥的档案库	205
众志以成城——档案的反问	225
其他、东京之夜、椰林与虎：伪旅行者的观察笔记	239
档案缪斯/沉思，档案转向或展览转向	253
复还、缮修与进退维谷：战争中的对象、记忆与文献	277
阮纯诗的散文电影与"档案论"	307

第三部分　公共与想象：作为社群自画像的档案库　　　325

仙台媒体中心3·11地震档案与美术展的关系：　　　327
　　从"记录与回想：漫步影像之家"展说起
自己的影像自己救：记一个台湾民间影像保存运动　　　343
没有档案人的档案库：《我在呼唤你：人类与大象的重生》笔记　　　353
"诸众之貌"：黄孙权谈连结、网络和亚洲影像资料库　　　367
实践中的实践：合作式艺术档案，从想象的社群到建设中的社群　　　381
关于印度尼西亚公民与地方社群建构档案馆的一些趋势　　　397
归档"共"空间：反城市化和反拆迁的斗争　　　415

作者简介　　　449

附册　艺术档案库手册

第一部分

积累与创造：档案库的诞生

01

日本现当代艺术群声

日本艺术口述历史档案库

加治屋健司

日本艺术口述史料馆是一个由志愿者组成、专注于访谈现代与当代日本艺术的参与者的非营利组织。档案库最主要的工作是搜集和保存这些访谈历史档案。在石桥财团和日本学术振兴会的资助下，现有十七位成员在日本的档案库工作，另外还有四位海外成员和一位法律顾问。[1] 访谈对象是日本艺术界的成员，其中包括：艺术家、艺评人、策展人、画廊主持人、学者、编辑和行政人员。至2018年11月30日，我们已将访问93位人士的166份口述史访谈放在档案库的网页上（http://oralarthistory.org，于2022年8月2日造访）。

在这篇文章中，我概述了档案库的运作方式，讨论了我们的访谈方法，列举访谈成果的事例，并讨论了其他能让这些口述史在日本社会中更为重要的方法。据此，我描绘了日本艺术口述史料馆对战后日本艺术研究的贡献。

史料馆的建立

2006年8月，我结束在美国修习美国艺术的八年学业返回日本，此时创办一个日本口述艺术史馆的想法开始在我和伙伴间萌芽。回到日本后，我和同样在美国学习美国艺术，先我一年返国的池上裕子联系上。我们各自的艺术史研究都需要使用在美国艺术档案馆、盖提研究中心、当代艺术博物馆档案馆和其他机构典藏的材料。我们分别开始关注战后日本艺术的不同面向,[2]但不约而同都发现日本没有关于现代或是当代艺术的公共档案。也就是说,博物馆或是艺术大学没有供他们自己研究用的档案库。[3]虽然战后日本艺术是全球艺术史中一个新兴领域,若没有专门典藏相关史料的公共的档案馆,这方面的研究将会大受阻碍。我们因此做了一个近乎莽撞的决定,即自己创造一个专门收藏口述史的档案库。我们这么做,一部分是因为口述史不需要太大的储藏空间。因此池上和我召集了四位同辈的艺术史学者,于2006年12月建立了这个档案库。

日本艺术口述史档案库是第一个也是目前唯一一个专注于典藏日本艺术家和其他在日艺术工作者的口述史访谈的机构。当我们开始这项计划时,那些活跃于20世纪50年代的艺术家大多已届耄耋之年。我们认为应当趁他们还老当益壮时,赶快访问这一世代的艺术家。这因此是我们优先执行的项目。我们在2007年8月和9月访问了白髪一雄(1924-2008),这是我们首批完成的访谈之一。从那次开始,我们不断改善我们的访谈方法,以期获得最好的结果。

口述史访谈方法论

以下是我们口述史访谈惯用的流程。我们通常和访谈对象进行几次不同的访谈,每一次大约持续几个小时。我们的习惯是每次访谈都有两位访谈者在场,因为这可以让受访者较为自在。如果档案库的伙伴熟悉受访者和他们的艺术创作的话,访谈会由两位档案库成员进行。如果情况并非如此的话,我们会邀请一位适合的学者参与访谈。每一个访谈皆以受访者所允许的媒体录制,包括录音、录像和摄影。在大多数的情况下,这三种媒体都被使用。

每一次访谈都是根据一份预先拟好的问卷进行。为帮助受访者回忆过去，我们有时会带上展览目录、简报或其他材料到访谈地点，通常是受访者的家或是工作室。访问有时会偏离我们预先规划的问卷，但我们总是尽力让受访者响应每一份问卷上的问题。

我们顺着他们生涯发展各阶段和领域的相关主题提问。以下是我们访谈通常会涉及的基本主题和问题：

1. 受访者早年生涯背景：他们于何时在哪出生，他们的父母的背景为何？

2. 他们最初的艺术体验：他们的家庭背景是否影响他们的艺术？如果有，那么是于何种方面？如果他们的家庭和艺术世界无关，那么艺术又是为何和如何引起他们兴趣的？

3. 他们的教育过程：他们接受了怎样的艺术教育？如果他们是自学出身，他们又是如何成为艺术家？

4. 他们的作品：他们的作品也是访谈重点之一，特别是那些能特别表现他们独特风格，以及那些似乎改变他们风格的作品。

5. 他们的展览：他们的展览看起来是什么样子？他们出于什么样的原因展出那些作品？他们如何设置他们的作品？他们获得了怎样的响应和评论？在这组问题中，他们早年的与重要的展出，皆是我们关注的重点。

6. 他们和其他艺术工作者的关系：他们是否和艺评、策展人或其他艺术家有值得一提的合作关系？

7. 他们的工作：他们年轻时做过哪些工作？特别是那些和艺术有关的工作？他们什么时候开始成为全职的艺术家？如果他

们选择从事另一个职业好持续他们的艺术工作，他们为何选择那些工作？

8. 他们的伴侣：他们的伴侣是否投身于艺术工作？如果是，他们从事哪些工作？如果否，他们的职业为何？

9. 他们的身份认同：他们的个人认同，如：国族、种族、性别、宗教和性倾向是否，以及是以什么方式影响他们的创作？

10. 他们的日常生活：他们通常是如何度过一天？艺术在他们的日常活动中占了多大比重？他们的艺术活动又是如何？

11. 总结：在他们漫长的艺术生涯中，他们认为重要的思想、启发、事件或活动为何？他们未来规划为何？对于这场访问他们有无想要增加的东西？

上述是我们访谈的核心主题与提问，尽管并不是每一个问题都能被妥善地照顾到。相较于报章杂志带有特定目的的传统专访，我们的口述史的特色在其全面性，这让我们能顾及受访者从早年至今的不同活动，包括那些和艺术没有直接关联的生活经验。

在访谈结束后，我们会请求受访者将访谈稿授权给档案库，这样我们能在不需经常打扰他们的状况下，快速处理使用这些访谈稿的请求。我们先自行誊录并校对访谈稿，再请受访者确认一遍。

我们尽可能在不更动内容下编辑访谈。首先，有时是出于必要，我们要将受访者不小心揭露且不愿公诸大众的个人信息删除。我们同时必须考虑到访谈不同于书写。例如，相较于书写，访谈有时会重复或是省略部分信息，所以我们常需要在最后的完稿中消除重复的部分，或是补充被省略的讯息。经过编辑后，我们将访谈稿发布在我们的网页上。现在我们的网页上有编辑过的访谈稿和一些照片,之后我们也会加上影音档案。档案库也保留备份文件在东京和仙台,以备不时之需。纸本档案,像是合约和证明只保存在东京,我们也计划在未来复制和数字化这些档案以利保存。

我们视选择受访者为我们在档案库最重要的工作,我们于每半年一次的会议中决定哪些是我们接下来的受访者。在这些会议中,我们建立了一份可能的受访者清单,但我们并不总是完全遵守这份清单。例如,有些受访候选人跟我们说现在不是一个他们回顾过去的适当时刻,有时访谈会因为受访者的健康或其他因素被延后或取消。相反地,机缘巧合让我们能够访谈不在我们优先考虑范围中,但仍是日本艺术史上重要的人物。某种程度上来说,机会和时机是访谈能否顺利完成的因素之一,因此我们试着保持弹性好应付突发状况。

访谈范例

下列实际访谈案例将有效地呈现我们访谈人物以及主题的多样性。首先,我们访问已有一定成就的艺术家。这一类的艺术家,已经有其他的访谈记录、出版文章和书写作品给有兴趣的人士参考。尽管如此,我们认为仍能从我们和他们的访谈中发掘出新东西。例如,档案库访问了具体美术协会的成员白髪一雄。[4]尽管山村德太郎和尾崎信一郎在1985年已经访问过白髪,[5]我们请研究具体美术协会的专家加藤瑞穗,根据现有的日本艺术研究成果访问他。1985年访谈专注于他的主要作品和成果,我们的访谈则发掘出更多细节,特别关注于他的学生时代、他的兴趣和追求以及他的佛教信仰。尽管1985年的访谈已经触及到信仰的主题,但山村和尾崎并没有更深入地追问下去。在我们的访谈中，因为他提及佛教信仰，这让我们注意到他用脚作画和佛教信仰的关联。尽管如池上在她发表于亚洲艺术文献库期刊中的文章所提醒我们，[6]我们不应过度解读本土文化对于一个熟稔西方现代艺术的非西方艺术家的影响。

在我们和李禹焕（b.1936）的访谈中，他提到了一件由一颗石头、一片钢板和一片平板玻璃构成的早期作品。以一个上世纪60年代日本艺术界流行的词汇来说，这件作品以"奇巧"的方式欺骗人的视觉。先前的文献并没有明确提到这件作品。东松照明（1930-2012）告诉我们他关于一位长崎原爆生还者片冈津代的摄影作品的细节，特别是关于片冈允许东松拍摄她脸上蟹足肿的伤痕的过程。

再者，我们也访问了在远离东京和大阪等大城市工作的艺术家，包括活跃于静冈的飯田昭二（b.1927）、丹羽勝次（b.1931）、鈴木慶则（1936-2010）和艺术团体"幻触"（Genshoku）的艺术家们，还有在前桥活动的加藤昭（b.1937）和有村真鐵（b.1929）。此外我们也访问了在高知、足利、北九州岛、福冈和其他地方城市的艺术家。我们的一部分的访谈显示了这些艺术家在被他们所在地区长期忽视的情况下，持续地创作前卫艺术。

第三，对艺术运动派别或是组织中次要人物的访谈，给予我们一个新鲜的观点。这是因为过去关于特定艺术团体或运动的叙事往往集中在领导人物上，而没有包括其他成员的观点。水上旬（b.1938）、林康夫（b.1928）和田部光子（b.1933）都在他们的访谈中表现了这样独特的观点。水上告诉我们，他在艺术团体 The Play 中扮演的一个鲜为人知但重要的角色。林坚持认为他的团体"四耕会"在前卫陶瓷艺术实践中比著名的"走泥社"走得更前。田部的口述历史揭示了她在男性主导的艺术团体"九州派"中难以自处的困境。

第四，我们口述史档案库的一个重要特色是我们访问了很多在国外定居与创作的日本艺术家，包括筱原有司男（b.1932）、杉浦邦惠（b.1942）、中里齐（1936-2010）、齐藤陽子（b.1929）等。由于不论日本或是国外的艺术机构都偏重本土的艺术家，因此这些海外日本创作者大部分的艺术活动都还没有被恰当地研究。因此，我们的口述访谈能增进这些活跃于两个世界之间的创作者的能见度。

最后，我们也访问了许多幕后工作者，像是博物馆馆员和小型画廊的商人。这些包括致力于在海外推广日本当代艺术的金澤毅（b.1935），他在70年代时担任过国际艺术见本市协会事务局长，接着任职于原美术馆；在大阪推广当代艺术三十年的番画廊的创办人松原光江（1945-2013）；艺术图书馆员和编目者中島理寿（b.1944），他在日本艺术图书馆萌芽时扮演了关键角色；策展人和福冈亚洲美术馆馆长安永幸一（b.1939）则是在日本引介亚洲当代艺术的关键人物。

在日本推广口述史

除了搜集访谈从而建立档案库，到目前为止我们也在日本举办了三场研讨会，来推广口述史是一个有用的艺术史研究方法的理念。在2009年11月我们在大阪国立国际美术馆举办了第一场研讨会，题目是"口述艺术史的可能性"。池上和我简报了搜集口述史的过程和其他档案库的工作。我们也邀请了鸟取县立博物馆副馆长尾崎信一郎、《读卖新闻》文化部次长前田恭二、大阪大学教授北原惠和国立国际美术馆馆长（现多摩美术大学校长）建畠晢发表演讲和主持讨论。这是我们第一次在公开场合讨论档案库的工作。

在研讨会的讨论中，北原教授关于档案库名称中"日本"的定义的评论引发了热烈的讨论。我们使用这一地理范畴主要是出于实用的考虑，这让我们的访谈能集中在那些在日本居住和工作或是生于日本的艺术工作者。我们宽松的定义让我们能包括在日本创作的韩裔艺术家李禹焕、或是为位于东京的亚洲文化协会日本分会工作的日裔美籍人士乔治·高知（George Kochi）(b.1953)，以及其他居住于美国或欧洲的艺术家。档案库一个主要的目标是要呈现日本现代与当代艺术是由不同背景的人们共同发展的。在这个意义下，我们很小心地不要被国族身份的想法限制住，而忽略了日本艺术史是由不同族裔的人们共同构成的事实。

我们第二场研讨会"口述艺术史实践"于2010年11月在东京艺术大学举办。我们讨论了口述史和博物馆工作的正向关系。我们邀请了福冈亚洲美术馆首席策展人黑达赖儿（本名：黑田雷儿，黑达赖儿是他身为战后日本前卫艺术学者的化名）和曾任东京新美术馆策展人（现在是关西大学教授）的平井章一发表文章。此外，两位档案库的伙伴，山崎马扎克美术馆的策展人坂上忍和独立策展人、现任艺术前桥馆长和东京艺术大学副教授住友文彦也做了发表。[7] 他们的谈话让与会者了解了口述史在策展时能发挥的作用，同时他们也提及了试着在日本现行的博物馆体系与任务下加入口述史访谈的困难。总括而言，这两场研讨会有效地让日本艺术工作者更加了解了口述史的用处。

七年之后，2017年7月我们在东京大学举办了第三场研讨会，题目是"战后日本美术的群声"。在此之前我们已执行多次口述史访谈，并处理了战后日本艺术的众多领域。我们也特别关注那些应该被更广为人知的艺术家，包括那些来自少数群体的艺术工作者们。这场研讨会旨在呈现口述访谈能帮助人们欣赏与讨论这些艺术家的地方。除了两位档案库成员，即二松学舍大学专任讲师足立元和东京首都大学副教授中嶋泉以外，我们还邀请了东京大学博士候选人白凛和自2012年起创作了一系列题为"口述历史"的录像作品的艺术家小泉明郎发表演讲，并请东京国立近代美术馆策展人铃木勝雄担任回应人。我们讨论的其中一个主题是"不成功的访谈"。这类访谈不可避免地特别经常发生在长期被忽略的艺术家身上。这类艺术家由于不习惯被访问，因此他们通常没有一个能简明叙述的人生故事。我们讨论了该如何针对重要事件记录他们的发言，以及如何引导他们并将他们有时漫无枝节的谈话编辑成扼要的口述史。我们的有些访谈因为没有充分跟公众讨论而进行得不顺利。但总体而言，在受访者及其家人的协助下，我们都尽最大努力使每次访谈清晰易懂，以便令公众容易理解。

除了这场推广口述史和档案库活动的研讨会以外，我们也举办工作坊以改善我们的访谈方法。至今，我们已举办五场工作坊，邀请各界有深厚访谈经验的人士。其中特别值得一提的是2017年举办的第五场工作坊。我们邀请到以日本政治人物与政府官员口述史访谈闻名的庆应大学日本政治与历史教授清水唯一朗。他在分析我们的口述史访谈时，特别提及一种注重"炽热的文字"（亦即激发情感但是并不立即引人注意的文字）的方法。透过探究这些文字，我们能阐明受访者的生命史，并析出那些对于受访者来说重要的事物。清水的分析和评论对于改进我们的访谈方法甚为重要。

为了让日本艺术界能广泛利用我们搜集到的口述史，我们将这些访谈提供给博物馆，以利策展人能在作品说明上引用这些文字，在展场中播放口述史影片，并将之出版于展览图录中。例如，我们和江上茂雄(1912-2014)的访谈，有一部分被用在2018年在武藏野市立吉祥寺美术馆的展览"江上茂雄：风景日记"的说明广告牌上。此外，在更早以前，福冈道雄（b.1936）的口述史影片于2013年兵库县立美术馆一场由不久前关闭的大阪信浓桥画廊捐赠作品组成的展览中播放。相关例子还有不少。我们的口述访谈以完整或节录的形式出现在关于白髪一雄、杉浦邦惠、石内都（b.1947）、山口勝弘（1928-2018）、加藤·明（b.1937）和有村真鐵（b.1929）、久保田成子（1937-2015）、元永定正（1922-2011）、冈上淑子（b.1922）、和泉達（b.1940）、長重之（b.1935）与其他艺术家作品的展览图录和线上杂志上。

此外，自2005年始，我们将这些口述史做成小册子并捐赠给各大图书馆，其中包括：国立国会图书馆、东京国立近代美术馆和东京都现代美术馆。我们制作这些小册子背后有两个原因：首先，我们想要确保这些口述史能够在我们档案库与网页无法运作的情况下仍继续流通；再来，我们希望让这些访谈更容易被研究者取得，因为许多现代和当代日本艺术史学者会使用这些图书馆丰富的在线图录进行研究；如果研究者无法在网络上找到在线版本的话，他们仍能够容易地取得纸本访谈。

给未来的史料

距我们创办日本艺术口述史档案库已有十二年。我们已访谈了各路艺术工作者，像是：活跃于50年代"具体美术协会"的艺术家、70年代的观念与行为艺术家、在战后日本艺术史中扮演重要角色的艺术家、活跃于主流历史外的艺术家和众多的艺评人、策展人、画廊主持人、学者和其他相关人士。然而，单凭我们一己之力是无法全面顾及日本众多的艺术工作者的。这就是为何我们希望帮助其他机构和项目开始他们自己的口述史计划。的确，理想的情况下是能有更多口述史档案库成立，这样一来我们就能照顾到日本多样的艺术实践。

有一个原因让许多机构对于投入口述史计划犹豫再三：他们并不确定口述史访谈的价值。博物馆策展人通常询问艺术家，关于材料跟正在准备的展览有何具体相关的要点。然而，口述历史访谈包含了各种关于艺术家的信息。学者和博物馆策展人可能会选择侧重同一份访谈中的不同面向，艺术家可能会以我们学者意想不到的方式在他们的作品中利用我们的访谈，其他领域的史学者可能可以获得艺术史以外的发现。此外，当访谈刚完成时，我们也很难判断其中有哪些是新的信息。因此我们必须花时间比对关于其他重要主题的材料，以及受访者的书写和其他访谈，以分析每一笔口述史访谈稿。在这类的工作下，很有可能我们没有办法马上注意到所有重要的洞见，但是其他学者可能在未来发现有用的线索。我们并不需要急于对访谈结果下定论，我们可以对于未来诠释和判断的可能保持开放的态度。

在这个意义下，我们必须保存这些访谈好让未来的人们能够使用它们。虽然我们是因为无法负担实际的储藏空间才开始建立口述史档案库，但几年下来，我们已累积了大量的影音和照相档案。这些都是无价的历史档案。我相信对于一个组织来说，保存这些材料以利后世学者使用至关重要。我们希望我们的工作能让更多人开始搜集和推广口述史的材料和方法，并且能开始建立一个艺术档案库以恰当地保存这些材料，从而让将来的人们，不论是艺术史学者、策展人或是其他相关人士，能有机会了解日本的艺术成就。

英译中：刘以霖

注 释

1. 现任成员有：足立元，二松学舎大学讲师；粟田大辅，艺评；细谷修平，艺术和媒体研究者；池上裕子，口述史档案库副代表及神户大学副教授；伊村靖子，情报科学艺术大学院大学讲师；镝木あづさ，图书和档案库员；加治屋健司，口述史档案库代表和东京大学副教授菊川亚骑，神奈川県立近代美术馆策展人；牧口夏夏，京都国立近代美术馆档案库理事和策展人；宫田有香，大阪国立国际美术馆图书馆研究补佐员；中嶋泉，首都大学东京副教授；野中佑美子，金泽21世纪美术馆助理策展人和典藏部主任；住友文彦，口述史档案库理事、艺术前桥馆长，和东京艺术大学副教授；辻泰岳，庆应义塾大学特任助教；山峰润也，水户艺术馆现代美术中心策展人；山下晃平，京都市立艺术大学讲师；和鹫田梅洛，独立策展人。我们的海外成员包括：中森康文，伦敦泰特现代美术馆资深策展人；手冢美和子，+GINS 逆转命运基金会顾问策展人和ポンジャ现悬共同馆长；富井玲子，独立学者和ポンジャ现悬共同创办人；和由本翠，纽泽西城市大学副教授。我们的法律顾问是大岛叶子，她同时在日本和纽约执业。

2. 美术研究所（现名为东京文化财研究所）于1930年成立，为帝国美术院附属学院。它的其中一个使命是收藏东洋美术摄影作品，这是有赖文艺复兴史学家矢代幸雄提供意见。矢代对伦敦威特图书馆的摄影、绘画复制品、素描和版画深感兴趣，他在那里写了一本关于波提切利（Botticelli）的书。然而，美术研究所更加关注其对艺术品及其保护和复修的研究。东京都美术馆在1976年开设了第一个公共艺术图书馆，其使命是收藏书籍和杂志，而非档案数据。其中一个例外是庆应义塾大学艺术中心。该中心成立于1993年，于1998年创立了土方巽档案库和野口档案库，于2001年创立了沈口修造档案库，并于2003年创立了油井正一档案库。尽管进展缓慢，情况正在改善。东京文化财研究所现在开始接收日本当代艺术的档案材料。例如，村松画廊主持人川岛良子于2009年结束画廊的经营后，将和画廊相关的资料捐给文化财研究所。东京国立近代美术馆也开始搜集档案材料。在2016年美术馆邀请美国艺术档案馆副馆长莉莎基尔文（Liza Kirwin）和他们的数字中心馆长凯伦・B・韦斯（Karen B. Weis）作了一场演讲介绍他们的工作。然而还没有一个日本机构专门致力于编纂日本艺术家口述史和保存这些材料。

3. 幸运的是，情况正在改变。2012年，东京都美术馆将其"美术图书室"更名为"美术信息室"，并开放机构文件和材料予公众参阅。此外，2014年京都市立艺术大学建立了艺术资源研究中心，其项目包括内部文件和材料的研究。

4. 白髪一雄口述访谈的英文节录参见： www.oralarthistory.org/archives/shiraga_kazuo/

interview_02_en.pdf,于2022年8月4日造访。其首次发表于"论佛教:节录自由加藤瑞穗和池上裕子执行的口述史访谈(2007)",收于 *Kazuo Shiraga: Six Decades* (New York: McCaffrey Fine Art, 2009), 69-73。我们共访问了五位具体美术协会艺术家。其他四位是嶋本昭三、元永定正、山崎鹤子和高崎元尚。

5. "白髪一雄访谈",由山村德太郎和尾崎信一郎于1985年7月10日的访谈,收于具体資料集:ドキュメント具体1954-1972(芦屋:芦屋市文化振兴财团, 1993), 379-387。

6. 池上裕子,"日本艺术口述史档案库的实践" *Field Notes* 第二期(2012年12月)。https://aaa.org.hk/en/ideas/ideas/on-the-practice-of-the-oral-history-archives-of-japanese-art-part-i-toward-oral-histories-of-art-in-asia,于2022年8月2日造访。

7. 坂上于2008年10月至2015年5月任职于档案库。

02

"积累"与"回馈"
陈侗谈录像局

陈 侗 & 潘 律

2018/12/13　广州博尔赫斯书店

潘：我们以前认为档案库通常偏向纸质媒介，或者是以静止图像和文字为主，当初你建立这样的一个以搜集录像媒体为主要目的的档案库的背景是什么？

陈：当时是2012年吧，应该是从2011年的下半年起我们就在筹办这个档案库。起初是由一个空间的问题开始的。当年今日美术馆提供给（艺术家）朱加一个小空间，因为我常往返北京，他（朱加）也经常来广州，所以当时我们就怎么利用这个空间的问题商讨了一下。我提议成立一个影像资料库，他也觉得很好，但是当时他所理解的影像资料库是包括摄影作品的，如果从个人的角度来解释的话，是他的创作包括有摄影和录像。换言之在最开始筹备的时候我们对于收集的对象还不是很明确，只是说希望成立一个影像资料馆。但后来我提出只做录像，因为我觉得照片的收藏量有点太大了，而且它的可见度（曝光率）很高，例如它可以被印在报纸和书等地方。录像却不同，首先我们不可能把每一帧画面都印出来，即使提供几张与这个录像相关的选图，观者可能还是不太明白这个作品要表达的意思。另一方面我觉得，录像作品在展览完毕后基本上我们也就很难再看到，所以如果我们填补这个缺口，为录像建立起一个档案库的话，大众就可以随时随地查阅它，因此我觉得做录像（档案库）会比较有意义，后来也跟朱加一起确定了这个收藏内容。

访问者：潘律（以下简称：潘）　受访者：陈侗（以下简称：陈）

当时场地就在今日美术馆,但是筹备阶段过了好几个月,都没什么动静,我们就觉得要想个执行的办法,于是我们就商量不如先从某位艺术家开始进行收集,再以月为单位做这个事情。假如每位艺术家有十件作品,这样一年十二位艺术家就是120件作品了。但是朱加跟今日美术馆的那个协定不是很明朗,后来那个空间也没能给他用多久。可是撤离那里时我们这边已经开始并完成两期了,所以就想换个地方继续进行,把它扩大了。

刚开始筹备的时候,方璐在北京,我租的房子和她同一个院子,我们常一起讨论,她提出加入我们,于是我们就是三个创办人。但是朱加比较忙,要去美国,所以他只是跟我们联合创办,不属于录像局的成员,即他不用承担任何责任也不用做任何工作。总而言之,录像局的成立跟今日美术馆曾经提供给朱加的那个空间有很大关系,如果没有那个空间,我也许不会非要做这个事儿。当然这也很难说,做一个录像档案馆的念头很强烈的话,也是可能的,但很多时候契机还是很重要。最初是为了帮他消化这个空间,最后它的意义变成不止于这个空间本身,我们还发展了更多的空间,比如说后来我们在北京草场地呆了几年又到798,而广州的空间则是在当年就开发了的。

之后我、朱加、方璐和姚嘉善,还有蒋志,我们五个人在北京开了一个小会。当时是在北京一个小酒吧里,专门讨论该用什么方法来推动这个事情(成立录像局)。我们需要定出一个比较容易执行的日子,否则组织一旦变成自由自在的方式,可能就没有下文了。所以我们就讨论把每月的日期定在月底的最后一个周五之前,而且那天要是奇数(奇数这个设定是我个人的偏好)。之后每两个月要做两位艺术家作品展出的活动惯例也是在这种会议的讨论当中诞生的。事实上我们为了节省成本,并没有组织什么开幕活动,因为这是我们每个月一直保持在做的事情,就没必要都要求人家来赶趟,而且我们也并不是每次都有艺术家出席。

潘: 但其实以前国内有这样的档案库吗?
陈: 没有。

潘: 录像局是第一个?
陈: 对,因为一方面这种档案库运行起来比较辛苦,另一方面像我们这种做法收效比较慢。因为我们要收录的艺术家数量是几百上千的,可能就无法考虑这么多细节,只要他/她是一个录像艺术家,有作品产出也有一定的影响力,那他/她就能(被)收录。最初几年当然会困难一些,因为艺术家还不太了解我们。所以我们开始时会选比较容易洽谈的,还有就是可能具有一定广告效应的。有些艺术家名气比较大,如果他/她能/被收录)进来,对别的艺术家而言就是一种号召力。但是做了八十多期以后，基本上就不用再考虑这个问题，而是需要思考如何排列组合的问题。比如说我们明年（2019 年）不能全部都做香港艺术家的收集，也不能只关注北京或者上海的艺术家，肯定需要穿插着进行；也不能只是老艺术家，年轻艺术家、动画或者行为艺术作品也需要被收录，我们尽量追求作品内容的丰富。但对艺术家绝对没有谁重要或不重要的评价，因为这个事情不好说。从个人趣味上当然很好说，我喜欢这个不喜欢那个作品，但我们的丰富性就在于我们没有个人趣味的评判。

潘：现在录像局跟所有已收录的艺术家有协议，如果他们有新的作品就要通知你们吗？

陈：对，我们有两份协议，一份是本次作品收录的协议，还有一份就是对艺术家之后所有新作品的收录协议，而新作品应该是每一次的收录都有协议。当然我们会有工作人员跟进这个事情，年度性地也需要了解一下艺术家的创作情况，给他们去函件，或者从外界获得信息。

潘：可以讲一下"五行会"的情况以及它和录像局的关系吗？

陈："五行会"是五家组织共同联合发起的一个联盟，它不光是录像局,还有博尔赫斯书店艺术机构、黄边站、观察社和广东时代美术馆我们五家机构构成的一个共同体。当然这个构想跟实际的生存策略有关,开始是时代美术馆想找资金,所以我就提出不如我们一起合作,也省却各方面的麻烦。最后大家就同意联合起来,但是这个(联盟)并不妨碍大家各自去找资金。我们每年至少做一个活动,联合起来找资金支持。现在已经做到第三届,算是越来越成熟了。

潘:北京跟广州的录像局,两边的关系或者侧重有没有不一样?
陈:首先,它在形式上是一样的,那边能看到的东西这边也能看到,大主管在这边(广州),研发技术的人在那边(北京)。权利上看我们基本上是平等的,但可能设备条件这边好一点,因为这边方便跟"大机构"共用设备和设施,另外在人员方面这边也有一定优势。广州的录像局虽然看上去只有两个人,但是其实大机构上下的工作人员都是可以调动的。而那边就是固定的三个人或者只能叫两个半,有这个区别,但是两边的职能完全可以理解为是一样的。

潘:录像艺术这个媒介有一个有意思的地方就是,它可能跟一幅画或者雕塑不太一样,因为录像作品在展览中是以装置出现的,可能它不一定是单纯的一个录像而已,它跟周边的其他物品和作品可能都有关系,所以这个情况录像局有没有一些考虑?

陈: 对,但是我们可以选择以一个现场录制的方式来做。比如说这个录像在放,这里是现场,然后我们把它拍下来。当然我们不要求那么准确的呈现,所以把展览实况告诉给观者也就可以了,然后或许还会有一个局部(特写),比如机器、图像部分和整个现场的一个记录。而且我们档案的文字记录部分要求写清楚这个作品参加过哪个展览,这对于我们而言是很重要的,因为一般的(档案)简历只会写展览的名字、地点和时间,但通常不会写作品的名称。但是如果只记录艺术家参加的这个展览,却不知道他/她展出过什么作品,这其实就没有意义。

潘: 所以这部分的文字档案跟图像档案是同等重要的。
陈: 对,所以我要求艺术家们一定要写下这个作品参加过哪些展览等内容。如果艺术家没有写清楚的话,工作人员就得确认一下。

潘: 我看了收藏的内容,现在是以作者为分类的吗?
陈: 录像局的排列号码是按收录的时间。如果你是要找具体的某个人就是要以人名来检索。

潘：录像局在收录作品的时候有没有就作者的地域进行考虑？

陈：会有一定的考虑，因为我们肯定不能就只收集中国艺术家的作品，即使包括香港、澳门、台湾，这也还是属于中国，所以肯定还需要有其他区域的艺术家作品。可是一旦到国外，层面就太宽了，所以我们只能从自己相识、好沟通的艺术家开始。目前做的几个案例都属于这种情况，不是通过在艺术市场上的表现进来的，而是从我们自己的认知体系里面挑选出来的。

潘：我想到一个技术性问题就是，比如说艺术家不同时期的录像作品肯定用的材料也不一样，分辨率也不一样。它有的是 VHS（家用录像系统磁带）的，或者有的是 16 毫米（胶片）的，那么存进录像局的时候都会进行统一画质上的处理吗？

陈：有些作品艺术家自己可能已经处理过了，比方说最初他 / 她是用 VHS 拍摄的，后来用于收藏或者其他用途可能已经将它们数码化了，我们会直接从艺术家那里获得一个非商业版本的（作品）。虽然我们的技术人员也会去帮他 / 她（艺术家）处理这一块的问题，但主要还是艺术家本人来做数码化处理，因为大多数录像艺术家还是有这样的技术水平的。

潘：但如果有的时候艺术家可能还是有比如分辨率上的要求的话，对他 / 她来说也许更新的版本会更好不是吗？

陈：是，但是我们恰恰是并不需要最好的播出质量，如果那个质量跟商业版本一样水平的话，反而是不好的，因为这就相当于一次展览，而艺术家对展览是有更全面的要求的，录像局肯定达不到这个要求，而且我们也没有做展览的义务。

潘：我现在看到录像局里的作品有两种播放方式：一个是DVD版，还有一个就是可以直接在手机上观看。其实上次我去试看DVD的时候发现现在有些年轻人甚至已经不知道DVD是什么了，因为媒体艺术和实体的艺术品不一样，它会遇到一个媒介不断更新的问题，所以对这个问题录像局是怎么考虑的？

陈：我们会改，最近开会的时候有人提议准备消灭DVD。我认为播放的机器可以消灭，但是碟子（DVD）本身不要消灭，因为一张张的碟子是将作品视觉化的一个记录，如果你真的将所有档案材料都存进硬盘里的话，你用什么来打动别人呢？很多人来到这里或许走一圈、看一眼就离开了，而因为有了这些DVD盒子他才知道有这些作品存在。我们硬盘里面即使有一万件作品，访客也不会一一查看，那么你要如何让别人知道这个档案库的存在呢？当然我们也不能只陈列一些空盒子，里面要真的放有物件，就算你从不用它也没有问题，但是必须陈列在那里，我觉得这些盒子是真实存在的。

潘：所以相比建立一个线上的数据库，档案库的物理存在本身还是有它的意义的。

陈：这个存在对于我们（录像局本身）是无所谓的，但对于访客尤其是走马观花的人，以及艺术家本身而言是有意义的。例如一位艺术家拍了50件作品，而另一位拍了20件作品，那么他/她们的作品在数量上的差异怎么体现呢？就可以在录像局体现了，我有50个盒子，你只有20个盒子，一目了然。

潘：我比较好奇的另一件事是这边书店（博尔赫斯书店）的项目，或者包括您自己的创作和之前的一些项目，跟录像局或者档案库的想法之间有关系吗？

陈：有的，以前我在北京唐人艺术中心参加过一个名叫"积累"的展览。"积累"这个展览的策划虽然跟我没什么直接关系，但这个词本身很说明问题，就是我很重视"积累"的问题，而积累的目的主要是为方便后来者使用。这也是源于一个基本的做人信条，尤其是对艺术工作者而言他会有一个创造的本能，在创造当中去体会生活。但同时艺术工作者也许还需要一定的享受，这种享受是有些非功利的，例如弹性制的工作，让艺术家寓快乐于工作当中，工作于快乐当中。另一方面，艺术家还需要有一样东西就是"奉献"，即他除了提供他/她的作品之外还能做些什么，还有没有一些可以超越他/她个人的奉献。

本身我们自己在艺术领域的成长,很大程度上需要仰赖前人积累下来的东西,如果没有这些我们基本上无法行动,我们看不见艺术史也听不到前人说过的话看不到别人做过的事情,我们就会像一个瞎子没有拐杖,是很麻烦的事情。所以我们今天做的其实是一个积累的工作,它肯定是一个一直持续的过程。如果未来由于资金或者其他问题我们没有能力做下去了,必须找个人或组织接着做,那么他们当然也会接下来,因为现在已经有了这么深的基础,而非一个空头计划。

潘:所以从艺术的角度,录像局是一种(对社会的)回馈。
陈:从个人角度来讲它是这样子的,而从(录像艺术的档案)建设来讲就是打下了一个基础,同时也是一个补缺,因为本来没有这个东西,而且这也是时间(积累)达到的。在我们只做到三期的时候谈这个事儿,你是看不到未来的。后来就有了一个积少成多的变化,比如三期的时候我们有70件作品,这70件作品你可能只要花一天时间去消化它,但是到了有2000件作品的时候你要花多少时间?再过几年有5000件作品你要花多少时间?这或许已经不是时间可以决定的问题。这就像一本词典,你因为被它里面的某些内容或其他东西所吸引而买下它,或许你不会专门去翻阅它,而是当你想要了解某个词的时候你会翻查一下,又或许这本词典你一辈子都没有用过,这样的情况我们都要接受,这也是应该的。因为应该不存在一本词典你从头翻到尾,每一条词条都熟悉的情况,虽然也有这样的人,但多数人不会这么做。可是我们不能因为人们不怎么翻阅它就不去做这个事情。或者说他们只会翻第几个词条,这个使用率最高我们就只做这一条,这样不行。我们肯定要从字母 A 一直排列下来,一个不落地收集,因为说不准什么人就喜欢那个词。总之,这个积累的过程我们就称为奉献,因为这本来不是我们必须去做的事,而他们(艺术家)每个人本来也都有自己的人生方向,那么他们做了这件事也是一种奉献。

潘:档案这个概念有着悠久的历史,在历史学的里面也有一个自己的书写方法,或者一种经验的积累的吧。那么这种历史上沿袭下来对于档案的理解或者处理方法会不会影响到比如说非常当代的资料库的构建呢?

陈:可能有吧。很简单的讲,以前的艺术家跟批评家或者艺术家跟艺术家之间,会有书信的交流对吧,那这份书信就是一个很重要的档案。它的重要性不在于说它的纸质或者笔记内容,其实重要性还在于它本身,这是一种,我们之间就只通过两封信,这两封信就能说明一切,除此之外什么也没有它重要。但是今天不一样了,今天你光看微信,或者短信(的信息量)就很多很多,那么这里面当然有很多无意义的也有很多有意义的内容。所以管理书信的方式跟管理数字（信息）的方式就不一样。其实所有的人到了老一点的时候，就会比较欣赏实物的东西，他会怀念起两封信件而不是微信之间的联系，因为微信的联络太频繁了，已经没有意义了。但在信件里面人们是不会写这么多的，因为信无法即刻得到回应，所以它把握的会更宏观一些。这些即时的信息当然也体现我们的性格，但更多的是这个时代快节奏的特点，所以就已经不带有很多的个性了，也就不值得去收藏它研究它。相反那种老的东西可能就更值得我们去花时间研究。今天大众看新的东西主要是看作品本身，其实不是看太多档案，但是对于老的、前面的（作品），那档案（的存在）就变得比较重要。当然我们接下来要做的，除了我们本身的学术性研究之外，还包括继续研发这个档案，也就是要鼓励艺术家自己去建立他的档案。

潘：关于亚洲的这个档案库的概念和理论的讨论还很少。通过录像局的实践您有没有觉得有种生产一种所谓亚洲的影像档案库的理论的可能，如果有的话会是怎样的？

陈：我没有想过，我觉得这如果是一个研发方法的话，那这个方法用于哪儿都可以吧，不仅是用于亚洲。你比方说，我们早期用DVD的这种存档方式也算是在亚洲的某种经济条件或者是文化消费的条件下的产物。如果说西方还有很多机构用比较老的媒介保存,而那些我们都已经不用了,难道亚洲的特点就是更先进吗,所以不好说。我想如果我们研发出一套管理系统,那这套系统就不光是针对亚洲的。或者,如果说因为我们这个档案库的亚洲艺术家作品的收录量大一点,所以这个档案库就是亚洲的,这也讲不通。因此我是暂时不觉得有什么亚洲特点。要说有亚洲特点,就是亚洲人干活的这个特点,就是我们还是比较勤快嘛。换句话说如果别的地方的人觉得一年不可能收录这么多(档案),但亚洲人觉得可以,这可能是亚洲特点。

03

文献的各种可能

亚洲"关系式 / 去殖民"视觉艺术档案库之创建与策展

格雷戈里·加利根

一、从"存放处所"到"关系平台":重思"视觉艺术档案库"

过去四分之一世纪以来(即上世纪90年代初期至今),随着"全球化一"——如果称不上"跨国分治"——的当代艺术世界蓬勃发展,众多议题也逐一浮现,其中特别值得注意的,是对档案(库)与日俱增的兴趣:越来越多人将其当作"提出争辩"与理念重塑的立基之处。无论这个现象发生在亚洲、欧美或其他任何国家、地方,以及都会的中心,不可讳言的是,透过档案的佐证对文化记忆与集体认同进行调查,并打造各种崭新、坚定的"复世观点"(*pluri-versal perspective*)版本以抵制独断统治下的历史,广泛地被视为今日关键的创作手法。[1]一个档案中心(有些机构的历史可以回溯到数个世纪以前)的实体究竟为何?经过长达数十年的"档案驱使力"(*archival impulse*),我们的答案已从一个展现霸权、民族(甚至帝国)主义使命的官僚单位,演变成一个能够促进或"激活"各种反省与自我批判方式的"平台"。[2]将"建立档案"理解为一个不受约束、甚至具有创造力的"心智能动力"(*intellectual agency*)所产生的举动,此一认知,眼下正如火如荼地引发大量"微观"或"边缘"的历史书写,它们诘问、搅乱,或干脆解构了之前的正规叙事。长久以来,档案库一向被看作一个社会政治立场中立的文献存放处所,为了公正无私的历史书写而提供服务。但到了20世纪与21世纪之交,这样的主张不免招致猜疑,原因在于,当后殖民与去殖民研究开始成功

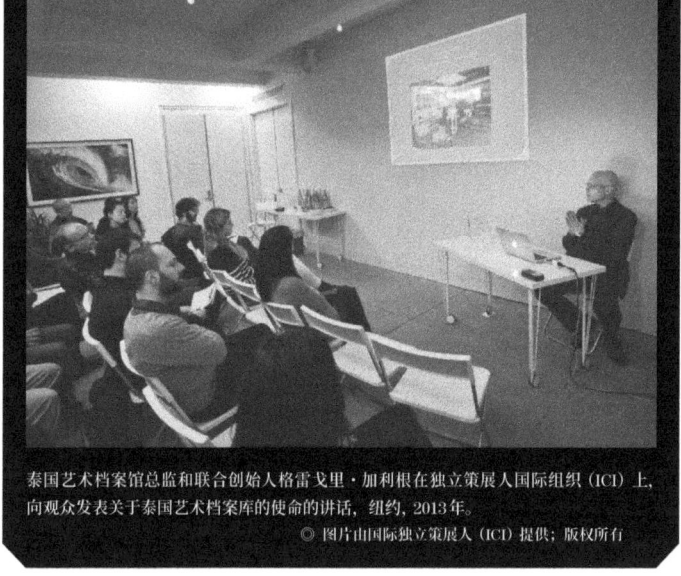

泰国艺术档案馆总监和联合创始人格雷戈里·加利根在独立策展人国际组织（ICI）上，向观众发表关于泰国艺术档案库的使命的讲话，纽约，2013年。
◎ 图片由国际独立策展人（ICI）提供；版权所有

说服众人以"复世观点"来书写过往时，便在私底下挑战了那些以中立的门面伪装偏颇态度的传承式机构。如果说，"博物馆并不中立"这话大家都没意见，那么，档案库只怕更是如此——德里达、福柯等人很早就证明了：这个用来保存、分类过往的神圣庇护所，每每窝藏着集体的神话，其中许多建立在独特的社会政治与经济权力结构之上。由于缺乏决心，这些权力结构不愿对自身的历史与地缘政治根源提出质疑（直到最近情况才有所改变），只能加倍地依循本性，偏安现状。[3]换言之，即便它们仍旧躲在"文化中立"的口号下拒绝面对，档案库已经渐渐成为潜在的行动主义与社会政治倡议的场所。

今日的我们将档案库视为批判性介入的平台。如果说，个中缘由可以回溯至战后西方解构理论在学术、档案与博物馆界的强力传播（仅于必要处略提一二，无法交代福柯带来的深远影响，但是为了切题，只好蜻蜓点水），那么此刻尚在东南亚发展的"视觉艺术档案库"，究竟能够从自身探问的对象表象里得到什么，则是我们不太清楚的。90年代初，独立"展览作者"（auteur-curator）开始崭露头角，双年展、三年展与文献展从战后充满概念主义色彩的艺术运动（以及其他因素）一路演化，最终蔚为全球现象；这些趋势的兴起已有查尔斯·格林与安东尼·加德纳（Greefoucaultn and Gardner, 2016），以及保罗·奥尼尔等人（O'Neill, Wilson, and Steeds, 2012）进行过详尽的探讨。[4]与此同时，"档案作为艺术实践"近来渐成气候——2008年，奥奎·恩维佐以"灼热的档案：当代艺术的文献使用"一展广泛取样、全面归纳——而"关系美学"也自90年代中期左右兴起，至今不辍；只是，两者在艺术史上到底如何被当成那股"反思性、解构主义式趋力"最新且激进之表现，则较少有人问津。[5]这些发展过程，无论逐一审视或是置于当代艺术史上的"后观念"旗帜下综观，都标志着一种全新的艺术实践的出现，其中，"观众的参与"代表了我们眼里的作品已经从单独的"对象"逐渐转移至一个新的本体论位置：共同合作的"事件"——鉴于"偶发"一词的早期背景，笔者在此不予采用。[6]关系美学式的艺术创作或事件，是一种在本质上不稳定的短暂现象，发生于时空中或多或少"协力"、合作的参与个体之间，他们集结起来，昭示一种非常视情况而定的社会形态之现身，其混成的定位取决于一种得以不断脱胎换骨、拒绝墨守成规、持续翻新自我的能力。

二、趋向亚洲的"关系视觉艺术档案库"

要如何为今日亚洲"视觉艺术档案库"的组成规则和运作机制提供一个更佳的定义？眼下的亚洲正在全球当代艺术文化圈中崛起，此时，再多明确的见解或主张，也许仅仅坐实了新殖民主义的自以为是——不断推动一个陷入困局的模式或是架构,其自身(在西方)尚受制于一片众声喧哗的去殖民论述。无独有偶,针对档案如何创造生产与形塑历史的方法,西方也在迫切地修正原先的观点。

那么,今日在亚洲,创建并有效地照管一个真正持续发展且具有深度的"关系视觉艺术档案库",究竟意味着什么呢?这个问题对我们是否有所裨益,还是它提出了一个无法实现的理想:意识形态的无限弹性、历史的共同创作(与不停修订),以及诸多地方与全球小区的活跃参与?如此的视觉艺术档案库,是否能够催化在亚洲不断"应变生成"的现当代艺术史之编纂记录,从而维持一种档案的理念,将其看待过往的不同观点,经由协力汇聚成形,持续递嬗更迭,再进一步激发出新的集体定位,得以避开不合时宜的民族志、形态学或个人专题式的手法(后三者均倾向于生产大我或者独断的叙事,无可避免地把某些事物"挑出画面")?[7]我们真的能够单纯只将过往文献用于未来的计划里,而让其被抹上某种——本身即已蒙蔽、模糊,甚至排除他者,使之无法从那些迄今为止"被消失"的历史中及时出现的——叙事形态吗?

2010年初,泰国艺术档案馆(以下简称TAA)于曼谷成立,此后有不少摸索的时间便一直被上述问题缠绕着。作为一个旨在还原、维护、保存、研究与展示泰国持续推进的现当代艺术史之文献的(所谓)知识汇集中心——从实际层面来说,当代艺术史指的是80年代末期至今[8]——TAA成立的缘由,旨在响应泰国学界与艺文人士的关切,有识之士忧心国内将因官方的忽视、大众的低估与长期恶劣的保存条件,导致现当代艺术文献迅速流失。一开始,TAA为自己设定了两个主要功能:1)还原、收集与保存(无论是以实体或数字档案的模式)各种艺术文献与相关材料;2)策划安排协力、合作的研究,根据这些档案

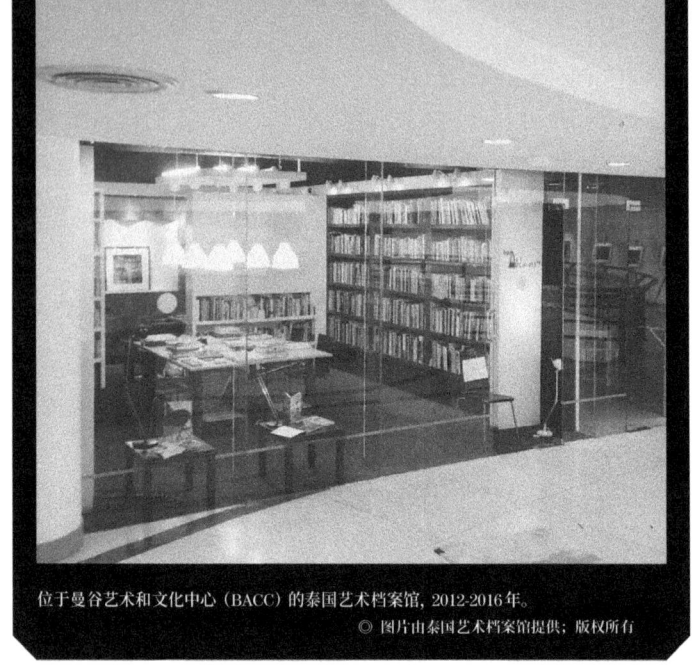

位于曼谷艺术和文化中心（BACC）的泰国艺术档案馆，2012-2016年。
◎ 图片由泰国艺术档案馆提供；版权所有

材料书写重要历史，特别因为它们是以不同的组合丛聚起来的"知识生成"。TAA一贯的重要使命，即是找机会扮演一个汇聚平台的角色，好令具有相互交流潜力的多元历史话语得以展开。为了让前所未见的论述言说，"泛档案"模式真正奏效，这样的视觉艺术档案库必须在一个由下列几条轨道交会而成的叉点上运作：展览的历史、当代策展实践的历史与理论；体制机构的历史（博物馆、画廊、艺术家联盟等）；艺术家传记（从个人专论到那些所谓"另类"圈子的纪事）；亚洲艺术的历史（本身仍在快速、并行发展中）；全球现代艺术的历史；以及其他在这些主题上还未开发的探索。

这样一个区域性、非政府与"国家的"——后者指的是一个可控管的重点范围，并不涉及任何政治或意识形态的议题——视觉艺术档案库，要做出来不难。因为,其他重要的档案中心,例如香港的亚洲艺术文献库绝不可能以任何持续、全面的方式广泛深入泰国(或其他国家)的现当代艺术史。[9]持续、全面地留下记录,是任何此类视觉艺术档案库的运作关键:为了能够替蒙昧的历史提供新的视角,理想情况下,任何研究均应兵分多路、同时进行,不断将各项发现回报给策展团队,同步更新一个多面向、发展中的历史。

因此,"关系视觉艺术档案库"(relational visual art archives)这样一种协力、合作、"参与式"的手法,在关键点上,适时补足了历史研究相对传统的实践,鉴于后者只将舞台保留给那些独立作业或学术单位的专家——或许可以称之为"作者—研究员"——前者的示例却委婉地提倡:历史研究的计划本身所受到的重视,应该凌驾于全体作者的独断。[10]从这方面来看,"关系视觉艺术档案库"和双年展(包括三年展和文献展)近期一些论述言说与"泛策展"实践的发展,彼此形成一种深具启发意义的模拟。其中,强势的"展览作者"传统正在被重新评价,一些论者甚至已经开始谈论到,一个崛起的"后策展时代"与"'信息导向'策展"——甚至"'后人类'策展"——的实践,如何渐渐取代功能较为传统的独立"展览制造者",或是德文所谓的 Ausstellungsmacher。[11]

于是,透过无可预期、甚至别开生面的手法,"关系视觉艺术档案库"机动性地将多段历史整合起来,体现一种新的论述言说与"去殖民"的平台——历史在此必须是复数的,它们之间不时的交相碰撞,甚至相互矛盾的哲学、政治与美学轨迹,都是这个值得推行的关系档案库里最有价值的"还原工作"。曾经只被视为一个储藏的空间,用来存放官方认证的"真相"("纪录"文献注定要扮演一个见证者的角色),如今已变成一个议论的场域,一个人们不断争辩、历史不断更迭的舞台;这是一个所有亚洲艺术史同时建构与解构的空间,当它们一一展开,那些无常、瞬态、善变(甚至"飞逝")的过程便是档案确实唯一的运作原则。由此,档案库即是一个关系"场域"(概念上与空间上),历史的书写从中以简短、片段的形式出现。

究其极,亚洲这种"关系视觉艺术档案库"在意念上就是"后叙事",因为它试图以片段、瞬态与随机的现象丛聚成复合的地方历史,而非透过因果、线性、叙述的"故事"无可避免地集体追求一种深具启发、意识形态(如果不是神话)的"文学"。历史的编年叙述,长久以来一直怀抱一种帝国主义本质的偏好,倾向将过往"说清楚讲明白",仿佛只要选对方法、运用得当,过往就该化为一个逻辑了然、适合交代的客体。遗憾的是,每一则修正主义式、替代版、先前"边缘化"的历史(所谓"小叙事")在本质上都属于这种学术性的理想主义:认为那些"未述说"或"被消失"的故事,一旦全盘追讨,就能借由挑战或其他手法修改叙事典籍,透过社会上、政治上与文化上不同的向度,为过往描绘一个更"包容"和"公平"的全貌,从而"更正"历史记载。但是,万一叙事典籍的构成自身根本就是一种有缺陷的方法,而"迫切地想要叙事"——无论由谁主导——根本就是一项独断的计划呢?有没有什么新的方法,可以处理我们对集体历史的需求,并且可以更准确地尊重属于过往的古怪、混乱与随机的面目,以及我们同样古怪、混乱与随机的、想要清楚回忆过往的坚持?

作为一个平台,"关系视觉艺术档案库"会从众多意识形态与方法论的向度来处理上述问题,还原那些明显(不)受欢迎的历史,因此,除了从离散、片段的向度里,还原过往离散、片段的事件之外,并未依

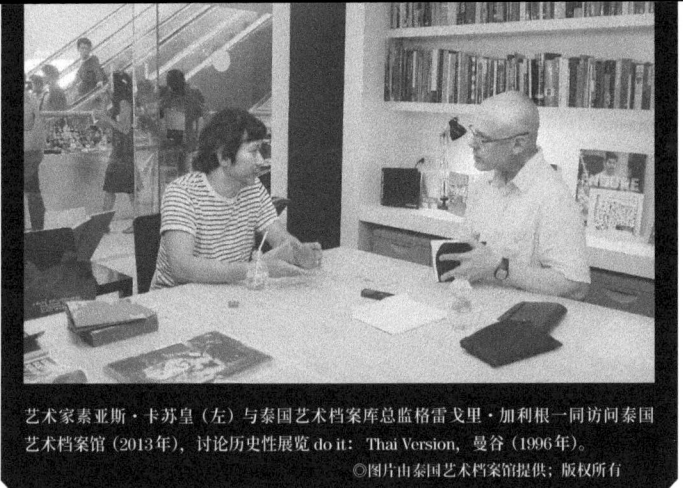

艺术家素亚斯·卡苏皇（左）与泰国艺术档案库总监格雷戈里·加利根一同访问泰国艺术档案馆（2013年），讨论历史性展览 do it: Thai Version, 曼谷（1996年）。
©图片由泰国艺术档案馆提供；版权所有

循其他的意识形态原则。我们甚至可能借由一种目标明确的"无政府"手段，来抗拒"说故事"或"以叙述的形式阅读过往"，这一步即是通过策展来"破坏"所有偏好文化或传承式"意识形态生成"的惯性。如果说，大家都同意今日存在着一种正面的"展览作为研究"，那么我们已经来到一个当口，亦即现下亚洲的"关系视觉艺术档案库"必须致力保持在一种"研究—生成"的状态上，从而体现一个连续自我转化的主动平台，将研究的收集、策划与展示当作一门不断演进的论述学科，抗拒所有导致探讨对象围于形态学或分类学的倾向，以此适应主题的变幻莫测与无限扩展。[12]

三、抗拒叙事：档案、展览，以及反独断亚洲艺术史之崛起

这种深入参与、协力、合作的策展理想，加固了亚洲"关系视觉艺术档案库"的运作基底，或许正好可以作为一个及时的建设性批判——针对目前尚未在历史研究的领域里蔚为主流手法的学术或策展"作者—研究员"模式，提供一个互补、借鉴的替代方案。自 TAA 于 2010

年成立以来，这个迂回的批判路线便一直凸显为其创建、使命发展与首要策展实践的重点。此前，知名观念艺术家蒙天·布玛（Montien Boonma, 1953-2000）的早逝，已成为泰国当代艺术史上的"分水岭"。当时布玛才刚在欧亚与美国各大艺术中心获得了前所未有的认可，评论与观众的反应也很热烈（在他过世之际，纽约的亚洲协会博物馆已经构想好了一档重要的专题回顾展）。[13]前画廊主艾弗瑞·宝林（Alfred Pawlin）是整个90年代里，布玛最坚定的支持者（当时很多观察家还在费力摸索布玛的艺术史定位）。据他回忆，布玛过世后（2000年末），地方收藏家纷纷涌现，忽然都想收购他的作品，其中大多数的人其实也才刚见识到，一阵陡地卷起的狂热是如何将布玛的名字烙印在艺术史上。[14]这种突如其来的身后关注，很快就被证明是一把双刃剑，因为在布玛离开的几个月内，谣言开始传出，说是艺术家留存的素描、速写与札记有一部分或错置、或丢弃，甚或悄悄流至国外；与此同时，艺术家的独生子姜彭·布玛（Jumpong Boonma, b.1989年）由于专注于自己在泰国艺术大学（泰国首屈一指的艺术学院）的学习，因而在现实条件不允许的情况下，没有办法处理父亲的遗事，更何况这位父亲还以知名艺术家的身份留下了尚未编录的"资产"。[15]

布玛的例子告诉我们，即便今日越来越常见到独立"作者—研究员"与"展览作者"（无论位处东南亚或其他地方）大肆宣扬档案库对于泰国现当代艺术史的书写至关重要，而其中有些人也越来越常运用档案及其论述手法作为主题，举办令人目眩的各种展览，但要期待有谁愿意在一个"视觉艺术档案库"的实际建构中承担这样一种——或许会有智识上的回馈，但——相较之下可能默默无闻的苦差事，那就真的是凤毛麟角了。事实上，当"作者—研究员"与"展览作者"在亚洲各地飞来飞去，主持各大艺术博览会与双年展研讨会,而政府官员仍对灰头土脸的"档案驱动力"不甚理解或无动于衷(爬梳艺术家的鸡毛蒜皮这事一点也"不性感"),泰国与大东南亚地区的独立"视觉艺术档案库"只能挣扎着持续走下去。再者,长期维系这样一个档案库(从收录、策划与展示的业务来看,其运作的规模——在物质和概念上——已经逼近一个小型、独立的博物馆),户头里需要累积一定的捐款。因此,在东南亚若想依照自己的愿景,发起任何独立、先进的艺术档案库,至今仍然困难重重。[16] 迄今为止,地方档案馆里最具成效的,或许就属印度尼西亚视觉艺术档案馆(简称IVAA,成立于2007年),但一开始若无可敬的福特基金会提供500,000美元以上的资金(指名用于档案的数字化),IVAA不可能有此卓越的表现。[17]

鉴于今日在泰国创建一个独立视觉艺术档案库所能预见的财务门坎,TAA很早便已决定一开始(大约是在2012至2016年的试运期间)即将有限的资源挹注于国内外的教育性、研究性以及档案性的展览。[18] 我们举办这些展览,致力于展现如此一个档案馆的关键任务,特别是当亚洲艺术史的研究与书写依旧时兴"作者—研究员"与"展览作者"的独断模式,奉行个人构想与判准的"学术才情"——而这样的工程并不涉及"关系",仅仅因循了悠久的西方文学传统。一个在当代亚洲新生的"关系式"档案库,要如何产出不同以往的研究与史学方法?又要如何针对独断模式所存在或潜在的缺失,一方面补充不足,另一方面委婉谏言?[19] 再者,我们该如何将这样一个独断模式彻底"去殖民",使其从文学上的偏颇立场中解放出来,甚至从这个模式本身对"说得通就是讲故事"的执着里、也从这个模式所源出的个人以及个人主导之探讨中解放出来?

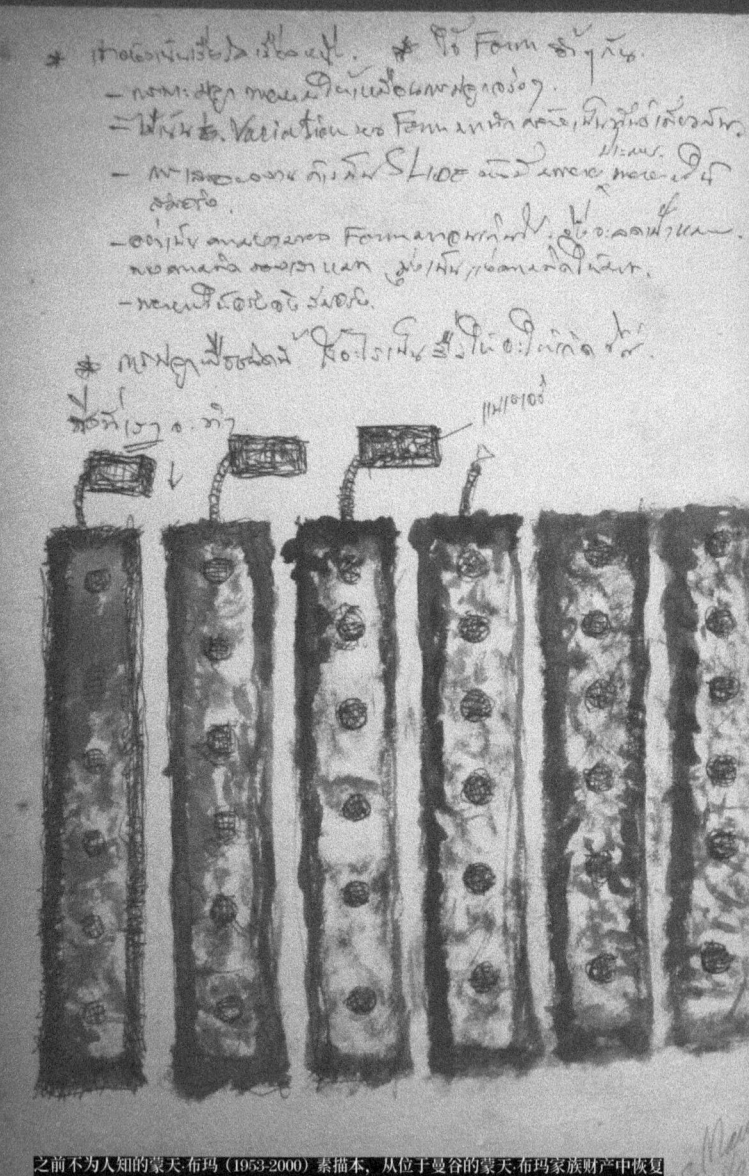

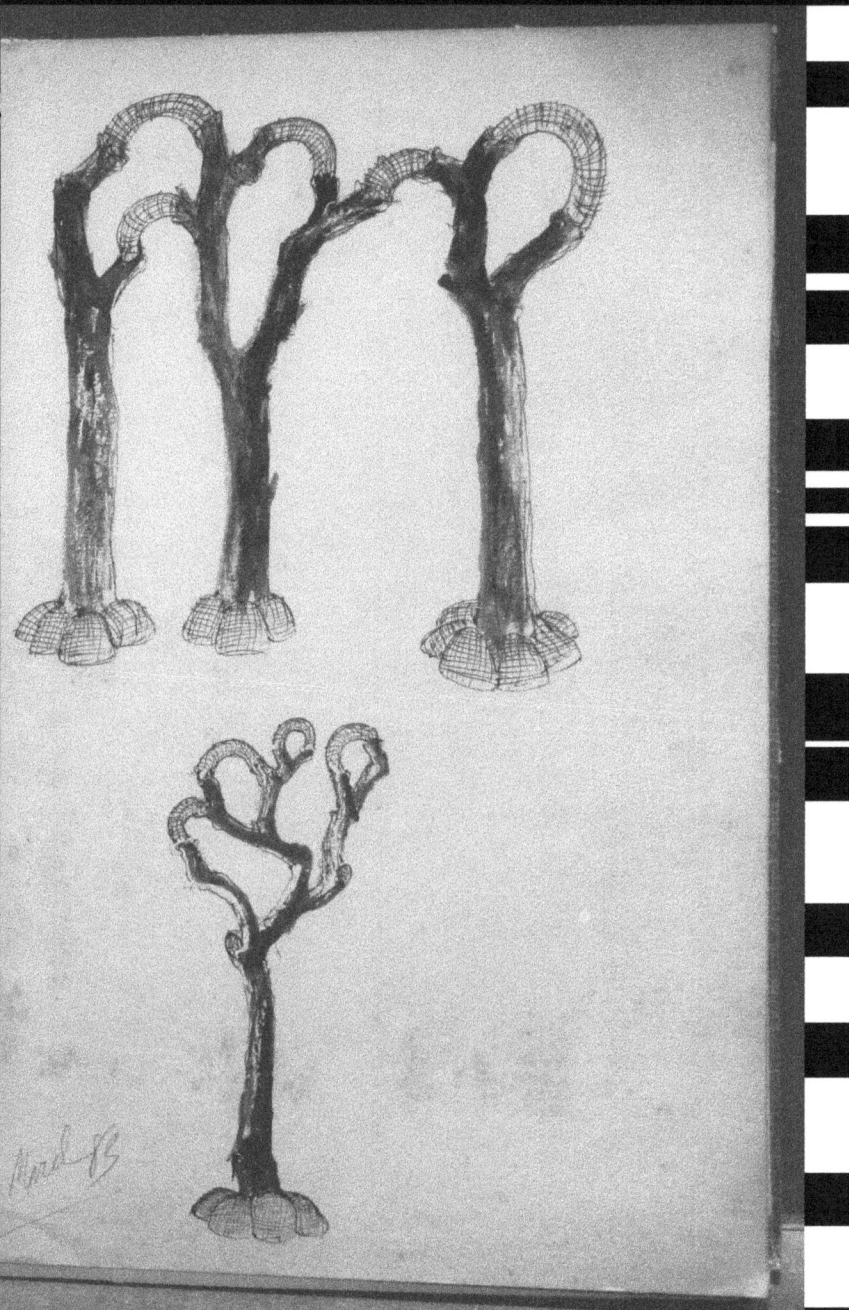

要在几乎困难的预算条件下营运一个实验性的档案库,主事者只能透过有限的筹码来敷衍这样的理念;尽管如此,TAA从成立之初就决定以蒙天·布玛遗留下来的创作为主题,趁势进行项目研究,即便那时早已出现新一批青出于蓝的艺术家,他们拥抱着更为激进与当代的艺术生产类型,例如关系美学或其他形式的社会参与实践。[20]如果说,布玛在迈入千禧年之际取得了前所未有且叫好叫座的成功,那么这份成功实际上有其代价,亦即作为一名历史人物所应有的复杂向度。此一令人不安的事实,在阿宾纳·波什亚纳达(Apinan Poshyanada)为布玛所策划的"心神之殿"中,不经意地透露了出来。波什亚纳达除了是一位知名的泰籍策展人,同时也是一名即将担任国家公职的官员,他以极为典型的"展览作者"的手法,在纽约的亚洲协会博物馆为艺术家举办了这场荣耀的身后展览。波什亚纳达将布玛定位成当代亚洲艺术史上一名标准的"泰国佛教修行者"(布玛有很多"观众参与式"的雕塑,运用了当地的药草与香料,导致一些比较细心的观众不仅在视觉上"明察秋毫",更直接用嗅觉"吸入"他的作品)。很快地,布玛就在大家心照不宣的默契下,成为"泰国佛教艺术家"的代言人,当Facebook与Instagram都还未引领风潮之时,这个说法仿佛某种先行的主题标签(hashtag),阴魂不散地跟着他的作品,像是发出信号一般,宣告布玛历史性的——最好还具备当代性的——神级地位。[21]在阅读布玛的艺术成就上,泰国佛教徒的描述极具说服力,因为它背后隐含了一个令人动容的真实故事:1994年,布玛的妻子因为罹患乳癌不幸病逝;然而,就在同时,布玛的艺术生涯正于欧美攀至新的高峰。再往前推,80年代末期、旅居巴黎的那两年,布玛也对战后观念艺术的发展印象深刻,并接触到约瑟夫·博伊斯(Joseph Beuys),甚至,很可能还有神秘难解的——如果不是令人悚然的——克里斯蒂安·波坦斯基（Christian Boltanski）两人的作品。[22]

虽然这套"泰国佛教艺术家"的神话可以产生一股渲染力强大的叙事，也能轻而易举地将布玛的作品送到世界各地受人膜拜，但若更深入地挖掘布玛留下的遗产（这些作品目前尚未汇整编辑、出版成册），并追求更加开放、更少独断的手法，我们会发现，布玛的艺术生涯背后有着层次更为复杂的历史。[23]无论如何，若想避免让历史——以及历史性——人物平面化，我们必须懂得欣赏一连串历史上的诡谲、异常、巧合以及随机事件等等。就像他之前的许多人一样，布玛也不会愿意满足这股"叙事驱力"。或许，一切便该如此：没有任何生命可以被缩编为某种神话，也没有任何艺术作品可以被视为某种意识形态的图标（除非这是作品原本的理念）。

自2010年至2013年初，泰国艺术档案馆密集地重新审视围绕在布玛四周的神话，开始收集口述的历史、幸存的文件，以及不为人知或"佚失"的作品，目的在于提供复杂的向度，重新思考布玛是如何在穷尽早期所关注的各项地方文化与社会政治议题后，才转而将佛教吸收为其艺术实践的一个元素；前者包括了泰北农民的社会经济困境、环境保护主义，以及其他无法归纳成佛教意识形态的相关议题。那些在布玛的早期艺术生涯即与他熟识的人甚至指出，对80年代的泰国当代艺术圈而言，佛教创作代表了一种退步的观点；彼时布玛与亲近的同侪——例如查柴·裴皮亚（Chatchai Puipia）、卡明·勒差布拉瑟（Kamin Lertchaiprasert）等人——极力回避"新传统主义"，将其视为泰国现代主义晚期的一场"逆行"的潮流。虽然受到泰国政府、学院与商贾阶级的拥抱，但是在80年代末期最先进的艺术家们眼中，新传统主义美学却只是毫无希望的"保守反动",这群最前卫的实践分子真正致力开发的,是不受西方影响的全新艺术语汇(所谓西方,指的主要是欧美)。[24]

因此,TAA认为,档案库若能用一种立场清楚的无党派、反独断的方式运作,将会是一个完美的工具,可以更真实地阅读布玛生活与创作,也更贴近艺术家自身繁复交杂的实践。费时三年,泰国艺术档案馆透过汤普森基金会、汤普森艺术中心以及布玛纪念馆的共襄盛举,促成了60多件素描与草稿的问世,其中有许多对应到艺术家"未完成"或"未实现"的作品。此一发现引起汉斯·乌尔里希·奥布里斯特(Hans Ulrich Obrist)的注意,让我们有机会与他的"未建之路"计划合作——奥布里斯特曾邀布玛参与该项计划,可惜艺术家于2000年底因为罹患肺癌与脑癌,提早离世。[25]

这次合作的成果除了"[蒙天·布玛]:未竟／罕见作品展"之外,还举办了首次的论坛(2013年),延请至今尚在的画廊主、学者与艺术家同侪齐聚一堂,讨论布玛在生活与创作上由于不循传统而鲜为人知的一面,内容包含了布玛早期的支持者公开分享对艺术家的记忆,并且当场回想那些被今日文献完全忽略的其他已故人士(自21世纪初以来主流叙事一直死绕着"泰国佛教艺术家"这个强调本质的谥号打转)。[26]

TAA的"蒙天·布玛计划"是否有可能在未来的某一天,被视为泰国现当代艺术史上最早的一项"去殖民"作为?虽然暹罗在19世纪末逃离了西方帝国主义的殖民统治,但这个年轻的国家并未轻易取得主权,而是经历内外交迫的"隐性殖民"(crypto-colonial)转型,以便在20世纪的上半叶完成统一。[27]事实上,其名称正式于1939年由"暹罗"改为"泰国",即与此段来自内部强烈要求统一的过往历史有着密切关联。另外一提,泰国长期以来一直在走一条不安且游移的路线,或

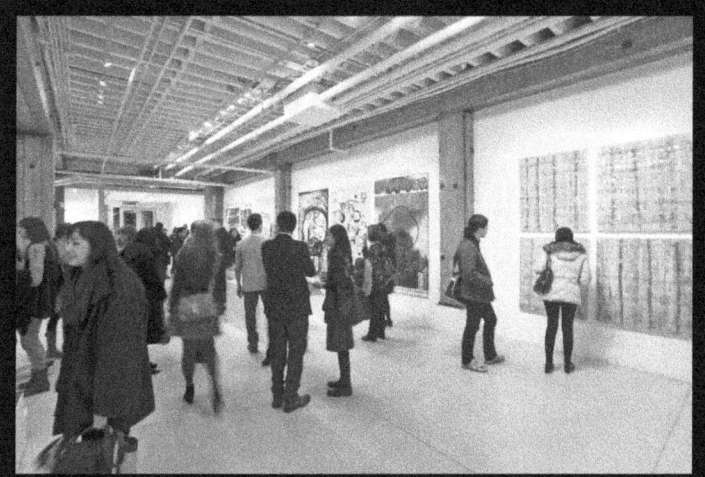

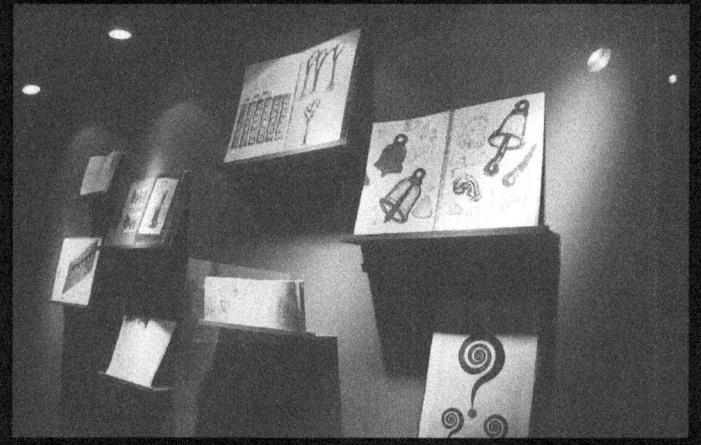

展览"门槛：当代泰国艺术"，泰国艺术档案馆总监和联合创始人格雷戈里·加利根为新达乐姆塔哥画廊举办的展览，纽约，2013年。© 图片由新达乐姆塔哥画廊提供；版权所有

"[蒙天·布玛]：未竟／罕见作品展"的档案库的布置，曼谷汤普森艺术中心，2013年。© 图片由布玛纪念馆／汤普森艺术中心／泰国艺术档案馆提供；版权所有

许我们可以叫做"自动化东方主义"(auto-orientalism),因为它时而在全球舞台上力图与其他西方或亚洲国家平起平坐,时而——特别是为了便宜行事或有利可图(不妨看看该国的观光业)——扮演一个带着异国情调的魅惑"他者",等待被人"探索"和欢愉的消费。[28]

面对这种弥漫暧昧的"自动化东方主义驱力",或许没有比泰国的当代艺术发展与实践更深受其害的了,因为艺术家在希望能以跨国创作者的身份得到世界各地尊重的同时,却总是被期待要在创作中反映"佛教"的理念——作为国教,佛教是泰人国族主义的三大"支柱"(即国族、宗教与君主)之一。无可讳言,在创作中暗示或明示佛教思想有其好处:一来可以马上营造一种"品牌辨认",自一片拥挤的双年展或博览会里脱颖而出,再者也能保有个人表现的元素或理念复杂的向度。

蒙天·布玛是否有过任何机会避开那个"泰国佛教艺术家"的头衔?此一问题,在我们发现他作品中所谓的佛教理念与古今世上绝大部分的神圣传承并无二致时,显得格外精准。这些神圣传承通常包括了:明确放弃世俗的欲望,以便和宇宙维持一种更为神圣的关系;体认到痛苦是一个无须言明的存在条件(要求我们接受且不断反躬自省);培养内在精神的简朴状态,作为超越世俗欲望及艰困苦难的手段。值得注意的是,多数标榜佛教意识形态的泰国作品,其背后所支持的理念,都是这种大众通用的"民间佛教"(依照笔者自己的说法: *Pop Buddhism*);事实上,任何属于泰国上座部佛教(Theravada)更深入、更正式的修行层面,均因本身的殊异、多变,导致全球主义(甚至跨国主义)论述几乎找不到切入的地方。[29] 我们甚至可以说——不带负面的意思——只有这种大众通用的"民间佛教"才能真正确实或建设性地应用在泰国当代艺术上。如果说,截至目前为止,蒙天·布玛一直被轻易当成某种典型的偶像,

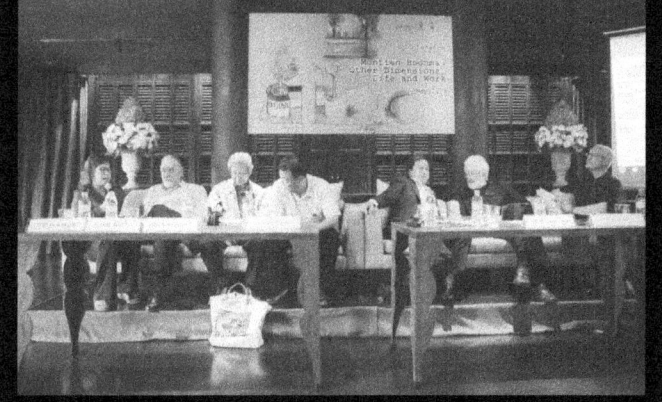

"蒙天·布玛：生活、创作与新视角"的开幕会议，曼谷汤普森艺术中心，2013年5月；从左到右，各里德斯雅·加威沃（联合策展人）；艾弗瑞·宝林；维克木·喀达玛妮；农谭塞棠；阿宾纳·波什亚纳达；约翰·克拉克；格雷戈里·加利根（联合策展人）。

◎图片由汤普森艺术中心和泰国艺术档案馆提供；版权所有

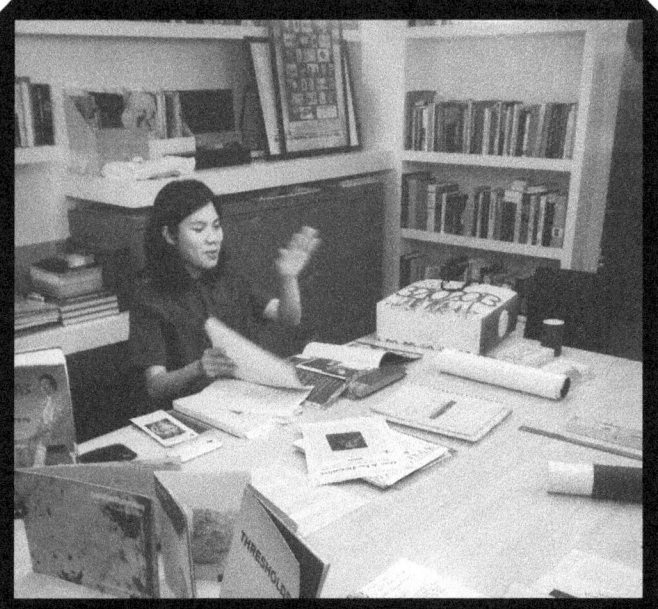

实习生乔维拉依瓦尼特正在泰国艺术档案馆整理WOMANIFESTO艺术家的集体档案（2015年）。

◎图片由泰国艺术档案馆提供；版权所有

那么一个去殖民档案计划的进行，将有助于解构这样的神话状态，继而还原一个更加纷杂、更加"接近真相"的历史现实。

四、打造一个未来的亚洲关系式与去殖民视觉艺术档案（库）

大约自2011至2016年，TAA同时在曼谷艺术文化中心（简称BACC）设立了一处位于城市精华地带的独立"研究基地"。[30]尽管我们很早便已确信，策划档案展览应是TAA对公众与专业研究人员实际展示自身价值最有效的手段，但是一个具体的基地却可以促成公众宣传与募款活动；举办研究与策展驻村；启动并主持合作教学计划（对象包含本地和海外的大学）；以及建立一间不可或缺的研究图书馆。这种多管齐下的发展路线似乎已是当务之急，因为在此期间，许多承载历史意义的泰国艺术作品与文献正不断流失到经济更富裕、政治更稳定的邻近国家，以及在文化上更有野心的艺术中心，例如甫成立的新加坡国家美术馆与光州宽敞的国立亚洲文化殿堂——两者皆于2015年对外开放。这些由政府撑腰的庞然大物，无论是展览的研究内容，还是馆藏档案的拓展，其格局都是前所未见的；此外，它们也积极利用各种比较与"跨国"学术成果的最新动态，同时暗含地方竞争心态的政治与文化企图。正如双年展与艺术博览会这类文化平台多半紧密结合公民议程，旨在促进区域经济发展、拥戴地方政治实力——尤其是在大东南亚各国纷纷焦急盘整新的区域/国际联盟的紧要关头。我们可以说，那些迎合此列海外艺术中心（其任务为奉行国族主义）的泰籍"展览作者"遮蔽了视线，让大家无法看清：独立视觉艺术档案库是如何付出相对草根的努力，只为了在自己社群里更加全面、协作地书写地方现当代艺术史。实际上，策展研究若能持续进行、广泛连结，形成一种"关系式"的实践，将是这

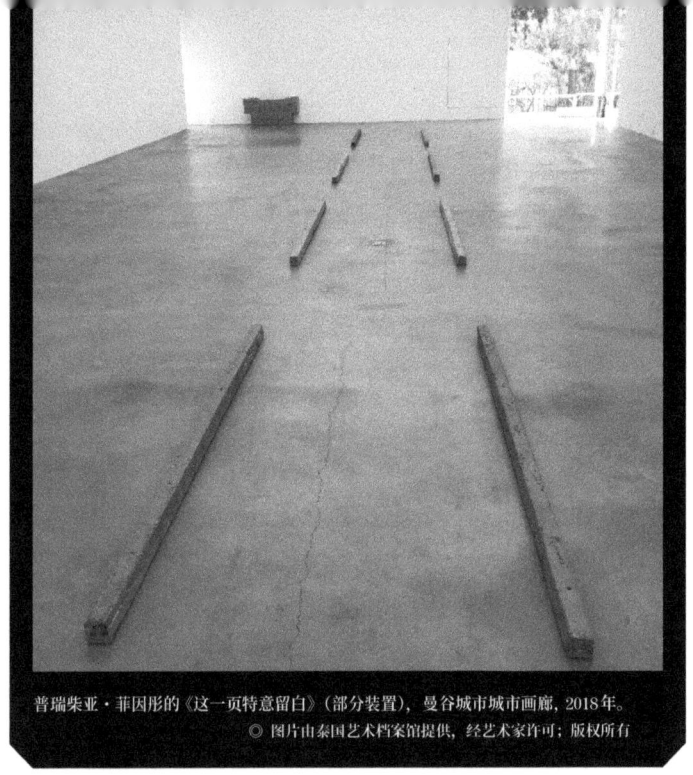

普瑞柴亚·菲因彤的《这一页特意留白》(部分装置),曼谷城市城市画廊,2018年。
◎ 图片由泰国艺术档案馆提供,经艺术家许可;版权所有

样的历史最容易从阴影中浮现的时刻。[31]

如果我们相信"所有的人事物都是政治",那么一个真正独立、关系式的视觉艺术档案库是可能的吗?这个问题极为重要,毕竟此类档案库所应养成的那种历史的"贴近阅读"及其所应推动的分析与批判手法,在泰国社会与政治持续动荡的历史时刻里,可能会制造出一些完全不受欢迎的动静。今日泰国充斥着审查机制,透过一种创作上的"误读"来诠释过往,从而构成所谓"史实的包庇"(*historical misprision*),以迎合当代政治、社会或文化的"确认偏误"。面对这样的环境,一个档案库还能如何扮演倡议者的角色,支持艺术家并鼓励他们随心所欲地表

达呢?³² 这就是为何,所有在这样的环境里长期、永续营运的视觉艺术档案库,都必须对研究采取一种强力、严谨的"关系式"路径,一套奠基于不断调整与自我批判的手法。

甚至,最终有无可能将视觉艺术档案库进行彻底激进或无政府式的观念改造,就像60年代末期的安迪·沃霍尔(Andy Warhol)那样,对一种随机、甚至不可避免的"遗忘",或历史的"抹除",进行编目?也许,沃霍尔那套"每月一箱"(box of the month)的手法,会是唯一忠实于我们日常周遭即兴碰撞的东西、想法、事件、意外、表现、发掘、到来、离去,以及创造的档案建立程序?³³如果我们不遵循"珍品收藏室"(*kunstkammer*)这类历史悠久、"西方"特有的编目传统,而代之以沃霍尔的方式,亦即近乎随机地将物品放入"每月一箱"中,然后密封起来,留待后人打开(一种时光胶囊的概念,只不过故意尖刻地把原本拣选的行为削减为近乎随机的姿态),是否可以达到一种更能呈现事物原貌的档案建立,收录生活中那些司空见惯、无比真实而又"没有意义"的琐碎细节与日常可以想象的多重历史?从而让视觉艺术档案库成为一份收藏"真实"、兼容并蓄的清单,在面对由"生产知识"的神圣(通常是帝国主义)机构所订定之"重要价值"等级评比时,以及在面对将这些等级评比奉为圭臬的意识形态时,可以不再受到牵制。

有了这样的关系式手法,当那些所谓"历史的前因"被发掘问世,并号称自己"预示了"种种看似源于己身的结果时,亚洲"视觉艺术档案库"应能抗拒其中暗示着的"进化式"的假象。因为从存在上与经验上来讲,其实没有什么"前因",只有个别的行为与活动彼此之间——可能会或可能不会——产生的相互关系,并于永恒的更迭、意外的形变、耗散、体现与消亡中,构成暂时、偶然的历史现象。同样,没有任何一位艺术家是因为他人的作品而"受到影响"(under the influence)——这个用语本身就是一种歧视;相反,正如70年代以来出现的一些具备"影响力"、较为高明的艺术创作模型,任何一位艺术家都必须被视为一个"积极的能动者",依据所处的脉络为自己作出有效的选择,而不是被动地站在前辈慑人的阴影下。[34] 亚洲现代性并非从根本上出自殖民模型或欧美大师,而是透过已然复杂且特异高明的关系系统形成结构之流,接着在遭遇他者时发展出协议、争论、建立共识与激进抗拒的历史。其中所有的参与者全都装备齐全抵达"文化生产场域",他们在那里彼此调解双方互通声息的历史现实;这里没有谁会自废武功甘愿当作一张白板,被动等待对方定案的铭文。[35]

我们最终所能渴望的,是在亚洲关系视觉艺术档案库的创造、建立与策划、展示上,可以达到极度的"即兴",意思不是要档案库将所有的运作方式都简化成随机的作为或操练,而是让档案库领悟到,对于不在预期之内的发现,我们必须不断养成一种开放的态度——即使感到不舒服或不方便;对于未曾预料到的调查途径保持一种弹性的身段;并且保存一种构思与执行研究的实力,借此反映出一个事实:历史总是能以不同的方式继续下去。这里需要的,不是将自认无误的叙事拼凑一处,而是把那些因为机缘暂时搁置的主题以同样的态度来进行"应变式策展"(contingent curation);不去生产具有"校对"或"修正主义"企图的新文本(它们最终只会沦为修复性与后殖民式的演习,今日一写即成过眼烟云);反之,要去梳理、勾勒那些默默无闻、遭到漠视、含糊不清、随着时间变化的现象,因为它们凭借各自的向度——无论蓄意还是任意——以各自的生灭承载着其他诸多现象的生灭。达尔文不属于这里。所有的分类系统、等级组织,以及"孰轻孰重"的评比,都必须果断地从这样一个平台上丢弃，取而代之的，是以全新的目光关注过往显明的残迹——那些佚名、匿名、籍籍无名、霎那流逝的片段幻影，尽管本质谦卑、转瞬即逝，然而在其捉摸不定的炼金术里，可能蕴藏着一股潜力，能将过往的事件转向，不再接受带有企图的指示，也不再只由历史学者傲慢且不假思索地以"回顾"角度，从纷乱的现世中分配大家在未来的一席之地。

如果说，"去殖民驱力"强烈要求彻底而决绝地与所有殖民主义结构"断开链接"（如同奎哈诺 [Quijano] 与米诺罗 [Mignolo] 指示：de-linking），那么在我们将文化生产场域原子化成一段考古的状态之后，这股"去殖民驱力"也将从中得到运作的动势，因为此一考古状态即是一个有着无限研究潜能、"任何人都可以在任何地方开挖"的现址，而在那里，任何切入人事景物的分析都有机会发掘出毫不逊色的蛛丝马迹，帮助我们理解历史。[36]无论是谁实施这项操练，都不该找寻任何特别的东西；历史学者必须像一片老实、透明的滤镜，当过往的事件穿越己身时，要不带偏见，让它们自行发挥潜能，精确地被感知。我们对过往的专注目光瞥到哪里，付出的心力就到哪里，一分不多；每个现象是如何偶然地升起，就如何偶然地被记录。这么一来，历史学者与历史现象之间的实时感知，便将会在每个存有的偶然里一次又一次的相互映照。任何事物都可以朝着任何方向发展；而任何人也都可以参与历史上任何想必"重大的"时刻。事实上，对于那些可能会被当作"值得推崇"或"值得怀念"的人与事，"展览作者"并非什么潜在的救赎者，因为过去的任何人或任何事，都是我们为"历史"留下纪录的完美选择。

2018年底，泰国艺术家普瑞柴亚·菲因彤（Pratchaya Phinthong, b.1974）于曼谷城市城市画廊展出了一件特定场域的装置《这一页特意留白》(*This Page is Intentionally Left Blank*, 2018年),除了反映出档案库及其所欲编年记载的历史两者流动的本质,还呈现了透过文献来追溯时间所耗费的劳力。这件装置的素材包含常见的彩色挡车墩(即长条形的水泥轮胎挡块,用来防止汽车滑入后面的相邻空间),以及借自曼谷国家美术馆的安全日志,储放在展场一角的档案箱中。历尽沧桑的曼谷国家美术馆位于拉达那哥欣古城区,其安全日志记载了该馆在上世纪90年代每天开馆与闭馆之间"没有发生什么的事件"(90年代正是泰国于全球当代艺术圈崛起之际)。[37]从远方的美术馆搬来每日班表的例行节奏,再从隔壁停车场搬来每日获得殊荣进入画廊的拾得对象——走在展场里,人们不禁想起70年代末沃尔特·德·马力雅(Walter de Maria)的《折断千米》(*Broken Kilometer*)——菲因彤借由两者的碰撞,挑衅地,或许可说无声地,唤起21世纪所有档案库的最初状态:一个光线暗郁,甚至结构单薄的空间,这样的空间在记录一切的同时也模糊了一切。是故,如果亚洲的去殖民视觉艺术档案库想要彻底摆脱前述此类(物质和概念上的)庇护所之独断倾向,只能借由实践一个高度自觉与自律的使命,深切地认知到:我们在看待过往的一切时,都该一视同仁;那些"曾经同时发生的"现象,无论是什么,都不该"被消失",或是从集体记忆中被切除。这是一项不平凡且不可能的任务,因为记录的幅员之广,从曼谷某个画廊停车场的挡车墩一路拉到迪拜的哈利法塔大楼顶端;但至少,我们知道要"就事物本身贴近观察",而非在心中自动为其权衡轻重,这才是一个真正"关系式与去殖民"的视觉艺术档案库——为亚洲新兴的现当代艺术史提供服务时——所应采取的运行原则。

英译中:张至维

注　释

1. pluri-versal（复世观点）一词不应与pluralist（多元主义）混为一谈。因为pluri-versal 所代表的，不仅是各式各样的历史（而且有一种"大量"的意味），更有甚者，这些历史均隐含独特的世界观，并不为"普世价值"或"全球主义"所梦想的终极统一效命。关于如何在政治、知识发展与文化认同的形成上，从"去殖民的角度"抵制那（包藏帝国心态的）普世主义，以及，如何用一种"复世观点"来取代这样的意识形态，让"不同世界可以共存"，参见 Walter D. Mignolo, "DELINKING: The Rhetoric of Modernity, the Logic of Coloniality and the Grammar of De-Coloniality," *Cultural Studies*, 21:2-3, 2007; 449-514。也可见下列链接 http://waltermignolo.com/wp-content/uploads/2013/03/WMignolo_Delinking.pdf（于2019年1月9日造访，此链接已失效）。我们可以将米诺罗（Mignolo）的概念用于亚洲的视觉艺术档案库，书写"复世观点"的现当代艺术史。

2. 此一现象主要起自90年代中期当代艺术家在作品中对档案的运用，及以建立档案作为一种实践的手法；参见 Okwui Enwezor, "Archive Fever: Photography between History and the Monument," in *Archive Fever: Uses of the Document in Contemporary Art*, exh. cat., International Center of Photography, New York, 2008, pp. 11-51; 以及 Hal Foster, "An Archival Impulse," *October*, Vol. 110 (Autumn 2004), pp. 3-22。

3. 相关例子可以参见 Jacques Derrida, *Archive Fever: A Freudian Impression*, trans. by Eric Prenowitz (Chicago: The University of Chicago Press, 1995); 以及 Michel Foucault, *The Archeology of Knowledge and the Discourse on Language*, trans. A. M. Sheridan Smith (New York: Pantheon Books, 1972)。

4. 参见 Charles Green and Anthony Gardner, *Biennials, Triennials, and documenta* (Hoboken: John Wiley & Sons, Inc., 2016); Paul O' Neill,*The Culture of Curating and the Curating of Culture*(s) (Cambridge, MA and London: The MIT Press, 2012); 以及 Paul O'Neill, Mick Wilson, and Lucy Steeds, eds., *The Curatorial Conundrum: What to Study? What to Research? What to Teach?* (Cambridge, MA and London: The MIT Press, 2016)。

5. Enwezor（同注释2）。

6. 值得注意的是，"关系艺术"不仅是"邀请"观众参与，而且还"要求"或"命令"观众，好让作品得以依照自身时序进行、生成，及至结束，之后再透过其丢弃之物或是能够显示"刚刚发生过什么的"证据组合，借由"回顾"的方式安顿于档案的状态。这边有两个十分重要、彼此加乘的词汇：观众的"集体"行动与"合作"行动，后者意味着观众的聚首并非出于被动，即他们不是"随波逐流凑到一起"的（虽说里头总还是有一点机运在），而是非常具有目的性，即结合起来"完成某事"，不像前者，一切都是在"个体单独"的情况下完成的——即自己一人站在作品前面沉思。正是在这种明确的"合作"意义上——如同60与70年代的生鲜食品合作社，成员之间相互以"劳力"支持，好维系小区经济——"关系美学"也可以被理解为一种迂回的行动，用来抵制资本主义的消费者导向手法；参见 Claire Bishop, *Artificial Hells: Participatory Art and the Politics of Spectatorship* (London and New York: Verso, 2012)；另可参见 Claire Bishop, ed., *Participation*, Documents of Contemporary Art (London and Cambridge, MA: The MIT Press and Whitechapel, 2006)；以及 Nicolas Bourriaud, *Relational Aesthetics* (Dijon: Les presses du réel, 1998)。

7. 这个问题，在亚洲为了"去殖民"我们对过往的认知，开始写出新的、修正主义版的历史时，变得迫切了起来，其动机虽然不难理解，却非常容易陷入另一批同样失真的历史——只不过视角来自书写者所处当代的社会背景与政治环境，以及从中可能产生的各种"确认偏误"。

8. 尽管今日多数的观察学者均同意，泰国当代艺术发展成形的时期大约是1986至1996年左右，但要说其崛起自漫长的现代主义之过往以及近来的后现代"前史"，则仍有待商榷。关于这点，比较前瞻的看法可以参见 Apinan Poshyananda, *Modern Art in Thailand: Nineteenth and Twentieth Centuries* (Oxford, New York, and Singapore: Oxford University Press, 1992)；关于泰国当代艺术的形成，一个比较近期、修正主义式的批判论述请见 David Teh, *Thai Art: Currencies of the Contemporary* (Cambridge, MA and London: The MIT Press, 2017)。

9. 亚洲艺术文献库（AAA，香港）于2000年成立后的十年中，在大亚洲一带网罗了各区代表，负责筛选当地重要的档案材料（多半是资料副本和出版物，适合一个尚待发展的图书馆），存放、保藏于香港中区的平台。2010年，AAA 在成立十周年之际，公开宣布将重心转向研究与特别计划（以取代收藏发展本身，虽然后者仍旧延续至今），为了更专注于核心的活动，一开始的作法已经不再进行。值得注意的是，截至目前，AAA 始终没有在发展过程中，带头与亚洲或其他地区的独立地方档案库建立任何合作伙伴的关系；关于 AAA 的档案使命（至今尚未有全面的发展历史可以公开得知），参见 https://aaa.org.hk/en/about/about-asia-art-archive（于2018年11月24日造访）。欲了解近期由 AAA 人员主办（代表以机构为实践主体，而非集结多方协力）的海外计划，参见 "Asia Art Archive Projects in South Asia: A Talk by Sabih Ahmed," at http://www.aaa-a.org/programs/sabih-ahmed-at-asia-art-archive-in-america-2/（于2019年1月11日造访）。

10. 我们可以在几年一度的策展领域里找到对应的论点，参见 Okwui Enwezor, "The Black Box," in *documenta 11* (2012), pp. 42-55, Kassel。Enwezor 为第十一届文献展构思出此种极度"类策展"的面向，明确鼓励参与的各方瓜分策展工作，好让他可以名正言顺地提醒观察的众人，不要将展览视为某种艺术盛事的"高潮"现象，而只是一个对外开放、提供互补的组成环节，隶属于一个格局更大、具有时程且密集协力的计划（后者意指在卡塞尔的展览上档之前——针对各种政治社会主题——于维也纳、柏林、新德里、圣卢西亚，以及拉哥斯召开的几个重要会议或"平台"）。

11. 今日独立策展人与新的艺术生产面临着一系列前所未有的议题与挑战，其中包括新媒体的兴起、策展功能的扩展、传统艺术空间之外的展览制作，以及在展览的生产中不停扩展的言说论述或"泛策展"面向，这一切驱使我们重新思考独立（非体制的）"展览作者"传统与其霸权倾向；参见 Terry Smith, *Thinking Contemporary Curating* (New York: Independent Curators International, 2012); Paul O'Neill and Mick Wilson, eds., *Curating Research* (London: Open Editions, 2015); Beryl Graham and Sarah Cook, *Rethinking Curating: Art after New Media* (Cambridge, MA and London: The MIT Press, 2010); Magdalena Malm, ed., *Curating Context: Beyond the Gallery into Other Fields* (Stockholm: Art and Theory, 2017); Magdalena Tyzlik-Carver, "Curating in/as commons: posthuman curating and computational cultures," 尚未公开发表之博士论文，2016年2月，见 https://www.academia.edu/29844696/Curating_in_as_Common_s_Posthuman_Curating_and_Computational_Cultures（于2018年11月15日造访）; Joasia Krysa, ed., *Curating Immateriality: The Work of the Curator in the Age of Network Systems* (DATA Browser 03), 见 http://www.data-browser.net/db03.html（于2018年11月15日造访）;

以及 *Springerin*,"The Post-Curatorial Turn,"Winter 2017，上面有多篇文章（主要是德文版本，一些另有英译，可在该刊网站阅览）。

12. 参见 Kate Fowle,"Action Research: Generative Curatorial Practices," in Paul O' Neill and Mick Wilson, eds., *Curating Research: Occasional Table*（London: Open Editions/de Appel, 2015）, pp. 153-72；另可见该选集中的 Simon Sheikh, "Towards the Exhibition as Research," pp. 32-46。

13. 除了整个90年代在欧亚和美国参加、举办了各大联展与个展，布玛还是"亚洲当代艺术：传统／张力"这个划时代展览的关键人物；该展由阿宾纳·波什亚纳达策划，1996年于亚洲协会博物馆、皇后区艺术博物馆，以及格瑞美术馆展出，地点都在纽约。几个月后，布玛在杰弗奇·戴伊奇艺术空间的个展"希望之家"获得了极高的评价，地点也是纽约，这次是在传奇的苏荷区（1997年10月）；参见"传统／张力"一展的专辑（引述于此）以及 https://www.deitch.com/archive/deitch-projects/exhibitions/house-of-hope（于2022年8月6日造访）。关于布玛的生平、创作与艺术史定位，欲参考最佳（英文）简介，请见 Apinan Poshyananda, *Montien Boonma:* *Temple of the Mind*, exh. cat., Asia Society Museum, New York, 2003。

14. 艾弗瑞·宝林（b. 1951）自1980年至2000年在曼谷市中心主持一家画廊，叫做"视觉法"，到了90年代中期，该画廊的重心全都放在布玛身上；见笔者与宝林的书信访谈，2018年11月26日；也参见 Gridthiya Gaweewong, "Interview: Alfred Pawlin," in *[Montien Boonma]: Unbuilt/Rare Works*, exh. cat., The Jim Thompson Art Center, Thai Art Archives, and Estate of Montien Boonma, 2013, pp. 44-58 [英泰双语出版]。

15. 值得称许的是，姜彭·布玛最近成立了"蒙天工作室"，一个用来收藏、展示父亲遗绪的小型档案平台；见 Khetsirin Pholdhampalit, "Memories of Montien," *The Nation*, 5 March 2017, http://www.nationmultimedia.com/detail/art/30307914（于2018年11月17日造访）。

16. 东南亚的独立视觉艺术档案库一旦招揽或接受地方政府的任何经费，就会在理念上面临极大的风险，特别是当立场相左的政治意识形态意图为自己的利益收编任何文化活动时，就会引发潜在审查幽灵，或其他干涉档案日常运作与使命的手段。

17. 2007至2008年间，福特基金会提供给印度尼西亚视觉艺术档案馆用来进行档案数字化的经费分别是51,956美元与478,844美元；参见 https://www.fordfoundation.org/work/our-grants/grants-database/grants-all（于2018年11月26日造访）。

18. 自2013至2016年，泰国艺术档案馆总共策划了四档展览（分别在曼谷、纽约和香港），突显档案库与文献数据对于认识泰国现当代艺术史的重要性；相关细节，参见 thaiartarchives.mono.net，于2022年8月4日造访（特别是"主页"和"专题计划"）。

19. 这里解释一下，笔者并不主张革除"作者—研究员"与"展览作者"的学术模式；相反，本文旨在提出一种有利的可能性，即开发一种动态、互补、特意协力的替代方案。

20. 值得一提的是，正当布玛于90年代中期凭借其混合媒材与装置作品获得全世界的认可——那时在泰国还算比较新颖的实验类型——同样来自泰国的里克力·提拉瓦尼（Rirkrit Tiravanija, b. 1961）已经以一位全球最受瞩目的新世代"关系"艺术家的身份崛起于纽约；他所属的这个新世代，很快便将装置艺术挤进了历史的行列（确切地说是在2000年初期）。参见 Vichoke Mukdamanee, *Mixed Media and Installation Art in Thailand*（Art Center, Silpakorn University, Bangkok, 2002）。

21. 从波什亚纳达大部分的书写可以清楚看出，他将布玛的创作观简略成佛教思想，里头主要的调性即便不是歌功颂德，也是哀悼追念的；其中一个信手拈来的例子，请参见波什亚纳达在布玛离世不久之后所撰之文：Apinan Poshyananda, "Montien Boonma: Paths of Suffering (dukkha)," in *Montien Boonma: Temple of the Mind*, exh. cat., Asia Society Museum, The Queens Museum, and the Grey Art Gallery of New York University, 2003; pp. 9-39. 值得注意的是，波什亚纳达早期关于布玛生平与创作的描述——时间是80年代末，当时布玛刚刚结束欧洲的研究所学习，开始在艺坛崭露头角——涉及的内容广泛许多，并且主题紧扣泰国的社会与政治；参见 Poshyananda（同批注8）, pp. 216-20。这两条书写路径之间明显的差异，不仅因为布玛在1994年妻子陈湛（Chancham）罹患乳癌不幸往生后，作品的主题越来越偏向灵修；再加上，迄今布玛的记载都是由从前亲密的伙伴或朋友所撰，因此这些"历史"明显充满了主观、赞扬的情感；参见 Navin Rawanchaikul and Gridthiya Gaweewong, "Dearest Montien: A Tribute to Montien Boonma," *ArtAsiaPacific*, Issue 89 (July/Aug 2014), 链接如下：http://

li367-91.members.linode.com/Magazine/89/DearestMontien（于2022年8月11日造访）。TAA 在档案的研究与展览上，一向意图明确地抗拒这类主观冲动——笔者作为 *[Montien Boonma]: Unbuilt/Rare Works* 一展的共同策展人，坚拒在展览或专辑当中的"任何地方"收入布玛家族的个人文献——以便为艺术家提供更为客观，同时也是他应得的历史地位（可以真正与布玛"历史性的"成就名符其实）。

22. 我们有直接的物证可以显示，布玛对博伊斯的创作及其概念印象深刻，至于波坦斯基所带来的启发，则较属推测。波坦斯基战后挽歌式的作品在80年代末获得了全球赞誉，尽管他曾在巴黎教授开放式工作室，让许多追随者可以选择时段旁听。但是，被问到当年是否接触过布玛或他的作品，波坦斯基表示并不记得；根据笔者与波坦斯基的电子邮件往返，2014年9月9日。

23. 尽管布玛的创作向度多元而丰富，波什亚纳达在他最近举办的首届曼谷艺术双年展（BAB；2018年10月19日至2019年2月3日）中，仍以佛教徒的基调不着痕迹地介绍布玛的作品。身为 BAB 的艺术总监与首席策展人，波什亚纳达将一组布玛的雕塑《黄道之宫》（Zodiac Houses 或 Zodiacal Houses, 1998）安置于泰国首都的佛寺里。事实上，布玛希望这件复合、参与式的作品可以带给观众一种"非教派"的精神性；个中缘由——很讽刺的——来自艺术家在斯图加特期间每日从高耸大教堂传来的铿锵钟声里所感受到的听觉与空间体验（90年代末，布玛曾在孤独城堡协会 [Akademie Schloss Solitude] 中享受了长达数月的艺术家驻村时光）；参见 http://www.bkkartbiennale.com/venues-detail/?venues=3（于2019年1月9日造访，此链接已失效）。

24. 关于英文版的泰国现代艺术史，以及泰国新传统主义在艺术史上的崛起，参见 Apinana Poshyananda, *Modern Art in Thailand: Nineteenth and Twentieth Centuries*（Oxford: Oxford University Press, 1992），特别是 pp. 194-207。泰国新传统主义的主要特征是直接援引传统（或古代）的暹罗设计与建筑图案元素，还有来自泰国佛教文学的寓言主题，这些全都用来代表作品的"泰国味"（与战后西方现代主义的抽象和极简倾向形成鲜明的对比）；参见 John Clark, *Modern Asian Art* (Honolulu: University of Hawaii Press, 1998), especially chapter 4, "Formation of the Neotraditional," pp. 71-90。

25. 有关奥布里斯特持续进行的"未建之路"计划，背景资料请见 Hans Ulrich Obrist and Guy Tortosa, *Unbuilt Roads: 107*

Unrealized Projects (Berlin and Stuttgart: Verlag Gerd Hatje, 1997); 奥布里斯特与布玛两人于2000年的通信收录于 *[Montien Boonma]: Unbuilt/Rare Works*, exh. cat., Jim Thompson Art Center, Bangkok, 2013, pp. 90-95。

26. 值得一提的是，为了应和这项计划在档案、关系与策展上"反独断"的本质，TAA 与汤普森艺术中心协力，从布玛纪念馆中找出了布玛的艺术家妻子——亦是版画大师——陈湛留存下来的系列作品，并开辟了一方小型展场将该系列首次介绍给观众；参见 *[Montien Boonma]: Unbuilt/Rare Works*, exh. cat., The Jim Thompson Art Center, Thai Art Archives, and Estate of Montien Boonma (Jim Thompson Art Center, Bangkok, 2013), pp. 106-11。"蒙天·布玛：生活、创作与新视角"（2013年5月9日于汤普森艺术中心）论坛活动的影片纪录可见 https://www.youtube.com/watch?v=-YqWXz8voI （于2018年12月24日造访）。

27. 关于泰国19世纪末的"内部殖民主义"，参见 Thongchai Winichakul, *Siam Mapped: A History of the Geo-Body of a Nation* (Honolulu: University of Hawaii Press, 1994); 以及 Winichakul, "The Quest for 'Siwilai': A Geographical Discourse of Civilizational Thinking in the Late Nineteenth and Early Twentieth-Century Siam," *The Journal of Asian Studies*, Vol. 59, No. 3 (August 2000), pp. 528-49; 还有 Michael Herzfeld, "The Conceptual Allure of the West: Dilemmas and Ambiguities of Crypto-Colonialism in Thailand," in Rachel V. Harrison and Peter A. Jackson, eds., *The Ambiguous Allure of the West: Traces of the Colonial in Thailand* (Ithaca: Cornell University Press, 2010), pp. 173-86。除了这里提出的"内部"议题，彼得·杰克逊（Peter A. Jackson）还点出暹罗与20世纪早期一些相邻国家之间所形成之暧昧的"半殖民"地位；见 Peter A. Jackson, "The Ambiguities of Semicolonial Power in Thailand," in *The Ambiguous Allure of the West* (as cited above), pp. 37-56。

28. "自动化东方主义"的潮流很有可能始自泰国早期现代主义式的发展阶段，关于这点——首度在此脉络中提出——详细内容请期待笔者即将发表的文章，"The Diorama and the Siamese Cat Show: Thailand, Futurism, and Auto-Orientalism at the New York World's Fair, 1939-1940"（发行单位：未定）；开放取用链接 https://mono.academia.edu/GregoryGalligan （于2019年1月9日造访）。

29. 关于泰国上座部佛教修行中观念的变幻无常与统摄的复杂程度，参见 Justin Thomas McDaniel, *The Lovelorn Ghost and the Magical Monk: Practicing Buddhism in Modern Thailand*（New York: Columbia University Press, 2011）。正如梅丹尼尔（McDaniel）所言："泰国佛教虽然有些文化通则，但并没有中心义理。"（页15）。现今泰国最知名的"佛教徒"是卡明·勒差布拉瑟（Kamin Lertchaiprasert, b. 1964），但即使是勒差布拉瑟的修行，最近也偏向禅宗，因其在修行上较为接近隐晦的上座部佛教；参见 June Yap, "This: Kamin Lertchaiprasert's Timeless Present Moment," in *The Timeless Present Moment*, exh. cat., Maiiam Contemporary Art Museum, Chiang Mai, 2017 (n.p.)。最后，大多数全球论述所探讨的、当代艺术里所谓的"佛教作品"，其内容与表现，基本上可以说就是禅宗。这个现象主要源于上世纪60年代反文化运动的意识形态；参见 Alexandra Munroe, "Buddhism and the Neo-Avant-Garde: Cage Zen, Beat Zen, and Zen," in *The Third Mind: American Artists Contemplate Asia*, exh. cat., Solomon R. Guggenheim Museum, New York, 2009, pp. 199-215。

30. 感谢 BACC 前执行长贾崔翟·普洛马哈达维帝（Chatvichai Promadhattavedi，任职于2008至2011年中心创始阶段）以租金免费的形式，慷慨提供 TAA 一方小型的实验空间；经过大约两年的试运期，TAA 开始向私人赞助者（主要是当地画廊）筹募资金，支付 BACC 微薄的月租，以贴补中心本身的活动节目。

31. 若想知道什么样的策展实践才更"接地"、更"在地"，而不像今日这些到处飞来飞去的"展览作者"（还有"作者—研究员"）所表现的那样，参见 Nancy Adajania and Ranjit Hoskote, "Notes towards a Lexicon of Urgencies," in *Journals*, 1 October 2010: Independent Curators International (ICI). http://curatorsintl.org/research/notes-towards-a-lexicon-of-urgencies（于2018年11月17日造访）。

32. 关于 misprision（包庇、知情不报）这个词最初的用法，是指艺术家对先人前辈的 poetic misreading（诗学上的误读），借此超越他们造成的影响，并暗中"修改"他们的历史成就，参见 Harold Bloom, *The Anxiety of Influence: A Theory of Poetry*（Oxford and London: Oxford University Press, 1973）, pp. 5-16。笔者在本文里假诗学的名义，借这一词来指涉在当代政治或社会议程上，对历史的误读（无论个人还是机构、有意还是无意）。

33. 关于沃霍尔对建立档案的矛盾态度，参见 Andy Warhol, *The Philosophy of Andy Warhol* (From A to B and Back Again) (San Diego, New York, London: Harcourt Publishers, Ltd., 1975), pp. 144-45。

34. 关于艺术影响力的微妙复杂性，以及"将撞球模型套用在艺术创作上"之不可行，参见 Göran Hermerén, *Influence in Art and Literature* (Princeton, N.J.: Princeton University Press, 1975)。在这个模型里，一道力量只是打在另一道力量上，强迫对方朝着某个特定方向前进。

35. 参见 Pierre Bourdieu, *The Field of Cultural Production: Essays on Art and Literature*, ed. Randal Johnson (New York: Columbia University Press, 1993)。视觉认知本身具备了二元性：眼睛所见的一切，会以痕迹或印记被归档至无意识领域里，保存在脑中，关于这部分，参见二十世纪初西格蒙德·弗洛伊德（Sigmund Freud）有趣的模拟，将意识当作"神秘书写板"（或"魔法石板"）：Sigmund Freud, "A Note Upon the Mystic Writing Pad," in Charles Merewether, ed., *The Archive*, Documents of Contemporary Art (Cambridge, MA and London: The MIT Press and Whitechapel, 2006), pp. 20-24。

36. "权力的殖民结构"据称仍在所有后殖民论述的脉络中发挥作用，关于这点参见 Anibal Quijano, "Coloniality of Power, Eurocentrism, and Latin America," in *Nepantla: Views from the South*, Vol.1, Issue 3 (2000), pp. 533-80；数字版本请至以下链接 https://edisciplinas.usp.br/pluginfile.php/347342/mod_resource/content/1/Quijano%20(2000)%20Colinality%20of%20power.pdf（于2019年1月9日造访）；以及 Walter D. Mignolo, "Delinking"（同注释1）。

37. 关于该展的展览纪录请见曼谷城市城市画廊的网站 https://bangkokcitycity.com/，点选 Exhibitions 与 Artists 页面（于2018年12月30日造访）；以及 Kong Rithdee, "Space Oddity," *Bangkok Post*, 12 December 2018, https://www.bangkokpost.com/lifestyle/art/1592342/space-oddity（于2018年12月29日造访）；关于艺术家自2000年代初以来的档案式创作实践，详细背景请见 http://www.gbagency.fr/en/49/Pratchaya-Phinthong/#!/Works/tab-46（于2018年12月30日造访）；以及 David Teh（同注释8）.

04

土方巽档案库:
日本舞蹈档案库的先驱

森下隆

引言

随着许多艺术大学开始建立典藏机构,日本兴起了一股对于艺术档案库的兴趣。关于典藏理论的研讨会越来越频繁地出现。这带来的是一个极为活跃的出版和论辩网络,档案专员能在其中探索他们工作的目标与具体运用。当档案库的文化意义在日本逐渐被肯定之际,国营机构却未能实质性地担负起典藏的责任。同样地,民营档案库也未有适当的发展。这情况在表演研究的领域中特别明显。尽管有这些限制,土方巽档案库很早便开始其典藏工作,并专注于舞蹈和其他表演实践。我们可说是日本档案库运动的先驱。

首先,我来简单介绍一下这个档案库。

档案实验:土方巽档案库源起

土方巽档案库于1998年4月成立。它的主要设施和总部位于一个美术研究机构:庆应大学艺术中心内。土方巽于1986年去世后,原先他主持的训练地——石绵馆被转型成保存和收藏土方舞踏技艺的纪念馆。然而在经历十年的发展后,纪念馆试着在资金来源与管理上都开始寻找新的方向。与此同时,庆应艺术中心的一些艺术史教授尝试要设计一个对于当时日本还很陌生的"名为档案库的文化装置"。对于这些熟悉欧陆档案库及其意义的研究者来说,土方巽纪念馆是一次能为日本建

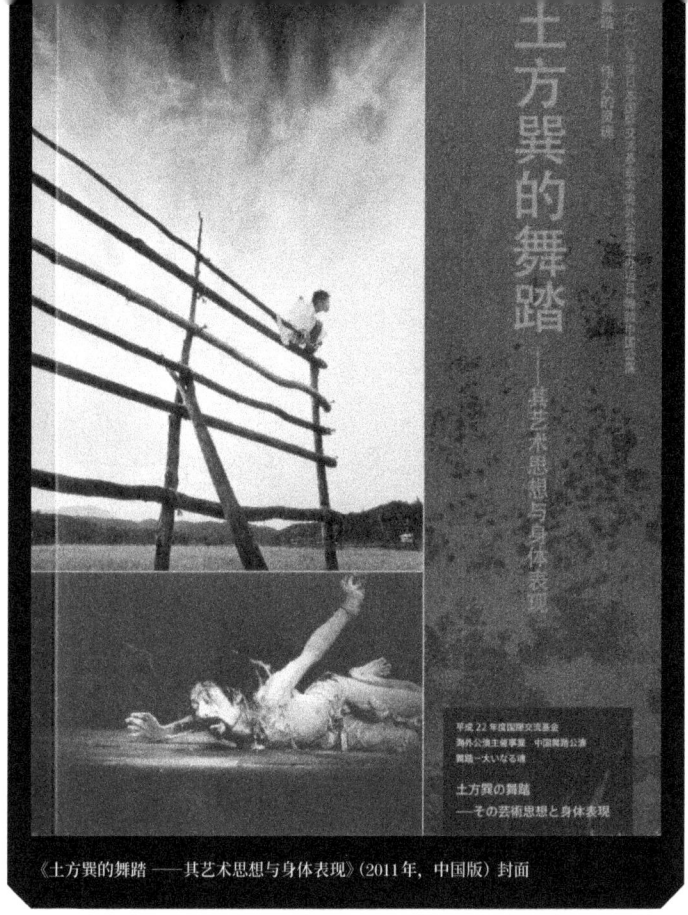

《土方巽的舞踏——其艺术思想与身体表现》(2011年，中国版) 封面

立一个作为其他艺术档案库典范的实验档案库的机会。

虽然我们主要是一个舞踏档案库，但我们决定要包括来自艺术光谱上的不同材料，像是当代艺术和音乐，以及和戏剧与电影相关的对象。是以，档案库建立的背后驱力是希望不同的使用者都能享受档案库的馆藏。位于庆应大学内这座档案库是那些捐赠文物者、艺术研究者和管理者基于不同理念、目的和期待交织下的产物。建立一个档案库需要不同背景的人们，如策划者、设计师和行政管理人员。但第一要务是找到空间给工作人员、行政和捐赠 - 典藏办公室、储藏室等。

然而，在1998年艺术中心自己都面临空间不足的问题。因此，艺术中心也因应日渐增加的馆藏和展演活动而扩大规模。另外一个问题是经费来源。大学并没有为土方巽档案库编列特别预算。幸好，艺术中心获得一笔校外经费专门用来"中心数码化"，这笔经费便交给档案库使用。由于这笔经费的关系，档案库必须要积极地数码化其收藏。几乎是无可避免地，"数码化"成为我们的一部分，而一个数码档案库诞生于焉。二十年前，数码技术便被认为能增进舞踏相关文献保存的规模并帮助研究进展。在今天，物质保存、档案创建、材料搜寻都需要数码技术才得以完成。

土方巽档案库的原则和目标

土方巽档案库馆藏丰富，且对公众开放。越来越多对舞踏有兴趣的人，从舞者到研究者开始使用我们的馆藏。这些活动逐渐成为艺术中心运作的核心。配合这些目标，我们依据下列原则来进行档案库日常工作。

首先，我们是一个艺术档案库。作为一个艺术档案库，我们搜集和保存各式各样的材料：摄影（相纸成品、负片和胶片）、录像、声音和语音录音（开放式卷盘、卡带）、舞踏乐谱（手抄）、手稿和笔记（手抄）、信件、印刷材料（特别是非永久性的文件、服装、布景道具和数码档案。当要纪录一个长达数十米的舞台时，我们会巨细弥遗地留下所有的细节，甚至包括那些可能原本要进垃圾桶的速记草稿。在进库房前，这些材料会依据其类型、大小和数量被赋予不同程度的重要性。

再来，我们是一个研究型档案库。除了已完成的作品外，我们同时

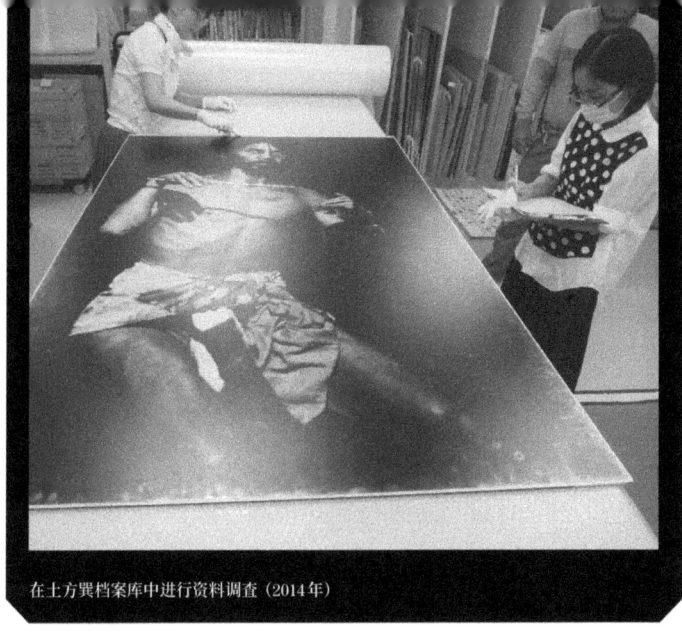

在土方巽档案库中进行资料调查（2014年）

重视创作的过程。我们搜集创作过程中被使用到的不同对象以利未来研究和检视。我们称这一计划的原则和目标为"创生档案库发动器"。我们以此来界定档案库的方向和活动。与艺术机构不同，如果说它们的工作只是收藏完成的作品，我们搜集的材料则甚至包括那些参与舞踏演出制作的人会扔掉的东西。我们的目标是让其他人通过研究来挖掘这些材料的重要性。"普查"或许可以用来形容我们的方法。相对于专注于一小部分样本，我们的目标是对所有相关的数据或档案进行完整的研究。每一个研究者都是带着他们自己研究旨趣来我们的档案库。一个学者想要探讨舞踏的方法或技术，另一个可能想要知道土方巽表演布景的道具或戏服、土方私人的照片或是关于他家人或家庭的讯息。多种的可能性让我们难以预测研究者的研究兴趣为何。但是我们的工作是提供相应的材料或是信息。因此，我们每天都努力地要完成每一个研究者的要求，并寻找新的材料。

去年,我们找到了一份名为《二十世纪舞蹈》的小众刊物的前三期。我们特别想要找到第二期,因为其中有一篇还没有人讨论过的土方巽写的文章。我们其实在四五年前便向加州大学洛杉矶分校索取这份刊物。这篇文章特别重要,因为它是发表在土方巽的《禁色》,现在公认的第一场舞踏表演之后。除了这篇文章外,这份刊物的头三期对于日本舞蹈史学者也格外重要。该刊是在日本舞蹈关键的转型期中出现在历史的舞台上的,且一定会成为这个领域中的指定读物。

另一个我们档案库如何为研究提供资源的例子是,当去年有一个名为"挑衅"的展览在欧美巡回展出时,土方巽档案库提供了一件土方的创作伙伴中西夏之的作品"年轻人的一般型录(人体背面)"。这件作品(以纸为素材)从来没有被用在土方的舞台上。然而它仍获得相当的关注,这主要是因为它也探索了舞踏艺术家和舞者所重视的"背面"这个概念的关系。

因此,我们呈现新的观看角度,而材料本身也开启了新的研究领域。结果是,馆藏藏品逐渐获得新的意义。另外值得一书的是,档案库会主动创造新的馆藏。除了历史材料的典藏外,因为研究和创作而产生的二手文件,以及那些为了澄清或加深我们对于第一手材料理解的作品也应该被加入到档案库中。土方巽档案库欢迎舞蹈研究并提供他们的纪录档案。但这并不是档案库工作的全部。我们也有自己的研究人员,不断试着增进档案库内含的知识价值。

最后,我们是一个数码档案库。数码档案库的原则和形式不断在变化。二十年前,任何数码化形式都被看作是创举。今日,人们往往预期档案材料会是以数码方式保存和存取。尽管有一定的标准化,问题像是进行研究需要多少数码识读能力，或在多大程度上我们需要以数码方式来传播相关典藏信息，仍是有待解决的议题。

以上，我介绍了庆应大学艺术中心的土方巽档案库的运作原则和活动。不像二十年前，这些特质现在在日本档案库中似乎已是相当普遍。

土方巽档案库的特质和角色

土方巽档案库有许多特色。首先，它是关于一个独特的人物，一个艺术家的档案库。和土方巽有关的材料构成了我们馆藏的基础。这是我们和其他，包括海外的档案库共享的特质。土方巽档案库最主要的特色是所有和舞踏创始人土方巽有关的、已知的材料都典藏在此。根本上，如果想要了解关于舞踏的基本知识或是系统性地研究舞踏，使用我们的档案库是必要的。将所有材料，包括特别重要的品项典藏在同一个地方对于任何研究来说都至关重要。同样地，研究者能受益于我们的库存地点。因为档案库位于一所大学内，研究者能轻易地参考在校园内其他的艺术相关文件。此外，想要深入研究舞踏的学生也可以和我们合作计划。因此，可以说我们的档案库是一个舞踏研究的中枢。

我们透过引介向其他舞踊中心、舞者和研究者探询关于土方巽的材料。在日本其他舞踏相关的舞踊中心还包括大野一雄档案库和室伏鸿档案库。我们几个机构构成了一个研究网络，若有必要，我们都会将专家学者介绍给这些伙伴机构。我们同时也会帮来访日本的海外研究者、舞者和舞踏工作坊主持人建立联系，甚至会帮这些访客确保他们能参与工作坊的活动。档案库因此也是一个储藏和交换通讯方式的地方，这服务对于我们的海外访客来说特别重要。

理想的话，日本理应有一个单独的"舞踏中心"（或许可以设在东京），这个中心会负责档案典藏和组织工作坊与课程。不幸的是这样的中心并不存在，而目前日本也没有要建立一个这样中心的计划。

正是在这样的情况下土方巽档案库承担了人员和信息交换枢纽的角色，一个舞踏研究者和海内外舞者活动的中心。不论是舞踏迷还是一般对舞踏有兴趣的非研究者们都可以参观本中心。我们经常在校园内举办表演和展览，并且赞助那些参与艺术中心主办活动的参与者。这些参与者本身也是重要的信息提供者，就这意义而言也是我们的合作伙伴。

本中心也尽力回应舞踏的国际化。舞踏的国际化是在20世纪下半叶开始，一直到今天仍然重要。虽然这里无法详细地探讨这个现象，我们可以清楚地看到越来越多国家和区域开始注意到舞踏。令人欣慰的是舞踏在全球被称为"舞踏"，而非像是"当代日本舞蹈"这样的称呼。舞踏全球化伴随着国外舞踏研究的发展，带来了对于舞踏更深的理解。此外，在20世纪日本舞踏跟它的肢体表现主要是透过在日本拍摄的照片传播到全世界。到了21世纪，有越来越多国外研究开始影响日本学界。因此，许多海外研究者来拜访我们的档案库。他们有的是想要学习如何表演舞踏、理解舞踏背后的理念，或者只是对于日本文化有兴趣。我们都确保我们能满足他们的需求。因为舞踏全球化的缘故，我们的访客相当多元，包括艺术家与研究者。他们来访时已对舞踏有基础认识，知道它源于日本且土方是它的创始人。我们从未想到舞踏在海外会有这么大的吸引力。那些依照欧美档案库为本，来打造我们档案库的创始人们，一定认为我们的主要工作就只是围绕在库房和图书馆书架间。然而，我们的访客不只是想要浏览这些材料。从舞者到舞蹈研究者，他们往往带着不同的研究目的。我们第一代的馆员们肯定是无法想象到这样的情况的。

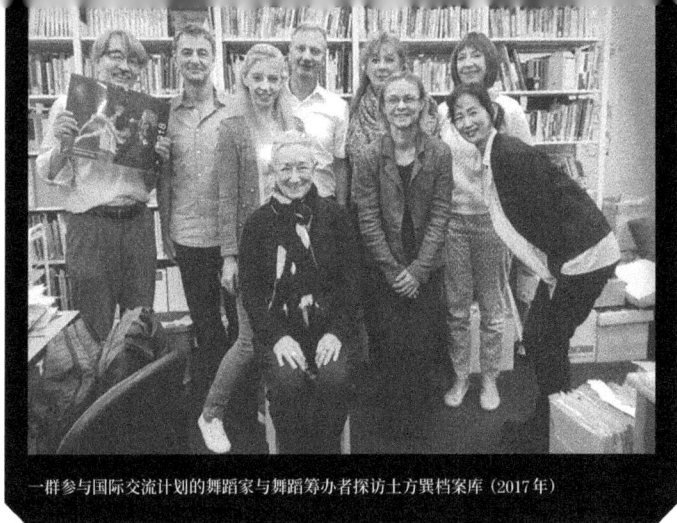

一群参与国际交流计划的舞蹈家与舞踏筹办者探访土方巽档案库（2017年）

档案库的各种活动

不幸的是，我们档案库的存续在这二十年间面临过不止一次的危机。这或许是因为我们一开始的经费是来自于他人之手的缘故吧。我们也未能总是完成我们的目标。此外，我们仅有一部分的工作能达成我们的理想。规范的档案工作、整理和保存材料、创建资料和回答公众的问题当然是我们的主要工作。在少有艺术机构能做到这些工作的情况下，我们的档案库仍能完成这些要求。除了例行的保存材料、创建数据库、规划展览和接待研究者外，我们也收到越来越多各种不同的请求。我们搜集和舞踏研究相关的新材料、帮助规划研究、书写制造我们原创的内容、并出版刊物。此外，我们还组织海外与国内表演、工作坊、展览和电影放映。透过这些活动，除了完成任何档案库应负的责任外，我们希望能展现土方多方面的艺术成就的重要性。下面是这些活动的简介：

·鎌鼬美术馆

鎌鼬美术馆于2016年在秋田县羽后町田代开幕。它是用来展出摄

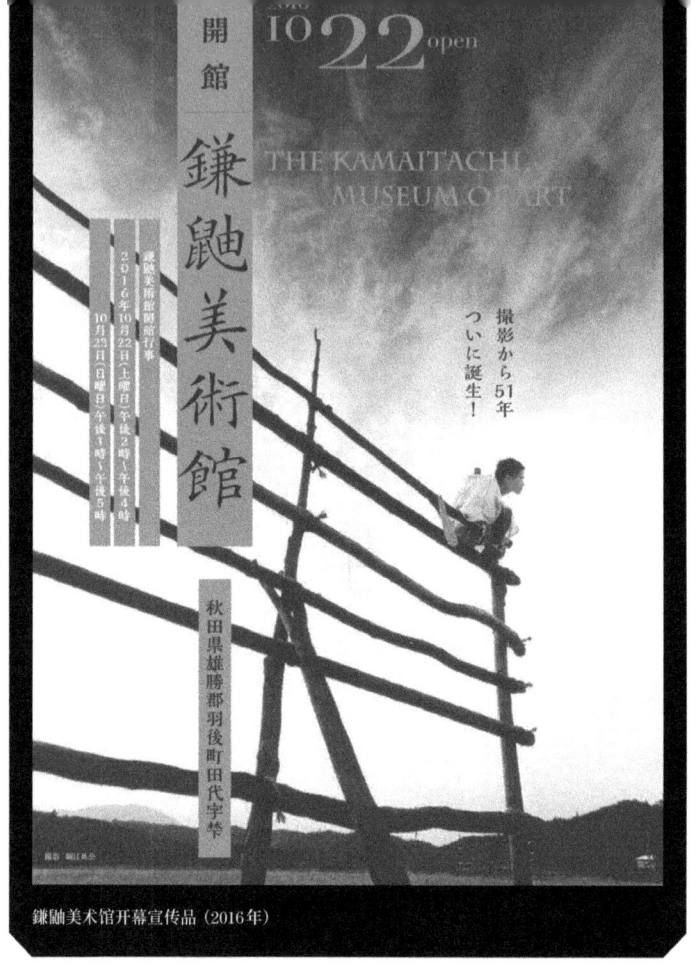

鎌鼬美术馆开幕宣传品（2016年）

影师细江英公关于土方的那本极富影响力的摄影集"鎌鼬"中的相片。这些相片是在一个位于田代的一个小村落拍摄，现在已被称为"鎌鼬之家"（"鎌鼬"是当地传说中怪兽的名字）。

我们参与了这个博物馆从发想到实现的过程。尽管规模不大，这个博物馆是这个地区重要的文化资产。我们协助规划了于每年秋天举办的

"鎌鼬之家艺术节"。当地的民众展现他们的民俗表演与工艺，享受前卫音乐和舞蹈，并招待国外舞踏舞者。外地参与者们也会体验农耕活动，譬如晒稻谷。这个艺术节可以说是促进人们自我生命和意识的实现。连结舞踏与地方，并和当地人一起合作也是一种提高我们档案库存在意义的方式。

· 泥土土方巽

在2008年，我们举办了"泥土土方巽和水滴时间"的活动。"衰弱的身体"是土方常提到的概念。自1970年以降，很多他的作品都是在探索生命的消逝：衰老病死。其中最具代表性地对这个概念的表述展现在1972年"给四季的二十七晚"表演中的一幕："天花谭"。

在另一幕"麻风舞"中，土方或躺、或趴、或是在地上打滚。为展现麻风病带来的痛苦，在这一舞蹈中他从不站着。在某一刻中，他坐起，打直了背，举起他的四肢像是在寻求援助。一个真人大小的黏土雕塑"泥土的土方巽"呈现了这个姿势。这一塑像之后被当作是一个装置展览的一部分展出。这个装置设计中，水会从雕塑头上缓缓滴上三天三夜，流到塑像的肩膀和手上。最终，雕像崩解。这个装置艺术有全程照相和录像记录，同时也在网络上直播。这是一件随时间变化的装置艺术。这是一个我们档案库协助推广土方舞踏研究的案例。

· 梦幻的世博电影

"midori馆"是1970年大阪世界博览会中的一个展览馆。在当时其建筑是世界最大的巨蛋。它是世界第一个全景戏院——电影可以投影在它的内部结构上。其中一部被放映的电影是土方参与演出的《诞生》。在展览会期间，超过六百万名观众造访"midori馆"并观赏土方的舞踏。在世博结束后，"midori馆"和其他大部分的设施都被摧毁，展览的对

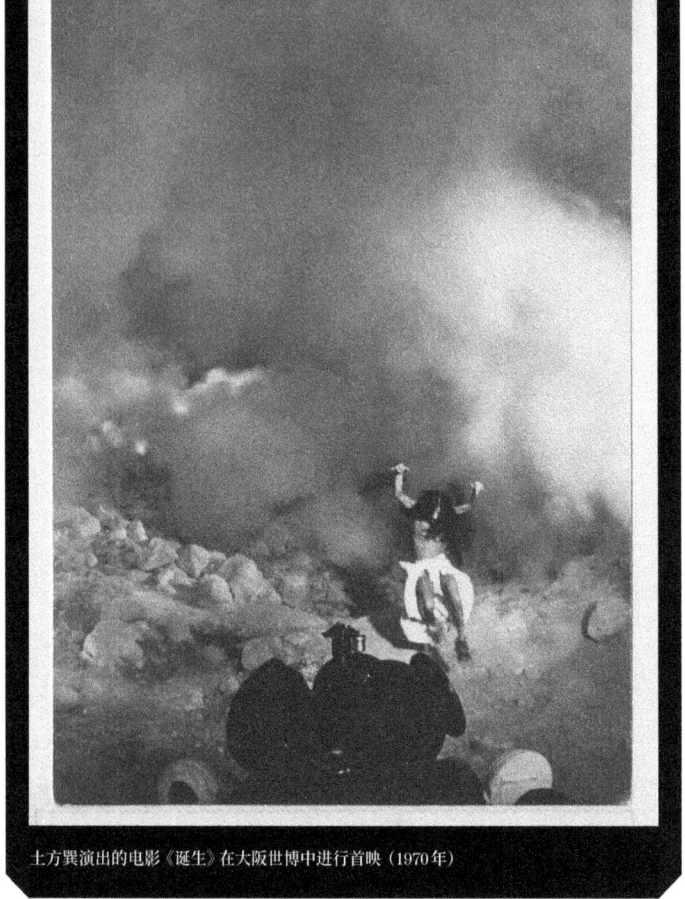

土方巽演出的电影《诞生》在大阪世博中进行首映（1970年）

象也被一同弃置。土方的《诞生》丧失了再次被放映的机会。

因此在土方巽档案库，我开始寻找这部如梦般的电影，心想如果能找到并保存这部消失的电影就太好了。我联络了电影制作公司和其他机构，探询这部影片被储藏在某处的可能性。最终，我终于在研究1970年日本世界博览会纪念组织的材料时找到了这部影片的下落。我们在接手了"midori馆"相关物品的公司的仓库中找到了这部几乎失传的影

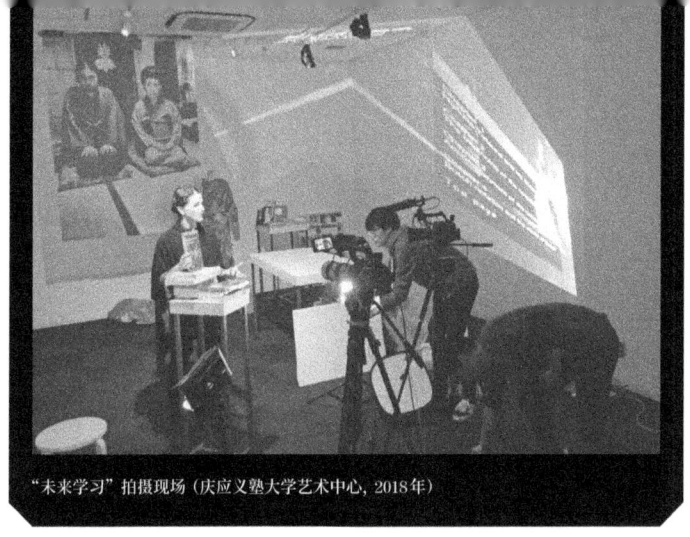

"未来学习"拍摄现场（庆应义塾大学艺术中心，2018年）

片胶卷。透过电影专家的帮助，我们得以了解这批胶卷的技术细节和保存状况，并确定这就是当时放映的70毫米电影正片。失传的电影终被寻获。

接着，我们制作了一本日英对照的手册，名为《梦幻的世博电影——土方巽的太空剧场舞蹈》，详述了我们的研究经过。同时我们制作了一部电影《土方巽和世博电影》记录这个调查过程。《诞生》是一份无价的文件，它让我们得以在大屏幕上观赏一场杰出的土方表演。

· 未来学习

庆应大学是一个网络社会学习计划——"未来学习"的参与者。庆应参与该计划的方式是组织一个四周的网络课程介绍大学正在进行的研究计划和文化活动。

土方巽档案库于2018年参与筹备一个为期四周的国际系列，名为"从舞踏看日本前卫艺术"。我们准备了数个单元涵盖不同主题，从土方发展舞踏的生命历程、舞踏的历史和本质、舞踏的技术与方法，一直到国外对其的吸收与转化。我们委托国内外舞踏组织与研究者从我们的档案库中汲取材料（包括土方的摄影），来制作这些单元。"未来学习"给予我们一个平台传播关于战后日本艺术的知识给观众。尽管这个系列本身必须涵盖多样的主题，但我们仍得以在有限的预算下，相对快速地完成它们。这归功于档案库已累积了相当多的研究成果，以及我们有力的国内与国际网络。

这个计划在国外获得了超乎预期的回响，有相当多的外国人士慕名参加。我们认识到这意味着人们仍对于土方与舞踏求知若渴。因此，我们再一次于2019年1月放送这个计划，并计划在增加内容后于未来再一次将此系列上线。这都是在数码技术发展和舞踏国际化下才可能发生的。

结论

我们的历史说明，主持一个档案库从来不是一件易事。但当我们能妥善地接待舞踏舞者、研究者和爱好者时，一切辛苦就都值得了。尽管有时档案库的财力与人力皆相当吃紧，但是，从维护到发展藏品，档案工作的重要性只会与日俱增。

档案库对于舞蹈、艺术或是藏品发展都是不可或缺的。它们是带有社会任务的公共机构。土方巽档案库的历史意义在于它在日本为舞蹈档案库建立了一个重要的先例。我们期待能在未来继续这项实验。

日译英：Josh Trichilo；英译中：刘以霖

05

一个人的档案库

许元豪谈建立新加坡艺术档案库之可能性

许元豪 & 潘　律

2019/05/04　台北诚品南西店

新加坡存盘工作的缘起

潘：能跟我们说一说在新加坡建立档案库的社会及历史背景吗？

许：莱佛士图书馆和博物馆于1887年开放，曾是殖民地时期新加坡（1819年至1942年，1945年至1963年）最早进行归档的机构。1938年莱佛士图书馆和博物馆设立了一个文件管理员的职位。日据时期（1942年至1945年）莱佛士图书馆和博物馆曾被更名为昭南博物馆，据记载藏品只有小部分遗失和损坏。1955年莱佛士图书馆和博物馆被分开管理，并于1960年分别更名为国家图书馆及国家博物院。国家博物院画廊通过政府、新加坡艺术理事会及公众募捐的方式于1976年成立，作为国家博物院的一部分，并提供现代展览厅与多功能演艺厅。国家博物院设有图书馆兼档案室。1965年新加坡共和国成立后，新加坡国家档案馆继而于1968年成立。

国家文物局于1993年8月成立隶属政府的新闻及艺术部的法定机构。据此，新加坡国家博物院及国家档案馆也隶属于国家文物局。新改制的新加坡国家博物院主要包括了三个馆——新加坡历史博物馆、新加坡美术馆以及亚洲文明博物馆。国家博物院里面的图书馆兼档案室，也随着三个新馆成立而将收藏资料分布在三个新馆和国家图书馆。新加坡历史博物馆设在原国家博物院的建筑里，新加坡美术馆接管国家博物院画廊的藏品，并于1996

年将其搬入旧圣何塞书院楼内。亚洲文明博物馆设在原道南学校旧址。而新加坡国家档案馆在2012年11月1日成为国家图书馆管理局的附属机构。新加坡国家美术馆资源中心于2015年正式开放，当中包含了馆藏参考资料与历史档案。

新加坡自殖民地时期到1965年独立，经过了不同的政治体系；她继续是一个多元文化和语言的地方。她的国家机构如档案馆、图书馆以及博物馆都有收藏和保存第一手及第二手的材料。但是，在艺术的第一手材料收藏方面却不太理想。早在20世纪初，马来亚和新加坡艺术的二手资料素材主要来自当地报纸的文章。同样在20世纪初期，艺术团体及展览场所，也为新加坡的艺术活动记录作出了不少贡献。以中文为主的各种期刊（只有小部分是纯粹的艺术期刊）对艺术家和作家而言曾是他们普遍可以发表作品的平台。自50年代起，有关新加坡艺术史方面的出版物[1]零星地通过四种官方语言的其中三种（英文、中文和马来语）获得出版。

替代艺术史的归档方式/方法

潘：你如何形容你的档案库与国家档案库及它们的研究方法之间的关系？你认为自己在新加坡主流艺术史中建立一个平行的还是另类的历史叙述？

许：我从高中时期就开始收集剪报，将它们作为我写作文和美术学习的一部分。之后，自1985年末至1992年初我的第一份工作是在当时新加坡唯一的国家博物院做博物馆助理，负责国家博物院画廊的工作。所以当时我尽可能多地去学习与新加坡美术史相关的知识。

摄影工作不是我在博物院的职责，但它是我在馆藏记录和展览筹备过程中的重要媒介。从中我积累了基本摄影知识也开始去记录展览、开幕仪式、记者招待会、讲座、工作坊、工作室参观和行为艺术等活动。我也在工余时间记录其他的展览活动，并且尝试记录那些仅存的村庄来唤起我童年的乡村记忆。后来当村庄消失了，我便继续拍摄国家博物院附近变化中的城市景观。我有留意到新加坡艺术家们的绘画中经常有新加坡的风景、社会及政治景观。

新加坡《版权法》在1987年才通过，我近乎强迫性的存档方式是针对那些未受《版权法》保障或限制的艺术作品和活动。在上世纪80年代中新出现的艺术形式如装置和行为艺术，成为我主要的摄影记录对象。我避免侵犯版权，所以不会正面去拍摄平面作品，而是将那些作品置于展览环境中来拍摄记录。因此，我记录与存档视觉艺术的方式以及工作方法有别于国家博物馆和档案馆。官方的艺术活动照片多关注剪彩贵宾和政治人物，再来是艺术家和展览／活动，但我的照片却包含了艺术家们的视角、活动筹办方以及观众。

我在新加坡博物院的工作让我对新加坡美术史有了一定的历史观点，加上我个人收藏的档案资料让我对新加坡美术发展及其艺术家与艺术运动有更深入的认识。

从我在不同展览中担当不同的角色，尤其是在福冈市的两家美术馆，我认为自己的档案库提供了跟新加坡官方博物馆平行与另类的两种叙述。因为我参与的展览研究都引用了我的档案资料和研究。

新加坡艺术文献库计划

潘：能谈一下新加坡艺术档案库项目的内容和缘起吗？

许：1992年初，我离开了国家博物院画廊并成为一名全职艺术家。当时我加入了一个刚刚成立不久的社团"新加坡艺术家村"。

1996年，我有一个机会成为日本福冈美术馆"东南亚现代艺术的诞生：艺术家与运动"展览项目的协调员。参与这个项目让我了解了一些被遗忘的前辈艺术家、他们的作品以及新加坡艺术的早期历史。当时从有关机构获得可研究的材料十分有限，这也促使我去拥有属于自己的收藏，以便日后研究和学习新加坡艺术及其国际关系。

许元豪父母的公寓

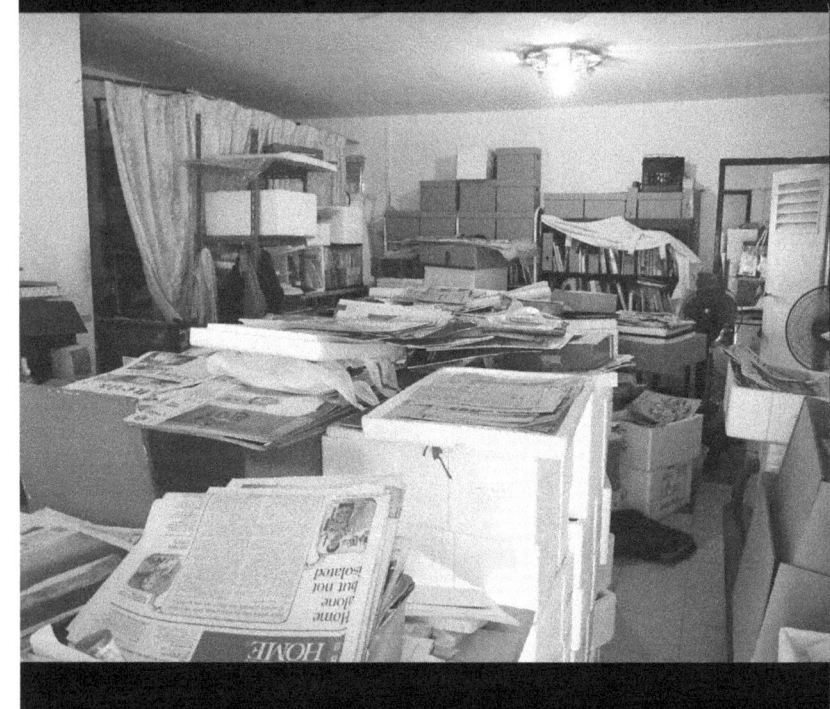

家中的档案资料(新加坡艺术档案库项目)

许元豪的公寓

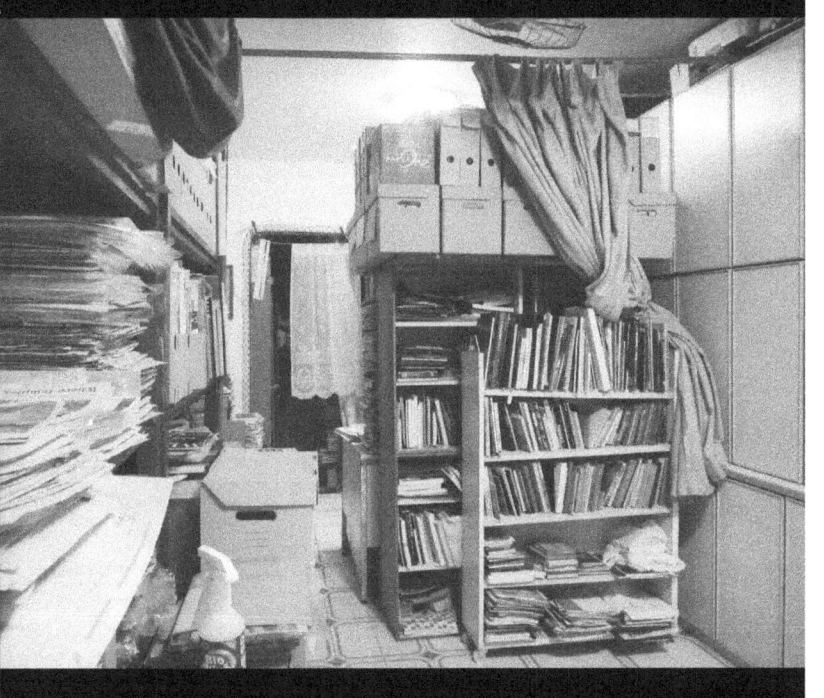

家中的档案资料（新加坡艺术档案库项目）

参与福冈项目后,我认为自己的艺术数据收藏和记录应首要关注即将消失的新加坡前辈艺术家们的作品以及他们的经验。因此,通过前辈艺术家自身和一些意想不到的来源如古玩店、跳蚤市场、二手书店、图书特卖会、空置的建筑物和垃圾堆,我收集到了一些曾被删剪、充公、销毁和损坏的旧材料。

2004年我与一个新策展团队p-10呈现了"勘误展"(ERRATA)。[2]同年,亚洲艺术文献库邀请我提供一篇关于我的存档活动的文章,发表在他们的在线数据库。我当时发表了《从摄影到记录新加坡当代艺术:新加坡艺术文献库计划于p-10》。"勘误展"之后在2005年我受香港亚洲艺术文献库邀请参加了"当代汇档:记存亚洲艺术的今天、昨天与明天"的艺术文献库国际工作坊。于是在同年,我便创建了"新加坡艺术文献库计划"(SAAP)。

新加坡的国家档案机构资金充足、有专门设计的建筑、存档专才与相关人力和物力资源,而我的档案库项目则属于自筹性质。我的储藏空间是非常私人的,在住家及租借空间,并且欠缺专业保存的条件。当这些档案数据不在展览会时,它们就藏在各个储藏空间。

SAAP的收藏品内容则囊括多种不同本地与外国展览与艺术活动。它以发生在新加坡的艺术活动的纪实摄影与录音记录、印刷品、原始数据和艺术品等数据为主。这些内容包括：国家博物院画廊举办的活动、新加坡艺术节和双年展活动、新加坡的美术教育、新加坡美术团体与空间、新加坡木刻运动、新加坡写实与现实主义运动、新加坡行为艺术、新加坡公众与艺术等等课题。这些收藏品可以让本地美术史追溯到20世纪初。

自从SAAP作为一个与新加坡艺术及其广泛国际关系相关的档案库后，即决定了其选择标准或收藏范围的扩大。我并没有因为空间与经费的严重缺乏而却步，这反而鼓励我为展览及共享数据发明出更有创意的解决方式。

潘：在归档实践上，你如何界定自己的媒介、内容、选择方式等等？
许：SAAP中的数据种类都基于我在博物院的工作、我的艺术活动以及我遇见的东西。从高中时代收集的剪报，到那些我在新加坡国家博物院工作期间收集的美术印刷品。这些印刷品包括展览准备工作的文献、展品清单、邀请卡、海报、画册、书籍和新闻稿。这些关于展览活动、讲座、工作坊和行为艺术的摄影记录都是通过胶片相机来拍摄的。展览开幕的献词、讲座、行为艺术也通过录音带记录。在数码化之前，我很少有用到磁带和录像机来记录，因为买不起录像机，也觉得磁带在热带地区不好长期保存。

我的收藏中前辈艺术家的材料可以被分为：纸质材料（新闻剪报、日记、笔记本、照片、期刊、书籍、画册、素描册子和作品遗物），胶片摄影（负片和正片）以及艺术作品原件（大多数是许铁生[3]的收藏，包括摄影作品、画作、木刻版画、水彩画、油画、中国水墨画和木雕）。

从1999年起，我的摄影、录音和录像记录转换成了数码形式。同样是在1999年左右我开始扫描纸质的材料，因此SAAP的收藏包含有实物和数码两种形式。

新加坡与其他亚洲艺术家的交流

潘： 从新加坡艺术家村的案例里，我注意到新加坡艺术家与亚洲其他国家的艺术家们有很密切的联系。回顾一下的话，你如何看你的档案库与亚洲现代及当代艺术之间的关系？你认为在新加坡及亚洲做一个艺术档案库有哪些困难？

许： 在新加坡艺术家村的案例中，我对亚洲其他艺术家的收藏主要从个人联系、亚太地区的展览和活动来开始和积累材料。日本福冈市于1979年开始通过亚洲艺术活动融入亚洲。在福冈之前，从70年代初期在亚细安[4]（也称东盟）的文化交流下有不同系列的展览，例如：东盟艺术展览；东盟绘画和摄影；东盟雕塑研讨会；东盟绘画、版画及摄影巡回展览；东盟绘画、摄影及儿童美术巡回展览；东盟青年绘画工作坊及展览；东盟美学工作坊、展览和研讨会。

作为新加坡国家博物院的策展组职员,我通过博物院的图书馆资料以及实际准备工作而接触到了一些东盟艺术活动。比如,在当代艺术领域中,在1987年,澳洲珀斯的艺术界人士发起了区域艺术家交流(简称ARX),亚洲艺术家(大多是东南亚的)在这样的情况下第一次见面交流。新加坡艺术家村的艺术家们在1989年和1992年参与了ARX的活动。但是,关于ARX(1987-1999)的信息和档案不论在线和实物存管都并不多。

新加坡艺术家村在1992年2月正式成为一个社团法案下的注册社团,并与新加坡国家艺术理事会联合主办一项名为"The Space"(空间)的新加坡艺术节之艺穗展览活动,有40位本地艺术家和20位国外艺术家参与。来自福冈的日本艺术家也获得他们城市艺术基金会的资助参与到了其中。在1993年,泰国艺术家春蓬·阿比素(Chumpol Apisuk)和我发起了一项名为"黄色意识"的活动,将泰国、德国和新加坡艺术家们聚集在一起并以黄色为主题展示他们的作品。春蓬·阿比素就是于1992年参加过新加坡艺术家村"The Space"展览的两位泰国艺术家中的一位。

我因担任统筹者和研究者的身份参与福冈现当代艺术系列展览(亚洲艺术展及福冈三年展)和新加坡艺术的专题展,我对于亚洲艺术的知识逐渐积累起来。自然,SAAP项目中的亚洲资料会被纳入展览,而同时也有新的数据被纳入我的档案收藏中。

我的SAAP收藏材料中有相当丰富的泰国艺术刊物和摄影

勘误展：许元豪个人展览，
新加坡 p-10, 2004年

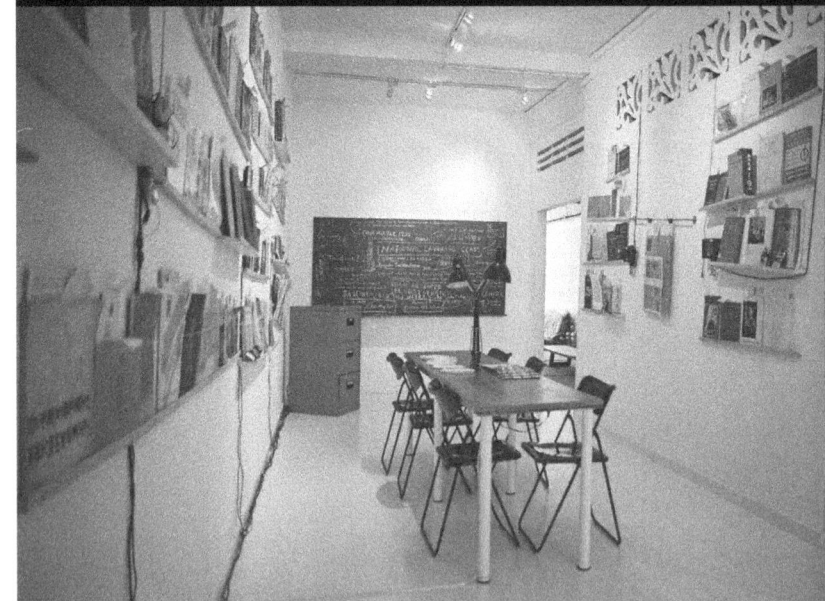

《新闻艺术家》,许元豪
2011年新加坡双年展:Open House 的一部分,新加坡美术馆SQ,2011年

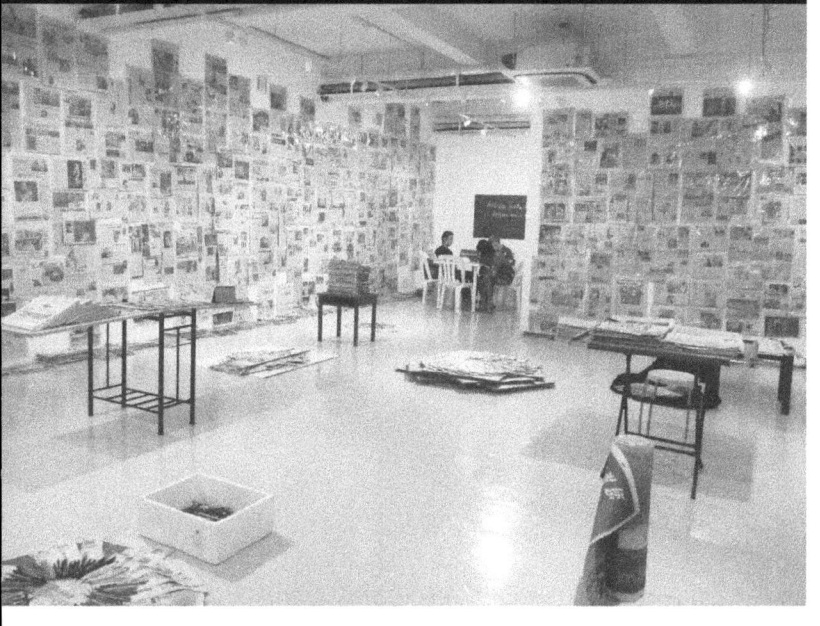

记录（1989-2000）。这些泰国现代与当代艺术资料始于我两次（1989-1990）参加东南亚教育部长组织于曼谷举办的培训课程（文物预防保护、文物及文化活动的摄影和录像记录）。但这一部分的收藏只得到了一些泰国和日本策展人与研究员的重视。

以亚洲地区为艺术资料存档应该是始于1999年成立的香港亚洲艺术文献库（Asia Art Archive，简称AAA）。在AAA之前，亚洲各地的国家或城市已经有属于自己的博物馆、图书馆和档案库，但是它们的艺术收藏标准和藏品却大相径庭。政治环境尤其是在冷战时期，亚洲国家之间的关系会对艺术档案库的发展和信息的分享造成一定影响，不同语言的使用也会使其复杂化。

以下所列的亚洲艺术档案库名单是相对新近的，并且反映了将艺术存档作为严肃保护工作的新发展：

- 日本国际交流基金会东盟文化中心（成立于1990年）
- 印度尼西亚视觉艺术档案库（成立于1997年）
- 马来西亚设计档案库（成立于2008年）
- 泰国艺术档案库（成立于2010年）
- 韩国当代艺术档案库（AKIVE）（成立于2010年）
- 新加坡独立档案库（成立于2012年）
- 缅甸艺术资源中心及档案库（成立于2013年）
- 新加坡国家美术馆资源中心（成立于2014年）

- 日本国际交流基金会·亚洲艺术档案库于2018年开始运作（从东盟文化中心发展出来）

事实上大多数的艺术家和艺术团体一直都担当资源中心和档案库的角色，它们不应该因新档案机构的出现而被遗忘。它们包括：新加坡艺术家村，成立于1988年；碧瑶艺术协会，菲律宾，成立于1988年；沙龙娜塔莎，越南，成立于1990年；水泥楼，泰国，成立于1993年；热水湖艺术空间，马来西亚，成立于1997年；变形虫艺术空间，新加坡，成立于1998年；莎莎艺术计划，柬埔寨，成立于2010年

档案作为艺术作品

潘：为什么展览档案作为艺术作品对于你而言是重要的？你觉得怎样的档案材料可视为艺术品？

许：我将 SAAP 作为一种方法，来面对建立艺术档案库的问题，比如现实的储藏和保护档案材料的空间、收藏品的管理和扩展。当然，SAAP 只是一个建立实物档案库的模拟和练习版本，并且根本说不上专业。那个现实的档案空间目前还是在我居住的空间——我与我父母的两间公寓里。2011年起我又在外多租了一个储藏空间。

2004年至2005年的三次"勘误展"不久后，我有一个机

会可以展览更多我档案库里的收藏,例如2005年悉尼当代艺术博物馆关于三座城市的艺术团体的展览"处境:来自悉尼、新加坡和柏林的合作、团体和艺术家网络";2007年,在新加坡国家博物院主办的"流动中的档案库:文献五十年1955–2005"的平行展"描绘新加坡1955-2005:新加坡艺术五十年文献展"中,我能够将SAAP转化成一个持续的装置艺术。

根据艺术的定义,尤其是在新加坡的艺术发展中(包括美术馆和美术教育教材给的),装置艺术最适合被用来形容SAAP与其不同的呈现。早在1989年,我就开始在原本的"画家村"进行装置艺术的创作。后来逐渐加入档案数据为创作材料和内容。

我第一个档案展是1992年的"行为艺术周",展出新加坡1987年至1992年的行为艺术摄影记录和有关艺术遗物。自1965年新加坡独立建国后,行为艺术在当时新加坡艺术历程里是相对新的艺术形式。艺术家唐大雾于1987年在国家博物院画廊进行了四天的表演后,被一名美术教师在英文《海峡时报》上指为"con-artist(行骗艺术家)"。其实早在1982年唐大雾已经在同一间博物院里有过五天表演。中文《联合晚报》标题则写道:"看唐大雾'演出'艺术"。新加坡的当代艺术兴起于20世纪80年代初,装置艺术和行为艺术在当时与现代绘画和雕塑有很大的差别。

从国家博物院的角度来看,我们当时做了很多展览和项目,为公众介绍艺术世界的新发展。我觉得自己当时仍保有"博物院思维",尽管我在1992年2月离开了博物院成为一名全职艺术家。在"行为艺术周"展出行为艺术档案有"教育意义",且能为新加坡的新艺术去除媒体误导的恶名。该展览也是第一个在私人画廊——Gallery 21举办的行为艺术活动。

自1996年起,我开始担任日本福冈美术馆的协调人和研究者,整理出那些被遗忘的前辈艺术家的老旧的档案材料。这促使我在2004年以旧新加坡艺术数据去做一个《勘误展》的装置艺术作品。《勘误展》也是为年轻观众(艺术家、教育者、策展人、艺术撰写人以及艺术管理人员)提供的资源。除了少数是在台湾和香港留学外,当时那些在英美法、澳洲、新西兰等西方国家学习艺术的年轻新加坡人是很难接触到亚洲近代及当代艺术史的。

2004年p-10空间的"勘误展"以及接下来的两次(2005年于新加坡国立大学中央图书馆及新加坡历史博物馆)巡回展出成为一项振奋人心的实验性作品。随着于2005年我为自己的存档活动命名为SAAP,我在随后的展览中展示了它的变化,如:"新闻中的艺术家"(2011),"许铁生百年诞辰文史展"(2014)与"新加坡艺术村文献"(2017-2019)。

我觉得SAAP本身就是一个持续性的在地装置艺术,它包括的元素有:现成物、概念艺术、公共艺术以及新媒体艺术。因此,档案(材料)本身不能成为艺术,它需要艺术家 / 档案管理者 / 策展人将其展示成艺术。

潘：你记录了很多现场表演、土地艺术和其他的短暂性的艺术作品，比如李文和唐大雾。在你的档案实践中你如何去阐释这些不稳定或不永久的档案艺术形式？

许：我在1985年末开始在新加坡国家博物院（画廊）工作的时候，新加坡还没有《版权法》。新加坡版权法案在1987年2月14日成为了法律。随着新的《版权法》的通过，在新加坡的每一个人包括作家、出版人、艺术家和博物馆工作者开始研究它的影响和意义。我当时避免直接正面拍摄画廊墙上的画作和平面作品。我持续地去记录艺术活动（展览、讲座、工作坊、工作室参观）并于1987年开始为新加坡摇滚乐杂志 BigO 拍摄摇滚和独立音乐活动的照片。BigO 杂志1985年以黑白影印的形式开始。在我开始为 BigO 杂志拍摄后（持续了六年），杂志有几次曾报导过当代艺术活动如女性艺术展及行为艺术。

当新的艺术形式如装置艺术和行为艺术在较年轻的艺术家及一些参与到新加坡艺术节的外国艺术家当中变得更为普遍时，我就留意这些我个人十分感兴趣但却受到负面或较少新闻报导的艺术形式。1987年我开始拍摄唐大雾的表演（行为艺术[5]），1990年开始拍摄李文。我知道新加坡没有禁止在公共空间拍摄的法律；拍摄视频（以前称"录像"和"录影"）或许比静态摄影会有更多法律问题，但我当时负担不起一台摄像机。

我拍摄于新加坡及外国的行为艺术活动的图像文献，已经成为我档案库收藏里的一个主要类别。作为这些图像的摄影师，我更有权使用它们，比起那些收集到的出版物、印刷品，在SAAP装置作品当中呈现起来会方便多。同时，我提供图片给他人作为展览或插图用途，也自由得多。我记录行为艺术及时间性艺术逐渐从胶片转为数码媒介（1999年开始用数码相机），但是初期的数码摄影像素都不理想。我争取机会将胶片的图像转化为数码文件来保护它们，但条件有限，没有办法全部数码化。所以，我先将每次SAAP展出的内容数码化。经过三十多年，在没有专业保护的条件下，我的正片（幻灯片）保存比负片来得稳定可靠。

有限空间中的无尽档案与环境控制

潘：你也曾经提到过，在收藏剪报中的"积累"概念（刊于 *TODAY*，新加坡双年展采访，2011年）。那"积累"存档材料会有一个终点吗？否则你会面对一个现实问题，就是缺乏实际储藏空间。你会扔掉你的藏品吗？

许：我的中英文剪报收藏始于1980年至今，后来就不剪，除广告版外的整份收藏。我也收藏其他人士遗留下的早期剪报（1954年至1979年）。其实，国家图书馆管理局从2010年才开始提供网上报纸搜索服务。但是该服务限制1989年之后的新加坡报业

"许铁生百年诞辰文史展",由许元豪于2014年策划,是新加坡当代艺术中心的新加坡艺术档案库项目的一部分,属于当代艺术中心及新加坡南洋理工大学当代艺术中心驻留项目。

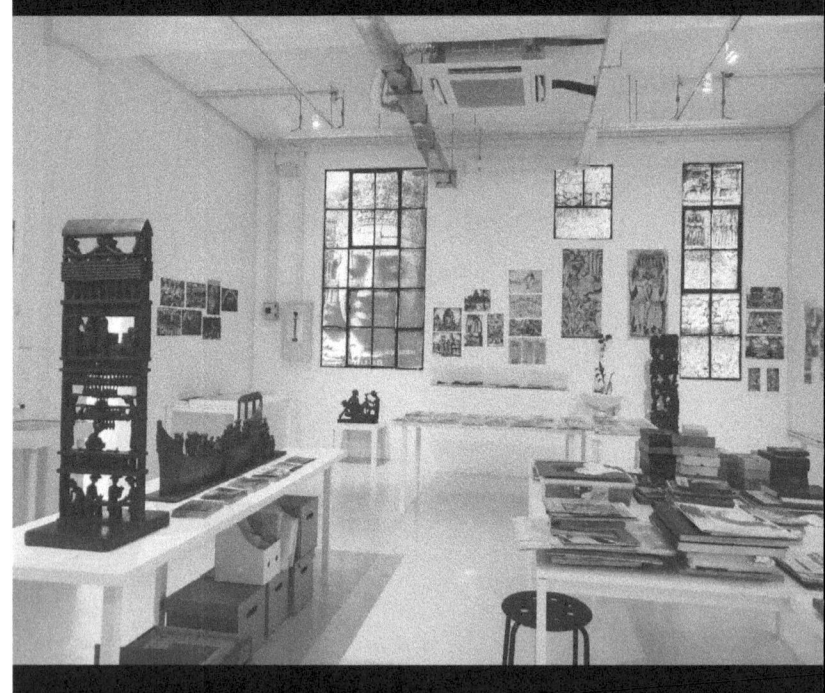

"六个十年的短暂艺术"展览,由许元豪于2015年策划,是新加坡艺术档案库项目的一部分,属于当代艺术中心及新加坡南洋理工大学当代艺术中心驻留项目。

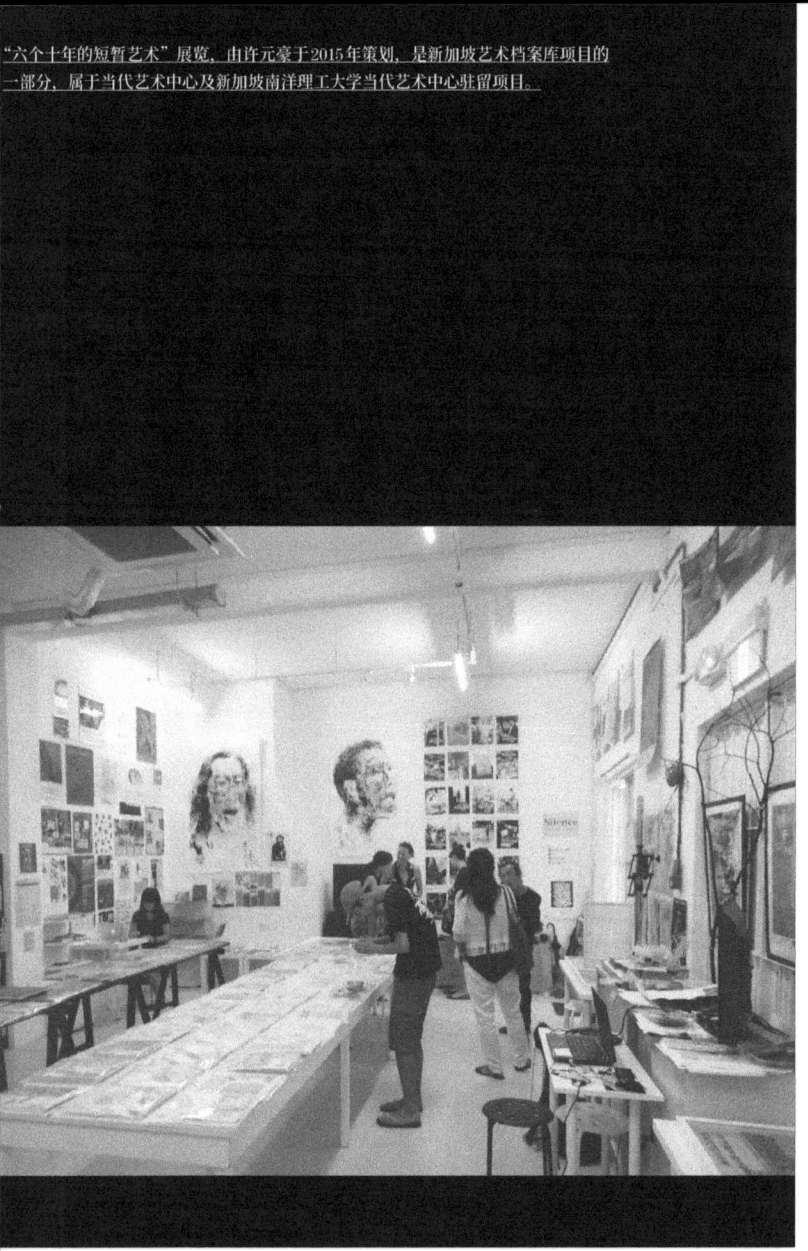

控股公司（新加坡最大报业集团）所属的报纸（包括新加坡四种官方语言的日报）。这些网上可搜寻到的旧报纸是黑白扫描版而且被印上了版权主人的水印。所以我继续收藏两份日报和有关艺术的剪报；报纸类的积累是我实际空间不足的最大原因。

于是，我在2011年新加坡双年展，以档案装置作品"新闻中的艺术家"展示了三十年的报纸收藏。该主题"开放日"让我从住家把报纸搬到新加坡美术馆的8Q馆，来回顾我们的报纸怎样报道与呈现艺术家和有关艺术的课题。这个展览也是要证明原件报纸仍然是参考与研究工作重要的第一手资料。其实，当时的国家美术馆（筹建中）曾经想在双年展结束后，向我借用我的中文艺术剪报，为期五年。我本以为搬掉报纸五年，就可以让住家空间更大，可以进行数据整理，但国家美术馆以经费不足为理由，不到几个月就取消合约了。

因为一直面对空间不足，我曾经想过要扔掉一堆与艺术不直接相关的大量报纸。但或许是我心底里的"囤积癖 / 艺术家"告诉我要尽量留着它们！

潘：我猜新加坡或东南亚的气候和潮湿问题以及实际空间的高昂费用是收藏 / 存档的问题之一。你如何解决"私人存档"的困难？作为"一个人的档案库"，你怎么看你的档案库的未来？

许：我曾经是一名博物院工作者，并且学到一些文物预防保护及文物摄影和录像方法。我知道对纸质材料最大的伤害来自于太阳光中的紫外线。我储藏档案数据的地方主要是自己住家组屋空间，所以需要平衡住家环境和储藏环境。特别是当档案数据不放置在设有空调的专门展出空间时，我会用黑色或不透光布料来做窗帘来阻止阳光进入。我的储藏空间也还没有进行特别温控、湿控及虫控。我知道我收藏的旧材料中的报纸会比书籍损坏得更快，但它们大多比收藏者更长寿。其实，人员对档案实物的处理不当所造成的损坏比档案数据材质自然退化的损坏更为常见。

我明白自己不具保存档案材料的最佳条件后，便决定尽可能地展览和分享这些材料。我也常说："在展览中展示那些罕有而且珍贵的材料有一定风险。但神圣的文本或绘画实物也很少会保持完好的状态至今。它们会通过复制、出版、教育与知识传递去延续那些实物内容和意义。档案材料也一样。"

英译中：符梦青；校对：李继忠、许元豪

注　释

1.《南洋青年美术》,1955年由南洋美术专科学校第十五届毕业班出版;玛戈撰写的《马来亚艺术简史》,1963年由南洋出版社出版;《南洋艺术家的回顾》,1979年由马来西亚国家画廊出版;阿都干尼·哈密撰写的《艺术家笔记》,1991年;姚梦桐撰写的《新加坡战前华人美术史论集》,1992年;郭建超撰写的《渠道与汇流:新加坡美术史》,1996年,由新加坡美术馆出版。

2. 在2004年及2005年,我与一个新的策展团队p-10呈现两个重要项目:"勘误:第71页,第47插图。图片说明。更改年份:1950年改为1959年;2004年9月由许元豪报告"(简称"勘误展")及"新加坡艺术文献库计划于p-10"(SAAP@p-10),让我有了暂时的文献和数据空间。"勘误展"让我有机会分享关于新加坡美术史的旧刊物和罕见刊物。"新加坡艺术文献库计划于p-10"让我有空间来整理我部分的收藏刊物和数据,并且学习和应付存盘工作的课题。

3. 许铁生,1914年出生于中国广东省开平县。1937年毕业于国立杭州艺专绘画科。1940年毕业于国立艺专西洋画组。1940年底移居新加坡。1997年逝世于新加坡。

4. 亚细安(ASEAN: Association of Southeast Asian Nations),也称东南亚国家联盟(东盟)于1967年8月成立,旨在促进该地区的和平与稳定,并遏制共产主义向东南亚国家的扩散。东盟于1967年8月8日由印度尼西亚、马来西亚、菲律宾、新加坡和泰国五国在曼谷成立。文莱于1984年1月8日、越南于1995年7月28日、老挝和缅甸于1997年7月23日和柬埔寨于1999年4月30日分别加入。

5. "行为艺术"这个名词后来在1994年6月17日新加坡《联合早报》上出现,是有关"在北京全裸作'行为艺术'表演两画家仍未获释"。那两位画家就是张洹和马六明。

第二部分

瓦解与重塑:艺术家、策展人和学者论档案库

06

与不完整性的邂逅

档案、机构体制与展览生产

黄海昌 & 艾哈迈德·马萨地 & 沙布尔·侯赛因·穆斯塔法*

2014/09/16　马来西亚槟城乔治市菲尔加纳艺术空间

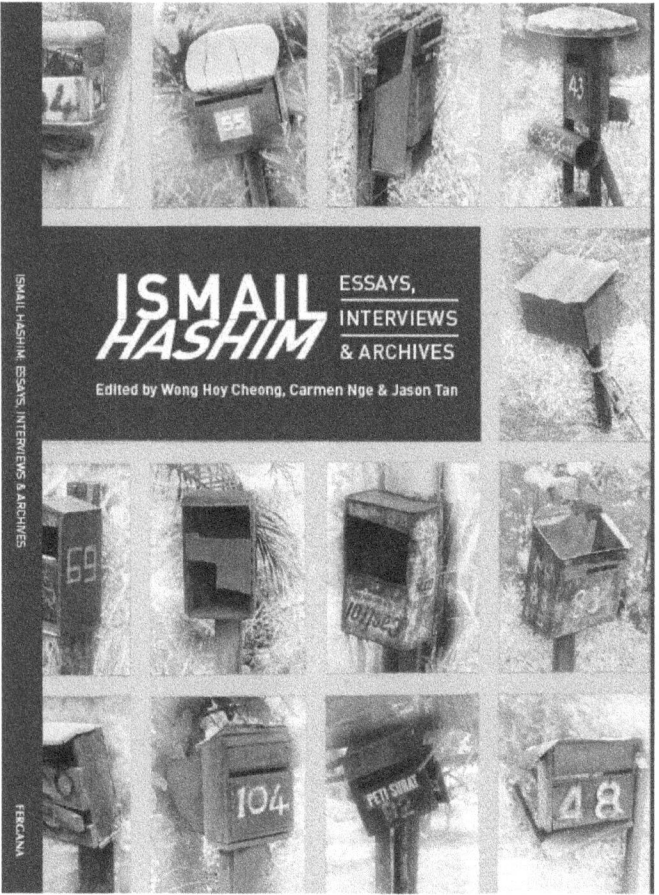

《伊斯梅尔·哈希姆:文论,访谈和档案》书籍封面

* 编者按：本章重印并翻译自菲尔加纳艺术（Fergana Art）出版的《拆包与重装：向伊斯梅尔·哈希姆致敬（1940-2013）》（*UNPACK REPACK A Tribute to Ismail Hashim [1940 – 2013]*）一书中的章节。在此编者特别感谢菲尔加纳艺术（出版机构）、黄海昌（艺术家、策展人、作家）以及艾哈迈德·马萨地（策展人）和沙布尔·侯赛因·穆斯塔法（策展人）对本书的慷慨支持。伊斯梅尔·哈希姆生于马来西亚槟城州的新港。他常常被人形容为一位有着普通人精神的摄影师和编年记录者，也因他在另类媒体上的卓越应用以及他高超的手染技术而闻名。他是首位在槟城国家美术馆举办个人回顾展（2010年11月2日-30日）的马来西亚摄影师兼艺术家。本章的对谈为"拆包与重装：向伊斯梅尔·哈希姆致敬（1940-2013）"这一由已故的哈希姆家族和菲尔加纳艺术呈现的展览提供了相关的语境。这场包括许多已故艺术家作品的展览先是于2014年6月23日至8月31日期间在乔治市的惠罗拱廊（The Whiteaways Arcade）举行，之后于2015年2月巡展至吉隆坡的国家视觉艺术馆。展览由马来西亚最负盛名的艺术家兼策展人黄海昌策划，展览带领观众游览于五个房间，这些房间中陈列的主要是从哈希姆身后留下的档案库／物产中所选取的创意作品。特别值得一提的是，这些作品包括由哈希姆的朋友和同事挑选的名作、哈希姆的负片收藏的语境重塑和再解读、缩略图目录和试验品的印刷样本，以及私人文件、写作和从他的工作室搬来的照相器材和其他媒材。正如展览的标题所暗示，这次展览试图解开并呈现艺术家表现方式的不同路径，以此希望观众可以通过和展览空间本身的交流来得到自己对作品的理解，并与不同的叙事线路的交错来一场邂逅。更多展览介绍请见：https://invisiblephotographer.asia/2014/06/13/tributetoismailhashim，于2022年8月4日造访。

黄： 今日我们三个人聚集在这里，因为我们都曾在工作上涉猎到档案，并希望就跟艺术家们合作、以及策展和展览制作的复杂性进行讨论。艾哈迈德一直跟不同档案库合作，包括穆赫塔尔·亚平（Mochtar Apin, 1923-1994）[1]。穆斯塔法处理穆罕默德·丁·穆罕默德（Mohammad Din Mohammad, 1955-2006）[2]档案，以及我就伊斯梅尔·哈希姆（Ismail Hashim, 1940-2013）档案的工作。就让我们先介绍一下各自的项目。

沙：穆罕默德·丁·穆罕默德出生于马六甲，他的一生几乎都在新加坡度过。该项目源起于丁的突然逝世，他的家人于2006年联络新加坡国立大学（NUS）博物馆的艾哈迈德，他们有点无助地问"我们可以做什么？"。之后艾哈迈德就联络我，问我是否会有兴趣进入丁的家并进行记录。我之所以同意，是因为我一直对档案的问题以及档案所蕴含的理论变化、可塑性甚或其中存在的问题深感兴趣。

事实上，我们从未为了制作一个展览而开始一个记录过程。我们所做的只不过是建立一个系统与一个具有包容性的框架。每个周末我都会去丁的家，跟他的家人交谈并阅览他的东西。有时候，我们会把他的草图抽出、拍照，并将其细节记录在电子表格中；接着便处理另一件对象，如此几乎是重复机械性地工作，但这一过程与他的家人闲聊内容交织在一起。正是通过这样一个过程，我才真正认识到70年代末以后的丁是谁以及他的创作。他在南洋艺术学院（NAFA，以下简称"南艺"）接受过绘画教育，在新加坡独立之前，南艺是新加坡和马来西亚最好的艺术学校，也被视为主要为中国学生提供艺术教育的学校。当时，丁是少数来自马来社群的学生之一，因此这提供了一个特定角度，令他在现今新加坡现代主义艺术史学中脱颖而出。

一走进丁家，那种视觉经验令人难忘。试想，当你走进一个典型的（新加坡住房和发展委员会的）双居室组屋，你开始看到各式各样的东西,包括一系列从东南亚收集来的物品,例如影子木偶、加美兰(乐器)、陶器、纺织品、马来短剑,各种具有文化象征的物体,辅以骨头、草药、根和具有医疗效用不同的材料。虽然丁在当时的艺术界中被视为一位画家,但他同时也制作雕塑;我相信他用到"集合艺术"(assemblage)这个看起来并不那么"现代"的词(来描述自己的作品)。这个词看起来具有"民族性"——几乎是对流行的"原创性"概念所作的一种晚期现代主义的反驳。另外,丁生命中另一个重要的部分,是他致力于成为一位传统的马来治疗师,并且与家人的对话中多次提及他从不只为艺术而创作艺术。我确信他的作品中蕴含了这一种想法,而且他的绘画和雕塑具有一种像护身符般的潜能和层层深奥的密码,只有他指定的受众才能看出来。

尽管如此,当我继续探索丁家中的私密一面时,我开始产生一种自我怀疑:我如何区分他的艺术、收藏品和私人物品?这很困难,最终当我们制作库存清单时,我们只制作了画作和雕塑清单。其余的东西数目实在太多了。我记得自己告诉艾哈迈德:"我不能有效地处理他的东西。这情况太复杂了。丁的生活和世界不会屈服于人种学或档案研究方法。"基于这一困境,我们开始了一个关于"无能力"或者是"拒绝被区分"的展览项目。我们把物品从他的家中带走,包括他收集的东西和他的医疗材料,甚至是他的驾驶执照——都跟他的"艺术品"并置展示。

艾：丁的收藏展并不是唯一一个，但肯定是第一个新加坡国立大学博物馆探讨"收藏"这一主题的展览。之后，我们开始了一系列涉及人和他们收藏习惯的展览，包括医生—科学家—人类学家—电影制作人—博物学家伊凡·波鲁宁（Ivan Polunin），他在1950年初参与了收集和整理农村和内陆土著居民的公共卫生与健康数据、沿海环境以及马来西亚的动植物群数据。鉴于他常常接触那些社群及其周围环境，他因此成为了一位著名的摄影师和制片人，他那些最具代表性的影像还在英国广播公司（BBC）播放。另一位跟我们合作的是著名的考古学家约翰·米克西奇（John Miksic）博士，他在新加坡和东南亚从事考古约三十年后积累了大量研究素材。他们的收藏和作品不仅对历史研究很重要，而且对于促进艺术和策展干预以及相互交流的形式也有重要意义，对关系美学的探索具有影响力。

从这个意义上，当初我们研究丁的收藏品的体验就显得非常重要，因为它允许我们作为一种"游戏"进行实验，透过那些素材重新探索分类的可能性，并在对象的不稳定状态下寻找意义。这些主观性变得十分重要，因为这就容许我们在新加坡国立大学博物馆的展览中，思考或重新思考"展览"在策展中的意义和公众接受的问题。对于大学博物馆而言，这种多模式的思维方式促进人们考虑学科的范围、学生和讲师参与、阅读展品与其学科之关联以及作为知识生产的场所。我们不仅从个别策展人的决策层面去审视策展实践，而且还要思考策展人如何透过复杂和集体化的方法去组织展览概念和传播想法，而非单单想创造具有多样性的条件去产生和接收信息。

至于穆赫塔尔·亚平项目，我们同样地通过一家雅加达的商业画廊，跟他的家人在2008年左右开展了一系列间歇性的交流。亚平出生于苏门答腊，并且像很多印度尼西亚的知识分子一样，于1940年前往雅加达，他是印度尼西亚其中一个最早的艺术家群体"印度尼西亚专业影像群体"（Persatuan Ahli Gambar Indonesia，简称 PERSAGI）的成员。亚平是该群体中最年轻的成员，他当初加入的原因是因为该团体提供非正式的艺术教育，而他渴望多了解艺术。第二次世界大战后，穆赫塔尔·亚平跟他的弟弟里法伊·亚平（Rivai Apin）和诗人哈里奥·安瓦尔（Chairil Anwar）共同创立了重要的"竞技场小组"（GELANGGANG group）。

GELANGGANG 对亚平的影响至关重要，从那时起他的创作充满了普世主义的意味，正是因为 GELANGGANG 是世界文化的"合法继承人"，并将我行我素地继续发展下去。在某些程度上，这标志着他一生中采用的创作方法和态度。GELANGGANG 焦急地在新加坡寻求展览空间具有双重意义——纵使亚平在当时的印度尼西亚现代艺术圈中已经被公认为一位重要人物,尤其是他跟万隆派关系紧密,他仍在思考如何在艺术、制度和市场互相紧扣而且实际的讲述中提升艺术家的地位。因此,我们必须了解问题所在。

我最初犹豫不决,但仍感到必须更深入地了解这位艺术家。我们去了亚平位于万隆的家,他的家人为保存亚平留下的所有东西做了很多工作,这让我感到非常惊喜。而且家人对研究人员如何开展和实践他们的工作有着深刻的体谅和了解。在这里,我先回到他们展览的动机,这部分源起于一本吉姆·苏潘卡(Jim Supangkat)的早期出版物,该出版物调查了穆赫塔尔·亚平对女性体态的看法。我觉得这本出版物很有趣,因为它呈现了亚平的普世主义信条及其对语境和创作的影响。亚平的家人认为那些观点过于狭隘,并希望扩展对亚平的批评。

黄: 引领我去研究伊斯梅尔·哈希姆的档案与居所的冲动是截然不同的。虽然你们都带有艺术史的好奇心并在某种程度上以脱离知识论的方式去响应了穆罕默德·丁和穆赫塔尔·亚平的档案,但我的切入点是基于友谊、个人情感和愿景,希望协助他的家人和朋友在他逝世一周年的时候举办一个致敬展览。另一个区别是你有他们的家人作为对话者和中介人。但是伊斯梅尔·哈希姆的家人采取了不干涉的方式,将所有决策权留给了我自己和团队。我们获得了房子钥匙,真真切切地在伊斯梅尔的工作室中艰难搜寻、反复考量,时不时还会遇到各种小困难,以决定什么文件应该包括或排除在新建构的档案库中。

我也从你们就上述档案的解释中发现了几个问题。首先是对艺术家进行"框架化诠释"(framing)的概念。在南艺的语境下,作为一个具有代表性的马来艺术家,在南洋或南海被浪漫化的普遍世界观中,丁必须在历史上有一定地位,而非投闲置散。有趣的是,亚平的家人觉得有必要为艺术家找到一个新的角度,一个全新的叙事,有别于他以前在艺术史学中的定位。于我看来,"框架化诠释"往往受到特定的艺术历史、意识形态和目的的限制。这就是我们将伊斯梅尔·哈希姆项目命名为"拆包与重装"的原因,目的是解开并破坏那些过于简单而根深蒂固的假设。例如,伊斯梅尔·哈希姆经常被描述为一个捕捉"消失的过去"的艺术家。我对这个非历史命名存疑,因为他捕获的东西永远不会消失。"过去"是强而有力的,具体而且真实的。但是三十年过去了,当我们看到一辆带有面包柜或煤油炉或青铜水锅炉的自行车时,它们确实是过去的对象。但是在拍摄这些图像时,主题在视觉上占主导地位,加上它的物质文化是丰富且不会消失的。档案库提供丰富的资源去生产知识,我在拥有特权去开发和使用的情况下,认为必须重新理解、拆装和梳理之前艺术家是怎样被界定的。

沙:我想顺着刚才你所提及的伊斯梅尔·哈希姆,以及艾哈迈德所说的穆赫塔尔·亚平,就你谈的关于丁的内容再作一下回应。因为在某种程度上,穆罕默德·丁的家人完全同意丁被定型为一位具有"象征性"(tokenist)的南洋派马来艺术家。我觉得事出有因,这同时也驱使我们扩大关于南洋的论述。这并不意味着家人不知道问题所在,但是丁几乎没有被写到过(关于他是否比较接近一个艺术风格和派系)。他没有被提及并被纳入南艺的艺术家目录。他的家人是否对此心有不甘?我想是的。正是展览策划这一行为打开了这些问题。一直以来我们视丁的展览为一个档案场域去打开讨论空间,从而进一步研究艺术家与他的工作。

黄:正是如此!我想谈谈下一话题——知识生产。你们所有曾经合作过的展览和档案库都是在大学和学术背景下进行的。但我们还必须考虑公共的艺术画廊或博物馆,那些机构通常都欠缺学术机构的资源——这被认为是"知识生产"模式的先决条件。例如,当初我加入新加坡国立大学亚洲研究所时被任命为社会学课程的观察员,该课程使用了伊凡·波鲁宁的民族志电影,从华人的葬礼到马来人的婚礼和新加坡河。学生必须就由血缘所构成的种族、由后天文化影响构成的民族和国族的辩论，响应或脉络化波鲁宁的电影，并编写展览提案。这个课堂项目开辟了传统的策展理念和（牵涉观众参与）的方法。这让我想问：如何在非大学脉络下产生扎实强壮的理论？公共画廊或博物馆中没有社会学、政治学或历史系。大学能为理解档案所提供的丰富知识与公共博物馆所能提供的完全不同。

艾：当我们开始发掘伊凡·波鲁宁在家中存放的海量东西时，很难把他仅仅形容为，譬如，一位新加坡和马来亚的动植物记录者。人们需要寻找到一种方式来呈现他，同时能彰显他作为一个博物学者的优越身份以及工作上的整体意义。作为一个大学博物馆，必须着重学术、学科和方法的精确性，但我认为有替代方法，例如在审美过程中赋予价值，并允许主观性来引导（一个人）的观点和可能的立场；简而言之，它正走向"事物"（moving towards things）。例如，波鲁宁的影片明显地展示了关于上世纪50和60年代期间的社会变革，这可以被视为后殖民的批判，或只是表现城市形态的一种形式。我们需要找到方法来保持电影的能动性，即使是作为一个展览框架。策展人的定位和机构的实践不需要分开进行；即使在机构的阴影笼罩着它们时，这两种实践也在相互作用，以界定各自的立场。我认为通过分工和灵活处理，它们变得富有成效。因此，波鲁宁再次提到苏东岛——新加坡南部岛屿上的一个被清空以供海军进行射击练习的渔村，这引发我们想起很多事情，例如对莱佛士灯塔的探索，以及随后艺术家林育荣的项目等等。我不确定这能否回答那个问题，但我能说的是，"走向事物"和其他可能性是灵活运用档案的任务之一。

黄：穆斯塔法，你现在于新加坡国家美术馆内工作而非大学的环境里。您是否能继续沿用过去的方式进行伊凡·波鲁宁的档案项目？

沙：我不能代表一个尚未启动的博物馆。只有时间才能印证这个空间会变成什么样，以及它将承担怎样或可能实施的策展职能。在大学环境之外能否进行这样的档案项目是一个难以回答的问题，但我可从穆罕默德·丁的工作经验谈论这个问题。我们展示展览的方式是穆罕默德·丁的家庭成员没有预料到的。我们意识到自己正在进行一项艺术史行为，但同时我们也意欲在这一地区推动通过艺术史来进行思考的问题。我们能否找到一种将艺术史"热带化"（tropicalise）的方法，并因此"改变"艺术史？坊间有很多文章，阐述展览作为建构地区性艺术史论述的重要场域。

我肯定其他公共机构,如新加坡艺术博物馆(SAM)或新加坡国家美术馆也能开展这样的项目。

黄:我同意两位的看法,那并非是不可能的。我相信,提供多层面内容,或"走向事物"在使用档案时尤其重要。正如我一直重申,档案是一个有机体,无论是物理的还是形而上的状态。它允许自己无限衍生;它以中介的形式连结公众并通过他们产生新的叙事;或者我应该说,各种各样的公众,一群非同质化的公众。

沙:海昌,你也问到关于展览在博物馆外作为一个有组织的体制。让我们来看看当前的伊斯梅尔·哈希姆展览:它不是在国家体制内发生的。事实上,它发生在某种寄生的机构上。几个月前当你在布展时我就在这里。你真的从无到有地创造了这个空间,所以我在这里想说的是,展览也发生在博物馆的体制之外。

黄:当我们进行跟档案相关的工作时,以波鲁宁的影片、伊斯梅尔·哈希姆的负片和个人文件、丁的护身符物品为例,我们思考作为策展人如何在画廊或艺术展览中令其具有意义性。它们可能不是为了被公众消费,或是被安置于艺术画廊与白盒子内而产生的。当这些不是艺术品的物品,被转换到艺术框架内的空间和思维模式下并被重新定位时,它们的意义如何转变?我们如何复杂化这种棘手的问题?

艾: 我认为,在某些方面,我们必须采取某种谨慎的措施来决定艺术品、文献以及档案怎样被建构。哪些被活化?艺术品是否支撑文档或反过来?或者,你能否提出在艺术作品和文献之间的某种互动关系,如果是,那么到底是什么?对我来说,它指向一些重要的事物,也许是在评估或观察艺术家的个性以及他或她的工作。我们必须永远记住——当我们将艺术品、文档、信件和照片放在一起时,那是一种聚合。仅仅视之为"好吧,这些东西反映这个人生命中重要的一面"是不足够的,今天你可能想要处理或应该讨论的是,生命的不同面向怎样跟一系列的论述交错。

我们为穆赫塔尔·亚平的展览命名为"亚平存档"。这里的"存档"一词非常贴合海昌的观点,即它是一个具有持续进程的发现与揭示;你揭示了什么,你想把它曝光吗?或者你想让它看不见?与伊斯梅尔·哈希姆的情况不同,自1994年穆赫塔尔·亚平去世后,他的家族是主要的档案看护人和该藏品系列的主要文件管理者,他们不仅一直在仔细地巩固艺术家的材料,而且还有其他相关的素材,特别是他的弟弟里法伊·亚平的书籍,他也是GELANGGANG和"人民文化协会"(Lembaga

Kebudayaan Rakyat,简称LEKRA)的成员,后者是在60年代中期苏加诺垮台后最终被取缔的左翼组织。里法伊·亚平随后被判入狱并被送往布鲁岛。这与穆赫塔尔·亚平形成鲜明对比,后者视自己为非政治性的,并且主要沉浸在人文主义或普世主义的文化观念中。当穆赫塔尔·亚平的文档与里法伊·亚平的藏书并置时,会产生什么效果?

我们的任务是寻找方法去容纳某种模式或对比。而展览制作就是允许所有这些不同的能量、声音、思想和论点能被反映。为了找到连接许多不同艺术品、轶事、文件和照片的元素——我们研究了穆赫塔尔·亚平所写的两个文本。首先是他在确认获得万隆理工学院(Institut Teknologi Bandung,简称ITB)教授职位时所作的一次正式演讲(pidato)。这一演讲的文本涉及他通过发起GELANGGANG来实践的一个理想——关于一种文化的普遍性和将世界视为一种被放大的画布。我引用他另一篇反思印度尼西亚与巴黎艺术之间关系的文章。这个表述容许我在他、他作为一个"万隆艺术家"的身份、他对GELANGGANG的主张以及他对自己在现代印度尼西亚艺术殿堂中的定位所感到的焦虑之间来回穿梭游走。我引用了这两个文本,以便我可以开始在它们周围放置许多其他档案材料。但基本原则是,艺术品占据主导地位,档案只作为一系列与艺术品相关的评注或"脚注"。

黄：你所指的"脚注"，或者说那些从他的档案中提取的东西是什么？

艾：它们包括书籍、照片甚至情书。家人慷慨地允许我们使用其中一封情书。对我来说这非常有趣；它提供了一种跟欧洲的暧昧联系。GELANGGANG 的整个概念是将全球文化视为自己实践的基础。你可以在信中读到很多东西。他曾在荷兰和巴黎学习，并且在这两个地方都发生过恋情，这些关系日后以爱情或友情的方式继续。对我来说，在最简单的层面上，这是关于维持他的个人关系；在更复杂的修辞层面，这关乎他与欧洲、与更大的全球文化之间的关系。因此，它是关于逐层建构最初时几乎看不见的层次，但允许产生多种的表达。当然，你可以看到穆赫塔尔·亚平是一个热爱生活和伴侣的人；不错，这没问题。

黄：在历史和语言学上去理解像 GELANGGANG 这样的概念，字面意思是"竞技场 / 舞台"，在那个时期非常普遍。如果你看看亚平的同辈，你可以看到这几乎是种意识形态的选择。

普拉莫迪亚·阿南塔·陶尔（Pramoedya Ananta Toer）将他的书籍命名为《人类的地球》(*Bumi Manusia*) 和《万国之子》(*Anak Semua Bangsa*)。世界是一个舞台，GELANGGANG

是他们的家园和世界。这些是历史上那段时间里的视为国际主义理想。

沙：与丁类似，也是关于构建层次。我在他的房子里发现了几百个挂满一整道墙的哇杨皮影戏偶（wayang kulit）……

艾：而且丁并不去区分马来世界里各种不同的皮影戏偶。它们可能来自吉兰丹、爪哇或巴厘岛。对他而言，它就是马来世界，对他的世界观和定位具有指导意义。

沙：他的藏品还有医疗材料、纺织品、马来短剑、旧计算机、动物碎片、动物毛、旧电视机、石头和宝石。那么，你了解当中蕴含的不同层面吗？问题是，如果你只是在举办一个绘画或雕塑展览，我们如何处理所有这些"异物"？丁的展览名为"档案和欲望"，当然"档案"是复数，因为档案在进化。但是我们想要思考怎样的"欲望"？人们在哪里寻求这些欲望？是在家里找到的吗？还是要在展览空间中实现？或者应该是在观众心中展开？

我还在艺术家的个人物品中找到一本理查德·温斯泰德（R.O.Winstedt）研究马来魔术演变的书，名为《萨满、湿婆与苏菲》（*Shaman, Saiva and Sufi: a Study of the Evolution of*

Malay Magic)。丁在页面上做了很多笔记,他似乎不太认同温斯泰德的观点。这本书的主旨是关于"马来社会"从萨满教国家到转向湿婆教的演变,或者说印度教在该地区的展开,直到伊斯兰教中的苏菲派。我认为穆罕默德·丁明显感到不安。如果我没记错,他写道:"我是萨满,我是湿婆,我是苏菲。"这是一个重要的时刻,我们想在展览中以某种方式触动观众。以上艺术家的层面都因为某些原因未被发掘出来。他是否会同意我们这样做,这仍然是一个我要努力解决的问题。

黄: 我想延续讨论你和艾哈迈德对丁和亚平的档案所做的事情。作为策展人,我们在他的工作室和家庭中探索这一位艺术家和他的一生,并在那个世界中进行挖掘和干预。在丁的情况中,真正的民族志物品被放置于艺术家的作品旁边,在这一点上,我们甚至无法区分艺术家的恋物、萨满教雕塑和真实的民族志物品。而在亚平的案例中,你中断了艺术家对他自己的非政治性与普世主义的投射,以及跟他的政治犯弟弟的左翼著作之间的联系。这些干预让我们回到了我想复杂化与思虑透彻的问题之一——策划档案牵涉的复杂性、主观性和伦理,或者说策展策略或议程如何可能使艺术家工具化。

以丁为例,我想他认为自己是某种类型的萨满,他的作品被放置于他可能不会视为艺术品的民族志或护身符物品,或者他认为不应供公众消费的私人物品旁边,他会觉得合适吗?是否有一种"纯粹"的档案策划方式?因为我们主要处理的是艺术家和艺术品,我们还有多少空间容许其他轨迹和历史,或其在档案馆中抽取出来的文献介入展览,以建构并提出崭新的论述?如果这位艺术家还活着,他会否因为被一种自己不希望的形式界定而感到困扰?他可能不能容忍这种鼓动。

两位都谈到使用从档案馆中提取的关键词作为展览框架的切入点,就如丁在温斯泰德的书本中写的强有力的宣言,一种典型的"殖民"文字;亚平的"方言中的话语"和他对印度尼西亚和巴黎艺术的反思。艾哈迈德,我认为在我开始伊斯梅尔·哈希姆项目之前我们已进行了一次对谈,我们正在寻找"路标",借用摄影术语中的刺点,因为我们在挖掘档案的过程中,可以不断细心倾听艺术家和他/她的作品,从而免于在茫茫档案大海中迷失。

沙:也许值得强调的是丁于1999年写给艾哈迈德的一篇文章,当时他在新加坡艺术博物馆担任策展人,标题是"创作《隐藏自我》和《狮马》的神秘方法"。《狮马》(*Singakuda*)是丁的一件作品,以马头遗骸、作为脊椎的电脑桌以及椰子等物品拼凑而成的作品。我将阅读文本中的两个段落:"我是一位以集合作为媒介的艺术家,当中涉及历史文物和现成物,作为发展艺术作品的工具。在我看来,这是一种我称之为神秘途径的艺术形式。"他继续说道:"奇迹的元素和对远古的爱已经成为我创造集合作品的原因,透过将个人的感受注入现成物中,这鼓励我探索收集 / 收藏这行为的可能性,并把可收藏的古物融入到集合作品中。那些民族古物……"他继续谈论他对这种方法的担忧,因为在我们现有的艺术历史框架中很容易视这一类为异国情怀的作品。这是当他被视为艺术家时曾经有过的焦虑。我在这里要说的是,至少在我们看来,我们与家人紧密合作,当我们将他的所有物品带入展览空间时,他的妻子和孩子都在那里帮助我们布展。在某些方面,他的家人反映展览好像是实现了丁的梦想。

我想在此问一个不同的问题。正如伊斯梅尔·哈希姆和丁的情况,那样一个致敬展览是一种特殊的时刻吗?观众可以有自由去理解展览吗?

黄:当你读到穆罕默德·丁所发出的信时,我认为那是一个"路标"。它让你深入了解他希望观众如何理解他用"神秘的方法"创作;那是非常精神性的面向。所以,在某种程度上这封信合理化了你的策展干预,将民族志物品放在丁自己的神秘物体旁边,造成浮动的意义和理解。

相比之下,伊斯梅尔·哈希姆是不同的。他从未以跟丁相同的方式响应马来世界。也许他在精神上更接近亚平。我们在一块安装板碎片上发现了一段民族主义的声明,而伊斯梅尔·哈希姆的展览以这件作品作为开端。在这份声明中,伊斯梅尔建议,为了国家向前发展,马来西亚的多民族人民需要真正团结起来。这里有趣的是,在他自己的马来语翻译中,他使用了血统这个词,而不是种族或民族。这是对包容性世界的话语的谨慎选择。其后,我们发现了更多的文献去支持我们对他在一个充满种族政治的国家里反共主义立场的看法。亚平共同创立了文人组织GELANGGANG。然而,伊斯梅尔与社会改革派站在同一阵线。他是ALIRAN的创始成员,ALIRAN是一个多民族、倡议社会正义和改革的组织。

我们发现的另一个路标,就是他对来自西方诗歌的热爱,尤其是浪漫主义的诗歌,例如埃米莉·狄更斯(Emily Dickinson)、丁尼生(Tennyson)、艾兹拉·庞德(Ezra Pound)、莎士比亚(Shakespeare)、巴勃罗·聂鲁达(Pablo Neruda)的作品,而不是马来世界。因此,他会将埃米莉·狄更斯或丁尼生的诗歌复印到纸或书上。他回应了一个完全不同的世界——一个有自由主义、正义、自由和浪漫的世界。我们用这两个概念来构建这个展览。伊斯梅尔·哈希姆是丁尼生的《尤利西斯》的忠实读者。他是那一代在殖民时期受过教育的人,之后过渡到充满焦虑的后独立时代,其后探索在新的马来西亚中,究

UNPACK – REPACK: A Tribute to Ismail Hashim (1940 – 2013) is a hybrid exhibition that straddles the intersections of a homage to the late artist, an archival display and an unraveling and re-presentation of some of the key thoughts and explorations of the artist. The majority of the works, many of which have not been shown before, are drawn from the artist's estate. The exhibition will take you through five rooms, each exploring a trajectory of the artist's preoccupation.

UNPACK – REPACK: Sebuah Tribut untuk Ismail Hashim (1940 – 2013) merupakan sebuah pameran pelbagai elemen dan bahan yang merangkumi usaha memberi tanda penghormatan kepada Allahyarham artis, pemaparan bahan-bahan arkib, dan sekaligus proses menyingkap serta mempersembahkan semula beberapa pemikiran pokok beliau dan penerokaan penting yang pernah dilakukannya. Sebahagian besar karya yang dipaparkan dipilih daripada pusaka peninggalan Allahyarham, yang mana kebanyakannya belum pernah dipamerkan sebelum ini. Pameran ini akan membawa anda menelusuri lima buah bilik, setiap satunya menyorot gaya serta aliran pengkaryaan yang menjadi titik fokus artis ini.

2014年在槟城惠罗拱廊的展览"拆包与重装：向伊斯梅尔·哈希姆致敬（1940-2013）"

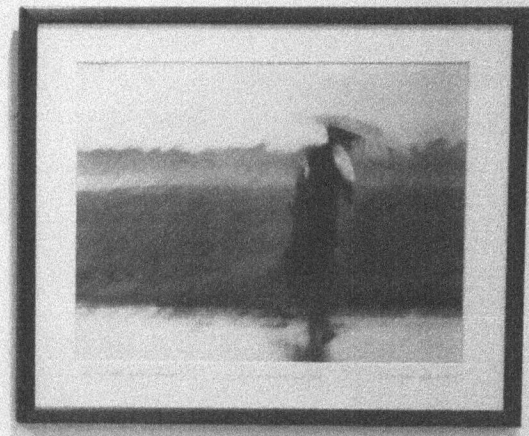

竟什么东西建构一个国民身份认同。这可能就是他谈论血统而不是种族的原因。所以,这些是我们发现和使用的标记和框架。但是,对于许多人来说,特别在当下的马来西亚——看到马来艺术家处于埃米莉·狄更斯和丁尼生所想象的世界中,这可能会感觉非常奇特。但这就是伊斯梅尔的方式。正如艾哈迈德所说,挖掘出来的东西和艺术家之间必须"保持一致"。

艾:对的。你还通过摄影、旅行和他身边的人来界定他所关注的现实,我认为与西方文学中自由主义的关系是至关重要的。但我还记得你提到他的涂鸦,在目录封面上复制一系列的彩票号码。我认为这是出奇地简单,因为这使我们能够看到与机会、真理、某种主观性的想法之间的某种联系,人们可以通过参与这种赢得彩票的想法来提出这种主观性。我认为这是一个展览可以变得非常令人兴奋和富有成效的地方,如果不是也很危险,因为我们可以引进允许人们透过的主观模式去理解展览。或许我会更愿意强调其中的生产性方面,而不是保守方面,因为这对鼓励多元框架去诠释作品至关重要。

黄:伊斯梅尔·哈希姆对数字和彩票的兴趣是非常引人入胜的。在他工作室抽屉那样最私密的空间里,他保留了一张附有插图的字典——一本用于购买彩票的年历。这一发现是适时的,因为它让我们对艺术家有了新的认识——机会、希望和梦想。我想他的家人和朋友都知道他买了彩票并且他总是希望有一天能赢得大奖。

但我认为我们发现的数字随处可见——纸张碎片、收据、书籍、字典、盒子，甚至照片背面——超出了只对机会并赢得彩票感兴趣的人。我们还发现了关于占星术的文章，这是对自己的数字命理学分析。他有一个字母组合，每个字母对应字典后面的数字。他将单词和短语转换成数字。我认为他对占星术和命理学、图像、语言和数字之间的关系感兴趣，揭示了他如何组织和理性化他对生活的理解和态度。它确实为我提供了一种全新的方式来查看他的照片，他如何响应视觉世界，以及他如何编写他的照片或使用网格格式。

我们谈了近两个小时。我的一个最终想法是，从作为策展人的角度，有些纯粹主义者认为我们应该忠于艺术品和档案。但是，作为策展人，我们在许多方面也是干涉主义者，现在策展人可以是作者和导演。但是我们可以采取什么样的自由呢？关于这一点有很多争论。你觉得怎么样？

艾：我认为，作为策展人，我们承认将一系列的对象放在一起并将其命名为"档案"的潜在问题，然后将使用和组织成为展览的一部分，即使简化这些海量的材料用于展览制作，都伴随着所有因工具化而产生的焦虑。它总是一个不完整的练习。你总觉得你有可能忽略了一张纸，如伊斯梅尔·哈希姆赢得彩票的号码，是

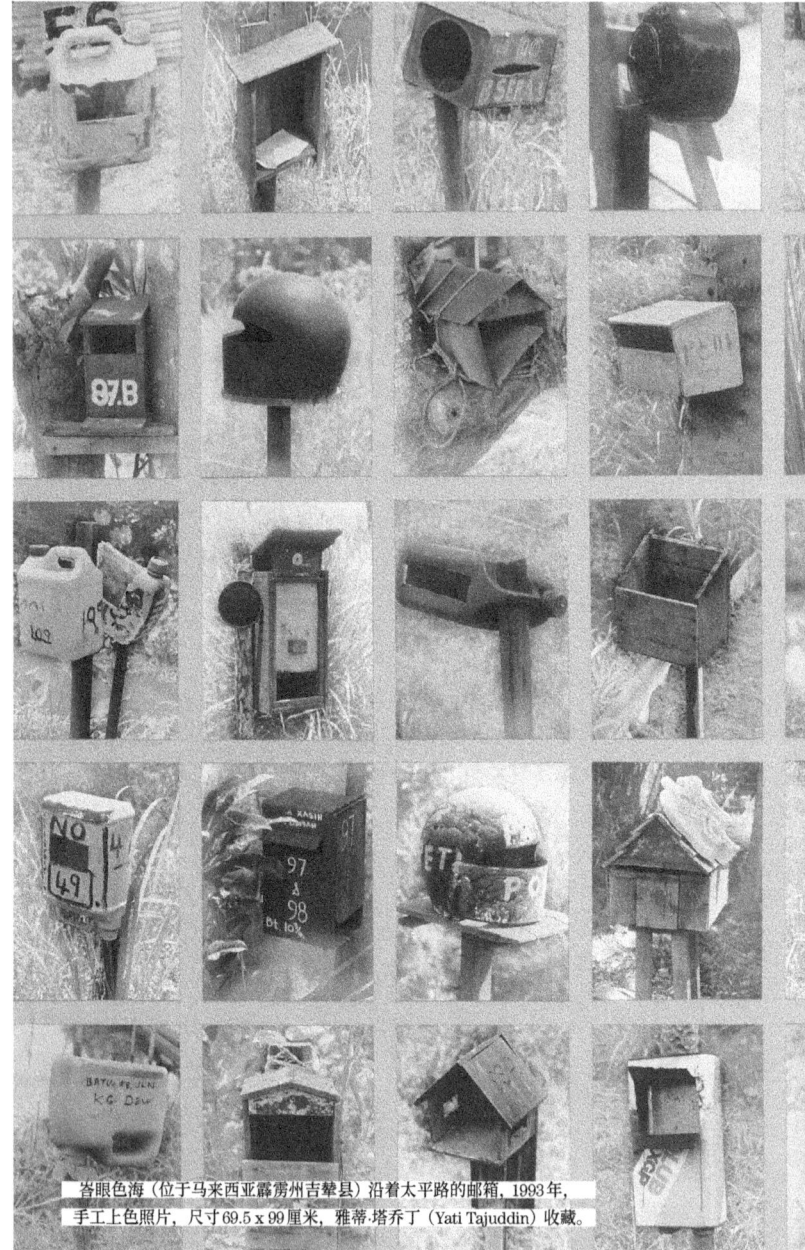

沓眼色海（位于马来西亚霹雳州吉辇县）沿着太平路的邮箱，1993年，手工上色照片，尺寸69.5 x 99 厘米，雅蒂·塔乔丁（Yati Tajuddin）收藏。

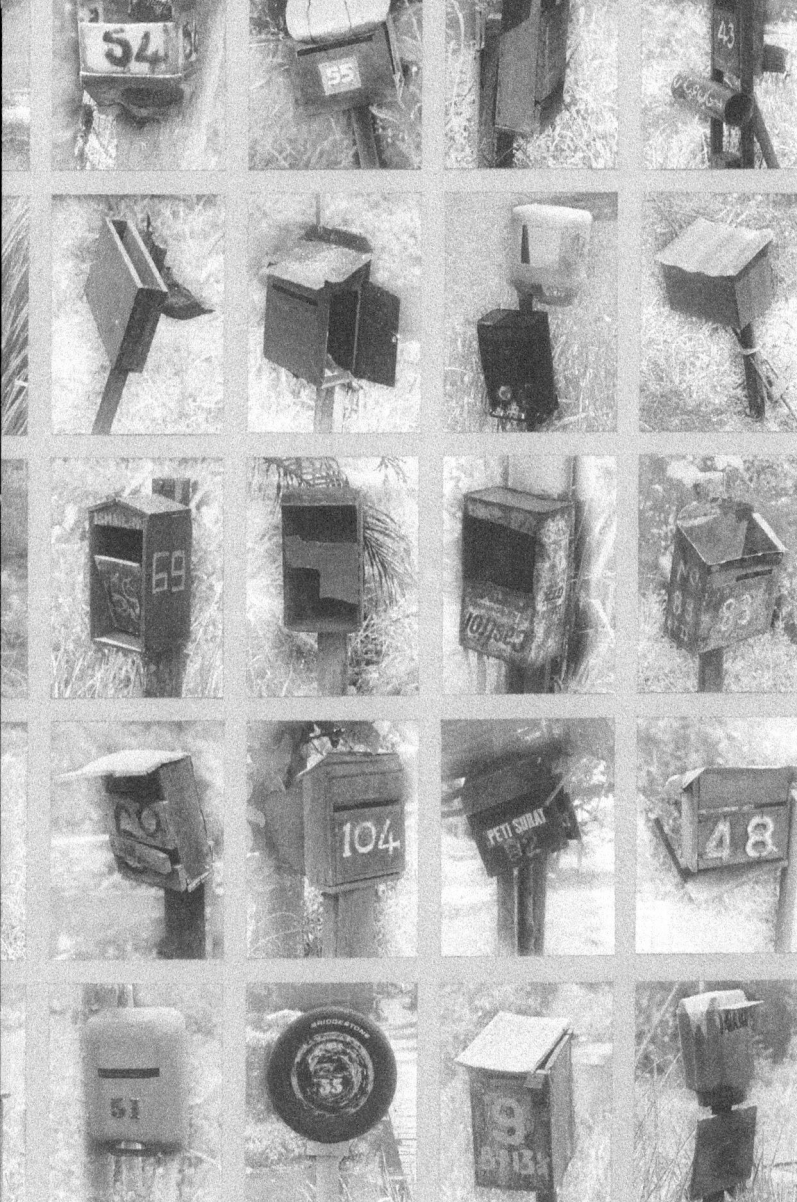

非常关键与重要的；还有在展览制作之前没有做彻底准备工作的感觉。那么，策展人是档案员，还是档案只是一种方法论？或者是"走向其他事物"的暗喻？还是一种感受性？我认为它围绕着以上这些概念——你选择一种与诸多信息和材料相结合的书写方法，以便人们可以更容易接触、参与、产生和发展关于某些主题的知识。我认为关键是要研究诸多而非单一的知识。

沙：档案馆与艺术展览之间是否有一个泾渭分明的区别，又或者当我们在策展过程中处理我们手头上的对象时，是否不断过于天真地寻求开展多样模式的讨论？虽然我的思想多年来一直在发展，但请允许我引用我在2008年为丁的展览目录撰写的文字摘录："有意识地决定不为满足博物馆的惯例而展示'成品'，反而通过一种拒绝产生明确的按时间顺序编排的连贯叙事手法去呈示个别藏品。"因此，策展的魅力可以用"融合"（syncretism）来形容，由每个读者通过融合不同的安排调配以求在视觉上构建和试图理解"穆罕默德·丁"，但同时承认所涉及的人工化和将各种文化博物馆化所衍生的问题。上述的核心问题是试图令这种策展方法更生动，这种方法不仅有赖于让这些对象为自己"说话"，而且还通过一种近乎隐藏和回避的美学，利用对象的复合能量来叙述"穆罕默德·丁·穆罕默德"。我们常常挣扎而且一直找不到答案。回想起来，我认为那是有意识地营造一种故意的不完整性。我2008年的这篇文字以此作结："要使这种美学柔韧，需要出人意表的做法。"

黄：我认为所有的策展行为都需要出人意表，你无法看到它，直到在展览或项目实现那刻。无论你选择成为纯粹主义者还是选择干预、利用和揭露，你都必须实现信仰的飞跃。我只想以之前两个策展经验来总结今天的对话：一个是1993年举办的"不如试试融合极端？"（*What About Converging Extremes?*），另一个是在马来西亚的烈火莫熄社会运动的高峰时期举办的"谁？何时？为何？"（*Apa? Siapa? Kenapa?*）。两次展览都是以非常远大的策展目标为前提的。第一个的目的是为了融合极端、加强情绪和呈现方法。第二个是对历史上喧闹与动荡时刻的愠怒作出回应。这很简单清晰。但作为一名策展人，我从未以如此持久、细致和考古的方式处理档案。在这次遭遇中，我试图将策展人的角色带回一个更传统的概念，这就是为什么我[以往曾经]深入研究"策展人"这个词的词源及其一系列的联系：治愈、关怀、监护人、焦虑等等，甚至库拉——一个人类精神死亡之前的罗马守护神。

对我来说，从事研究伊斯梅尔·哈希姆档案一直试图回归以监护人的角色去策划展览，尽管这是一个充满焦虑的角色。"我应该如何以及从何处开始？"这一直是一个反复出现的问题。奇怪的是，策展也是关于焦虑的时刻，而你研究的材料则成为焦虑的对象和主题——焦虑源于理解和讨论无限层面的信息和意义。最终，展览制作成为一种不完整性的遭遇。

英译中：李继忠

参考文献

《亚平存档展览：穆赫塔尔·亚平藏品中的作品和文件》，新加坡国立大学博物馆，新加坡，2013年

有关马来西亚多种族的声明，伊斯梅尔·哈希姆在他的个人物品中抄写出来。伊斯梅尔·哈希姆艺术村和档案馆

《展览档案与欲望：穆罕默德·丁选集》，穆罕默德藏品，新加坡国立大学博物馆，2008年

注　释

1. 编者注：穆赫塔尔·亚平（1923-1994）是印度尼西亚画家，印刷制作人和平面艺术家，里斯·穆尔德的学生。他于1948年在印度尼西亚大学技术学院学习，1951年在荷兰应用艺术学校学习，1953年后期在巴黎国立高等美术学院学习。他是1946年雅加达的艺术改革运动Gelanggang Seniman Muda（青年艺术家竞技场）的创始成员，致力于促进艺术和文化的现代性和自由。

2. 编者注：穆罕默德·丁·穆罕默德（1955-2006）是一位新加坡马来画家。他于1976年毕业于新加坡南洋艺术学院。他以苏菲派的灵感来创作艺术作品而闻名。他的绘画和雕塑作品也深受他作为马来武术大师、传统治疗师，以及他在东南亚的旅行所影响。

07

论印度艺术档案库之必要

沙弥·达斯

"档案与过去、现在及未来紧密相连，它为艺术创造了一条新的路径。而这正是艺术恒长之原因。"

前言

在我还是个孩童时，就已经很喜欢收集一些零碎的纸张。这个爱好包括所有的纸盒/纸袋、日历以及报纸和各类杂志上的纸张。我想用我自己的方式来复制这些带有图像的材料。尽管当时的我常常不能正确地重新创造它们，但我能感受到与它们的内在联系。我仍然记得那张印有乔蒂·巴特（Jyotti Bhatt）画作的贺卡，老杂志上知名摄影师的摄影作品，阿尔帕纳（alpana）图案，与其他不计其数的艺术作品。这些对象曾经很长时间地被保存在盒子里，并且常常成为我绘画作品的对象。

随着年龄增长，我对绘画的热爱变得强烈起来，而我收集杂志、书本和报纸的范围也不断扩大。从贾姆谢德布尔（Jamshedpur）的一个旧书市场上收集来的各种各样的文章扩阔了我的视野。于是，我爱上了旧纸张的味道。最终，这样一种吸引力带领我到艺术档案库门前，我也逐渐建立起了基于我个人研究所需的收藏。这个收藏由旧书籍和旧报纸、电影底片、幻灯片、旧票据和电子书组成。这收藏者的经历以我个人对艺术的兴趣为核心，从而使我能够进行艺术实践并理解印度的现代艺术。

为了清晰地认知当代艺术，应该同时对历史及研究有一定兴趣。否

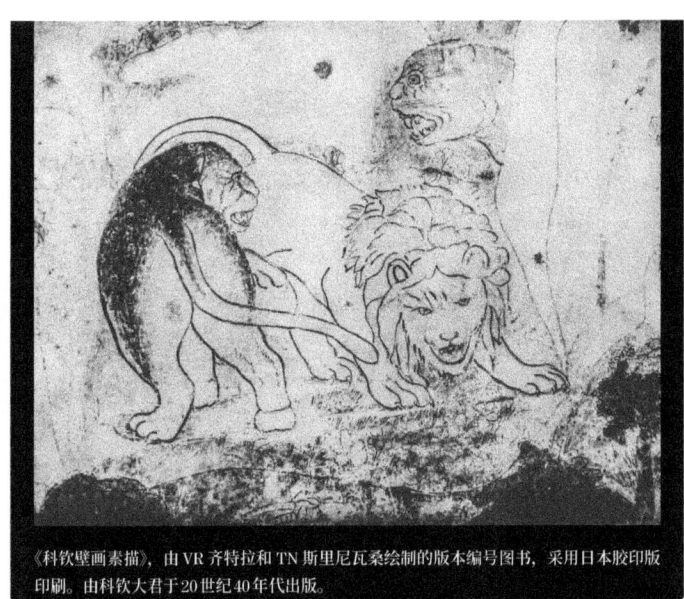

《科钦壁画素描》，由 VR 齐特拉和 TN 斯里尼瓦桑绘制的版本编号图书，采用日本胶印版印刷。由科钦大君于20世纪40年代出版。

则，若我们无法了解当下，我们也就远离了过去。比如，孟加拉的现代艺术尚未被好好地建立起来。于是，当代艺术没有沿着正确的方向发展，而且目前好像以外来文化的边缘的形式存在。在这篇文章中，我意在提供一些信息以唤醒档案库之必要性的意识。我同时还想要解释如何通过过去来理解当代艺术。但是，这篇文章也只是沧海一粟。

鉴于我们悠长又复杂的殖民地历史，要从我们丰富的艺术遗迹中保存相关的记录和文献早已变得困难重重。于是，不同的艺术风格便常常整合以产生新的风格。这种组合风格已经对我们的艺术发展产生了影响，从而促使我们即使在今天也要尽可能地熟悉这些细节。西方国家有大量保存完好的档案库，因而致使我们的当代艺术容易受到西方风格的影响，这一影响主要是通过展览、研究和教育这些体制化的活动来得到发挥。

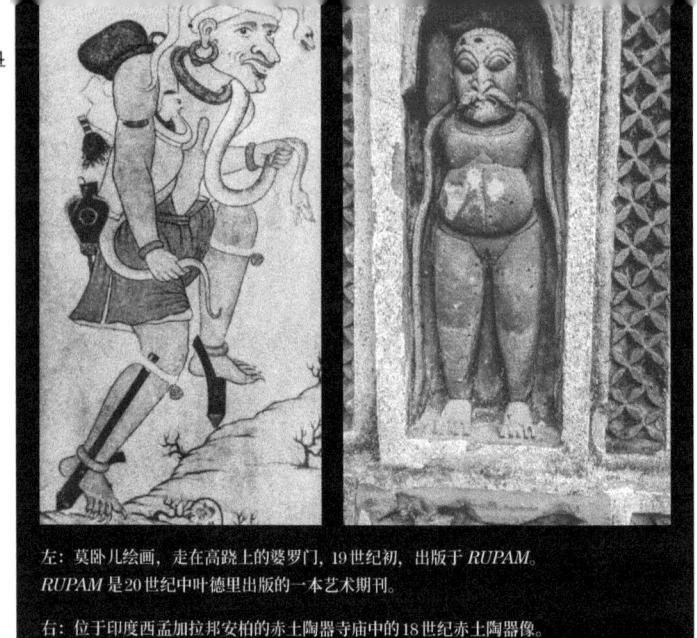

左：莫卧儿绘画，走在高跷上的婆罗门，19世纪初，出版于 *RUPAM*。*RUPAM* 是20世纪中叶德里出版的一本艺术期刊。

右：位于印度西孟加拉邦安柏的赤土陶器寺庙中的18世纪赤土陶器像。

与过去、现在和未来紧密相连，因而它为艺术创造了一条新的路径。此外，历史档案库对艺术的持久性负有责任。一位研究学者应该觉知到一个档案库藏品具有的综合的政治影响和意义。有一点需要注意到的是将藏品的范围公诸于众的重要性。首先，一个档案库是少数人贡献的结果。因此，这些藏品会无可避免地受到少数人好恶以及意见或者思维方式的影响。

我意在将本文的讨论集中在以档案为本的研究，以及我作为一位当代艺术家所感受到的真空情况。"新孟加拉艺术"的历史重要性不可被低估。这一多面向的运动关注于绘画、戏剧、艺术批评、音乐、雕塑、表演以及室内设计等等。但这些努力大多尚未发表或未向公众开放。而且，我们还没有获得这些作品的细节数据。与其思考为什么会有作品缺席的情况发生，不如尝试去解决大量绘画和文章可能已经消失的谜团。作为一个专业艺术家，我常常思考为什么印度的艺术不被放置于印度语境中进行分析而是以所谓全球化下的西方视角作评判。拉金德拉拉尔·米特拉爵士（Sir Rajendralal Mitra）、阿克沙伊·库马尔·迈特拉（Akshay Kumar Maitra）和辨喜（Swami Vivekananda）这些先驱曾在西方视角之外看见印度艺术的光环。

如今有关印度当代艺术都从外国的角度讨论，并且正离印度本身的语境越走越远。因而，在我开始讨论印度艺术对于档案的需求之前，我首先要说明一下我对于印度艺术中现代性以及现代主义思想的看法。

印度现代主义：二战后的艺术

对一个像印度这样复杂又幅员辽阔的国家而言，文化和历史的概念也许难以把握。只存在少量的历史记录，或在地方语言中被保留下来，而有关视觉方面的全境状况仍然有待解读。即使全球化兴起，印度过去是、而且仍然是一座一无二的创意宝库，并表现在其多样性的文化、语言和宗教之中。有些人视这些创造力为一个庞大的活博物馆，它保存了传统但还未发展。相对地，有些人则认为印度极好地保留了这片土地的异国情调以及神秘主义。

在印度，创意有无数种表达方式。菁英们也许会称他们为"艺术"。但是，那些创意艺术将这一领域视为它们生活的一种表达。无论我们认同或不认同这些宗教信仰，包含在活动当中的宗教亦可被视为一种形式的艺术。基于这些繁杂的观点，什么是印度艺术中的现代主义？我们如何把握印度艺术家为他们的古老神话和传统所带来的崭新视觉可能的精妙之处？或是如何理解他们运用新视野和技巧并将他们融入到他们各自特有的印度文化中的方法?

由艺术家尼罗德·马祖姆达尔(Nirod Mazumdar)所著的一本名为《巴黎之共鸣》(Punashcha Parry, 或 A Resonance of Paris)的回忆录,记录了他20世纪50年代至70年代在巴黎的日子。这本书曾于1983年以孟加拉语出版。马祖姆达尔想试图探索并重访所谓的"印度现代艺术"与印度的现代主义思想。此书提供了马祖姆达尔与他的法国妻子关于印度和法国的艺术及文化的广泛对话。虽然他的书在印度是一份重要的文献,但至今都还未被翻译成法语或英语。此书中没有确切的结论但却展示了对彼此文化和传统的尊重。这本书记载了大量20世纪早期对印度及法国之哲学和艺术的描述。像这本书一样的纪实类文献,可以成为建立印度现代主义理念的要素。

印度现代艺术被认为在20世纪早期就已经存在,而首次出现是在孟加拉画家阿巴宁德拉纳特·泰戈尔(Abanindranath Tagore)的作品中。但是,这一类型从未被清晰地解释或理解过。曾有被称为"孟加拉画派"的图像风格出现在印度,摆脱此前被在印度提倡的学院风格。但因为阿巴宁德拉纳特曾参与斯瓦德希运动[1],这一画派通常被误解或被简单化为具有民族主义面向。事实上,孟加拉画派专注于艺术、视觉文化和教育各方面的改革进程,透过现代主义式的方法推动其他融合了宗教和世俗元素的新印度艺术类型,而非单纯狭隘的民族主义表达。

尽管西方现代主义普遍地透过找寻一种受到了工业革命和国内社会变迁普遍影响的新视觉文化来描绘一座城市的传统,但印度的现代主义却无法与都会、城市和城市化紧密相关。在西方,现代城市化/城市现代化的发生与印度的情况不同,而印度的城市概念也与西方的相关主张并不相对应。城市化历史和印度的建筑,从印度河流域文明(公元前

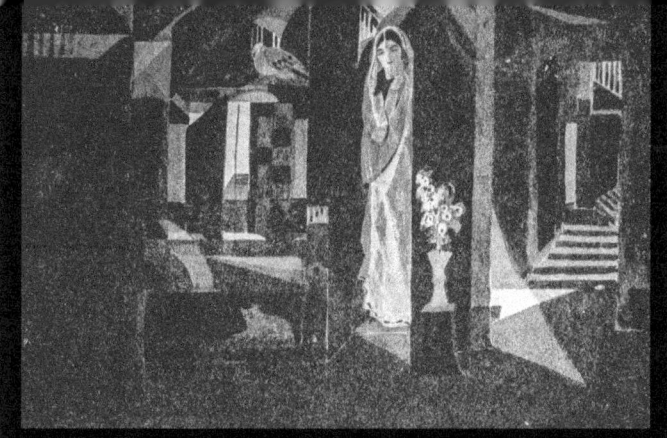

阿巴宁德拉纳特·泰戈尔绘制的纸上水墨画《晨光》
发表于孟加拉语月刊 *Basumati*，加尔各答，孟加拉。

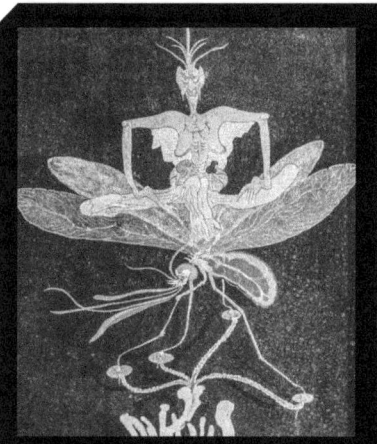 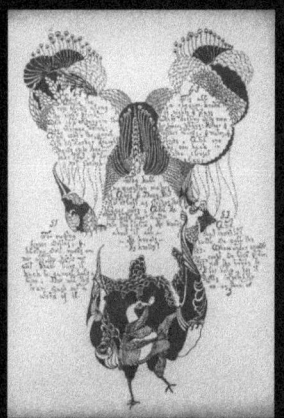

左：携带疟疾病菌的蚊子的水彩画
艺术家不详，发表于孟加拉月刊杂志 *Basumati*，加尔各答，孟加拉，20世纪70年代。

右：《鲁拜集》插图，作者：M.K.塞特，出版于孟买，年代不详。

3300-1300)到其后的王国以及皇家的资助,都跟视觉艺术有很深的联系。几个世纪以来数之不尽的建筑学资源被描绘成艺术形式。在19世纪晚期,加尔各答卡利加特绘画[2]成为一种记录印度城市艺术清晰证明的资源。它们主要由不属于高等种姓的穆斯林艺术家所制作,但描绘的却是印度教神话故事与社会事件。

我深信印度的现代主义应该要有对自己的时间与时期的思考。这一概念有别于西方想象中将其作为世界艺术中现代主义的衍生术语。若我们尝试从这一角度来看,就会发现这样的一种努力对印度艺术而言并不公允。显而易见,印度这片土地有许多层级的社群和城邦,种姓以及信仰。每一种视觉艺术的类型,都有意识或无意识地包括了这些要素,而且印度艺术的演变应该考虑到它的特殊语境,而不是把艺术分类为雅与俗。达利特[3]和低种姓的人也应该被包含在印度现代主义的概念里。印度艺术的历史和历程是很复杂的课题,艺术在印度不应该从等级制的角度来区分。图像的发展交织着口述历史、神话学、传说,以及变幻莫测的考古挖掘。任何想要理解印度艺术之演变的意图都必须考虑到这国家的生活传统。印度的工业化与城市化历史有别于西方世界,而西方"现代"或"现代艺术"的概念与印度的案例也不相同。

此外,我们必须提及印度的神智学家在第二次世界大战后对现代主义概念的广泛贡献。阿罗频多(Aurobindo)、吉杜·克里希那穆提(Jiddu Krishnamurti)、拉玛那·马哈希(Ramana Maharshi)以及安妮·贝赞特(Annie Besant)[4]等知名人士在当时对他们那一时代的艺术家有相当大的影响。版画家及雕刻家克里希那·雷迪(Krishna Reddy)曾被标记在克里希那穆提的哲学中,如果没有引用这一思想家,他的艺术将是不完整的。克里希那穆提曾说"在虚无中,存在着万有与

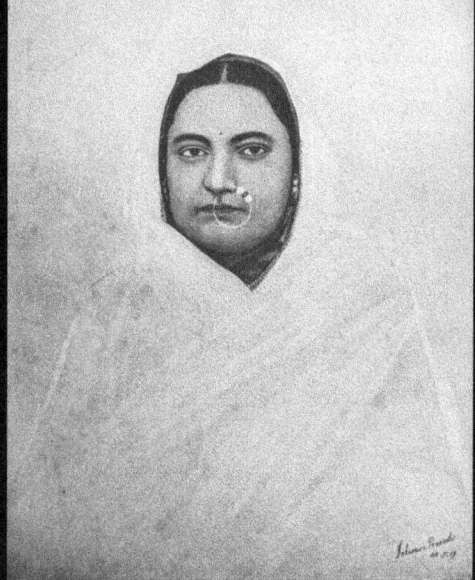

《古拉布·卡梅利》,象牙上的女士肖像
伊什瓦里·普拉萨德·维尔马的作品,
纳哈尔收藏。20世纪70年代发表于孟加拉语月刊 *Basumati*,
加尔各答,孟加拉。

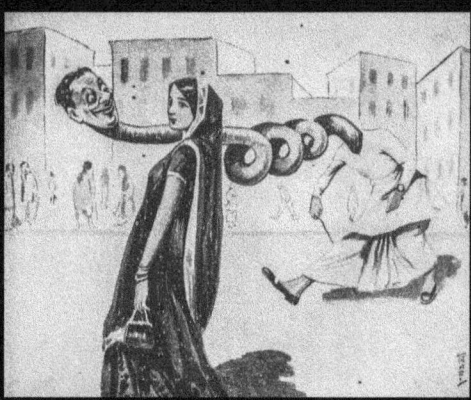

《男人的隐秘性格》,孟加拉漫画
作者:比纳伊·克里希纳·巴苏,
20世纪70年代发表于孟加拉语月刊 *Basumati*,
加尔各答,孟加拉。

能量。结束即是开始。"雷迪所有的画作都与这些思想紧密相关。

在独立之后，印度艺术家开始把目光投向西方。在20世纪50年代，巴黎当时很自然地被认为是最有吸引力的文化首都之一。《巴黎之共鸣》一书将目光放在了几位知名度不高的印度艺术家上，他们都曾于50至70年代在巴黎学习或工作过。他们去往巴黎的原因有很多——有些人为了希望透过西方世界充满活力的艺术来发掘自己个人的表达形式；另一些人则受到巴黎政府奖学金的资助，但他们所有人仍然扎根于自己的文化当中。他们并不想成为以创作印度艺术而为人所知的艺术家，而是想将印度带向更广阔的世界。总体而言，他们当时似乎没能在合适的语境中接触/进入主流展览，也没有在当时当地获得认可。他们的艺术旅程一点也不简单，需要强大的内在力量才能存活下来，并且在一个完全有别于他们原本生活的世界里进行创作。他们的旅程穿越了边界并再造了人类文化本质之连结，以下一段话充分表现出拉宾德拉纳特·泰戈尔（Rabindranath Tagore）的想法：

"当我们在谈论印度艺术的情况时，这意味着一些基于印度传统和气质的事实。与此同时我们必须要知道人类文化中并不存在绝对的种姓限制；它们，人类文化……曾经有过结合与产生新变化，而且这样的结合已经持续了数世纪，证明了人类心理之深层的连结。人所共知，在印度艺术中的波斯元素并未碰到任何阻碍，并且还有其他各种外来影响的迹象。中国及日本毫无迟疑地承认他们在生活的艺术及精神上的发展受到了印度的影响。幸运的是对于我们的文明而言，所有这些交流之所以能发生，正是因为当时还没有专业艺术评论家的过多干预，并且艺术家也还未因被无理地分类而掣肘选择灵感的自由。我们的艺术家过去从未不胜其烦地被人提醒他们是印度人的明显事实；于是，虽然他们沉迷于所有那些借来／外来之物，但他们仍有自然而然成为印度人的自由。"

现代主义在印度艺术的旅程，尤其是在这批艺术家中，或许安妮·贝赞特做了最好的表达："不是作为一位艺术家，而是作为一名或许可以被称为美之哲学的学生。它的本质来自于崇高。它对美丽事物的表达，其演化进程中与人性的关系，它对国家及个人发展的影响，所有艺术的理想，不只在纯艺术中能实现。希尔帕艺术（The Shilpa）同时也关注被视为手工艺人的手工（艺术），以及那些从事主流艺术、音乐、建筑、绘画和雕塑的人，艺术家身上的杰出天才才可造就伟大成就，所以那种艺术家被称为美之祭司。"

我相信在考虑印度的现代主义时，应该要关注古代对美的感知和古代与现代之间的对比。如安妮·贝赞特在她的文本中所提到的，理想中的美在印度"仅仅是惯例问题，无论现代与否，它都体现着其所属时代的方法：古代的认识方式，由全知之人所知的知识，从普遍到特殊，从理想到形式；现代方式的认知，尤其是通过对具体事物的观察，经由分类、归纳、假设、实验验证，最终成为律例。"

印度现代艺术需要档案库

在20世纪初，全印度最大的艺术运动之一的根源就在加尔各答的乔拉桑科-塔库尔巴里（Jorasanklo Thakurbari）。但是，这一艺术运动的参与者并不只有孟加拉人。孟加拉画派风格曾经仅仅是一个名字而且不止限于孟加拉。阿巴宁德拉纳特·泰戈尔及他的信徒们扮演了重要的角色，虽然总体而言这一参与是建立印度艺术并将其带回正轨的重

左下：阿巴宁德拉纳特·泰戈尔的画作，出自带有签名和编号的《字母图》一书。阿巴宁德拉纳特的孟加拉语字母表试验。

右下：雷恩本舍，孟加拉的民间大众表演
沙弥·达斯摄影

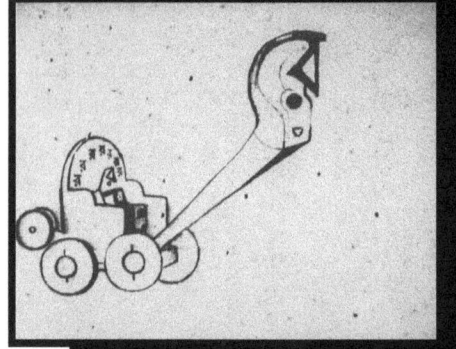

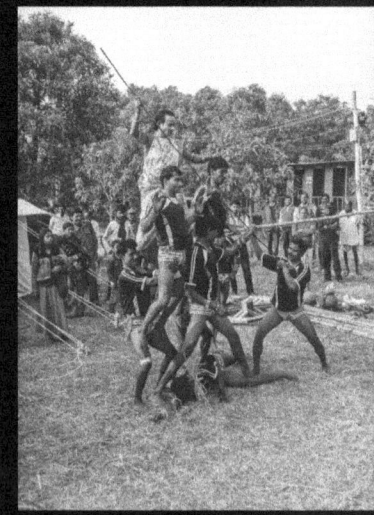

左下:南印度艺术家的素描本,AK·库马拉斯瓦米的印度素描,
1979年由印度巴拉提亚出版社出版。

右下:猴神/哈奴曼,来自锡卡瓦蒂的壁画,
1979年由印度巴拉提亚出版社出版。

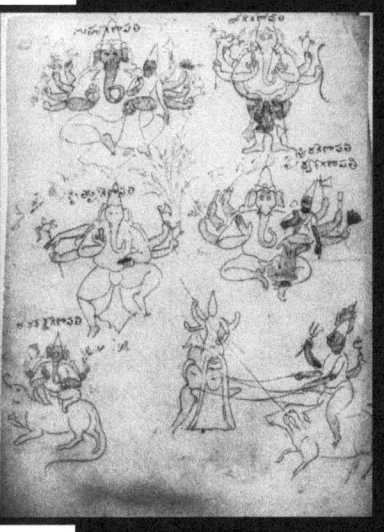

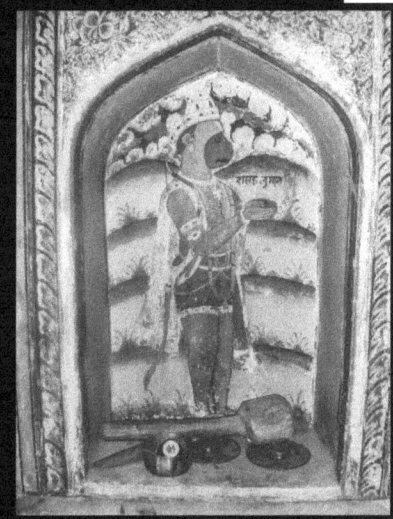

要尝试。各类关于这一时期艺术的出版物和文章如今都有着重要的价值。我们可以从泰戈尔的信件中得知,在东南亚中关于文化、艺术及其他课题曾存在密切的沟通。辨喜在他的信里表达了他对日本的看法。苏尼蒂·库马尔·查托帕达亚(Suniti Kumar Chattopadhyay)教授所写的《回顾以前行》(*Rabindrasangame Dwipomoy Bharat O Shyamdes*)一书中,尤其值得一提的是书中关于印度与邻近国家之间在当时的文化交流。

这一时期艺术表达的巨大扩张没有被以恰当的方式记录下来,导致我们无法正确地对其进行分析。此外,这场运动的影响显然因为缺乏文献、照片和出版物等原因而受限。以邦或城市为基础的艺术,而非总体上的印度艺术,在近期得到重视,令从印度视角来了解艺术变得愈发困难。因此,政府档案库远离公众是不合适的;来自各行各业的人也应该能够亲近个人的收藏。最重要的是,问题在于为什么艺术评论者和艺术史学者选择了从包罗万象的视角下转移视线。围绕21世纪的艺术的恰当的讨论较少。因此,我们进入了一个策展人拒绝承担诠释历史责任的时代。

历史和研究或许看起来很累赘,但是通常很重要。人们常觉得回头看一眼就会令自己倒退。但是,我并不认同这一观点。在分析那些所谓无名作者的研究性文章时,我们察觉到自己对于国家的认知是多么有限。如果不是读过拉马钱德拉·古哈(Ramachandra Guha)的《现代印度的缔造者》(*Makers of Modern India*),我也许不会知道与这一自由运动相关的许多人的名字。除此之外,如果一个人没有读过如布达德夫·阿查里亚(Buddhadev Acharya)和西德什瓦尔·穆克吉(Siddheshwar Mukherjee)这样学者的作品,他对于比尔普姆(Birbhum)、博尔普尔(Bolpur)和圣蒂尼克坦(Shantiniketan)的历史知识或许会被剥夺。尽管他们的贡献是无可估量的,但这两位学者依然几乎不为人所知。其他相似的例子人们应该予以重视。并且,现代许多艺术家的作品直至今日都还没有得到正视。赛洛斯·穆克吉(Sailoz Mukherjee)是其中之一。尽管他的作品是国家的骄傲,但还没有一本围绕他编纂的出版物。

类似地,拉宾德拉纳特所写的大量信件被存档在拉宾德拉之家(Rabindra Bhavan)和国际大学(Visva Bharati)的档案库中。但是,档案库中只存有少量由其他人写给他的信件。因此,拉宾德拉纳特与这些人的关系并不清楚,从而剥夺了大众将拉宾德拉纳特作为个体去彻底了解他的机会。艺术家阿西特·哈尔德(Asit Halder)的一封信同样值得一提。"原件:来自德里画廊档案库(Delhi Art Gallery archive)/dt.14/4/49,来自勒克瑙(Lucknow)/'当信封涨价,拉比达(拉宾德拉纳特·泰戈尔)开始在明信片上写信,但没有人可以把私事写在一张公开的卡片上。'"这一片段从一个不同的视角描绘了泰戈尔。在另一封信中,哈尔德写道,"拉宾德拉纳特用他的光亮反衬出一片黑暗。那里充满泥泞因此无法反射任何光线;倘若是玻璃而非金子,那还多少会有一点反光。"[写给苏林德拉·莫汉·穆克吉(Sourindra Mohan Mukherjee),22/1/51,来自勒克瑙/原件存于德里画廊档案库/未出版。]

我有幸能阅览近15,000张在拉宾德拉之家档案库中的图片,大多是拉宾德拉纳特·泰戈尔的肖像。即使是在合照里,聚光灯始终停留在他身上。拉宾德拉纳特·泰戈尔曾负责建设档案库,尽管他的名字没有被提及(有趣的是,在圣蒂尼克坦的房子中的木制品和家具都是他的创作,并且这一作品保留了孟加拉新艺术运动卓越的部分)。拉宾德拉纳特似乎

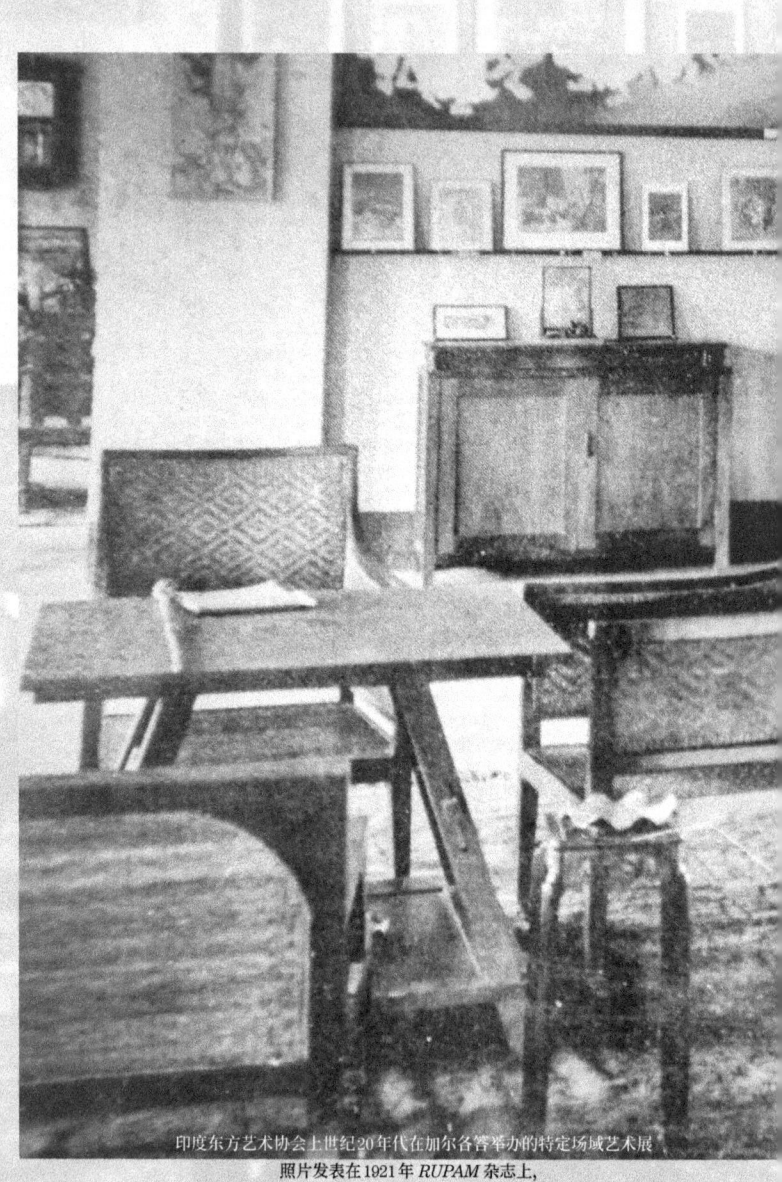

印度东方艺术协会上世纪20年代在加尔各答举办的特定场域艺术展
照片发表在1921年 *RUPAM* 杂志上，
在展览中，他们将家庭用品、家具与艺术品并置。

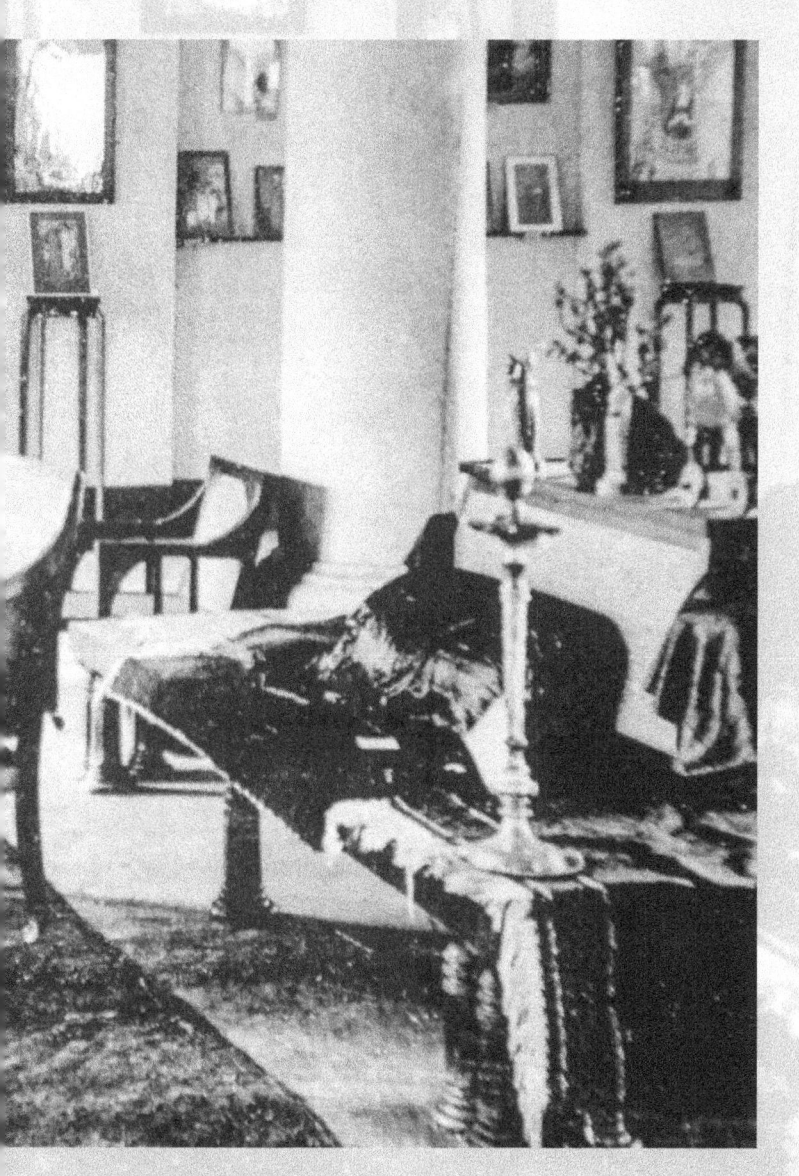

是一个对历史漠不关心的人。有人或许会问这样的态度是否因为他有名的父亲。但若我们看到拉宾德拉纳特的创作,会找到他压倒性的自我存在。

研究取决于研究者的视角和依据以及档案库收藏背后的政治。一名研究学者应该要能够展望未来。学院档案馆、政府档案馆以及个人收藏有不同的愿景。近来,网络档案库的影响变得愈发重要。档案库的收藏和原创性成为一个大问题。但是,如何验证事实又是一个难题。显然,不同人提出不同的解释,而这些陈述构成了收藏发展的基础以及最终如何被接受为事实;我们相信它,它继而便成为了历史。

对于加加南德拉纳特·泰戈尔(Gaganendranath Tagore)绘画的不同解释是一个体现这种困难的例子。据说加甘巴布(对其尊称)的绘画受到了毕加索的影响,但是如果他们仔细观察过乔拉桑科-塔库巴里,或许就不会接受这一观点。很多在北加尔各答的老建筑到了晚上会显现出神秘的样子,就像怪异舞台剧明暗对比下的效果。对这样日常景象的描绘会让人意识到加甘巴布的油画并非受到毕加索的影响。之后,同样的神秘出现在艺术家比卡什·巴塔查里亚(Bikash Bhattacharya)的作品当中。我们已经习惯将印度的艺术与西方艺术和艺术家进行比较,因为这样的看法更容易在西方出版发表。印度的艺术家真的没有属于他们自己的、提醒他们根之所在的地方吗?他们必须永远接受与西方进行比较吗?

我们对南达拉尔·鲍斯(Nandalal Bose)在孟加拉语入门教材《沙哈杰路径》(*Shahaj Path*)一书中所绘制的插图很熟悉。但我们并不熟悉作为考古部门首席官员的让·菲利普·沃格尔(J.Ph.Vogel)的著作——《来自拉合尔堡的马赛克瓷砖》(*Tiles Mosaic from Lahore Fort*)。而拉合尔堡的马赛克瓷砖图片为我们提供了新的角度看《沙哈杰路径》中的插图。这一作品并不是盲目地模仿，而是一种传承风格的表达。除了档案库，一些小的个人收藏有时也很重要。拉宾德拉纳特的两本笔记本或许可以作为一个例子。其中一本里有《西舒博拉纳特》（Sishu Bholanath）的手抄本，这里的每一个词都各就其位，每一个句子都整齐地排列妥当，以便印刷厂的技术工人能毫无困难地进行复制。这一工作类似于如今桌面出版的设计排版，而拉宾德拉纳特的才智表达令人印象深刻。另一本笔记本包括了他的歌曲、诗作、绘画与涂鸦，和他与巴伦德拉纳特（Balendranath）同游普里的描述。这本笔记本中的线条图并不会让我们觉得他是在模仿德国的表现主义者。相反，我们将它们视为它们本来的样子，他个人经验的一种表达。拉妮·钱达（Rani Chanda）的书里（我跟她交谈时，她的记忆力还很好）也同样没有提到德国的表现主义者。

事实上，缺乏必要的曝光和分析妨碍了我们从特定的创作时期的不同阶段来获取更多的信息。此外，这些档案的缺乏已经导致了所谓西方文化的霸权地位。其中一个不好的影响可能是，不同的文化会放弃自己的原创性，最后变成一个同质化的混合体。若这一情况发生，那么印度艺术会失去其独特性（或许这已经发生）。在上世纪20年代，这样的情况也许会令南达拉尔·鲍斯给拉宾德拉纳特·泰戈尔写信，告诉他中国如何在试图模仿廉价美国的艺术时失去了自己的气质。我们已经可以强烈感受到在如今的印度艺术中这样的影响，因为很多人都认为这是通往国际主义的路径。阿巴宁德拉纳特·泰戈尔回信给拉尼·钱达并表明哗众取宠并不是艺术。但是这却生产出了如今被认为是艺术的作品。

英译中：符梦青；校对：李继忠、陈韵

注 释

1. 斯瓦德希运动是印度独立运动及发展中的印度民族主义的一部分,它是一项意在将大英帝国的势力移除并通过斯瓦德希(Swadeshi)原则来改善印度的经济情况的经济策略。这场运动取得了一些成功。斯瓦德希运动的策略包括抵制英国的产品并复兴国内的产品与生产进程。

2. 卡利加绘画(Kalighat painting 或 Kalighat Pat)起源于19世纪的孟加拉,靠近印度加尔各答卡利墥的卡利女神庙一带,起初是拜访卡利女神庙的纪念品,后来发展为一个独特的印度画派。从对印度教之神的描绘以及其他神话人物的描绘中,卡利加绘画发展以反映不同的主题。

3. 达利特,梵文中的意思是"被压迫者"以及印地语中的"破碎/散乱",这一词汇是指印度那些通过梵化(Sanskritisation)从部落转化成种姓的低等印度原始部落的土著。这一词主要用于那些被归类为秽不可触的人。达利特/贱民曾经被排除在印度教瓦尔纳种姓制度的四个等级之外,并且将他们自己视为第五瓦尔纳,将他们自己描述为班乔玛(Panchama)。达利特人/贱民现在自称为多种宗教信仰,包括佛教、基督教以及锡克教。

4. 安妮·贝赞特(1847年10月1日-1933年9月20日)是英国的社会主义者、神智学家、妇女权利活动家、作家以及演讲家。她支持爱尔兰、印度自治。

08

没有尽头的档案
文献中的中国当代艺术与策展实践

董冰峰

一、文献与历史

中国当代艺术及其"历史化"的实践,从其发端至今就几乎保持着紧密同步。这一看似突兀的历史研究,体现了历史与复杂现实竞逐过程中的一种当代策略。而在过去从上世纪70年代后期至今约近四十年的中国当代艺术中,"历史"正逐渐成为一门研究领域的显学。本文的重点,是经由对中国当代艺术文献(包含正式出版的艺术报刊杂志、艺术展览图录、艺术家出版及未出版的工作随笔及创作手稿等)为基准的材料分析与实践的探讨,对这些认知在今天中国的艺术现场中的争议与趋同,所持续不断地产生的鲜明对立的在理论判断与社会立场的矛盾状况的质疑和发问。

1986年艺术批评家高名潞在全国油画年会上提出"85美术运动"的概念后不久,[1] 一场围绕此概念下的艺术史集体写作(撰稿人包括高名潞、周彦、王小箭、王明贤、舒群和童滇)即展开,不久《中国当代美术史:1985-1986》于1991年正式出版。几乎同时,由吕澎和易丹编著的《中国现代艺术史:1979-89》也在次年1992年出版,由此构成了对"85美术运动"较为整体性的观察、研究和资料汇编工作的重要累积。比如两本著作都是以文化大革命结束为起点,对80年代现代艺术进行系统的资料整理和研究。由于90年代后社会环境骤变,80年代暗合思想解放为主旨的"85美术运动"此刻已经烟消云散。在整体变革遭遇困顿的同时，重新理解80年代中国现代艺术和社会文化的历史任务被视为一项紧迫议程。

以文献角度来观察，《中国当代美术史：1985-1986》和《中国现代艺术史：1979-89》都涉及大量基础资料的编撰。前一册的集体撰稿人几乎都是80年代中国现代艺术潮流中的当事人和部分艺术活动的策划人，对当时的艺术有着近距离的观察、体验和实践，可以说《中国当代美术史：1985-1986》可被视为"85美术运动"的基础报告。特别提到的是，这本著述极富视野地还介绍了80年代的建筑实践，编者认为"建筑是美术史的重要组成部分，本书撰写的建筑部分也试图与整个美术思潮连为整体论述。"[2] 此一研究先例的突破，也意味着理解"85美术运动"的基本观点，将更接近为现代文化和艺术的一种整体性实践，而非仅局限在视觉美术的研究范畴。

笔者无意比较至今已出版的数十种关于中国当代艺术的历史著作的优劣。如本文主题所示的重点是"文献"。对于中国当代艺术而言，这里的"文献"并非仅仅指一种静态的艺术活动的材料与艺术家及其作品的记录，而是强调在不同的社会政治与文化发展时期，透过"文献"所呈现的不同的艺术、文化实践，所表达出丰富的意识形态的复杂面向和精神维度的深刻思考。以中国当代艺术的"文献"问题为轴心，一边是文献整理的基础实践，包括了与同时段的社会大事和文化政治的互动；而另一边显现的则是艺术史的一种理论范式。可以说"文献"划分出了中国艺术实践和研究发展中的两极。

2007年由时任尤伦斯当代艺术中心艺术馆长的费大为发起《'85新潮档案》的大型编撰计划，同一年出版了六卷计划中的前两卷。[3] 这也是国内首次提出的80年代中国现代艺术的文献编辑工作。《'85新潮

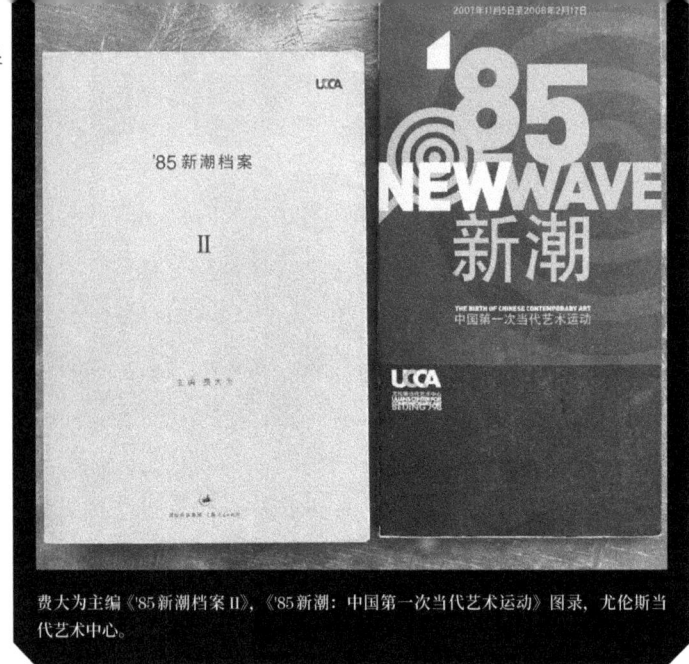

费大为主编《'85新潮档案II》,《'85新潮:中国第一次当代艺术运动》图录,尤伦斯当代艺术中心。

档案》主编费大为认为:"我首先考虑的是如何使这套丛书达到一种历史的客观性,并且这种客观性如何能够建立在一种更为勇敢的选择之上。'85新潮是一个群众运动,但是我所要探讨的并不是它是不是一个群众运动,也不是这个群众运动的结构如何,而是它在艺术上是否真有贡献,以及这些贡献是如何形成的。"[4] 同年,批评家高名潞也修订再版了《中国当代美术史:1985-1986》,并增加部分材料,更名为《'85美术运动》两卷。加上之前高已经出版的《无名:一个悲剧前卫的历史》《中国公寓艺术1970s—1990s(1)——后文革的边缘艺术生态》等系列,推动高名潞现当代艺术研究中心[5]正式成立。费大为以机构工作出发的文献编撰计划、高名潞现当代艺术研究中心和北京大学朱青生主持的《中国当代艺术年鉴》计划也早在2005年即开始进行系列的年度出版计划[6]，上述这些交相构成丰富而立体的中国当代艺术文献实践。

以机构模式为背景的中国当代艺术文献整理，需要补充由批评家黄专于2005年担任馆长的深圳OCT当代艺术中心，该中心同样是以中国当代艺术家个案研究为基准的文献和展览机构。至今已完成的个案计划包括艺术家王广义、汪建伟、张培力、舒群、徐坦、隋建国、谷文达等，为中国当代艺术的历史研究建立了特定的方法论的同时，也为机构累积了大量文献和实践思路。

然而，我们注意到的是，中国当代艺术的历史研究时常处于一种互相矛盾的境况，不仅仅是对于现代艺术形式及其主题表达的价值判断的根本差别，更重要的是在对待历史本身时，那些通常由浅而易见的文献所构成的不同的理解和包含了评价观点的选择。对于相对客观和基础的文献而言，不同的批评家和写作者对于历史有着根本的不同理解，那些认为历史就是由客观材料所构成的普遍看法，在不同的研究中会呈现出扑朔迷离的不同样态和结论。[7]

对于文献整理与历史写作之间的困扰和多样化，或可参照另外的例子。以中国古代美术史研究闻名的芝加哥大学的史学家巫鸿，数年中在国内陆续（翻译）出版了多部关于中国当代艺术的艺术家研究专著及艺术史著作，内容包括艺术家个案研究、当代艺术史研究、专注于媒介主题的研究：如摄影史，以及大量的策展实践，包括本文提到的"重新解读：中国实验艺术1990-2000，首届广州三年展"。这些实践也不断拓展了中国当代艺术更为深远的国际回响与研究范式及其史学判断的不同探讨的空间和模式。巫鸿主编与亚洲艺术文献库、纽约MoMA合作于2010年出版的 *Contemporary Chinese Art: Primary Documents*，至今仍然是西方研究中国当代艺术的必读基础文献。[8]

"首届广州三年展"展览海报,广东美术馆。

二、机构与展览

文献整理推动的另外一种工作，即是包含了历史研究与作品展示的策展实践。在当代艺术在中国"合法化"的2000年以来，大量由官方和民营美术馆主办的当代艺术展览构成推动当代艺术活动的主要背景、动力和问题讨论的平台。同时，部分官方和民间美术馆，都比较集中性地以中国当代艺术的历史研究回顾展作为机构工作的重要主题。这一现象除了上述提到的2002年广东美术馆主办的"重新解读：中国实验艺术1990-2000，首届广州三年展"之外，还突出表现在2000年来部分民营当代美术馆的开馆展项目中[9]，侧面带动了新的全球化语境下对80年代以来中国当代艺术历史的再定位。

当代美术馆在国内的起步，对于藏品和文献的收藏及研究的工作几乎是同时并行。以笔者2007年参与北京尤伦斯当代艺术中心开馆展"'85新潮：中国第一次当代艺术运动"为例，围绕着开馆展和《'85新潮档案》图书计划的出版，美术馆工作团队至少处理了来自国内外近两万件文献材料，也包括推动艺术中心成立了一个面向公众开放的专业艺术图书馆。

以机构实践和"展览史"范畴来讨论中国当代艺术的文献，或可有更多发现。本节尝试勾勒2000年以来的部分展览实践，如：2002年"重新解读：中国实验艺术1990-2000，首届广州三年展"、2006年"创造历史：中国20世纪80年代现代艺术纪念展"、2007年"原点：星星画会"、2007年"'85新潮：中国第一次当代艺术运动"、2016年"屏幕测试：1980年代至今华人录像艺术"、2016年"后感性：恐惧与意志"、2017年"中国当代摄影1976-2016"与2017年"1989年后的艺术与中国：世界剧场"等。这些展览的相似点在于，都面对了中国当代艺术的重大发展阶段的历史议题,并仍然于今天的社会政治现实及国际语境的对话的可能中,推动与塑造某种关于中国当代艺术于社会公众的集体共识:文化开放和全球化发展。这些展览项目的研究方向,也直接影响了对于中国当代艺术的历史认知和理论阐释。例如,"创造历史:中国20世纪80年代现代艺术纪念展"策展人黄专认为:"'85新潮美术'运动同时也是一场理论运动,甚至可以说正是作为一场理论运动它才有可能获得如此广泛而深入的历史影响力,这场现代意义的启蒙思潮直接承袭了'五四'运动以来对西方各种哲学、艺术到文化思想全面接受的立场,向中国文化中各种极权体制和观念发起挑战。"[10]

以前述系列展览为例,或可分为三种类型的讨论:

1. 以历史中具有代表性的艺术作品为研究的主要依据,间接辅以大事记及文献陈列;
2. 将艺术作品与历史文献进行交叉展示,采取一种融合性、沉浸式的观展形式,最大程度地还原历史事件的现场感和氛围;
3. 强调艺术作品、历史事件与当下现场及艺术实践之间的复杂关系,强调历史不是一种停滞的结论,而应是一种不断变化的价值判断和可实践空间。

约可归为第二类型的"原点:星星画会"展览,策展人朱朱重点强调了中国当代艺术和不断国际化过程中对"西方"的问题探讨。他说道:"西方充当中国当代艺术的情人,又充当了当代艺术的敌人。中国艺术的现代主义是从学习和模仿西方开始的,但发展到后来,作为一种强势文化,西方却操控了当代艺术的走向。在另外一个方面,这两年政府对当代艺术的态度也更加宽容,艺术家已经从充满反叛、独立精神的孩子变成了受宠的孩子,而从独立于社会现实的精神和艺术性本身这两个标准来看，中国当代艺术界鲜有真正杰出的人物，所以到了一个应该对其整理和思考的阶段。重做星星，就是重回中国当代艺术的起点，思考中国当代艺术的未来。"[11] 以上的展览观察，不仅取决于策展人的历史判断，同时更是要衡量不同的主办美术馆自身的机构定位，以及对不同区域之间特定文化和政治现实的回应。稍有不同的是，2017年"1989年后的艺术与中国：世界剧场"的展览是发生在纽约古根海姆美术馆，并非中国。但由于担任策展人的除了古根海姆美术馆的策展人门罗（Alexandra Munroe）女士之外，还包括了华裔策展人侯瀚如与长期担任尤伦斯当代艺术中心馆长的田霏宇（Philip Tinari），而且展览聚焦和探讨的主题是1989至2008年之间中国艺术与社会文化政治的关系，所以亦可视为自中国艺术问题情境而展开的历史研究的表达。[12]

与前一节谈到的批评家进行的文献整理工作不同，当代美术馆机构的定位及自身发展计划的诉求，在历史判断和文献的发掘中也凸显出非常不同的视点与实践。笔者在2016年于北京泰康空间主持策划的"生命文献：沈阳地下音乐1995-2002"，即是以"地下音乐"为主题的文献整理为基础，对90年代中国区域性的另类艺术和亚文化实践进行的一项历史研究计划。但是事实上，无论官方美术馆还是成立时间短暂的民营美术馆，对于中国当代艺术研究并未有更长远的历史眼光和稳定的机构运营策略，对于文献保存和研究的制度性要求都非易事。

当然，对中国当代艺术的历史研究的迫切和发展期待，关于当代艺术实践的样态分析和"展览史"研究的工作还远远不足。通常认为的当代美术馆的建制之外，自90年代以来在中国就活跃着非常不同种类和运营主题的替代型艺术空间和艺文空间。这些空间在当代艺术不很发达的时期扮演了今天美术馆级别的空间所从事的展览策划和文献研究的

"生命文献：沈阳地下音乐1995-2002"展览海报，泰康空间。

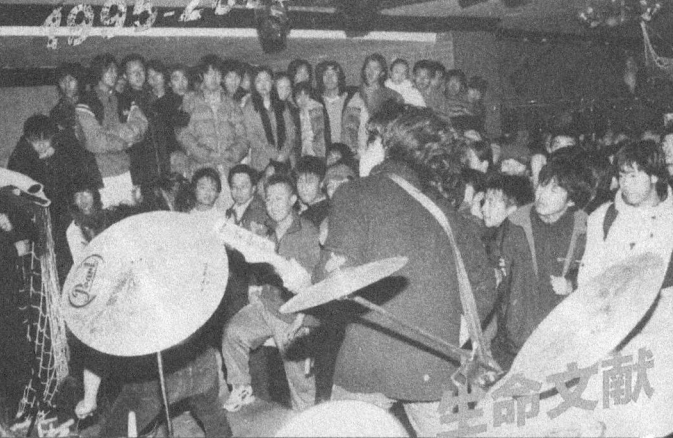

角色。如，伊比利亚当代艺术中心影像档案馆（2009-2012年，北京）、栗宪庭电影基金（2006年至今，北京）和录像局（2012年至今，北京和广州）等以影像艺术为主题替代型艺术空间和类机构的实践模式。[13]

三、文献的理论和实践

"一切历史都是当代史"的另外可能的理解是，一切的历史都带有作者色彩，这些作者同时又很难自外于写作现场当时的社会环境和经济政治文化等影响。对于历史短暂的中国当代艺术而言，无论是急迫写就的大部头的中国当代艺术历史著作，还是处在起步阶段的文献整理和机构模式的实验时期，对文献的讨论，不仅仅出于一种具有相当现实性的基础工作的紧迫意义，而且还要注意到今天关于文献的概念的研究范畴以及理论方法也在快速地演变，以及在数年中我们看到相当多的大型艺术展览以及艺术家的实践主题，都紧密围绕在文献的概念及其形态由此阐释出的不同的理论话语和问题意识。

不久前在北京大学举办的"未来档案：历史，理论，艺术"的主题论坛上，哲学家汪民安列举了关于文献实践的几种重要理论形态，包括：阿比·瓦尔堡的艺术史计划"记忆女神图集"、本雅明（Walter Benjamin）的历史研究"废墟即历史"、福柯的考古学与反人文主义的主题。[14]不约而同，前述的三种文献研究及论点都带有强烈的反中心话语意识，而强调文献搜集研究要不断回返历史现场与个人的身体意识体验相融合的一种价值与行为判断。所以，理解文献也需是一个重新动摇既有知识和经验的动态过程，而非朝向一种反向地不断固化自身与进行制度循环的认知装置。

中文语境中的文献对应的英文是archive，更为体现制度化特质的

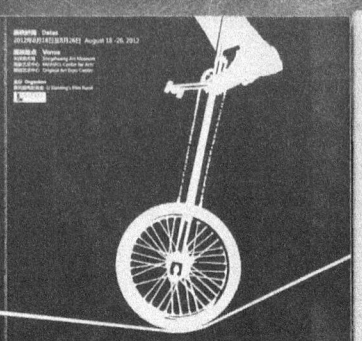

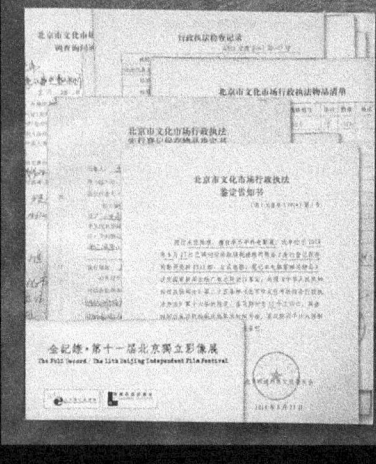
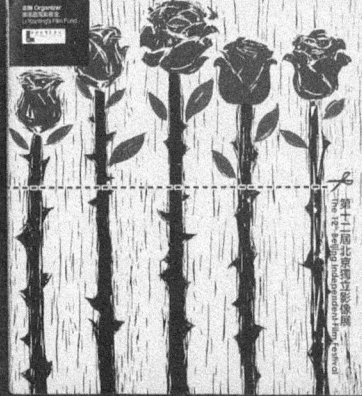

第9、11、12届"北京独立影像展"图录,栗宪庭电影基金。

档案一词对应的是 document。档案具有的权威色彩意味着更多官方治理与话语模式的制度表现，而文献则更为自由和灵活。在艺术史研究中，文献通常会被用来描述一种历史材料的某种形态与"痕迹"，相比档案来说更显中性和具有更开放的实践空间。某种意义上，文献和档案，既可以认为是在艺术史研究中的不同意识与观念的斗争，同时也是一种艺术发展及生存经验的现实写照。

在文献中讨论中国当代艺术，需要不断比较和区分的两个概念是：80年代盛行的现代艺术，以西方现代艺术为参照系而进行的"全盘西化"的艺术思潮；另一个则是90年代以来，伴随着中国的国际化进程而不断凸显"中国—全球"既并存又区别的当代艺术：意味着正在发生中的一种艺术实践的样态。现代艺术无论从历史概念还是在中国80年代的整体性实践，都带有一种强烈的自上而下的社会改造的文化和理论的主张；而当代艺术则更为强调在中西之间的比较和对于不同文化对话生存境况下的一种"当代性"的体验。换句话说，现代艺术表现是二元对立的，而当代艺术更强调多元化发展，是多个中心的一种复杂实践。以此观点延展，伴随这一发展和变化所带来的艺术文献的整理和研究范畴的不断扩张及其概念的滑动都应该是多元矛盾并存的。

文献的理论化转向，不仅说明当下需要对文献概念本身进行深层的理论话语的分析和构建，同时也在折射出当代艺术在今天的意识实践过程中的矛盾和冲突以及复杂的挑战。文献不仅意味着一种历史叙事和写作的不断进行的过程显现，同时一定时期形成的历史观点和价值判断也在不断反过来形塑着文献的来源、内容及其概念边界。比如对文献的强调和实践，挑战的不仅仅是单一的国族艺术历史的叙事模型，同时也给今天的艺术实践带来了广阔的实验空间和丰富形态。文献既可以是大的艺术历史叙事的背景和必要的政治潜力，也可以是批评家、策展人和艺术家进行虚构与表演的当代性场域与文化民主的议题。

复制还是拼贴？拒绝文献的历史框架和单一定义的同时，研究者和艺术家可以拥有无限的自由和实验空间。策展人邱志杰在"后感性"20年的回顾展中指出："此刻我们不谈论作为方法的后感性，我们谈论作为意志的后感性。没有魔鬼，也没有上帝，我们绝非一个人面对着上面这一无所有的天空。"[18] 与其说回顾展是在讨论一种作为历史观的艺术文献的再组织，更确切地说是在探讨一种关于历史回顾与文献研究过程中的"政治"：关于个体生存的智慧和社会行动力的可能性关系。

中国当代艺术的历史刚近四十年，而关于这段历史的文献整理和保存工作也刚刚起步，可能稳定化的制度模式正在不断的探讨和重新组织过程中。本文探讨的文献不仅表现于中国当代艺术不断变化的边界，也在于其更大的研究可能性和动态的交流方式。正如中国当代艺术也从来不是一种简单的历史定义与区域概念，而是进行中的、无限扩展中的全球艺术实践的一种模式。

2018年11月19日初稿于北京彩虹路
12月修订于巴塞罗那 MACBA 图书馆

注　释

1.《高名潞访谈录：难以忘却的85运动》http://collection.sina.com.cn/cjrw/20130108/153098993.shtml，于2022年8月8日造访。

2. 高名潞《85美术运动》第一版序，http://www.artresearchcenter.org/index.php?m=content&c=index&a=show&catid=7&id=104，于2022年8月8日造访。

3. 该丛书预计出版六集，共3600余页。费大为《'85新潮档案》的第一和第二辑已由上海人民出版社于2007年出版。

4.《费大为回看'85新潮：这是一次发现之旅》http://book.hexun.com/2008-03-14/104459683.html，此链接已失效。

5. GAO MINGLU CONTEMPORARY ART CENTER, http://www.artresearchcenter.org/index.php?m=content&c=index&a=lists&catid=48，于2022年8月8日造访。

6.《中国当代艺术年鉴》的学术基础是"中国现代艺术档案"，始建于1986年，档案旨在全面记录和研究中国当代艺术发展的数据和事实，对其进行统计、观察、分析和调查，进一步完成对于艺术发展的促进，致力于学术规范的建设，并以严格的学术眼光，采用最科学的档案调查与统计方法，对每年的中国当代艺术发展逐日进行记录和总结。朱青生教授"中国现代艺术档案"团队的《中国当代艺术年鉴》荣获AAC艺术中国"年度出版物"大奖。详见https://www.artexb.com，于2022年8月8日造访。

7. 部分论点可参见董冰峰《档案何以成史？— OCAT与"中国当代艺术"》，台北市立美术馆《现代美术》182期 https://www.tfam.museum/Research/PublishingDetail.aspx?id=1040&ddlLang=zh-tw，于2022年8月5日造访。

8. https://arthistory.uchicago.edu/faculty/publications/contemporary-chinese-art-primary-documents，于2022年8月5日造访。

9. 2007北京尤伦斯当代艺术中心开馆展"'85新潮：中国第一次当代艺术运动"，2010上海民生现代美术馆的"中国当代艺术三十年历程·绘画篇（1979-2009）"，等等。

10. 黄专《创造历史——对中国20世纪80年代现代艺术的精神祭奠》https://read01.com/8jNPGG.html#.YvDfZnZByUk。

11.《1979"星星画展"回顾：寻找中国当代

艺术的"原点"》https://www.douban.com/event/12885391/discussion/29758969/，于2022年8月5日造访。

12. 参考 https://arteychina.guggenheim-bilbao.eus/en/works，于2022年8月5日造访。

13. 栗宪庭电影基金系列新书发布，http://www.westheavens.net/zh-hans/projects/finished/468，于2022年8月5日造访。

14. 参考《第五届深圳国际城区影像节"未来档案"主题论坛在京举行》http://photo.sina.com.cn/info/2018-10-23/doc-ihmuuiyw3269020.shtml，于2022年8月5日造访。

15.《"后感性：恐惧与意志"展览开幕》http://fashion.163.com/16/1107/10/C58VSHL000267VBU.html，于2022年8月5日造访。

09

档案之眼

当代台湾录像艺术如何对日本殖民史事发动影像起义

孙松荣

前言

录像艺术的电影性与视听档案之间的关系,十分多元,张力十足。从西方录像艺术史的框架而言,创作者使用视听档案的案例也是晚近的事。拜科技之赐,艺术家才可随心所欲地运用录像等相关设备调度各类影像,譬如瓦苏修卡(Woody Vasulka)的《记忆的艺术》(1987)与戈登(Douglas Gordon)的《24小时惊魂记》(1993)即为当中有名的作品。若论及视听档案在录像艺术创作语境中自成一格的创作形态,就得进一步溯及来自电影的影响。自20世纪30年代以来,不同世代的创作者重新援引视听档案蔚为风潮,历久不衰,由康奈尔(Joseph Cornell)的先锋之作《罗丝·霍巴特》(1936)至戈达尔(Jean-Luc Godard)近期的《影像之书》(2018),成为以拾得资料影片凸显兼具高度美学与政治表征的影像艺术路径。

台湾录像艺术自80年代以降所创生出的此种凸显视听档案与电影性的创作方式,并未断绝,历年来持续有推陈出新的作品问世。尤其值得关注的是,近几年来出现了不少录像艺术家的相关作品,借由视听档案形态来反思日本与台湾的历史关系,展现出意欲介入历史、重新想象之与对话之之积极态度。众所周知,日本自1895年4月开始,曾殖民台湾长达半个世纪,直到第二次世界大战战败为止。在这方面,台湾电影比起录像艺术更早再现台日历史论题。如今,作为晚来者的台湾录像艺术，以其兼富殊异与感性的视域切入历史，既提出各种迥异于台湾电影回望与前殖民母国关系的崭新角度；亦在援引视听档案之际，对于录像艺术作为电影性的命题展开了后设思辨。

在此脉络下，本文拟聚焦于三位艺术家完成于2014-2017年之间，以台日历史为背景与题旨的多部录像艺术作品。艺术家陈界仁（Chieh-Jen CHEN）、高重黎（Chung-Li KAO），及许家维（Chia-Wei HSU）不约而同地从各自的田野调查与现场经验，绘制了一幅关于台日历史的想象蓝图。在这幅历史图景的时间坐标上：陈界仁的《残响世界》（2014-2016）以20世纪20至30年代为起点；高重黎"幻灯简报电影"系列的三部作品《秋刀鱼的滋味》（2014）、《延迟的刺点：堤2》（2016），及《想象的共同体批判或光尸影骨新天使》（2017）设定在太平洋战争期间；许家维的"台湾总督府工业研究所"（2017）系列作品，则锁定于总督小林跻造（Seizō Kobayashi）治台时期乃至大东亚战争阶段。对三位艺术家而言，尽管各自思考台日历史关系而切入的时间点未必完全叠合，加上架构论题的方式也不尽一致，但可确认的是，陈界仁、高重黎与许家维的作品，皆取用20世纪以降发生于日治时期，乃至台湾从解严以来出自官方机构与民间管道的档案史事。三位艺术家此番引述视听档案的鲜明作法，毋庸置疑具有回首历史的强烈意图；同时，更重要的，他们意欲借此重新省视历史之际所引发的关于视听档案与录像艺术的电影性，在美学、历史文化及政治社会等层面上的反思效应。

陈界仁《残响世界》

陈界仁是台湾录像艺术的开创者之一，早在1984年他即以处女作《闪光》揭开其长年诘问文化冷战与历史暴力的政治艺术批判。三十年后,《残响世界》在此路径上持续深化艺术家的思路。这部作品以新北市乐生疗养院为题材,透过四频道录像艺术形态分别从院民、社会运动参与者、看护与政治犯鬼魂的观点,探讨乐生疗养院近八十年来先后遭致日本总督府以防止癞病的传染,国民政府与民进党政府以经济发展为由,而展开强制隔离与驱离院民的历史暴力。当"台湾总督府癞病疗养乐生院"(建立时该院的名字)于1929年被兴建起来时,即注定院民始终无法从被当权者所设计好的计划中脱逃,而终其一生只能沦为被排除甚至被牺牲的悲剧生命。由此,作品的第四频道《之后与之前》中一位女政治犯鬼魂陈述着"只留下帝国当初规划的设计图"的语声后,随即一一涌现而出的——诸如:始政四十周年纪念台湾博览会(1935)、台北刑务所(1924)、乐生疗养院(1926-1927)、捷运机厂工地(2014),及一系列以"防治癞病"为题已显斑驳腐朽的黑白幻灯片(1970-1980)等——历史档案图像,虽显吊诡,却意味深长。首先,不合常理的幽灵表述,一方面表征了一种脱离被线性时间逻辑所束缚的形象。另一方面,她又不免带有某种含冤负屈的色彩。换言之,鬼魂在得以任意穿越乐生疗养院的历史系谱之际,更富象征意味地,展现出对于现代性治理的批判:罪魁祸首,除了直指日本总督府以殖民现代性展示统治成果与帝国欲望(例如:台北刑务所与台湾博览会乃是为"南进政策"铺路);亦同时指向当前政府教人非议的都市计划,不折不扣是一种意图将人逼成鬼的暴行。

其次,画面中渐次显现的历史档案图像,有的原来出自台湾总督府与台湾博览会事务局汇编的《始政四十周年纪念台湾博览会》(例如:乐生疗养院、始政四十周年纪念台湾博览会),有的是撷取自"维基百科"(例如:台北刑务所),有的则源于艺术家之手(例如:捷运机厂工

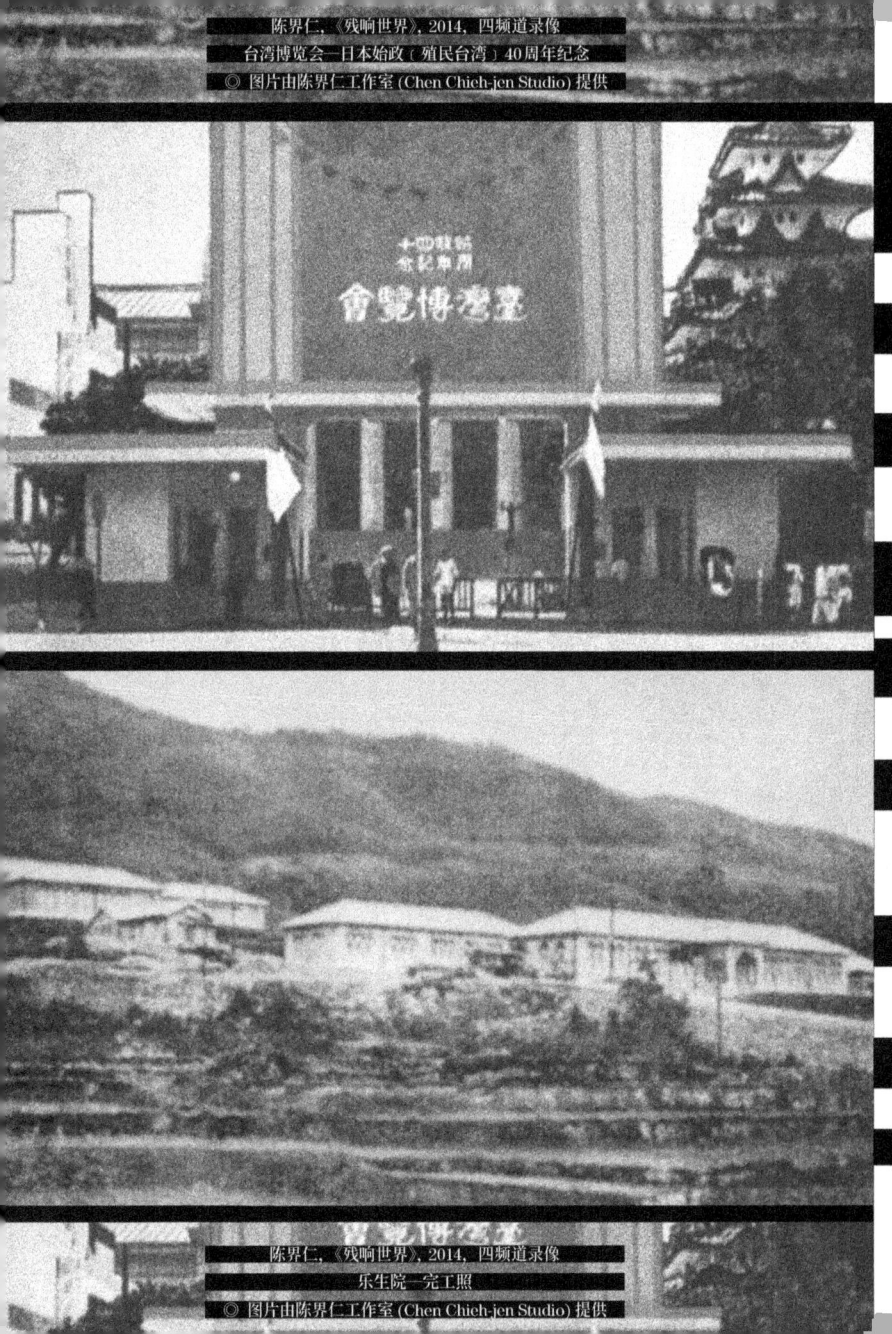

陈界仁,《残响世界》, 2014, 四频道录像
台湾博览会—日本始政(殖民台湾)40周年纪念
◎ 图片由陈界仁工作室 (Chen Chieh-jen Studio) 提供

陈界仁,《残响世界》, 2014, 四频道录像
乐生院—完工照
◎ 图片由陈界仁工作室 (Chen Chieh-jen Studio) 提供

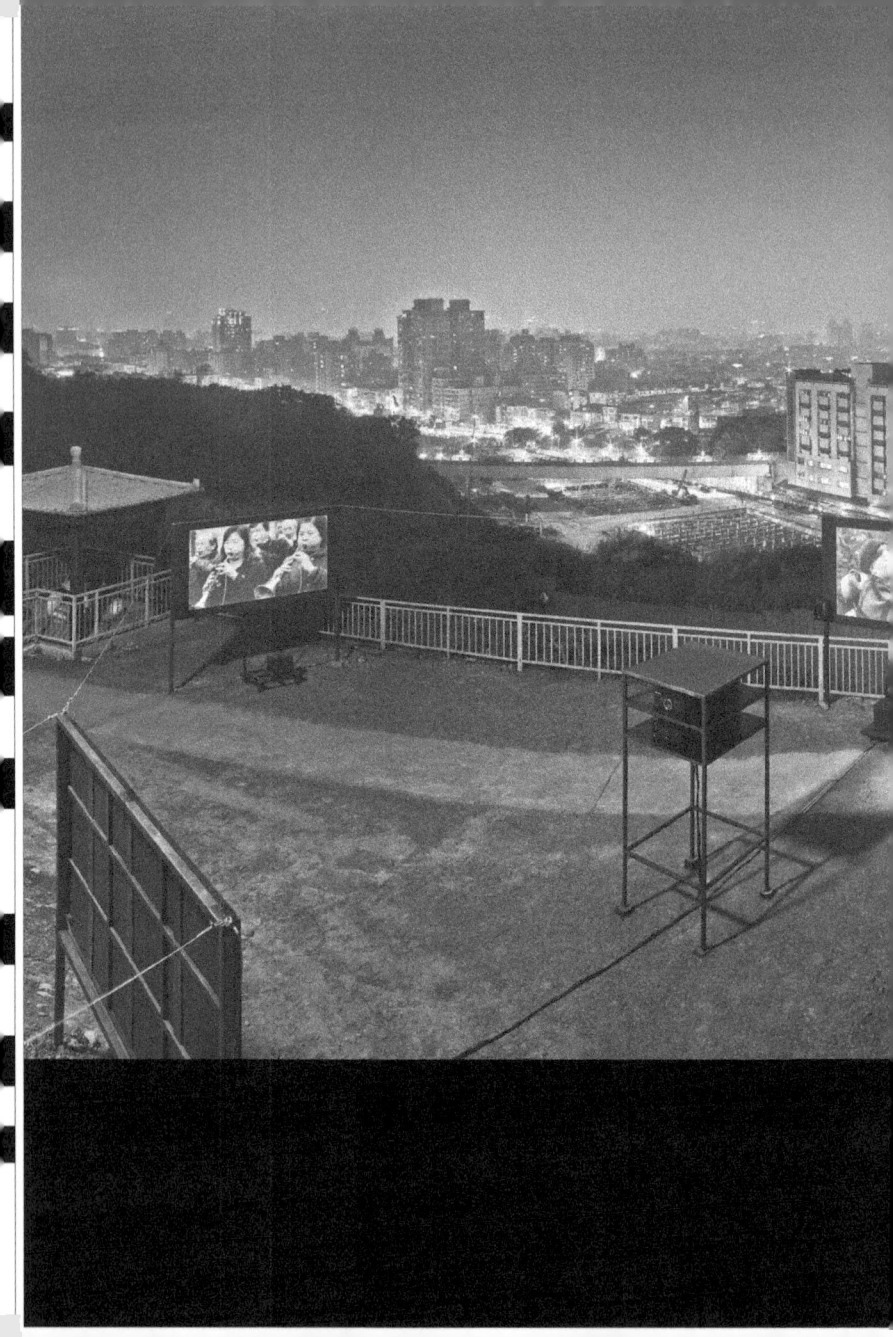

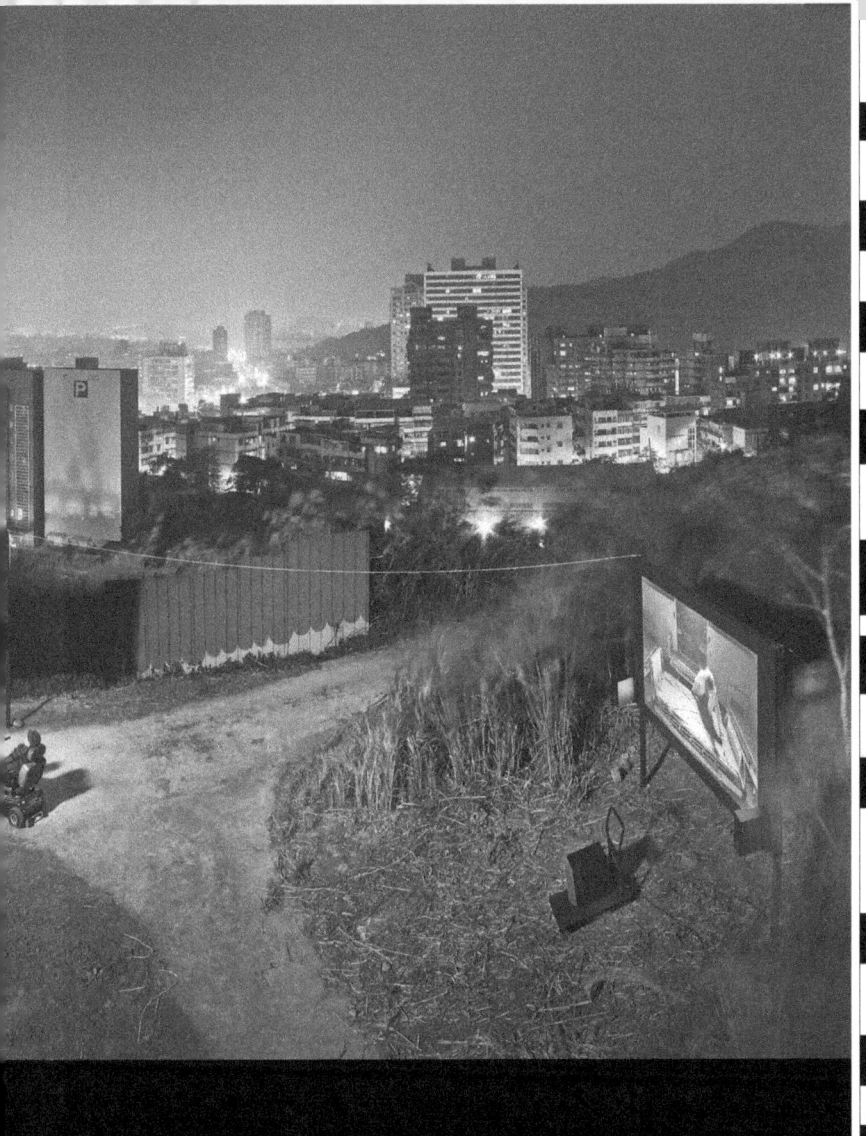

陈界仁,《残响世界》系列作品, 2014-2017　◎ 图片由陈界仁工作室提供

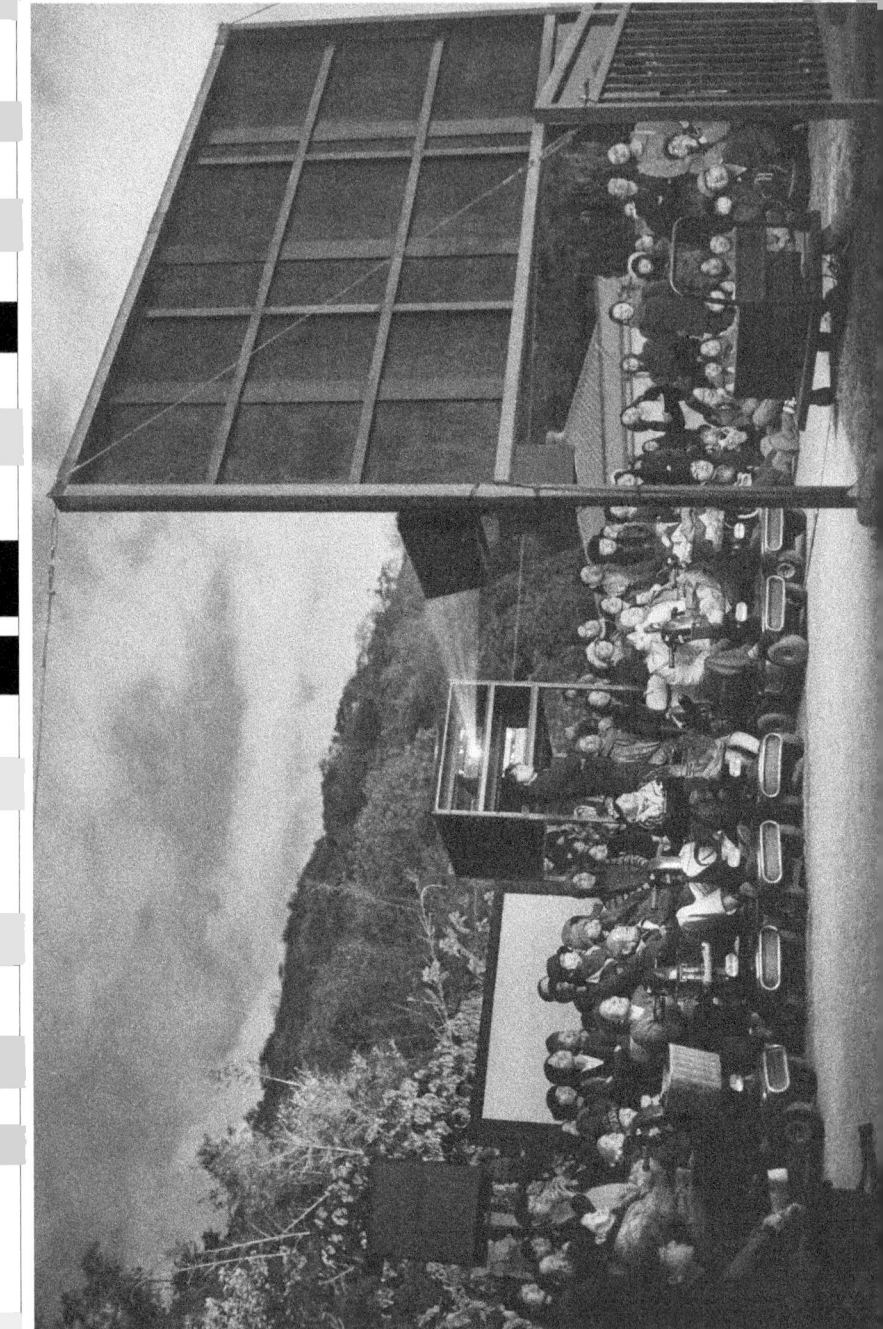

地)。这些昔日被治理者拍摄当作相关政绩的建档材料,如今被艺术家有意识地占为己用,搭配幽魂的旁述与院民的告白,倒过来用作指控治理者具体暴行的有利证据。而笼罩在如此这般的历史暴力阴影下,值得凸显的,尤其那被陈界仁在院内垃圾堆中意外捡获的一系列原为色彩鲜艳并以"防治癞病"为题的幻灯片——艺术家排除了那些涉及患者隐私的图像(例如:典型医学测量患者发病与截肢的过程等)——在影片中被有意地转化为无法被清楚指认、无以名之的隐晦且腐烂的黑白图像。这实则具有表征乐生院民如幽灵般不可被显微,及不可被测量的痛楚之涵义。

《残响世界》除了直接引述几帧来自官方与民间的历史档案图像,陈界仁更借由某种特殊的展映形态,与未能如幻灯片般显形的历史动态档案展开对话。关于此点,《残响世界》并非仅是一部为了在白盒子内投映的四频道录像艺术作品,它的展映形态别开蹊径,意义深长。2015年1月18日,艺术家曾以"《残响世界》回乐生"为名复返乐生疗养院,先是透过一台在车斗上放映影片的小货车引领观众上山,接着在纳骨塔旁的空地上举行四面银幕的影片投映,并在放映结束后,继续由小货车带领观众参观部分院区与台北刑务所(现为台北监狱围墙遗迹)。此番凸显重返地历史的集体行动,是陈界仁有意识地参照一部——由当时在台湾经营写真馆的日本人真开利三郎于1931年拍摄的——纪录片《蒋渭水:台湾大众葬葬仪》中闻讯赶来参加的送葬队伍有关。确切而言,纪录片中关于五千多名送葬群众明知被日人禁止参与集会,仍冒着被武装警官逮捕的危险展开绕境仪式,展现出一种来自民间不畏强权的抵抗精神。如果上述片中可见的各种历史档案图像被引申为历史暴力的显影,放映行动则是被《残响世界》之外的——另一种外于影片的视觉档案——一部由日本人拍摄于日治时期的纪录片所启发,进而成为陈界仁具体转化为煽诱身体力行的当代观众介入、并思索不公义社会的政治潜势。对于艺术家而言,《残响世界》超越美术馆的录像艺术装置,它启动历史档案图像与重新想象日人纪录片的用意,显然既为了批判历史暴力,关键之处,亦在于透过现地场域装置引发观众能以群众之姿介入现实,展现反抗精神。

高重黎"幻灯简报电影"三部作品

与陈界仁一样,高重黎亦为催生台湾录像艺术的先驱之一。其结合装置与雕塑的录像之作《整肃仪容》(1983),即为此时期借以多重镜像反思主体的关键作品。高重黎的动态影像实践凸显录放装置的声音、手工的组装感,甚或陈旧过时的影像表征。以"幻灯简报电影"为题的系列作品,可谓其代表作之一。此系列作品,一方面透过文字表述与幻灯书的形式发表;另一方面,则借由幻灯机与影片来展示。高重黎一套思辨台日历史关系的"日本三部曲"——《想象的共同体批判或光厂影骨新天使》,即为一篇结合文字与图像的文章(刊登于《艺术观点ACT》季刊,第69期,2017年1月);而《秋刀鱼的滋味》与《延迟的刺点:堤2》的影像载体,则分别为幻灯机与数字格式的影片。

纵使这三部作品形态各显不一,但在影像素材上,它们主要借由日本战前与战时的庶民生活照片、影片图像及各种剪报图文数据,而建立起一种得以对话的特点。这些罕见的日本战前与战时的庶民生活照片、玻璃版等印刷纸品乃至幻灯机,为高重黎平时透过网拍与跳蚤市场等管道购得。"日本三部曲"的相关影像内容,除了一般日常的家庭合照、个人肖像,亦有不少关于士兵征战前与家人乃至与军队的合影。至于影片图像，艺术家分别在《秋刀鱼的滋味》与《延迟的刺点：堤2》中引述了小津安二郎（Yasujiro Ozu）的《秋刀鱼之味》（1962）、马克（Chris Marker）的《堤》（1962），及木下惠介（Keisuke Kinoshita）的《二十四只眼睛》（1954）。而剪报图文数据，则包括近代中外各种战役、社运、武器、摄影与电影机器等。以幻灯简报电影之名，高重黎将这些静态图文串连起来，并搭配一己录放语声的评述借以创造电影旁白的作法，其显著目的，当然是为了批判日本军国的现代性暴力。不仅如此，艺术家甚至提及日本导演小津安二郎曾到中国与东南亚等地参战的经验，《秋刀鱼之味》里酒吧播放军歌唱片、角色行军礼一段，乃是其想望军国历史阴魂不散的意识表现。

战争与殖民主义的生灵涂炭并不单限于日本之外的人民，遭殃的还是东瀛子民。对此，高重黎尤其将这些庶民照片赋予黑白高反差的负像效果。值得留意的，负片影像绝非只为了意指底片本体以彰显幻灯简报电影的后设性，更重要的——如同陈界仁在《残响世界》中将绚丽的幻灯片转化为黑白色的作法——还在于幽灵化人像的涵义。由此，《延迟的刺点：堤2》将《堤》与《二十四只眼睛》左右并置在一块的画面，值得一提。画面的左方是《堤》：沉睡的男主角在进入到未来旅程中，他终于知晓自孩提时代以来即纠缠并影响着自身的一幅影像，原来即是自身的死亡。而在右方是被引述的《二十四只眼睛》：从战争归来的失明士兵的不幸遭遇，不仅同样体现出此种被童年影像所祟惑的意义；更值得注意的，他的左脸边缘，还被高重黎故意以一种透过负像所制造出来的白光给凸显出来。此道可谓穿透其半边脸面、造成他只能低着头并闭上眼睛的光芒，指涉的是那一道不可经由肉眼直视的毁灭性强光：原爆的死亡之光。

因此,《延迟的刺点:堤2》中引用《堤》与《二十四只眼睛》所形构的电影性,隐喻地讲,像极了一帧向世界曝光并烙印下创伤的图像。日本的现代化历程,虽是帝国主义的全面溃败而敲响了其丧钟,然而吊诡的是,它的高度工业化却不可讳言地为其留下历史遗迹。高重黎作品中的庶民写真,即是一例。对艺术家而言,这可谓进一步阐明了由于殖民者也同时是战败者具有影像机器,所以不只得以拥有让世界可见的技术物,更可保有属于自己的影像;而这却是那些即使最终抗战胜利的被殖民者,所不可能享有的恩泽。因此,如同陈界仁在《残响世界》的试验,高重黎直接借用在工业上成功的战败者的历史与民间档案影像,无不是为了试图反其道而行,由下而上,反客为主,对前宗主国展开历史暴力的批驳。

许家维"台湾总督府工业研究所"

关于日本工业化这一点,台湾新生代录像艺术家许家维的"台湾总督府工业研究所"所绘制的殖民地工业化与军需产业化的历史图景,提供了理解关于总督小林跻造的"皇民化、工业化和南进基地化"三大治台原则,及尤其帝国主义发动"总体战"的另一个重要切面。

确切而言,许家维的五件系列作品(《台湾总督府工业研究所》、《飞行器、霜毛蝠、逝者证言》、《高砂》、《核衰变定时器》、《统一度假村》),分别透过台湾总督府化学部的实验室(工业研究所前身)、工业研究所与台北的高砂香料株式会社所合作的精油研究、新竹海军第六燃料厂对于航空燃料所使用的丁醇发酵技术,及新竹关西地区马武督溪河床的地质学家以锆石的稀有元素作为合金用途的研究,诠释日殖历史。在此种结合科学与技术史角度的作品中,艺术家在《台湾总督府工业研究所》

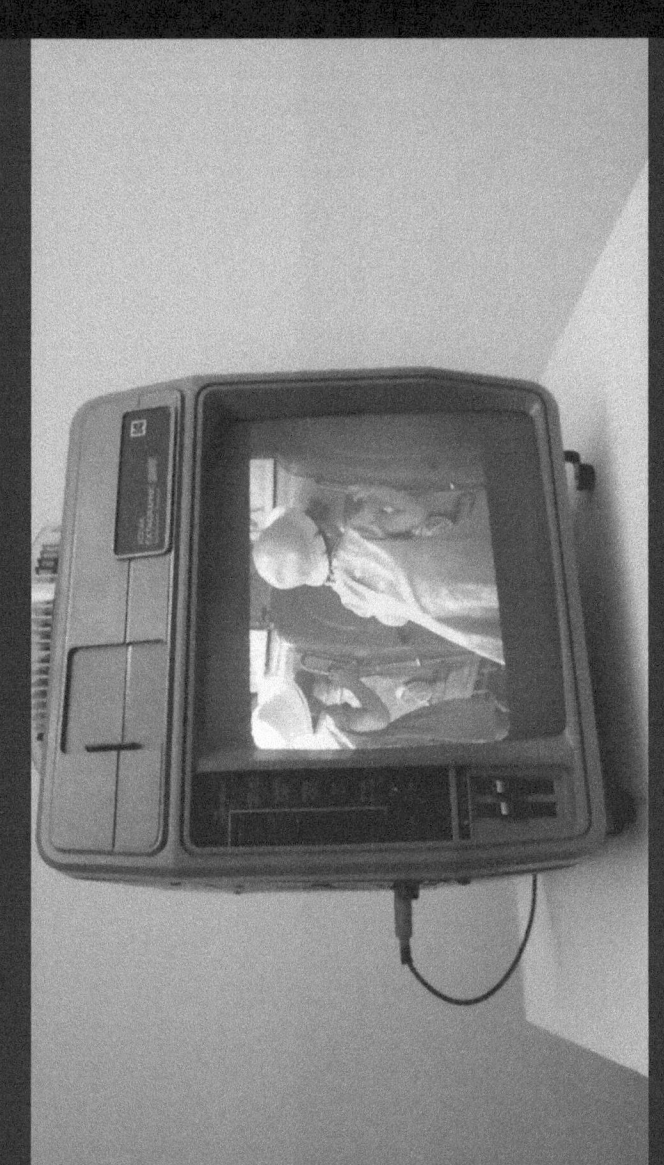

高重黎,《幻灯简报电影:秋刀鱼的滋味》,2011年 陈曣尹摄影

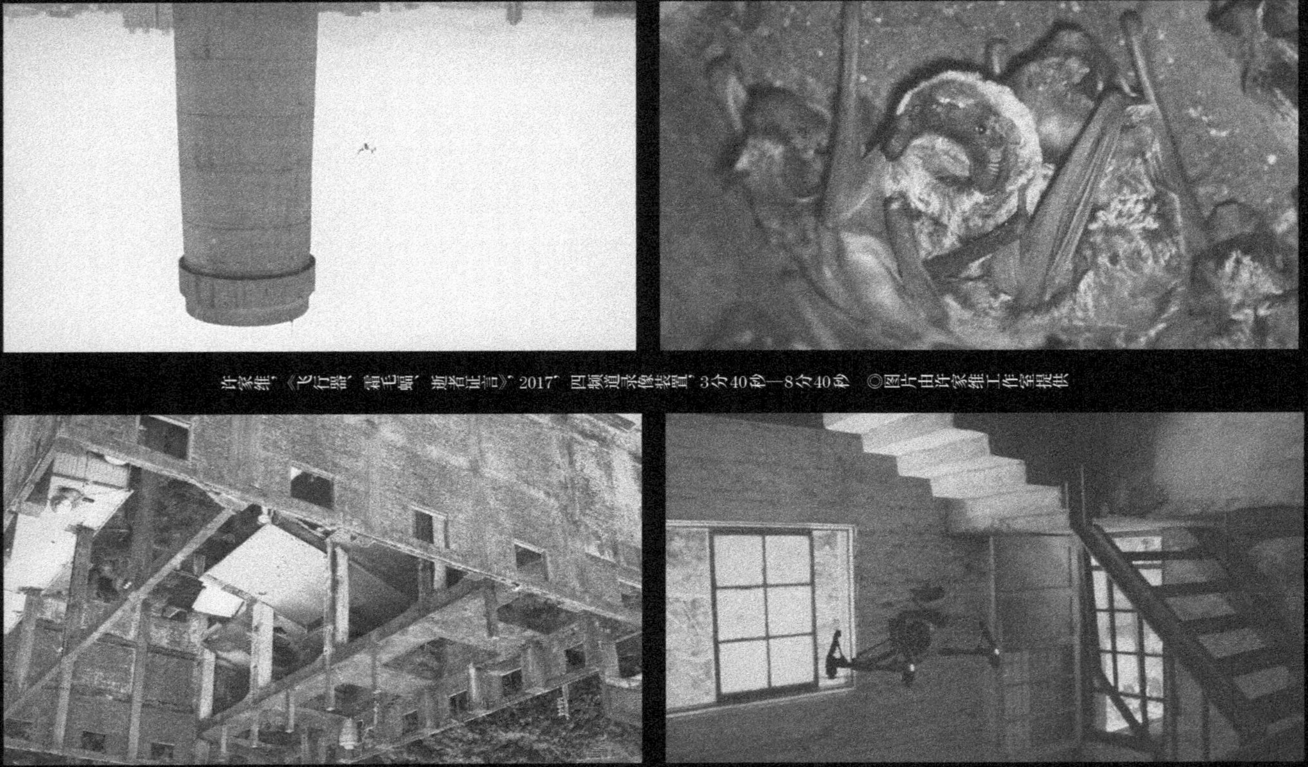

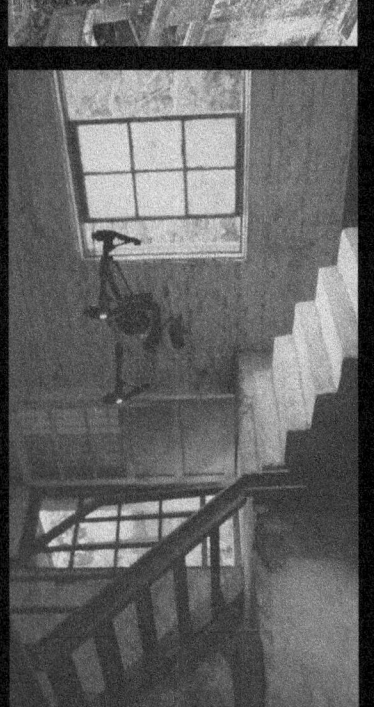
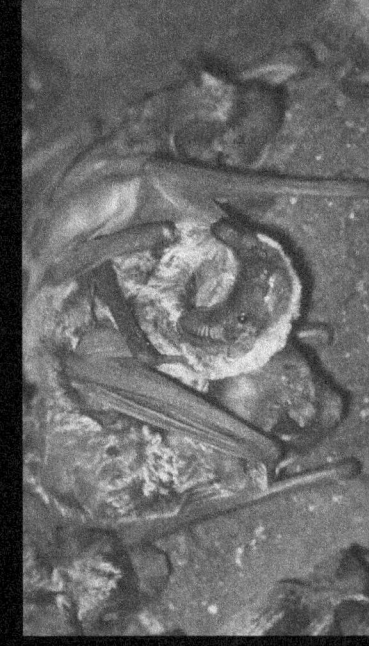

许家维,《飞行器、霜毛蝠、逝者证言》,2017,四频道录像装置,8分10秒—8分10秒 ◎图片由许家维工作室提供

与《飞行器、霜毛蝠、逝者证言》中对于视听档案的运用，相关涵义值得细察。

《台湾总督府工业研究所》是一件依据两张1911年台湾总督府化学部实验室的黑白老照片所绘制而成的3D动画。两张照片出自曾任台湾总督府工业研究所所长高木友枝（Takagi Tomoe）撰写的一本关于台湾公卫的德文著作《福尔摩莎中央政府委托调查之福尔摩沙岛的卫生状况》（1911）。此外，动画中嵌入一座电视架，电视中播放1935年台湾博览会期间民众好奇地参观飞机，及长崎军工厂工人制造飞机零组件的历史画面。3D动画以环绕室内的方式重新模拟实验室里的情境，相形之下，同时出现在研究员身后电视屏幕中的历史画面尤显突兀。不仅如此，在展场中许家维甚至以和动画里长得一模一样的电视架与屏幕来播映《台湾总督府工业研究所》。由此，数字影像、历史档案及观众直面屏幕观看作品的状态连接在一起。显然，艺术家有意识地裸露3D动画与其一直以来善于透过后设与再现、真实与虚构之间，探求历史的政治影像思维息息相关。不可忽略的还有，随着环绕实验室的动画中被安插进来的两段关于台湾博览会与长崎军工厂的历史档案影像，显然——与上述陈界仁与高重黎的作品题旨多有关联——指陈殖民现代性，及现代性欲望，乃是最终导致了军国主义与帝国毁灭的论题。

以海军第六燃料场新竹支厂遗址为背景的《飞行器、霜毛蝠、逝者证言》，却是一件不直接从台湾观点，而是从日方立场来呈现殖民史的四频道录像装置。音画构成分别呈现空拍机拍摄废弃多时的厂址、栖息于烟囱的霜毛蝠、美军与国民党空军1945年轰炸台湾岛，及尤其19位日本员工与战俘的回忆语声。飞行视觉母题与其从嗡嗡声到轰隆声的噪音穿透其间，意象堆栈：在眼前即是废墟的景象既为历史崩塌的现场，亦为幽灵滋扰的所在。如果空拍机的探勘与轰炸机空袭的档案画面之间的交错，揭露了当时不为人知的战争实情；如今，年复一年一再地从北方温带南下栖息的霜毛蝠，则成了历史幽魂返回的诡谲注脚。而部分摘录自由林身振与林炳炎编写的《第六海军燃料厂探索：台湾石油／石化工业发展基础》(2013)一书中，以"大部分的档案，在投降前夕，就已经放进燃料炉烧掉了。数量、日期、人物、事件、前后顺序、因果关系，完全没有依据，只剩下不可靠的模糊印象。这里，什么都没留下，装置也已经废弃，要说还有什么在运转的话，那就只有飞行器、霜毛蝠，和逝者证言……"作为溯史的开场白。

海军第六燃料厂在日本战败投降之后被中华民国政府接收期间，关于19位员工与战俘（种种溯及诸如故友、举办演唱会，及食用圆山动物园的狮子肉等记忆事件）的话语和歌声。如果溯史总是一件愈是试图趋近愈显遥不可及的事，显然许家维创造性的艺术实践，除了并置不同历史语脉的档案影像，更在于让这些来自真实回忆录的片段絮语，以不可能完整仿佛碎片的形态体现出来。于是，透过计算机程序控制影像数据库随机播放由男性声优重新复述的动人告白（例如：台湾博览会、长崎军工厂、二战末期美军与国民党空军轰炸台湾岛），及古今错置的多频道画面重新纠葛在一起——既是记忆的无法追忆，也是记忆的不可转译，更是记忆的不能抑制——乃是艺术家塑史的政治影像。

结论

回到本文一开始提及的当代台湾录像艺术的电影性与视听档案之间的关系，由陈界仁、高重黎至许家维的艺术实践，极为具体地展现出艺术家撷取自不同媒介与物质性的视听档案材料（回忆录、剪报图文资料照片、玻璃版、幻灯片、影片等），且将之挪用于表现形态不一的作品中，作为阐释历史记忆并批判历史暴力之目的。关于这些被引述的视听档案，一部分的档案素材取自于官方机构（例如：日本总督府、台湾博览会事务局等），另一部分则源自网站与付费数据库（例如：维基百科、Shutterstock），及流通于民间的各种管道（例如：专书、网络、跳蚤市场等）。从这些视听档案分布的状态看来，三位艺术家动用各种渠道取得相关素材、尝试思辨历史并与之展开对话，就某种程度而言，映照了此段台日历史于当前视觉艺术领域处在开发中（甚至议论中）的态势。其中，陈界仁援引相关历史档案图像的作法，值得深思。在保留乐生疗养院的过程中，院内不少重要的历史档案图像与材料被一些学界人士以研究之名带走，以至于沦为私产，抑或，成为"中央通讯社"公告上网、需付费才可参阅的资料。在此情况下，当陈界仁在《残响世界》中引用乐生疗养院的图像时，他故意反其道而行，既不申请著作版权也不向任何一方付费，一方面在于艺术家有意质问到底这些历史档案该归属谁的意思，另一方面则直接使用这些应为全民公产的图像作为历史批判的目的。

除此之外，值得附带一提的是，曾为"台湾总督府工业研究所"与"中华民国空军总司令部"旧址的"台湾当代文化实验场"，于2018年9月与11月接连举办的两个展览，"时间另类指南"与"再基地：当实验成为态度"，提供了当前台湾视觉艺术思辨台日历史关系的脉动。"时间另类指南"分别奠基于许家维的《台湾总督府工业研究所》及姚瑞中与彭一航的空中摄影，辅对象史、口述史、影像、制图、文字与声音现场，重访此地从日治时期台湾总督府工业研究所到战后的空军总司令部的历史脉络。至于"再基地：当实验成为态度"，参展十一组艺术家均以特定场域艺术进驻历史空间。其中，高重黎的委制新作"物像书系列"，继承旧作《光化学机械式活动影像装置：人间宣言》（2005）与前述"日本三部曲"对于日本作为极端国家主义的母题，艺术家挪用戈达尔的片名《卡宾枪手》（1963），借由一卡敞开的皮箱内装日本在20世纪发动侵略战争时期的各种对象（譬如防毒面具、书信、标语、布条、徽章、绘叶书、照片等），指涉"空军总司令部"前身"台湾总督府工业研究所"昭然若揭的帝国意识与南向欲望。

整体而言，除了回望殖民现代性，三位艺术家从陈界仁、高重黎至许家维动用历史视听档案的趋力与核心用意，无不是为了借此探照它们所表征的原初与法令之际，并在其作为罪恶与不适的基础上，适时地重新认识、省视及推进当代台湾完而未了的历史债务：陈界仁的《残响世界》叩问乐生疗养院的历史正义；高重黎"幻灯简报电影"的"日本三部曲"质问何谓被支配者的历史影像；许家维的"台湾总督府工业研究所"以多线的平行叙事形态考掘殖民史期间的历史创痛。同时，此种意欲诱引且活化历史视听档案的潜势及其未来性，由于个别艺术家将电影性的后设创造分别体现于现地投映与绕境、幻灯简报电影，及多频道影像装置的随机播放程序，致使关于日本殖民史事的历史视听档案生成了变异形态。由此，作品中被艺术家重启的档案之眼不只是复眼的历史变奏，更是政治地发动影像的起义，并创建未来的记忆。

10

曝光

(关于) 松澤宥的档案库

嶋田美子

松澤与在诹访市的房子

知名观念艺术家松澤宥于1922年2月22日出生于长野县诹访市，2006年在当地过世。1964年6月1日，松澤听到一股声音告诉他去"摧毁所有对象"，松澤形容那次为一种天启的经验，自此之后，松澤便专注于跟语言相关的艺术创作。那次"天启"被视为促成松澤强烈反物质倾向的观念艺术的开端。

然而，松澤却在位于诹访市那栋度过了自己大半生的房子里堆满了各种物品。尽管从1964年开始他不再用绘画和三维物件作为他创作的媒介，他却仍然保留了在此之前创作的所有作品。上世纪50年代时，松澤把房子的阁楼用作他的工作室与储藏室，在那里他不单是存放艺术品，还搜集了各种旧日用品、书本、纸、布、空盒子、甚至小动物的骨头等等。松澤定期会整理与加进新的对象，包括其他艺术家的作品。那个阁楼后来被命名为"Psi之房"〖プサイ(ψ)の部屋〗，在微弱的自然光照耀下，房间散发出神秘的气氛。有人说过那个空间是探知松澤脑袋的通道。物件在"Psi之房"中的积存好像违反了松澤去物质化的倾向，但他保存物品并非是为了艺术创作，而是为了印证他的生命进程。现在那个房子已经被清拆，每件物品亦将被分开保存，这其中的复杂性我会在文章末再讨论。

自从松澤在2006年去世后，"Psi之房"便一直空置，至今已近

20年。大部分他1964年后创作的作品与材料都储存在房子后的"仓"内（传统日式储存空间），其他东西就散落在房子内。除了松澤跟语言相关的作品与手稿外，他整理了大量展览和项目记录、以及松澤跟不同国籍的艺术家的书信。那些物品一直封存在"Psi之房"内，直到2013年，包括我在内的学者开始着手研究以上的素材。而在这些素材当中，其他艺术家的物品占据了整个"Psi之房"物件的一半以上，这亦是挑动了我的好奇心的主要原因。为何松澤收藏他人的物品到了这个程度？从松澤写给艺术家们的信件中可以印证，松澤是有目的地向对方发出收藏的要求，所以这些素材并非被动地接受他人的材料并堆砌起来的结果。

曝光 – 自我整存文献的图谱

经过一年的调查，我发现松澤明显地尝试组织了部分素材。例如，房间中存有一些跟松澤相关的艺术家文件，以及一个名为"世界起义"的信件艺术项目（1971-1973）都被有系统地进行了整理。然后在2015年，松澤的前学生给了我一张松澤在1974年寄给他的纸，上面有一幅图谱，是一个关于松澤和其他艺术家的作品与活动的文献（或档案计划：图1）。

这个他尝试建立的档案计划的标题是"曝光↔全面沟通"。"曝光"这个词的日语翻译可以有以下意思：1）揭示秘密和计划；2）暴露自己于风险、批评和影响之中；3）向某个方向呈开放态度；4）揭露一个人的真实本性；5）暴露在阳光、风和雨中；6）披露隐藏的地带；7）完全暴露。以上证明，松澤曾试图建立一个真实确切地记录他和他的团体活动的档案库，并试图把档案库开放予不同的学科、分析方法以及更广泛的受众。

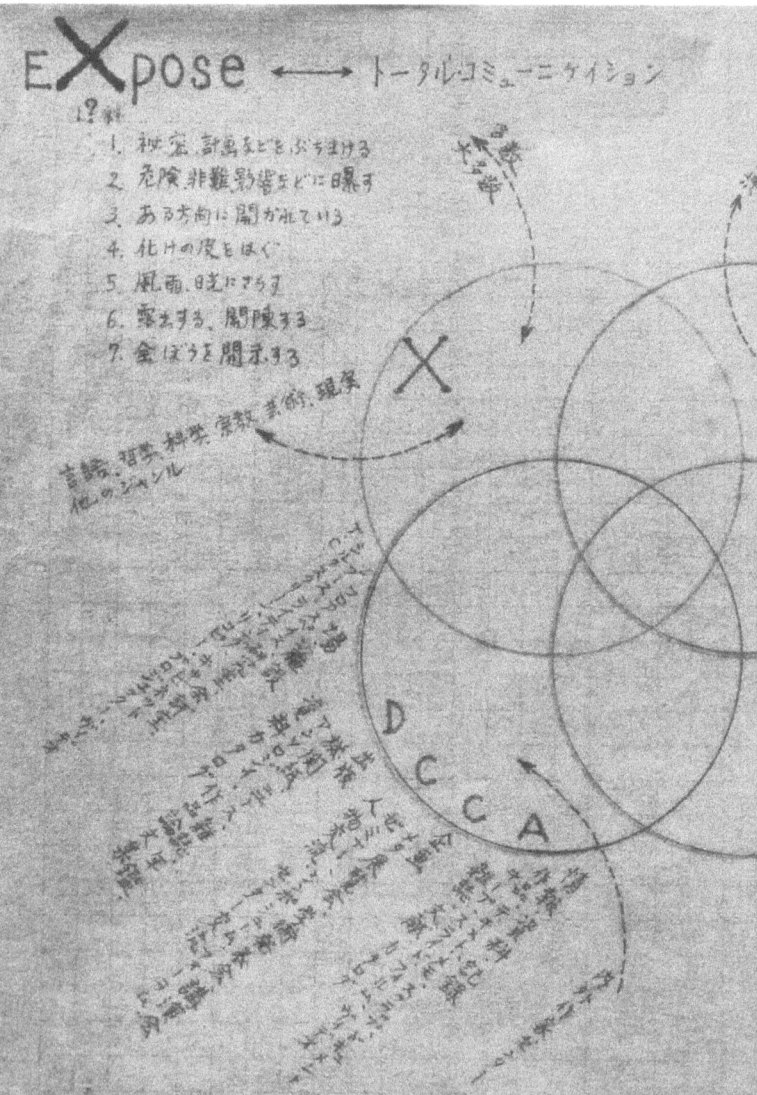

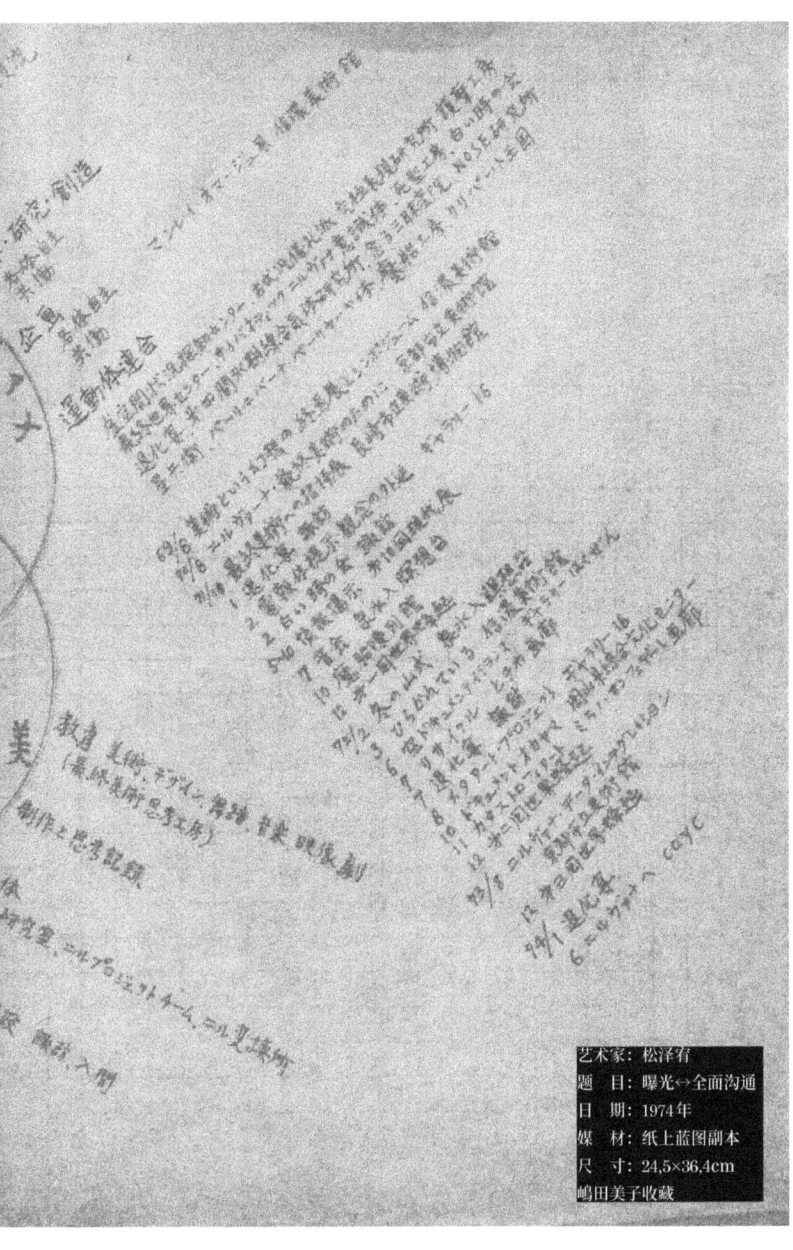

艺术家：松泽宥
题　目：曝光↔全面沟通
日　期：1974年
媒　材：纸上蓝图副本
尺　寸：24,5×36,4cm
嶋田美子收藏

该图则由四个重叠的圆圈组成——"涅槃"小组的活动，美学校（松澤教授的另类艺术学校），DCCA（当代艺术数据中心，松澤要求各艺术家发送资料到这机构）和X。该图谱的时间跨度大概是从1969年到1974年，当时松澤与一群跟在他身边的艺术家组群，即"涅槃"小组的关系最为密切。1968年学生运动正在衰落，革命的梦想几乎崩溃；图谱上记载的五年正跟日本这个时期重叠。东京大学学生领袖之一最首悟说：

> 在占领东京大学安田讲堂失败后，我们骤觉好像处身于一个气袋里。我们觉得思考未来世界是没有用处的。(…)我们无法创造任何新东西，并且差不多要"辍学"和"根除自己"。与此同时，科技、商业和官僚机构像机器一样运转，带来了一个不再需要我们的世界……[1]

当时，一些年轻人寻求在大城市之外接近自然的另类生活，并形成了各种"共同体"。正如前第四国际社会活动家太田龍（Ota Ryu）所倡导的一样，这也是"返回最激进外围"的时期。太田的意图是在冲绳和北海道等被打压的"周边"地区发动新的革命运动，引至在革命以外，产生一种内观与寻找个人存在根源的普遍倾向。松澤一直以来对自然和他家乡诹访的史前宗教与文化深感兴趣，但是在1969年之后，他认真地开展了在地的社群活动。1970年，他和他的朋友在诹访山上一片属于松澤家族的土地上建立了一个"冥想平台"。他们在那里举办各种聚会和表演活动。如图所示，涅槃小组自发的活动主要是围绕在诹访及周边地区，他们不作宣传，甚至不在乎有没有观众。这似乎是一种田园诗般的，甚至可能说是逃避主义者的行为，但在当时则被视为一个反对宣扬物质财富社会的激进声明，它的批判对象直指于1970年在大阪召开的高举"人类进步与和谐"美好旗帜的世界博览会。

四个重叠圆形的图谱

1. 圆图一：涅槃

松澤于1970年组织了一场名为"涅槃"的艺术展览。它于8月12日至14日在京都市艺术博物馆举行，有85位艺术家参演，大部分都是"观念性"的作品，以文字、照片、蓝图、文件和行动的形式呈现。一些参与者继续与松澤联系，后来成为"涅槃"小组的成员，尽管小组不是一个拥有固定会员的正式组织。群体由各种"核心"小组所组成，每个核心小组都由一位或多位艺术家主持，其中包括由松澤监督的"虚构空间情境研究中心"，春原敏之（Sunohara Toshiyuki）监督的"最终世界中心"，水上句（Mizukami Jun）的"古代泛仪式组"和田中孝道（Tanaka Kodo）的"魔胎工房"。这种松散但独立的"核心"小组聚合正是松澤所倡导的"自由共同体"。它不是一个秘密社团，或者是松澤在顶层指挥的等级制组织，纵使后来确实有这个误会。

《我们，涅槃》宣言（写于1972-1973年）中记载：

> "涅槃可以被描述为一个统一的运动体系。它是一个共同体式的运动联盟，具有不同的基础哲学、地理和情境背景。每个人都有自己的核心。核心具有相对等的向心和离心运动。这两项运动都应得到尊重。在向心运动的极端情况下，每个核心的表达、态度、思想和欲望都可以由所有人共同拥有，但即使核心具有离心运动，每个人都应该友好地关注他人，提供建议、合作、同情、接受，并主动去共同拥有对方。我们所想象的世界末日，以及这个灾难时代以来的世界就是'无法看见的涅槃'。"

他们要一起"工作、研究和创造"。他们在1969年至1974年期间组织了各种展览,那些展览按时间顺序列在图谱中,包括:"以幻觉命名的艺术之终结"(1969),"涅槃"(日本第一个国际观念信件艺术展:1970),"音会"(户外声音/表演活动:1971),"世界起义"(国际信件艺术项目,1971-1974),"开放"(1972),"灾难艺术"(1972)。

2. 圆图二:美学校

美学校是一所由现代思潮社(Gendai Shicho-sha)于1969年在东京成立的另类艺术学校,而现代思潮社是一家由石井恭二(Ishii Kyoji)(1928-2011)于1957年创立的激进出版社。松澤从1970年到1980年间在那里教授了一门名为"最终艺术思想"的课程。他的课程每周都有不同的主题,如佛教密宗、末世论、语义学、无政府主义、乌托邦等等。学生们阅读那些与主题相关的文章,然后就其中一个作出口头报告,最后进行课堂讨论。课程的工作和思考过程的记录文件也是档案库的一部分。

除了他的课程外,松澤的图谱还包括设计、舞蹈、音乐、电影和戏剧各方面的教育,以上课题都在美学校中教授。

在图谱中,那个往外的箭头指向坐落于东京外的诹访市(长野县)和入间市(埼玉县)。石井有一个雄心勃勃的计划,想在日本各地特许经营美学校。计划是透过在教师们居住的地方建立美学校分支,并有机地连接那些自主的师生"细胞",将美学校传播到不同的地方。1973年,诹访美学校(东京西北约170公里)开设了松澤教授的"最终艺术思想"课程和小杉武久(Kosugi Takehisa)教授的当代音乐。当时笠井亮(Kasai Akira)的舞蹈课程已经计划好了但最终没有实现。介绍松澤课程的小册子这样写道:

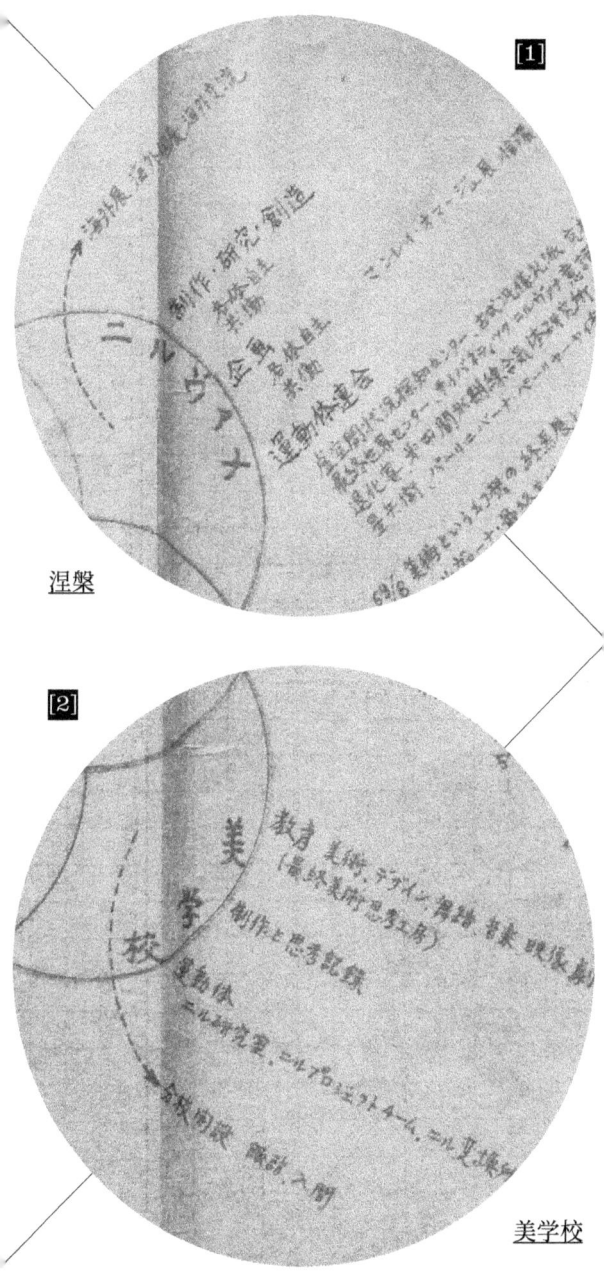

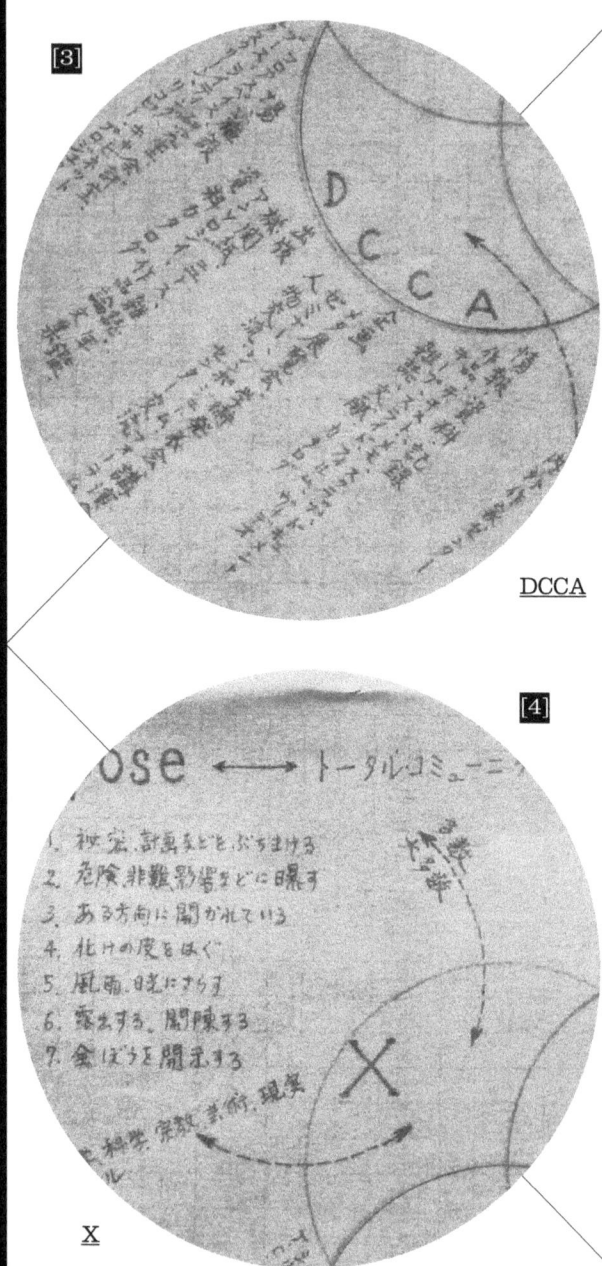

松泽有，这位既令人感到畏惧但又受人尊重的最极端艺术思想家之一，将从1973年9月开始举办工作坊。他的课程将涉及有关艺术表现形式的激进问题，例如"艺术如何通过思想达到一种终极状态？"以及"艺术创作究竟可不可能？"

3. 圆图三：DCCA（当代艺术数据中心）

松泽使用美学校作为通讯地址去建立了这个想象出来的"中心"。他向海外的艺术家朋友和机构发出了信件，要求他们发送有关其作品和活动的信息。他打算创建一个包含所有那些艺术家和机构的数据库。DCCA收藏信息、素材与文件，当中以实际作品、文本、备忘录、录音带、摄影照片、电影与录像、杂志和目录的形式存盘。响应他的请求的机构包括CAYC（阿根廷）、Head博物馆（芬兰）、W.O.R.K.S（加拿大）、Art & Project（荷兰）、Image Bank（美国）、FILE（加拿大）、Something Else Press（美国）、Akumulatory 2（波兰），许多来自世界各地的艺术家向松泽发送了他们的卡片、邮件艺术和画册，包括著名的国际观念艺术家，如劳伦斯·韦纳（Lawrence Weiner），道格拉斯·许布勒（Douglas Huebler），吉尔伯特和乔治（Gilbert & George），以及激浪派（Fluxus）艺术家狄克·希金斯（Dick Higgins）和乔治·马修纳斯（George Maciunas），那些只不过是其中一些例子。

松泽的目的是让DCCA策划展览、研讨会、讲座、会议、艺术家和机构交流。它还出版通讯、杂志、年刊、理论书籍，选集和专著。他甚至因此提供了丝网印刷、其他印刷和电影/录像设施，以及为会议、研究和存储提供空间。

4. 圆图四：X

一个由内到外的箭头表示"语言、哲学、科学、宗教、艺术、日常现实和其他类型"的思想交流。这部分，X，将对这些不同的学科和"外部"世界开放。另一个箭头表示"大量"人员的流动。早在1956年，松澤就写了一篇关于跨学科方法的重要性的文章，正如他在致艺术评论家泷口修造（Takiguchi Shuzo）的一封信中所提及：

> "为了强化艺术的力量来吸引所有人，我们需要搭建艺术、科学和哲学等不同学科之间的桥梁。为了实现这个目标，有必要在艺术中认真对待控制论。这个沟通的问题需要进一步审视。否则，艺术表达将是不充分的。"[2]

如果当时这个计划实现的话，"曝光↔全面沟通"也许就已经成为了日本第一家艺术家经营、以档案为基础的研究机构。在20世纪70年代后期，松澤试图就收到的信件艺术文献进行编目，但似乎后来他的兴趣逐渐减弱，大部分材料都堆积在一个储存仓库里，而他为何最后放弃了创建档案的想法则至今未明。水上旬，一位当时活跃于京都的艺术家以及松澤的亲密伙伴，在70年代中期突然断绝了跟松澤的关系，类似的情况也在其他许多"涅槃"艺术家身上发生。水上一直是收集和为"涅槃"小组活动存档的核心人物。在这一系列关系破裂之后，松澤不再参与艺术群体工作，并把兴趣转向了量子物理学。

自由艺术 - 自由文件 - 档案库

虽然松澤的档案库最终并没有成型，但在70年代，创建档案库以及一个与之相关的研究机构是相当具有创新精神的，因为当时"档案"这个词和概念在日本艺术圈中仍未被广泛使用。为了理解松澤建立档案库的意图，首先要做的是研究他如何定义"艺术"。在1969年夏天的"名为艺术的幻觉的终结"展览中，松泽和志同道合的艺术家展示了利用最少的物料制作而成的作品。之后，他在1969年12月13日下午2时13分发表了以下声明，"自由艺术的展望"：

根据松泽的说法，自由艺术是：

1. 没有歧视的艺术

2. 永远不受任何规定和禁止规范的艺术

3. 艺术以"无所不能的思想"为其原则之一

4. 艺术作为精神的宣泄（或突然发声）

5. 没有艺术家签名的艺术

6. 能在一个没有标题、策展人、艺术家、日期的展览（如果这样的东西仍然存在）中找到的艺术

7. 艺术没有善／恶、深／浅、长／短、男／女、往／还、彼／我、上／下、海／山、反／非，也就是始／终的概念

8. 艺术是幻觉共同体

9. 已经具有终极艺术外观的艺术

10. 在1969年底我们将它命名为自由艺术。为所有人的自由艺术！

对于松泽来说，艺术不是艺术家自我的表现，而是艺术从艺术家自我的解体开始。不再存在阶级观念体系，即使受到物质限制，一切都是平等与永远地自由。"曝光↔全面沟通"是为了积累来自世界各地的这种自由艺术。但是，松泽从他同侪中收集文献的动机是什么？他在让人们向DCCA提供作品所发出的邀请中并没有具体说明应该提交什么样的艺术品。虽然松泽联络的大多是他认识的艺术家和机构，他提出的要求

却是非常开放的。他们可以提交任何与他们的工作或他们自己相关的文献。在发出邀请两年后的一份备忘录中,当松泽写到关于积累文献的目标时,他用的是"自由文件"而不是"艺术"这个词:

> "应该把它称为'文件'而不是'艺术'。任何东西都可以包含在其中。因此它是完全自由的。自由的文件。一个人去世后,他所相信的一系列事物、事件和想法将成为未来人类意识的极有价值的遗产。是的,这将是下一个艺术。我在凌晨4点想出了这个想法。1972年1月24日"

松泽随后在另一份未注明日期的备忘录中进一步解释了"自由文件"的含义与"死亡"的关系。

> "因为我们将无可避免地死去,我们努力抛弃一些东西 - 任何东西 - 它不一定是艺术。敬畏 - 或准备 - 死亡,我们想留下一些东西。或者我们不必实际留下任何东西。当我们在心底最敏感的部分感到死亡时,我们被驱使去做一些事情。作为我们生存的证据,它可以是以任何美好的小事情或行动形式存在 - 这就是我所说的艺术的基础。我们认为艺术是华丽、旺盛和合理的东西,并保留了这些东西。但除了那些珍贵的东西之外,还有一些更小但更高贵的东西,那些为死亡而存在的行动和思想。它们是我们作为人类生活的最终证明。即使在人类消失之后,这些事情和行动仍然存在。"

在这里,松泽宣称"文件"取代"艺术"是一个人生命的"证据",这可能是一个小小的想法,面对死亡时的微小姿态。即使在物质存在结束很久之后,这些非物质的"文件"将证明我们的存在。松泽对"艺术"的理解跟当时,甚至现在的普遍定义截然不同。归档这种"艺术 - 文件

-证据"不是为了"珍惜"艺术家的作品,或是好像博物馆和其他机构般保留作为一种遗产。相反,它是将"艺术"记录为面对死亡时的原始(再)行动,作为对于生命的证明。松澤对"死亡"的强调经常被批评为太不祥。李禹焕(b.1936)是20世纪60年代末至70年代初的"物派"(Mono-ha,もの派)运动的主要艺术家与理论家之一,他批评松澤,称他呼吁人性消失并反复强调死亡仅仅是一种"虚无主义的屈服,一位失败者操纵的概念,借此让别人忘记对生命的感受。"[3]然而,在松澤的信息中,我们可以看到"死亡"和"生命"是处于不可分割的联系中无休止的循环。而收藏这些"生命的证据"是为了促进这种延续。

然而,记录、收集和存盘那些未指定的"证据"几乎是不可能的。此外,所有提供文件的艺术家是否抱有同样的想法也是值得怀疑的。虽然松澤开始收集他的朋友("涅槃"艺术家)的文献,但目前尚不清楚他们是否都理解这种存档的意义。纵使一些年轻的艺术家朋友因此寄予厚望想建立"涅槃"小组的品牌或其观念主义学派,但这些都不是松澤的原意。

当然也有一部分艺术家,比如古澤宅(Furusawa Taku, 1948-2018),能够直觉地理解到松澤倡议的重要性。古澤是一位表演艺术家,他在70年代早期与松澤合作。古澤在2017年的访问中提到,虽然他当时并没有完全理解松澤,但他认同死亡面前,艺术作品可以作为生存的证据,因为他的表演是通过比如上吊来进行的濒死状态的实验。现在古澤读了关于"自由文件"的段落,他说自己终于明白他和松澤这些年来一直在做什么。

互联网时代的"曝光↔全面沟通"

由于缺乏财力、技术和人力资源,松澤试图建立档案库的努力最终

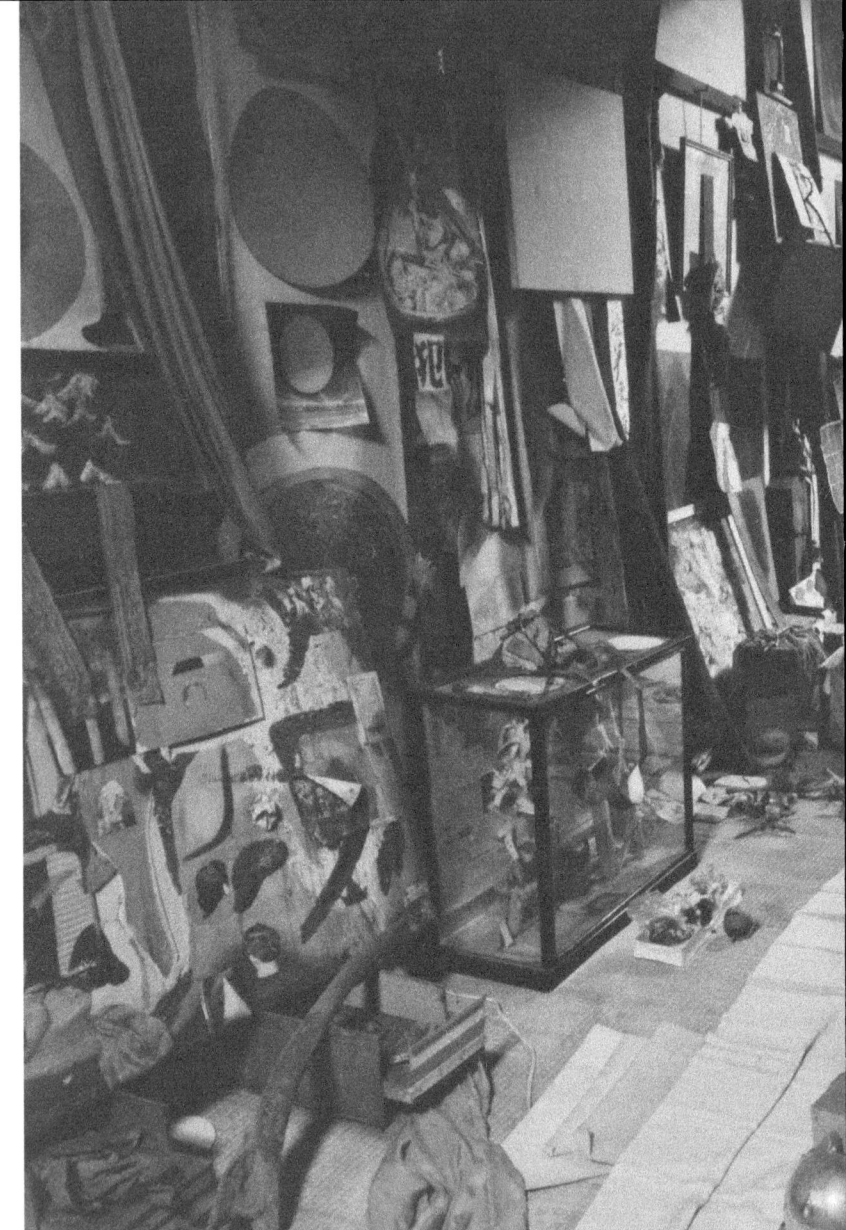

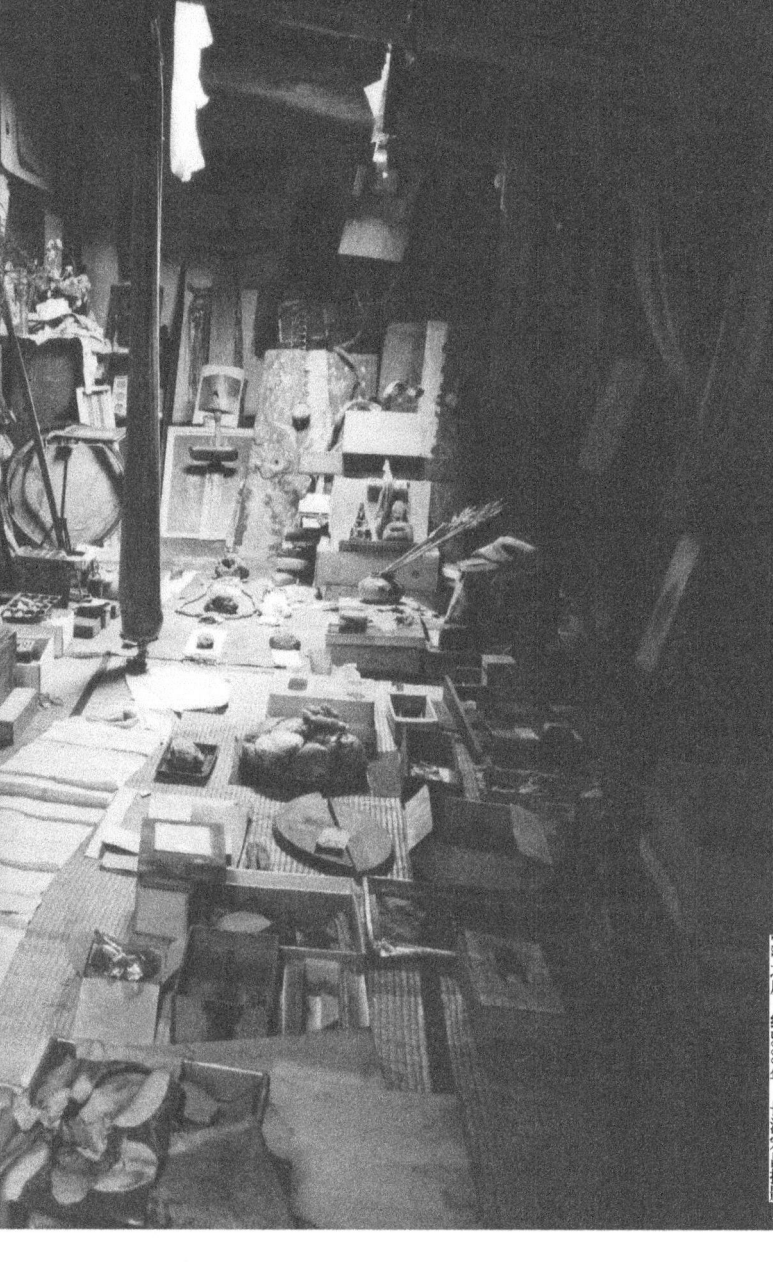

Pai 之房,约2000年,长沼宏昌摄影

都没有实现。收集航空邮件发送的文献、整理、在剪贴簿中归档，以及人手记录这些文献需要花费大量的时间和精力。要制作材料的副本，有必要在印刷厂订购蓝图副本。通讯全是手写的，然后经过油印并用手工订装。松泽是一名高中夜校老师，他的大多数艺术家同侪都在日间工作。他们的观念作品在日本艺术界并没有得到广泛的认可，而售卖文献是完全不可能的。70年代早期的展览和研讨会完全由艺术家自己组织和资助。"涅槃"的前成员之一表示，后来为团体的活动贡献如此多的时间和金钱变得越来越困难。

松泽对科学发展非常感兴趣，尤其是控制论。他在1956年给泷口的信中提到了它的重要性。松泽将信件艺术描述为"创造想象空间的通信"，并且在未来，将实现心灵感应与非物质通信。松泽或许直觉地预言了未来网络空间中的通信，但他在没有充分使用这项科技前就过世了。如果他出生在互联网时代，那么"曝光↔全面沟通"档案的计划将非常可行。"证据"不仅可以从艺术家的朋友那里，而且可以从更广泛的范围，以更大数量收集，而且这些证据也更容易分享。

从2018年到2020年，松泽有Psi之房基金会（由我担任董事）和东京文化财研究所合作进行松泽档案的序列和（部分）数码化。我们希望能够实现"曝光↔全面沟通"档案的网络版，并在未来向公众开放。

"Psi之房"的终结

如今，"Psi之房"正在被拆除并打包的过程中。由于房间结构正在老化，而在发生中等地震后被标记为"危房"，有必要采取一些紧急行动。一个有国家的档案研究资助的当地艺术博物馆决定保留"Psi之房"，但他们保存的想法是记录每件对象在房间里的位置，并将它们装箱以便存放在一个更安全的地方。由于博物馆无法容纳所有对象，所以它们将被存放在松澤家中的其他地方。"Psi 之房"作为一个整体记录了松澤的轨迹，是他生命中的一个"证据"，包括一些微不足道的物品，残旧和破损的，还有松澤死后物品上残存的尘埃。它的脆弱性，可变性和最终的消失是不可避免的，甚至这就证明他对于非物质化的观点。一旦房间在某个阶段下被保存，房间作为一个"装置"的流动性就被终止了，物品就会沦为死壳。一些明白"Psi 之房"和松澤的人觉得在记录它之后拆除整个房间反而更好，或者让它随着时间的推移自然恶化倒塌。也许保留房间氛围的最佳方式是透过以前的照片（幸运的是，许多专业摄影师从60年代开始记录房间）以3D虚拟现实视频的形式重建房间的历史。然而，这个想法被拒绝了，因为该博物馆（像大多数日本机构一样）觉得保留"Psi 之房"的内容比它的灵韵更有价值。

因此，讽刺的是，一个好意保留"Psi 之房"的艺术机构最终毁掉房间及其作为"活的档案"的精神。房间内的对象可能会在某处修复展出，但它已经不会再是同样的东西了。松澤出生的房子位于作为他的精神支柱的诹访神社附近，神社跟房间内的对象同样重要。没有那种地理关系，房间将失去很大一部分的重要性。按照松澤的想象，松澤档案库并不仅仅是为了向艺术家致敬，或者收藏奇珍异宝。"Psi 之房"应该是一个活的档案库，文献与数据可被参阅、重新定义与更新。"Psi 之房"应该在不同的研究领域中"曝光"，而非局限于艺术和艺术史。对于日本的大多数艺术机构来说，这种流动性可能是不可想象的，但我相信松澤的"档案"愿景应该在未来得到认可。

英译中: 李继忠; 校对: 陈韵

注　释

1. 最首悟（1999），《斗争与学习 - 走向流动的'自我'。20世纪的记忆1969-75连合赤军 _ 狼的时代》，每日新闻社。

2. 松泽宥（1957），来自美国的信：在皮克林的茶室，美术批评（1957年9月），页95-96。

3. 李禹焕（1971），《变革与风化 —— 现实可以吗》，《美术手帖》（1971年3月），73页。

11

众志以成城

——档案的反问

艾琳·莱加斯比·拉米雷斯

在我书写本文的当下，正值菲律宾前总统费迪南德·马科斯（Ferdinand Marcos）颁布《戒严法》（1972-1981）的46周年，而此时网络上也释出一部名为《一位历史的见证人》的两集影片，其副标题依循时下流行厚颜地标记上BBMxJPE[1]字样，借此隐晦地向众人表示这是一场由可能成为副总统的马科斯之子小费迪南德·马科斯（Ferdinand Marcos Jr.）[2]与其父亲总统任内前国防部长胡安·庞塞·恩里莱（Juan Ponce Enrile）的对谈，后者乃是当年政治高层的核心人物，此人其后的变节更成为马科斯独裁政权之所以终结的关键，这场一对一的会面再次燃起历史修正主义未艾之火。一小时左右的对谈发生在空无一人的剧院，舞台上摆放着两张厚呢绒材质的赌场椅，聚光灯戏剧性地随着谈话的起始与终了而明灭，两位男人扮演成挚友般以轻松亲近的方式相互谈笑，将作品的价值粉饰美化至虚无之境。他们口中所言称不应计较的过去之事，如今可以极为轻易地使用权利要求者的档案数据，当年被审查的照片和媒体数据，以及像是恩里莱等曾亲身经历过那段历史的人的迟来的印刷和数码记录，而对其进行质疑。就BBMxJPE这场对谈而言，其目的是利用传媒清洗讯息，精确地将社群媒体定位为提供大众易消化接受的信息。

至今对马科斯的指控，仍如喧闹嘈杂的交易般，持续在支持与反对他的双方阵营间。一方认为戒严时期在文化、公共建设、和平与秩序上乃是无可匹敌的黄金时代；另一方则以贬抑的角度将其视为菲律宾史上充斥着权力滥用、不当谋财与贪念欲望的最为黑暗的时期。而视觉艺术档案在这场由政府大量操纵传媒信息，以无形方式塑造事实与假造事实、叙事与反叙事的对立循环中，究竟能扮演起什么样可与之抗衡的角色呢？

与那些相当容易取得且平淡无奇的数据库相反，这些档案库犹如新观念的建立，一般来说它令人联想到黑暗的密室，必须经过守卫森严的通道、身份检查机制与阶级使用权审核。这些拒人于千里外与隔绝的面向，随着数码化的出现、开放数据技术的提升、开源技术的平行兴起以及有时神话般地转向黑客合作的思维和行为方式，令曾经神秘的档案日益变得平易近人。

档案库作为意义的调解之所

在最近五年的过程里，变得最引人关注的是，艺术家如何使用档案作为作品的呈现形式，于其中注入艺术家与手作记忆一般的探索驱力，同时也作为促使物体转向的研究基础，抑或一种可将隐藏消声的转义比喻具体化的特殊平台场域。在艺术家的手中，档案很快地成为具有可塑性的材料，而不再是先前假想的一种无需质疑且剥除待议性的基础收藏物。后者可以艺术家活化菲律宾文化中心（Cultural Center of the Philippines，简称CCP）视觉艺术档案与图书数据的案例来说明。菲律宾文化中心是马科斯专政时期遗留下来的最为明显与最富争议的建筑之一，它是对用公共资金孕育的文化先进性的主要展示场所。尽管马科斯家族早在三十多年前就被逐出马拉坎南宫，然而其所拥有的藏品及内外部空间却仍能为两类行动者提供养料：要么他们的活动远离政治运作，

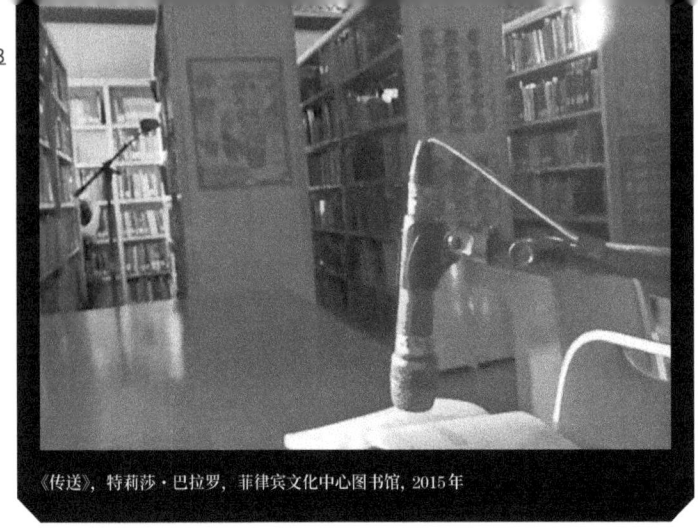

《传送》,特莉莎·巴拉罗,菲律宾文化中心图书馆,2015年

要么他们的艺术较为无涉戒严政治议题。当这些艺术家在这个庄严的机构内外进出的时候,人们可以看到他们用的方法既有趣又颇具讽刺意味。他们召唤的同时也遗忘历史,因为这个机构本身就在两种不确定的、但却皆关乎国家、艺术、权利等观念的力量之间,一会儿被肯定,一会儿被否定。

为了打消民众的这个错误想法,即马科斯戒严时期的文化工作者都是靠攀附马科斯而获得特权的人,我们可以举例曾遭执政当局拘留的小说家妮诺奇嘉·罗斯卡(Ninotchka Rosca)在1974年的叙述。2014年在网络上重现的《拘留营:马尼拉》(*Detention Camp: Manila*)[3]部分描述了创作群体所遭受的附带损害,如诗人何塞·拉卡巴(Jose Lacaba)、剧作家莱维·巴尔戈斯·德拉·克鲁斯(Levy Balgos dela Cruz)、编剧及小说家里卡多·李(Ricardo Lee)和国家级文学家比安·伦贝拉(Bien Lumbera),他们在戒严时期全都遭遇牢狱之灾,且深受情绪、心理与生理折磨的荼毒。罗斯卡以笔名"鹰的概念"(Concepción Aguila),委托退休的菲律宾大学艺术史学者奥洛拉·罗萨斯·利姆(Aurora Roxas Lim)将其作品偷渡出菲律宾,转至设立于美国的《关注中的亚洲学者委员会公报》(*Committee of Concerned Asian Scholars Bulletin*)上出版。其他独立公布的在线有关报道为这份令人尊敬的名单添加了以下名字[4]:诗人与评论家伊曼纽尔·拉卡巴(Emmanuel Lacaba)、洛雷娜·巴洛斯(Lorena Barros)、布奇·达利赛(Butch Dalisay)、爱德华·拉海亚海(Edward Lahaylahay);导演利诺·布洛卡(Lino Brocka)、贝恩·塞万提斯(Behn Cervantes)、霍埃尔·拉孟甘(Joel Lamangan);文化艺术家约约·帕杜阿诺(Jojo Paduano)、前牧师及画家埃迪西奥·德拉·托雷(Edicio dela Torre)、画家及版画家奥兰多·卡斯蒂略(Orlando Castillo),他们在戒严中遭受的厄运包括长期无指控地被监禁、强暴、各种酷刑与处决。艺术家们积极地参与今日针对人权议题的混战当中,因而出现重新书写历史记录的情况也不令人感到意外。这些犹如蜉蝣般短暂的生命个体所标记的个人记忆,部分地说明当初他们是如何逃离国家审查制度的箝制,审查制度透过秘密散布于国家各处的代理人来成功地制造一种真空状态与折磨人的空白。再者,因这些口袋档案所处的脆弱状态而自然衍生一种谨小慎微的地域性与合乎情理的冷漠,以免被纳入连带的危险活动中。电影学者与文化评论家布莉斯·夸·利姆(Bliss Cua Lim)[5]于论文——《档案的脆弱性》(*Archival Fragility*)一文中,提及保存维系档案生命与再利用档案的两难之处,此项洞见或许可视为是探讨档案自身的自治性,如何在与其他档案汇编在另一个相异的逻辑之下时,受到威胁。[6]

具有争议的是,唯有使用其他有力的档案资源,才足以起身对抗大

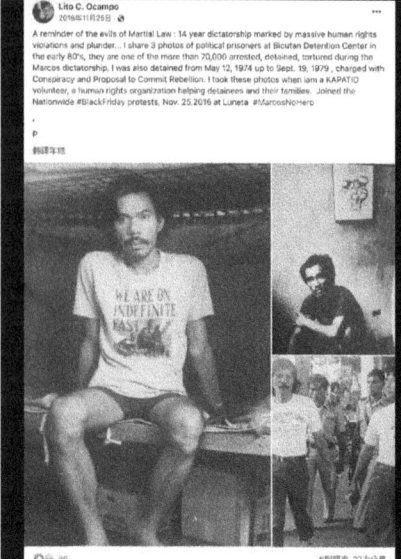

前政治拘留者与记者利托·奥坎坡的脸书

脸书内文:

提醒戒严法之恶:长达14年的独裁政治,代表人权被大规模地侵犯与掠夺......我分享三张摄于上世纪80年代初期比库坦拘役中心(Bicutan Detention Center)的政治犯照片,他们是马科斯独裁时期超过7000名遭到逮捕、拘留、虐待的政治犯中的一部分。1974年5月12日到1979年9月19日,我也因阴谋与意图反叛的罪名而遭到官方拘留。这些照片是我担任KAPATID这个帮助拘留犯及其家属的人权组织志愿者期间所取得的。加入全国"黑色星期五"抗议运动,2016年11月25日在鲁内塔。#马科斯不是英雄

量粉饰美化马科斯家族的神话制造机制,而这些由作家、学者和艺术家进行诉说的对立微型档案则处于分散的状态,这似乎说明,在这些冒险的真相流通中,规模是唯一的变量。尽管没有太多诱因,但凭借纯粹的勇气与想导正极度活跃却倾斜的雷达的欲望,促使摄影记者利托·奥坎坡(Lito Ocampo)为上传从监狱偷拍的照片而努力。此外,另一位记者罗比·阿拉姆佩(Roby Alampay)也是从数字媒体平台Interksyon的戒严记忆节目中摘取受害者朗读宣誓书(以帮助他的孩子完成历史作业)的声音文件并令其得以自由分享。由跨学科艺术家小组达基拉(Dakila)所创办的戒严数字博物馆则是另一个提供艺术家使用纪录片或新媒体形式设展的独立平台。

这些如孤狼般完成独立作业的档案中,没有任何单独一件的影响力能够与广泛为戒严法辩护的状况相匹敌。尽管有人可能会争辩说,

它们能够以占领的方式为信息的真空状态打开罅隙,而它们确实推翻了原有的平衡,尽管仅是微量地增加,也将帮助对立叙事研究者的工作。而在艺术世界之外,人们很容易察觉权力的作用是如何遗留在档案上,像是最近的案例中,杜特尔特政府的对手、前首席大法官玛丽亚·洛德斯·塞雷诺(Maria Lourdes Sereno)和参议员安东尼奥·特里兰尼斯四世(Antonio Trillanes IV)指控其贪污与特赦的文件档案便神秘地消失了。

不稳定却对所有人公开的资源

无须赘言,这种档案短暂且迅速变动的困境,并不只是菲律宾人的困境。在其他经历过长期独裁政权的后殖民地区都可见到类似的命运,它们对于如何采取较无争议且具生产性的方式来处理与激活档案,提供了若干洞见。尽管在理想状况下,贮藏记忆的数据库理应不被工具化所渗透,但评论兼理论家内莉·理查德(Nelly Richard)进一步分析,在她所移居的国家智利,书写历史的方式出现周期性遗忘并伴有日益高涨的修正主义,所以急需另一种更细微的方法:"我们必须将陌生的身体保持在飘浮状态,其后作为一种由报章的碎简残篇、灭绝的碎片、死亡的音节、不真实的停顿、商业用句、死者之名所混合而成的记忆,它们齐声诉说关于'记忆的传染'的混杂,是如何透过深层的语言危机与意识形态的断裂来污染我们的。"[7]理查德的怀疑论是在她与智利前卫艺术合作的脉络中所提出的。

就菲律宾的情况而言,除了那些被明确要求要被摧毁且具消耗性的街头抗争艺术如政治人偶之外,一种潜在的去政治化显然是因为过热的艺术市场导致的,这个市场曾经封杀社会主义现实主义艺术,但是如今

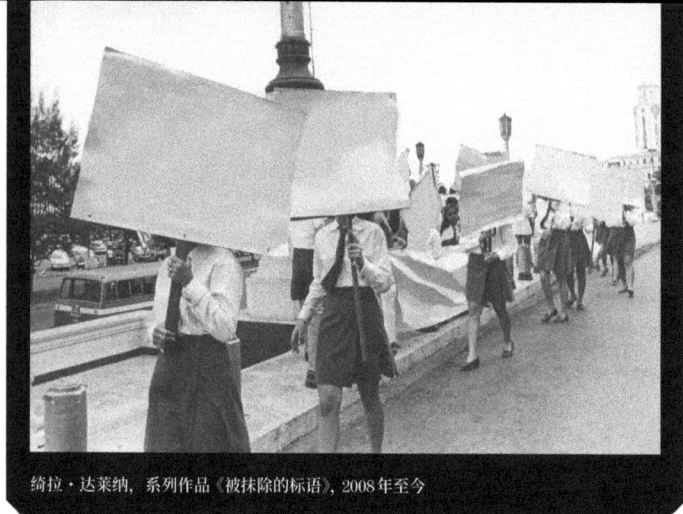

绮拉·达莱纳，系列作品《被抹除的标语》，2008年至今

现实主义艺术的后代却和那些令人生厌的超写实主义的作品，以及那些过去被认为是无法理解的观念艺术作品一起，静静地被列在媒体争相报道的拍卖名录上。有很多人真心尝试去规避市场和国家话语对于噤声的圈套，即使这些努力仅具有短暂的战略性优势。如理查德所认知的，关键似乎在于当尝试行动时必须保持相当的灵活性与回避性。

同时，在尝试中保留批判性与艺术性，是例如菲律宾电影创作者与多媒体艺术家绮拉·达莱纳（Kira Dalena）的作品《被抹除的标语》（*Erased Slogans*，始于2008）的野心之一，它基本上是对洛佩斯博物馆与图书馆（Lopez Museum and Library）馆藏的抗议活动影像所作的挪用。这些档案有一部分引用自收藏因戒严法而被迫停业的《马尼拉纪事报》（*Manila Chronicle*）和《马尼拉时报》（*Manila Times*）的档案室，在我出任博物馆策展顾问期间，由达莱纳和我一同取得。如今随着这系列作品在艺术圈中广泛地流传，又开始出现它究竟产生多少意义的疑问。我必须承认在十年后的今天，我深感矛盾——此类作品可能成为艺博会展墙上粉饰太平的工具,一方面此举将能吸引观众群且增加事件的可见度与可憎度,但代价是对于抗议文本本身的灭声。另一方面,有趣的是档案工作者们因此认识到对那被灭声的异议进行视觉化所蕴含的象征价值,即使他们甚至坚持在纪律协议范围内必须使这些物品保持不可触碰与原封不动的状态。

或许另一条尚未开发却可能具备核心意义与探索性再述的伏流,潜藏于《伊萨贝洛档案》(*Isabelo's Archive*, 2013)之中,菲律宾历史学家雷西尔·莫哈雷斯(Resil Mojares)重新检视援用先锋工团主义者伊萨贝洛·德洛斯·雷耶斯(Isabelo delos Reyes)的档案冲动,并即可视为一种民主化举动。在德洛斯·雷耶斯1889年的鼓动下,莫哈雷斯试图建构一个包含言语与非言语材料的记录档案,其目的是"为了运用本地资源以提供认识论的基础,如同为菲律宾的'自主'历史提供基础一样",[8]这是一项集体工作,[9]或者按照今日流行的说法——在去中心化的领域中,从群众中寻找资源。有关德洛斯·雷耶斯的资料对于劳工领袖精神的强化具有特殊且深刻的锚定作用,尤其学术圈至今尚未充分认识本地组织的精英分子。此项工作非常符合草根史料及以下历史概念——这个术语则与《受难与革命》(*Pasyon at Rebolusyon*, 1979)一书的作者雷纳尔多·伊莱托(Reynaldo Ileto)有关,这个原为历史叙事雷达之外的节点,在莫哈雷斯受到德洛斯·雷耶斯启发后,或许将成为个人档案与机关档案汇聚的交点,且为非官方数据留下具有高度真实性的空间。

就专业档案领域的角度来看,这些个人档案也补足了寻求真相的关键生态。档案学者伊菈·布恩罗斯特罗(Iyra Buenrostro)和尤翰·卡布巴(Johann Cabbab)在其研究《不懈的抵抗:菲律宾图书馆及其为自由和人民权利而战的历程》[10]中，已经标记至少三所主要收藏戒严法档案的机构，它们分别是菲律宾大学（尤其是其收藏的菲律宾激进出版物和"反对逮捕的前被拘留者协会"[SELDA][11]出版物）、菲律宾政治犯救援工作小组和班塔约格英雄纪念碑[12]。布恩罗斯特罗同时分享了目前尚未确定的第四个主要档案的状况与地点，即现已解散的桑托斯大道人民力量委员会。此外，戒严时期还有许多不同规模和保存状况不一的作家、艺术家和文化工作者的个人档案，而他们的遗族未必有能力将他们的故事令众人周知。然而现今面临的问题在于，除了受国外研究机构支持得以数码化的菲律宾大学档案，以及菲律宾政治犯救援工作小组广泛传播的戒严受害者声明之外，布恩罗斯特罗与卡布巴共同研究的其余三个档案，却因需求不足、未数码化、人员不足、缺乏吸引公众目光的读者引介和公共节目等原因，遗憾地未能被充分利用。

以散播作为生存的策略

补充那些核心历史的是更小却很可能相对重要的收藏，这取决于研究者带入的特定问题。那些浏览的人会看到明显不同步的记录工作。此处我们略举几例，如"戒严法编年叙事计划"（Martial Law Chronicles Project），夏威夷大学马诺亚法学院图书馆的"马科斯人权诉讼"收藏，"第一季风暴图书馆"（First Quarter Storm Library），"媒体自由与责任档案"以及近期成立的马尼拉雅典耀大学的"戒严博物馆"（martiallawmuseum.ph），后者拥有坚实的编年史数据和教学资源，且能向未亲历戒严体制的新世代推广历史经验。

在这个充满各类对象，看起来似乎成型，但实则难以操作的数据网络形成的松散生态中，它的众声喧哗给那些想要寻找知识库存的学者、摄影师和艺术家留下了一个三角知识的空间，继而通过他们的活动，产生出一些能量来激活更为有深度和层次的记忆。与此同时，他们也会让这种记忆痕迹变得不那么容易被系统销毁，因为这些数据的重心是如此地分散。

然而根据近年一些艺术家试图挖掘现存公共档案的经验，突显出取得数据窗口不合逻辑的开放与闭合，是如何随着国家文化机构政治角色的兴衰而起伏。2017年电影《地下历史》(*History of the Underground*)的联合导演基恩·西卡特（Keith Sicat），讲述他们在制作这部电影七年的时间内，一度放弃取得片头所需数码连续镜头的许可，直到制作接近尾声的前几日，才获得新的电影发展管理部门的放行通知。

资料的物理性解体、资源的缺乏、对保存普遍采取不承诺的态度、菲律宾人已准备好遗忘（可能与政治寡头高层权力转移所产生的犬儒态度紧密相关）等负面因素占据的份量，严重影响着今后的艺术家、活动分子与文化工作者，如何透过设置展览与公共节目的方式，进一步激活档案。无论是独立发起还是机构赞助的计划，都面对同样的挑战与问题，就是当它们站在批判位置发声时，都必须面对来自更高权力检查机构的阻挠。即便如此，这些突袭行动仍有可能浮上台面，虽然必须忍受来自社交媒体喧闹嘈杂且无休止的反叙事的破坏或令其相形失色。在没有落实真相委员会机制的情况下，菲律宾与其他具有类似处境的地区，将可能陷入遗忘与追忆的循环往复之中；而那些不和拥有最多生产资源场所的掌权者立场一致的畸零者，则将面临堆砌如山的困难。而讽刺的是，在马科斯家族及其深织而广阔的政治关系网络复兴的当下，日志、主题指南和索引的缺乏，或许恰恰能够挽救这些濒危材料。虽然这样的材料可能不易被那些缺乏耐心者和资源不足者发现,但这仍是一场与时间、跨世代的健忘症和修正主义力量的赛跑,尤其当新世代记忆的缺失与主张和谐论调的修正主义力量,以数倍的方式远快速于档案和数码化之时。

英译中:王珞;校对:陈韵

注　释

1. 译者注：BBM 与 JPE 分别是小费迪南德·马科斯（Bongbong Marcos）与胡安·庞塞·恩里莱（Juan Ponce Enrile）的简写。

2. 1991年菲律宾前总统科拉松·阿基诺（Corazon Aquino）允许马科斯家族返国，接受多起对其家族罪行的指控。小费迪南德·马科斯于2015年参选菲律宾副总统，输给了当时自由党参选人莱妮·罗布雷多（Leni Roberedo），写作本文的此时，他仍在对选举结果提出质疑。

3. http://www.gmanetwork.com/news/news/specialreports/380452/detention-camp-manila/story, 2018年9月开放，于2022年8月5日造访。

4. 这些作品为：http://thefilam.net/archives/8292，于2022年8月5日造访；http://www.karapatan.org/Memories+of+Marcos+Martial+Law+and+Beyond%3A+Stories+of+Unsung+Heroes，此链接已失效；https://8list.ph/personalities-who-were-martial-law-victims/#read-more，于2022年8月5日造访；http://rogue.ph/butch-dalisay-ricky-lee-writers-remember-prison-life-martial-law-era，此链接已失效；和 https://lifestyle.inquirer.net/56610/40th-year-of-martial-law-declaration-triggers-artistic-outpouring 2018年9月开放，于2022年8月5日造访。

5. 夸·利姆也曾撰写过关于意外发现的事物与市民发起的主动行为，如何为菲律宾电影提供更多的档案资源。详见夸·利姆2013年为菲律宾电影文化遗产高峰会所做的演讲和论文——《菲律宾电影运用档案简史》，报告书由菲律宾国家电影文件馆发行，第14-20页。

6. 布莉斯·夸·利姆，《档案的脆弱性：菲律宾电影与保存的挑战》，京都大学东南亚研究中心通讯第六十七期，2013年春季，第20页。

7. 内莉·理查德，《不顺从的符号》，2004，杜克大学出版，第6页。

8. 雷西尔·莫哈雷斯，《伊萨贝洛档案》，恩佛出版（马尼拉，2013），第10页。

9. https://pshevreview.wordpress.com/2018/08/06/resil-b-mojares-some-reflections-by-a-scholar-and-writer, 2018年8月开放，于2022年8月5日造访。

10. https://www.academia.edu/34036805/Persistent_Resistance_Libraries_in_the_Philippines_and_their_Fight_for_Freedom

and People's Rights, 2018年8月开放，于2022年8月5日造访。

11. 译注 SELDA 为 The Samahan ng mga Ex-Detainees Laban sa Detensyon at Aresto 之缩写，为一间救助菲律宾政治犯和前政治居留者之机构，于1984年12月4日由戒严时期前政治犯所创立。

12. 译注：位于马尼拉奎松市，纪念抵抗马科斯长达二十一年独裁政权的英雄碑。

12

其他、东京之夜、椰林与虎

伪旅行者的观察笔记

区秀诒

前言

文学研究者路易斯·普拉特（Mary Louise Pratt）曾在其演讲和著作中提出"接触地带"的概念，一个"帝国遭遇的"、"在地理和历史意义上分割的人们彼此接触并不断建立关系的"空间。而另一方面，每当提及"档案"一词，则不免俗地会指向德里达的《档案热》一书。德里达回溯"档案"的希腊典故，提示了档案作为储藏空间，以及指涉原则、立法工具或管理者的隐藏结构。档案的建置某层面上亦意味着档案的消解，某种不合权力掌控者观点或历史叙事之档案的死亡。档案在这个意味上，更像是"接触地带"，隐藏的权力结构有意识地建构的，让"在地理和历史意义上分割的人们彼此接触并不断建立关系的空间"。

"接触地带"或许是档案的某种（历史）记忆术。然而，这种（历史）记忆术的构成，多半时候建立在"虚构"的基础上。法国哲学家朗西埃（Jacques Rancière）曾在讨论艺术与政治的关系时，进一步说明艺术和政治以及知识的共同点，在于三者皆不断建构着"虚构"。如果档案的建置如（历史）记忆术的操作般，以排除式的消亡来建立自身权力和欲望的核心，则档案诡谲地某程度上"虚构"着一个对当权者相对有利的叙事。

德勒兹与瓜塔里曾在一次对谈中提到"将已分解的身体，塑造出新生的组合"的概念。档案作为许多实体或虚拟对象、文件的聚合，或可被视为从分解的身体塑造的新生组合。这个新生组合展开对于"接触地带"思考的可能。不断建立关系的空间，延伸出谁在这里建立关系，关系建立的路径为何，路径的方向性与轴线如何被建立，在地理和历史意义上分割的人们是谁，帝国又怎样形塑其遭遇等提问。

本文尝试以"虚构"暗示了档案作为聚合的梦（魇）之痕迹，将已（被）解体的殖民者文本，以文字建构一个"接触地带"。这个由文字（与其档案）和文字所暗藏的意有所指的历史背景所塑造的"新生组合"，试图构筑一个交织的与问题化的历史、地理时空。

序幕

远处的钟声响起，那是丛林的暗夜。漫天星河下，A捡起了一本诡谲的游记。游记的诡谲，并非因为其残破不堪部分无法辨识，而是它看起来不像是出自一人之手。与其说那是一本游记，更像是不具名的旅人一本完全由引文书写的行旅观察笔记。里头没有标示地点、时间或坐标，一切至今可明确指涉分明边界的时空暗示。这是一本暧昧不明之书。既描绘异国（多重异国），亦布满各种装模作样的反省。旅人在书中毅然写道，"正如瓦尔特·班雅明想要完成一本全然由引文书写的书一样……"或许此旅人不是一位旅人，他是由无数旅人的灵魂组装而成的行旅赛伯格（Cyborg）。A像一名情报员一样试图瓦解这些文字的密码，他心里想着，越发困顿。

（其他）

"这不是一本旅游之书，亦不是最低限的一名旅行者在异地的经验。这是一系列马来风景和马来角色之速写，速写者已经在这些场景和所描

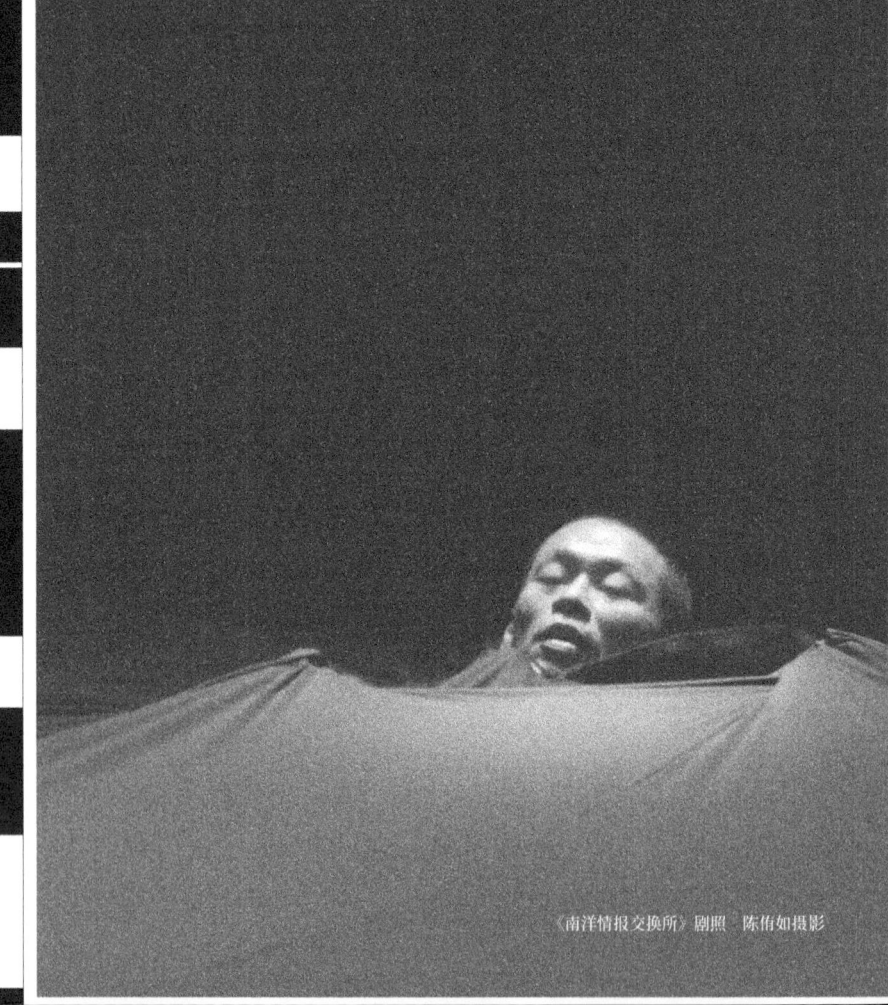

《南洋情报交换所》剧照 陈侑如摄影

绘的人们之中度过了他生命最美好的部分。

这些页面不含统计学、历史，亦没有科学、真实或伪，没有政治，没有道德化，没有预言，只是为了唤醒大家对于非常有趣却又几乎未被描绘的人的尝试。这些人住在东方其中一个最美丽而不为人知的国家。

这名旅行者随着时间的步履而来，且会将其在马来亚和马来人间的经验出版。但正当他以更高的珍惜仰望这个国家，并以更具艺术性的方式描绘他的特征，他将会看到那些人们些许的个性。我可大胆地说，没有内在的生活在这里被真实地描绘。"[1]

在这本非旅游之书的起始，我想跟你阐述一件真实的遭遇。那是某个炎热的午后在丛林边缘的小屋子的缝隙中窥看到的一抹人生。

"在一间以棕榈叶覆顶的屋子里，一位虚弱瘦削、面容憔悴的男人蜷曲在卧榻上，因为热病而大汗淋漓且颤抖不止。时间大约是，我们无法确定日期，因为这位病患做过太多田野调查，使得他的日记变得含糊不清，也可能是被热病搞混淆了。他已在世界上最偏远的一些岛屿上探险了三年半之久。他染过疟疾，几度濒临饿死边缘；数次的热带性溃疡使得他的双脚不良于行，甚至只能爬在地上匍匐前进。他流浪的成果散落在他卧榻四周。床边放着他的储藏箱。"[2]

储藏箱里泛黄的笔记本里，烙印着我随意从未来抄写的一段话。是的，未来，我们一直活在过去历史的未来之中。未来是这么写的：

> "我认为，自然的系统化是一项新型的欧洲计划，一种人们可以称作欧洲人行星意识之物的新形态。三个世纪以来，欧洲的知识建构机制一直首先用航海的术语解释这颗行星。这些术语导致两个总体化计划抑或行星计划。第一个是环球旅行，一种包括环世界航行然后撰写有关航行的记述的双重行动（'环球

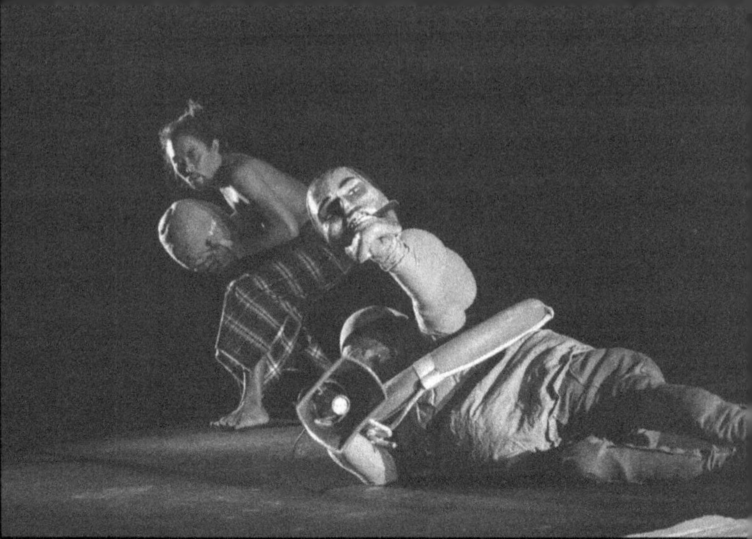

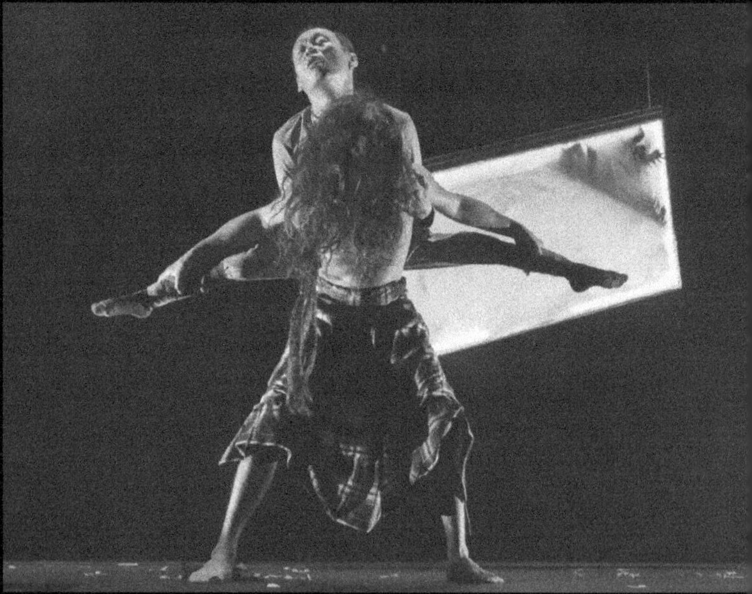

《南洋情报交换所》剧照　许斌摄影

航行'这个术语要么指航行，要么指航行产生的书)。自从16世纪20年代麦哲伦（Ferdinand Magellan）首次完成环球航行以来，欧洲人几乎从未间断地在重复这种双重行动。第二个行星计划同样仰赖于纸张与墨水，它就是世界海岸线的地图绘制，一项18世纪仍然在进行但已知可以完成的集体任务。用一位旅行书编辑的话说，人们1704年就有可能谈到'欧洲帝国'延伸'至地球最边缘处，好几个欧洲国家在那里有战利品和殖民地'。环球旅行和地图绘制，当时已经产生人们也许可以称作全球或行星主体的东西。在本章第一段引语中，这种主体的轮廓被丹尼尔·笛福（Daniel Defoe）轻松且随意地加以概括。正如笛福的用词所清楚表明的那样，这个世界的历史主体是世俗的、有文化的欧洲男性；他的行星意识是他与印刷文化接触的产物，远远比水手的生活经验更加'地道'。"[3]

未来书写的，也恍然是过去。

(东京之夜)

Malam di Tokio。马来语。这是小舢板上一向沉默的船夫教我的字。Tokio。这是外来借用字，船夫说，马来语和许多非古文明语言一样，调度了不少跨地域文化的字句。船夫在百无聊赖的傍晚，总会捧着一本从海岸边捡来的残篇。

"1963年6月，国泰-克里斯制作了第一部在日本拍摄的海外电影《东京之夜》。不幸地，这些制作并没有为国泰-克里斯带来所需的成功票房。"[4] "第一部海外拍摄的电影《东京之夜》由尼迪花·奥马尔（Latifah Omar）主演并在日本拍摄。但，制片厂的衰退已然开始。"[5]

拍电影啊,船夫心里总是想着。总有一天我要当银幕上的男主角。

我是看客,"欧洲风景话语的白人男性主体——长着消极察看并占有的帝国之眼"。[6]

椰林

"南方是现在男人憧憬的世界,你们女人怎么会懂呢?"

"南方现在是能令年轻人热血沸腾的地方。"

"那里没有冬夜。"

"我醒了,我由迷梦而跳起了,我不再踌躇,不再守株裤下,我要勇敢的拔剑而起,向前冲去,把一切的教条、情丝……斩断!赤裸裸一个人,跑到海外去,南洋的地方。"

"听说是一个热不冷,快乐仙景的地方。"

这些梦中的呓语。

我想跟你说一个关于椰子树的故事。

"她死后,尸体被埋在深林里。有一天,在她埋葬的地方突然冒出一株小树来。这株树长得很快,越长越高,它只有一棵瘦长的树干,亭亭玉立,不蔓不枝,树梢只有几扇好像羽毛的树叶,看呀,它又生出那又圆又大的果子来,这便是世界上第一棵椰子树。……现在热带的平原上,河畔、河滨都长满了这身材窈窕,头戴乱发,时时在招手的椰树,她在夜幕低垂,满天星斗的当儿,还迎风唱着临死之前为她的爱儿所谱成的一首催眠曲。"[7]

说着这个故事的当儿,耳边正出来一首妖艳无比,却孤独至极的情歌。

"马来亚春色,

绿野景致艳雅,

椰树影衬住那海角如画。

花径那风送叶声,

夕阳斜挂。

你看看那

那艳侣双双花荫下。

马来亚春色,

绿野景致艳雅,

椰树影衬住那海角如画。

春风送一片绿香,

野外林挂。

春风鲜花。

心内觉舒畅乐也。

若午夜互诉情话于椰树下,

情侣在芭蕉曲径,

一双双相偎怕看他。

马来亚春色,

绿野景致艳雅,

椰树影衬住那海角如画。

心轻快,只见艳花,

万绿丛挂。

春风吹花,

心内觉欢畅乐也。

若午夜互诉情话于椰树下,

情侣在芭蕉曲径,

一双双相偎怕看他。

马来亚春色,

绿野景致艳雅,

椰树影衬住那海角如画。

心轻快,只见艳花,

万绿丛挂。

春风吹花,

心内觉欢畅乐也。"[8]

那是心之所在的南方,

南方真的布满椰林吗?

"……镶嵌在丛丛棕榈与果树园中。美丽多变化的果树叶子不但悦目,还提供了令人感激的凉阴。"[9]

《椰林、槟城艳与情报员的生死恋情：一次放送计划》展场照　◎ 台北市立美术馆提供

(虎)

"中国有一句古谚,别去打扰睡眠中的老虎。

在一艘小船上更是绝对不能这么做。

抱歉,我刚刚在辩论当中。

辩论?

我那中国人的一面和欧洲人的一面刚刚在争执不下。

如何?

好像睡眠中的老虎

我可以要一根烟吗?"[10]

这是某人与我梦中的对话。某人在梦里的面目已然模糊。

"一声尖叫击溃了寂静。到底怎么回事?我握紧我的枪,狐疑地回头。很惊讶地,一头凶猛的老虎,几乎九尺长,从我们右手边的树林里的某一区跳出来,惊险地避开了我们的扫射。一开始,它显得要离开,但突然间它朝我们转过身来,并迎头攻击我们。那头虎咆哮着,在距离我们不到180尺的距离,恍如它想用深沉而有力的虎吼来吓退敌人。它的虎吼足以撼动棕榈树。那头虎一度藏起来并尝试扑向我们,露出它如刀剑般的獠牙,展现它如镰刀一般的爪子。我赶紧把锤子拉回来,一只脚站在棕榈树的树根上,以之为凿子,我在把枪扛到肩膀上的瞬间开了一枪。同时,在我左后方的吉田先生也开了一枪。那头虎并没有倒下。它变得更生气,它的力量更加凶猛,它的外表愈发可怕。它正跳过树丛朝我们走来,像急速涌现的愤怒的海浪。它时而高时而低,我们很难看到它。每跳一次,我们和它的距离就变短了。60尺、40尺,最后变成30尺,我们没有时间思考。我扣动扳机,将最后的希望压在这一枪上。在小心地调整枪支的视线之后,我开了第二枪,一声巨响,瞄准的位置有些低。

枪口喷发出如箭般的火光。枪的粉末烟雾快速消散,但老虎并没有倒下。它反而再纵身一跳,愤怒地咆哮,急切地扑向我。难道子弹没打中它?如果是这样,除了'杀或被杀'以外并没有其他的念头了。透过单打独斗我们将决定谁会活下来。"[11]

"透过单打独斗我们将决定谁会活下来。"这也是 A 消失在那丛林的暗夜之前,在椰子树上刻下的唯一一句话。

(侧记:我)

本文尝试以"虚构"暗示了档案作为聚合的梦(魇)之痕迹,将已(被)解体的殖民者文本建构一个"接触地带"。这个由文字(与其档案)和文字所暗藏的意有所指的历史背景所塑造的"新生组合",试图构筑一个交织的与问题化的历史、地理时空。

以上的书写尝试,来自我于2018年应台湾柳春春剧社和台湾国际剧场艺术节之邀所创作的剧场作品《南洋情报交换所》,以及随后为台北双年展创作的《椰林、槟城艳与情报员的生死恋情:一次放送计划》,"虚构"的方法学展开文字、身体、声音、影像媒介等隐匿在表层底下的历史、政治暗流和遗绪。借由文字(与其档案)的采集、拼贴、解构以及重新结构化,提炼出一个新生的叙事(组合)。这个新生的叙事(组合)尝试将日本、台湾以及马来西亚之间的关系问题化。透过日本这个在第二次世界大战期间于当时的马来亚——即现在包含马来西亚半岛和新加坡的政治版图——的绝对敌我姿态,以及台湾和日本之间因台湾曾经历日治过程而衍生出的紧密连结,来重新检视南海区域中的多重而暧昧的时间、历史以及政治关系。

这一次的书写尝试与所提及的两个创作计划最核心的部分在于以

"殖民者"的文字(档案),企图建构一个暧昧的历史、地理时空。这些"殖民者"文本包括了看似最无杀伤力或最无关政治的游记、神话的记叙、电台台呼、电影台词等跟休闲、娱乐攸关的事物。这也是一种另辟蹊径的"书写"行动,试图翻搅文字与其档案在一般民众眼中所承载的绝对性,揭示并展开掌权者所意图建立的绝对历史叙事与敌我模式之外的暧昧时空。对我来说,这个暧昧时空在省思东南亚乃至于亚洲区域间的关系尤其重要。而也唯有透过暧昧的建构与绝对的瓦解,才有可能启动某种或多种新生的连结,展开不一样的可能。

注　释

1.《马来素描》，咸天瑞（Frank Swettenham）

2.《香料群岛之旅：寻找华莱士》，Tim Severin

3.《帝国之眼：旅行书写与文化互化》，Mary Louise Pratt

4. "In June 1963, Cathay-Keris produced its first overseas film, *Malam-di-Tokyo*, which was shot in Japan. Unfortunately, these productions did not bring about the much-needed box-office success for Cathay-Keris." : http://eresources.nlb.gov.sg/infopedia/articles/SIP_1159_2007-07-01.html，于2022年8月5日造访。

5. Malaysian Cinema Then and Now: A Brief History (1933-2011), Hassan Abd. Muthalib

6.《帝国之眼：旅行书写与文化互化》，Mary Louise Pratt

7.《椰树的神话》，郁达夫

8.《槟城艳》，王粤生词曲，芳艳芬主唱

9.《马来群岛自然考察记（上）红毛猩猩与天堂鸟之地》，Alfred Russel Wallace

10.《生死恋》，1955，电影对白。

11. "Lost Times and Untold Tales from the Malay World", Lord Hunting Tiger and Malay Learning in Japan Before the War, Mikihiro Moriyama

13

档案缪斯/沉思,档案转向或展览转向

达鹫·伊劳拉

前言

2007年，我受聘于菲律宾大学民族音乐学中心（UPCE）。我的主要任务是管理何塞·马塞达藏品（Jose Maceda Collection）的数码化，而该项目在2006年已被联合国教科文组织定为世界记忆名录。我那时刚离开在另一所大学的艺术管理专业的教职，开始作为策展人的独立实践。现在我从这些信息写起，是因为我与何塞·马塞达藏品的关联和我的独立策展是我对"展示的档案转向"的理解所在。

这篇文章会探讨"听我的音乐"（Listen to My Music, 2013），"你拥有每一种权利"（You Have Every Right, 2013），"Bla-Bla 考古遗址，一次对人造物的收集"（The Bla-Bla Archaeology Complex, A Collection of Artifacts, 2014），"歧见的文章"（Articles of Disagreement, 2014），"阅读马塞达：前奏"（Reading Maceda: PRELUDE, 2017），"心灵的态度"（Attitude of the Mind, 2017），"我对一个巨人说什么"（What to Say to a Giant, 2017），"腹地之声"（Busis Ibat Ha Kanayunan, 2018），"雷蒙多·阿尔瓦诺：文本"（Raymundo Albano: Texts, 2018），"生态的，必需的：展览"（An Ecological, The Obligatory: The Exhibition, 2018）。这里，我只将我与展览的策展人或艺术家讨论过的，或至少看过作品的展览纳入本文。[1]

从2007年中到2014年末，菲律宾大学民族音乐学中心的档案藏品被数码化。除了将数据从模拟格式复制并转化为数字格式外，我们还将数据输入数码化数据库和在线目录，服务与查询使用数据的政策也实施了，藏品被推广至潜在的使用者。头两个任务以最好的实践为模板，由我们的导师传授如何档案化，至于世界记忆名录的录入，我们则以联合国教科文组织相关机构的国际标准作为规范（如国际声音与影音档案馆协会 IASA，国际传统音乐 ICTM，国际档案理事会 ICA）。我使用 ICA 提出的档案定义："档案性的人类活动副产品"[2]，这意味着它既是记录这一行为本身，也是记录所产生的结果。在第三个任务中，我提出的是一个展览。这后来成为了2013年在菲律宾大学巴尔加斯博物馆展出的"听我的音乐"。

展示档案，档案化展览

在最初的构思里，"听我的音乐"[3]是一个档案化展览。展览的重点是展示何塞·马塞达藏品资料的视野与体量。在2012年，当相当可观的资料被数码化之后，我开始构思这个展览。在那个时候我才意识到藏品之巨大，尽管它所占的（物理）空间很小，也是在那个时候，我才能想象它可能生产的知识的深度。展览分成四个展厅："创造"、"语境"、"连结"、"汇流"。在"创造"的展厅包含表演的记录和马塞达所创作的音乐的排演录音。"语境"展厅展示在田野调查时录制的音乐、照片、地图和田野工作的装备。"连结"展厅是关于音乐分析，比较马塞达和其他菲律宾大学音乐学院作曲家的音乐。"汇流"展厅含有程序、小装置、作曲以及数码信号处理工程师、电子/实验/噪音音乐人的其他艺术作品。汇流展厅是"聆听"的原初策展理念的附加部分。在我与日本国际

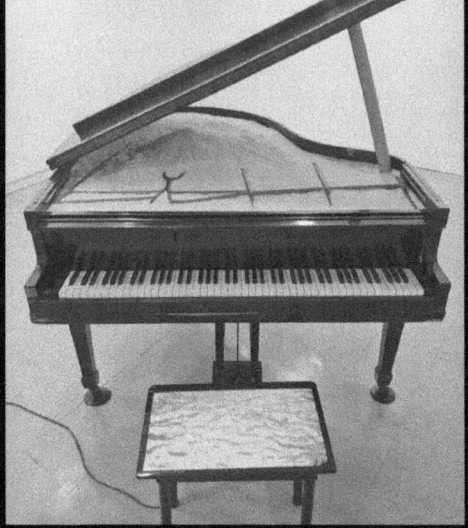

莱奥·阿瓦亚在"心灵的态度"展览中的作品《毛毛雨,走开,下雨!米粒会腐烂,椰子树会很滑:向何塞·马塞达致敬》,菲律宾文化中心,2017年,照片由作者提供。

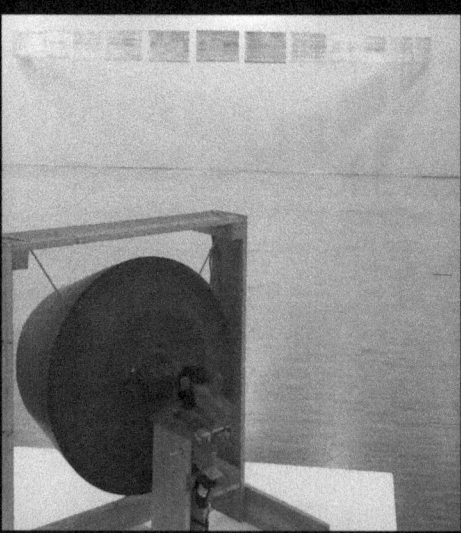

塔德·厄尔米塔诺在"心灵的态度"展览的现场照片,菲律宾文化中心,2017年。
背景:何塞·马塞达的作品《手风琴和曼陀铃》(2003)的音乐乐谱;
前景:塔德·厄尔米塔诺的作品《直觉》的一部分。

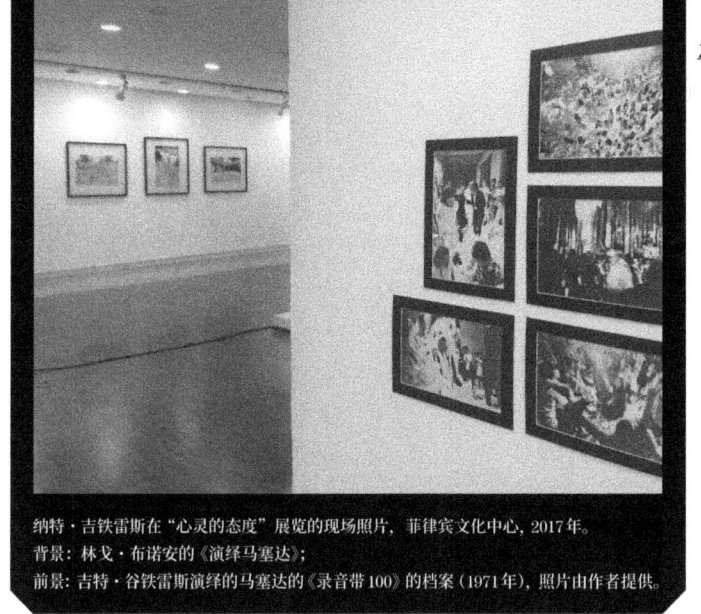

纳特·吉铁雷斯在"心灵的态度"展览的现场照片,菲律宾文化中心,2017年。
背景:林戈·布诺安的《演绎马塞达》;
前景:吉特·谷铁雷斯演绎的马塞达的《录音带100》的档案(1971年),照片由作者提供。

交流基金合作的另外一个策展计划中就包含了这部分。

同一年中,我是受日本国际交流基金委托的东南亚策展人之一,负责策划名为"媒体艺术厨房:现实扭曲领域"[4]的一系列项目(展览、工作坊、放映、实验室)。由于这个项目,我对来自菲律宾的新媒体艺术家进行了研究(采访、回顾艺术家作品集、与艺术家们讨论)。在其中一个访问中,我有了这个想法:在展览中纳入实验/电子/噪音音乐人和/或者声音艺术家的作品,还有电子/电气工程师的数码信号处理项目,邀请他们用马塞达档案中的任何材料进行创作。"听"是一个档案的展览,但"汇流"展厅,某种程度上暗示了我未来的马塞达展览的方向——档案展览和当代艺术展览的交汇。

第二个展览2017年在菲律宾大学荣誉大厅(文化遗产博物馆)举行,标题是"阅读马塞达:前奏"[5]。这个展览也是被构思和制作成档案展览。

但回过头来想,这第二个展览,在形式上比"听"更为保守,因为它没有展出任何不是来自于马塞达档案库的材料。"前奏"是为了将关注的焦点带到档案中马塞达的写作上。从他的写作中,我引用了可以概括他对术语的构思:时间、环境、空间、技术,而这些都是在他写作中重复出现的主题,也被用作展览的主题。每个概念/主题,我都与拉蒙·P·桑托斯(Ramon P. Santos)合作,他也是国家级音乐艺术家和菲律宾音乐学院的荣休教授,我们撰写音乐分析短文,与和马塞达的哲学相关的照片、乐谱、新闻剪报一同展出。

这两个早期展览体现出我如何定义档案展览,也就是说通过展览来展现档案收藏的内容,以"(展示)材料如何作为记录被收集"的原则作为指引。所以在这样的情境下,档案展览被视作一个对档案的推广,而不一定是一个靠其自身便成立的自主的创造性活动。

档案转向,档案艺术

谢丽尔·西蒙(Cheryl Simon)通过讨论"档案的材料和形式出现在近年艺术和展览实践中",介绍了档案转向,并将其视为一种"后现代的挪用练习"[6]。我想从另一个观点出发,但这个观点与西蒙并不冲突:瑞安·斯丹德(Ryan Stander)认为档案转向是"从记录[……]到关注策展权力,以及档案员的文化和历史嵌入性"[7]。美国历史学会认为档案转向是在两种意义上运用档案:从字面意义上讲,为了知识生产,而从隐喻层面上讲,是知识传授。同一份文件也认为,有"一种更新了的注意力投注在作为丰富主题的档案上(而非仅仅是来源)……"[8]从这里我提炼出"档案转向"的定义:(1)作为一种艺术展览实践;(2)作为一种检验档案制作者的主体性或嵌入性的实践;(3)档案收藏参与到知识传授与知识生产中;(4)档案本身作为一个主体。

这个定义的组成部分体现在利安·拉迪亚(Lian Ladia)2013年在马尼拉雅典耀大学美术馆策划的展览"你拥有每一项权利"的作品中。这个展览是来自不同国家女性艺术家一个月的驻地计划的成果。这个项目是为了让女性艺术家去探索并表述"关于权力、性别角色、政治体制或机构批评的问题"[9]。之前我所陈述的观点能在克劳迪娅·德尔·菲耶罗(Claudia del Fierro)的作品中被最好地反映出来,她是来自智利的艺术家,这个项目的参与者。她不仅仅从档案藏品中汲取灵感构建叙事,还展示了她所拍摄的关于这个档案库的视频。她的作品首先是件艺术作品,但也是个记录,因为视频记录了马塞达档案和马尼拉的街道(街道的视频上闪现档案的视频)。她是这件作品的艺术家,同时也是档案员,或至少是个记录者。这件作品让人注意到的不仅是档案的内容,还有档案记录行为本身。所以,这件作品是之前定义的例证。另外,克劳迪娅的作品也许也能被视作档案艺术,一个出自露特·罗森加滕(Ruth Rosengarten)的概念,这个概念中,档案(它的机构、过程、内容)被认为是艺术生产的一种被找到的材料。[10]在这样的架构里,我的工作参与到被称为"马尼拉展览的档案转向"的过程中。

在2017年,"你拥有每一项权利"展览后的四年,马塞达展览系列的第三个展览"心灵的态度"[11]在菲律宾文化中心的美术馆举行。和前两个展览不同,我意图将这个展览策划成一个艺术展览或档案艺术展,而其中的主要任务是创作再现——去制作新的/别的图像,概念,物体,甚至是从被给予的材料中去创作新的东西。受到德尔·菲耶罗与档案互动的启发,这六位当代艺术实践者被委托去创作由马塞达作曲与写作所激发的作品,并使用档案收藏的材料。参与的艺术家中有两位电子

奇安·戴里特在展览"Bla-Bla 考古遗址,一次对人造物的收集"的现场照片。
巴尔加斯博物馆,菲律宾大学,2013年,照片由奇安·戴里特提供。

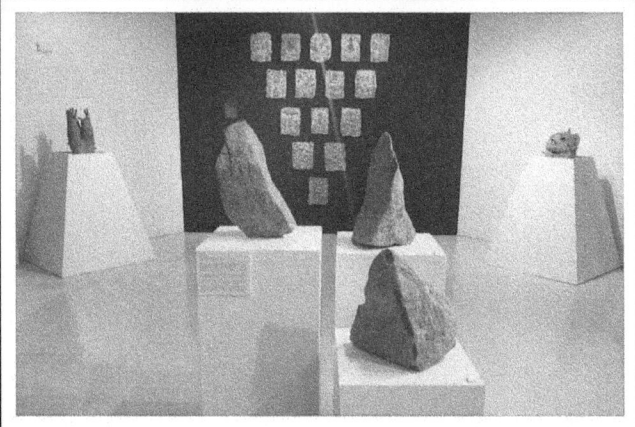

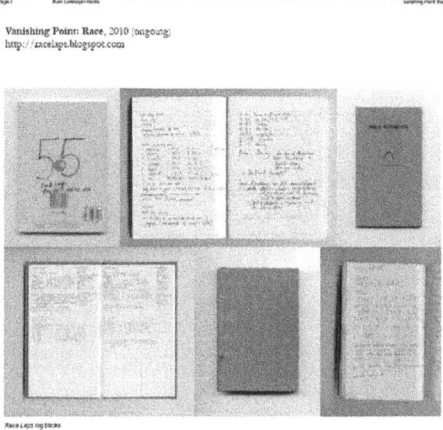

布恩-卡卢拜扬的作品《赛跑圈数》,出自展览"歧见的文章",洛佩兹博物馆和图书馆,2014年,照片由"种植水稻"提供。

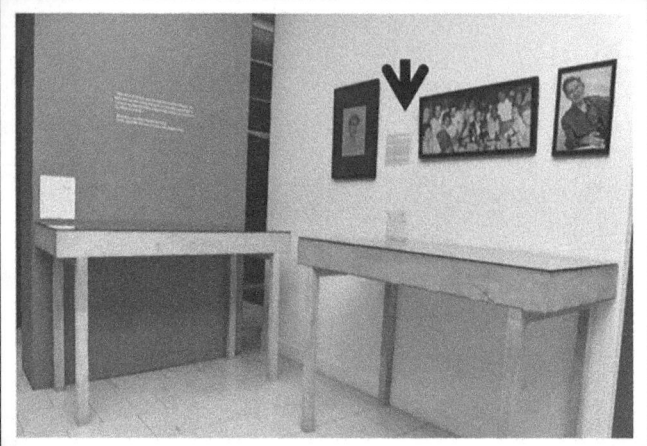

展览"我对一个巨人说什么"的档案墙现场照片,
洛佩兹博物馆和图书馆,2017年,照片由洛佩兹博物馆和图书馆提供。

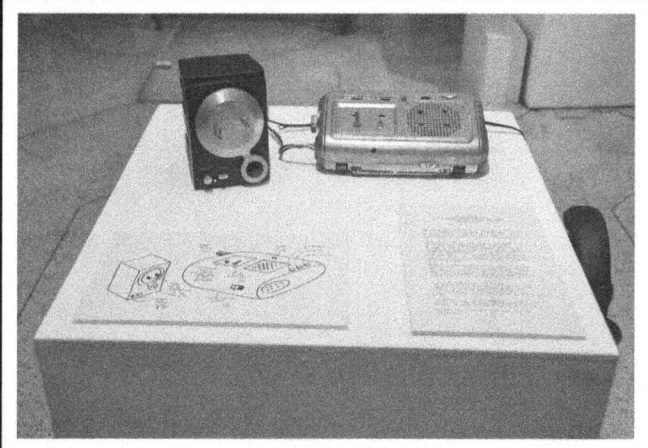

容·罗梅罗的《无线电因素》在"听我的音乐"展览的现场照片,巴尔加斯博物馆,菲律宾大学,2013年,照片由作者提供。

聆听坦加尔的柜子
坦加尔的作品《档案柜中的30种声音》,在"听我的音乐"展览的现场照片,巴尔加斯博物馆,菲律宾大学,2013年,
照片由菲律宾大学民族音乐学中心提供。

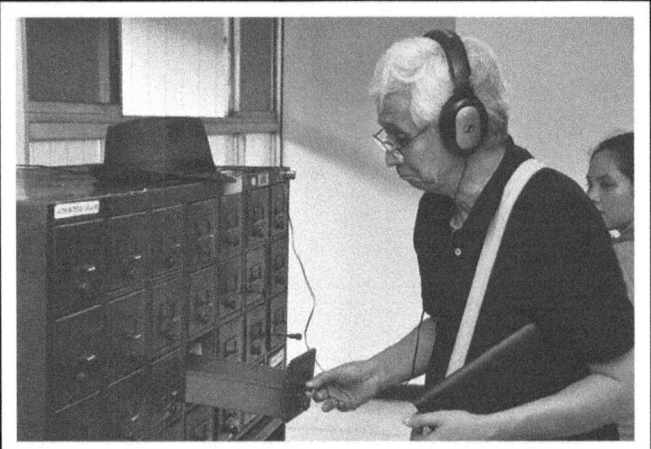

马克·加巴的《巨人》,在"我对一个巨人说什么"展览的现场照片
作品局部:《被擦掉的菲律宾人的肖像》(三联画之一),布面油画、珐琅和粉笔,2017年;以及《我面对了一切,我挺直了腰杆,我用自己的方式做到了》,珐琅和圣米格尔淡色啤酒(未开封),2017年。
洛佩兹博物馆和图书馆,2017年,照片由洛佩兹博物馆和图书馆提供。

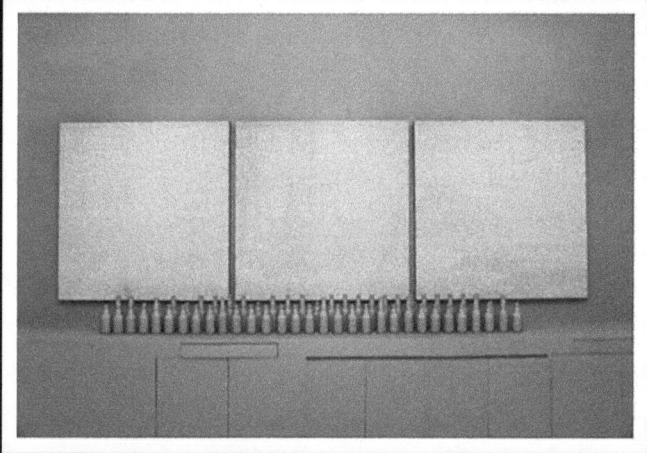

音乐家,马莱克·洛佩斯(Malek Lopez)和阿万·诺格拉斯(Arvin Nogueras),他们用电子音乐表演的方式来演绎马塞达没有演出过的音乐乐谱《手风琴和曼陀铃》;林戈·布诺安(Ringo Bunoan),一位观念艺术家,他回应了一次演出的照片记录,该照片记录了与展览在同一地点发生的1971年由纳特·吉铁雷斯(Nath Gutierrez)演绎的马塞达的《录音带100》(Cassettes 100)首演,他重新制造了事件过后的剩余物与垃圾,并且展示了这些杂物的照片。莱奥·阿瓦亚(Leo Abaya),一位多媒体艺术家,诠释了马塞达的问题:"音乐与椰子和米有什么关系?"他做了一个装置,用了马塞达的小型三角钢琴、米、录像和录音文件;塔德·厄尔米塔诺(Tad Ermitano),一位新媒体艺术家,受马塞达的民族音乐学研究的启发,制造了一个机器人般的、全机械化的加美兰(gamelan)。而里基·弗朗西斯科(Ricky Francisco),一位策展人,则建造了一间"画廊"来介绍马塞达的生平和作品。到了那个时候,我更清晰意识到,与其展示何塞·马塞达档案里的内容,我更倾向于(与受委托的艺术家)探索当代艺术实践者如何思考这些材料与他们当下的兴趣或自身实践的关系。

我策划"态度"展的方法与2017年德雅·加林(Thea Garing)在西雅图洛佩兹美术馆策划的"我对一个巨人说什么"展览相似。"巨人"展览被认为是在新闻媒体界对尼克·华金(Nick Joaquin)这个"不可磨灭的印记"点头致意,他是国家级文学艺术家。像马塞达系列展览那样,从档案库中提取材料,如照片、打字的文件、剪报等,挑选并布置为介绍基哈诺·德·马尼拉(Quijano de Manila)——华金的化名,他实践所处的社会、政治、文化语境和他的哲学。也像"态度"展那样,策展人邀请当代艺术实践者参与其中,特别是马克·加巴(Marc

Gaba)，一位运用不同媒体的视觉艺术家，他被邀请通过创作一件作品来与基哈诺·德·马尼拉的材料"对话"。"教学展览"的团队[12]，也就是伊丽丝·德·奥坎波（Iris de Ocampo）、里卡·埃斯特拉达（Rica Estrada）、利拉·加尔塞拉诺（Lyra Garcellano）和拉娜·阿圭恩（Lara Acuin），还有一个制作关于艺术展览的教育刊物的团体也参与其中。

可以这样说，"态度"展和"巨人"展对当代艺术的讨论所贡献的是它们从档案中"提取"记录作为艺术实践者的创作材料。而在这种情况中，档案为实践提供了新材料，而展览过程则为档案藏品提供了场所，让其在当今的情境中被欣赏，并在知识生产和美学欣赏上取得关联性。这在两种记忆实践的交流[13]可以被认为是恩斯特·范·阿尔分所说的"重新激活遗失的或不可见的知识和记忆"[14]。

展示（档案）作为一种激活遗失的或不可见的事物的方式，这一点可以从"地区在当代中的位置"和"歧见的文章"项目中的一个展览来理解。前者是菲律宾当代艺术网络的启动项目，这是一群菲律宾学者想通过研究、话语、策展来"激活一个网络来协调在菲律宾当代艺术中的一系列干预，并在不同地区之间的、跨地域的规模上为其描绘一个更清晰的轮廓"。[15]"地区在当代中的位置"于2017年12月到2018年1月在巴尔加斯博物馆举行。这个项目由四个展览组成，其中两个着重调用了档案和/或档案记录的行为：（1）由雷南·拉鲁-安（Renan Laruan）策划的"生态的，必需的：展览"展示了地区的机构，以作为积累和检验资源和参考数据的场所。他展览中包含了来自和关于以下机构的材料：菲律宾高等艺术学校、位于杜马格特的西利曼大学、在洛斯巴诺斯的国际水稻研究所、棉兰老岛州立大学阿加汗伊斯兰艺术博物馆，

前奏
背景为档案墙，前景为真实的乐器，马塞达的作品《崇拜》(1968)，
摄于"阅读马塞达：前奏"展览，菲律宾大学荣誉大厅，
2017年，照片由作者提供。

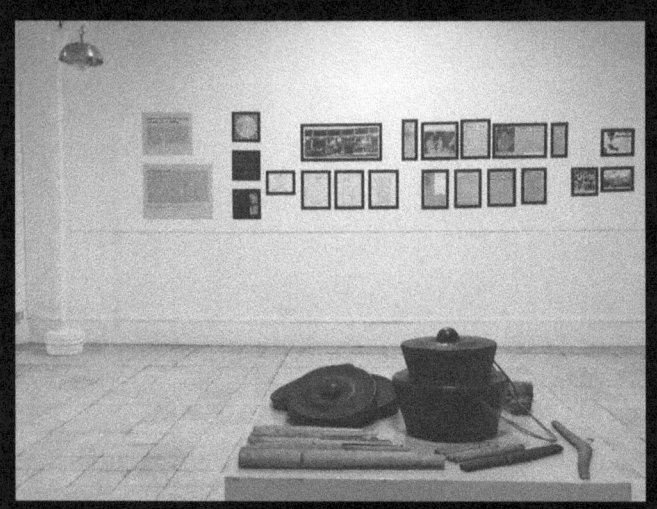

和迪利曼的菲律宾大学伊斯兰研究所的档案期刊。[16] (2) 由帕特里克·弗洛雷斯 (Patrick Flores) 策划的"雷蒙多·阿尔瓦诺：文本"包含了策展人-艺术家雷蒙多·阿尔瓦诺的写作和其他文本，"这些文本处理了他（阿尔瓦诺）对相互交叉的创意领域、批评领域、文化领域、策展领域所关心的议题"。[17] 这些由雷南和帕特里克提供的材料是知识/信息的场所，它们通常不是菲律宾当代艺术近期讨论中的热门领域。在展览中"把它们引出来"也许不能把这个区域带到中心的位置上，但至少可以在以马尼拉为中心的当代艺术领域中占领一片空间。

带着类似的动机去深化和拓展菲律宾当代艺术的讨论的展览，是策展小组"种植水稻"(Planting Rice)[18] 2014 年在洛佩兹美术馆策划的展览"歧见的文章"[19]。在此展览之前，"种植水稻"在社交媒体（脸书）[20] 上收集和推广在菲律宾发生的（艺术）事件而为人所知，而这本身就是某种档案记录行为。而展览则是他们兴趣的延伸，因为它"尝试现时地并历史地揭示（或呈现）围绕在（菲律宾）视觉艺术身边的如此的语言"[21]。有两件作品对将不可见的展示出来的讨论有特别兴趣：布恩·卡卢拜扬 (Buen Calubayan) 的作品《雇员55》(*Employee 55*) 本身就是一个档案，或对一位艺术家经历日常琐事的生命记录，偏执地记录下许多细节，包括动作的时间、坐上的交通工具的车牌号码，凡此种种。这件作品有趣地呼应了雅克·德里达在他的《档案热》中声称的：档案标记了从私人（材料、信息、知识）到公共的运动[22]。布恩记录自己的私人活动，并作为档案展示。另一件作品是一个小卖部——在洛佩兹美术馆门口附近（在所有艺术展示前）摆着一部台式计算机，空间布置成咖啡厅的样子——在这里观众被鼓励存储关于菲律宾艺术的文章。"在展览中进行记录"的参与性元素是"文章"展所提供的，而

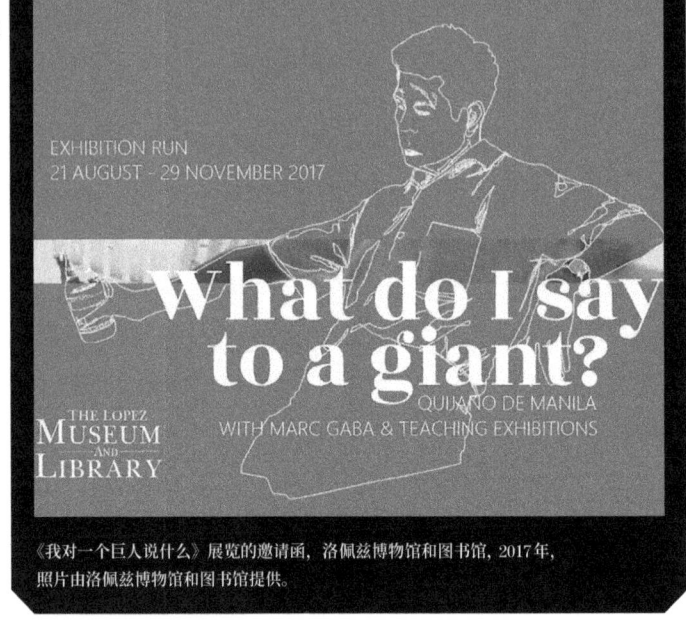

《我对一个巨人说什么》展览的邀请函,洛佩兹博物馆和图书馆,2017年,照片由洛佩兹博物馆和图书馆提供。

此元素在本文之前所提及的展览中都不存在。

档案记录是为了保存,展览是为了展示

展览的这一档案转向是不是安德烈亚斯·许森(Andreas Huyssen)所说的拐点?他谈到记忆实践进入视觉艺术是一种记忆危机的症状[23]。或者它是多米尼克·拉卡普拉(Dominick LaCapra)所称的以档案或档案式记录来代替现实的档案痴迷?[24] 又或者它是马琳·马诺夫(Marlene Manoff)所说的,展览的创意人士如何将档案材料带到当代艺术展览中,以暴露如何或什么"留存下来为过去的过去性作证"?[25] 为了理解马尼拉对将档案带入展览平台激增的兴趣,我们需要问上述的这些问题。这些问题都在考问:展览的档案转向是什么、在哪里、怎样地转离或转向档案和展览作为分开的实践的边界。

通过上述的主张和例子，这篇文章所提供的是：第一，"档案被带到展览中"有不同的模式——这可以是档案库中的材料被展示，可以是档案记录（或归档协议）被用于构建被展示作品或展览本身，可以是档案记录的过程被展示。第二，这篇文章提出，数码媒介是推动档案和展览交叉实践的最明显因素之一——它的可用性包括作为艺术家创作的媒介、一门技艺、以及他们艺术生产和将档案内容数码化的一个工具。在档案内容被数码化后，问题来了，档案问："我们下一步要做什么？"而那些能使用它的创意人士则问："我们可以用它来做些什么呢（既然现在他们已经可以使用数码化的档案材料了）？"

展示或展览是在舞台上演示：一种叙事，一件物品，一个主题，一个问题。这是作为再现或阐释的材料呈现。作为一个实践者，这是我用以界定展示的定义，因为它足够宽泛，能容纳其他可能的展览形式和类型。它不要求展览的材料是已经完成的。它可以是关于厘清材料和再次清晰叙述材料的任务。但前提条件是要有材料给展览制作者来用。一方面，档案记录是一个过程（档案作为机构），其中包含收集作为事件纪录的材料，和这些纪录制作的方式，或正在记录的人，或记录的日程，这些都是一般被称为档案的材料。基于这个定义，展示并不与档案记录有冲突。事实上，它们可以是一个复合活动，在这个活动中收集而来的材料可以被展示，而被展示的可以被记录来生产另一种（秩序）的纪录。

那么在我看来，通过尝试找到档案在从哪里以及如何发生转离，我们便能更好地理解它要转向哪里。通过理解我们所认为的档案边界如何在展览平台上被超越，我们意识到展览对种种议题回应的范围和潜力：当代艺术实践问题化，艺术和实践的历史化，以及其他问题。那么档案转向是我们能用什么来工作和我们如何界定档案和展览这两个面向的延伸。这就是简单但有生产性地模糊学科的边界,如玛乔丽·加伯(Marjorie Garber)所建议的那样。[26]

奇安·戴里特(Cian Dayrit)策划的两个展览挑战了所谓的学科边界——2014年在巴尔加斯博物馆展出的"Bla-Bla 考古遗址,一次对人造物的收集"和2018年在美术前哨展出的"腹地之声"展览。

在"Bla-Bla"展中,奇安创造了一个展览,展示了一位虚构人物、考古学家萨缪尔·区迪亚彼博士在一次想象的考古探险中所找到的物品。奇安制造了在挖掘中经常会找到的物品,比如还愿的塑像,陶瓷碎片,陶器,石器,独块巨石石碑,它们都像模像样。他还制造了预期中的地图和其他记录,来提供人造物的背景信息。为了让故事完整,他还"模仿"了展示考古学发现和纪录的展览方式。有些观众觉得这个展览真的和考古学展览太接近了,以至于他们很难认出这些物体其实是艺术作品(或者说"并非真正考古的物品")。这个展览暗示了展示艺术的考古学转向吗?在我看来,我将整个展览看作是一件借用了考古学程序和特征的装置艺术作品,和发生在展览与档案身上的事情很像。

他的另一件作品标题为《布西斯》(Busis),那是他2017年在美术基金会艺术驻地的结果,它可以被归入同样的讨论中,即这是否是一个"转向",或是一个投入跨实践尝试的展览。奇安进行艺术驻地的方式让人想起马塞达的田野工作。奇安去了巴丹省的艾塔[27]社区。他采访他们,和他们对话,探访他们很多次,直到他们熟悉他并理解或欣赏他所做的事情。奇安尝试去做的是去为/从巴丹寻找一个有别于日本占领和巴丹死亡行军的叙事。和艾塔社群一起,奇安找到当地的历史和神话。展览则像是一个从人种学田野研究收集回来的物品的汇编。但这些物品其实是艺术作品,它们是采访和对话、在图书馆和博物馆的研究的产物,由奇安和与他合作的社群共同制作。除了作为一个挑战学科边界的例子，再次引用范·阿尔分的观点，[28]《布西斯》还"重新激活了遗失的或不可见的知识和记忆"。

与我受聘于菲律宾大学的民族音乐学中心的同年，一个同事问我："你会用马塞达的材料来做些什么呢？"我的回答是："我会从它们（的材料）中提取线索。"我总是将这个问题看作是哲学问题，而不仅仅是程序问题。这个问题引领我完成我作为档案员/藏品管理人和策展人的任务。为了响应这个同事的问题，我至今用马塞达的材料所做的，就是将它们带离档案的限制，带到所选择的展演的方式里，也就是展览，还有更熟悉的方式——表演（大部分是音乐演出）。通过这样做，也就是通过打开知识生产的新场域，我尝试让它对音乐学院和当代艺术内外的人变得更有价值和相关性。也许，我在菲律宾大学民族音乐学中心的档案性实践是机缘巧合：我在进行策展实践，而那时刚好在展览中出现了档案转向，而且这个转向成为了马尼拉当代艺术实践者所热衷的尝试。而我的实践，还有我所提及的那些，是在2000年代中后期出现的众多项目中的几个。在过去三年中媒体艺术家忽然对一个问题感兴趣："怎样档案记录他们的作品？"这也可以看作是展览群体里的档案转向的一个面向，而且也是跨当代艺术和档案的一个议题。但是，我会把这个问题留给未来的讨论，留到提出的答案在实践中显现的时候。

英译中：邓丽雯；校对：陈韵

注　释

1. 本文并没有包括2015年和2016年的展览。2015年是我开始我硕士研究的年份，而在2016年我经历了更进一步的医学治疗，这两年的状况都是我不能具有批判性地参与实践。所以，我选择不去讨论这两年所出现的作品。

2. https://www.ica.org/en/what-archive，于2022年8月5日造访。

3. http://www.gmanetwork.com/news/lifestyle/artandculture/318933/interactive-exhibit-explores-the-world-of-avant-garde-composer-jose-maceda/story，于2022年8月5日造访；和 https://drive.google.com/file/d/0B8XM4-E1wumuX1pUNzVZOXdvNmc/view?resourcekey=0-8Jgp90eVYMMQ-Mdy895kDA，于2022年8月8日造访。

4. https://www.jpf.go.jp/e/project/culture/archive/information/1308/08-01_2.html，于2022年8月5日造访。

5. https://updbnd.wordpress.com/2017/03/01/reading-maceda-prelude，于2022年8月5日造访；和 https://www.townandcountry.ph/out-about/arts-culture/culture-top-ten-jose-montserrat-maceda-a00183-20171125，此链接已失效。

6. Cheryl Simon, "Introduction: Following the Archival Turn," *Visual Resources*, 18:2, 2002, 101-107

7. Ryan Stander,"Archival Turn", http://www.ryanstander.com/archival-turn-statement.html，于2022年8月5日造访。

8. "From Source to Subject: Historical Writing and the Archival Turn", American Historical Association, Session Abstract, Catherine E. Clark, chair, Massachusetts Institute of Technology, January 2015.

9. https://2012.ateneo.edu/news/features/all-female-artists-exhibit-featured-ateneo-art-gallery，于2022年8月8日造访。

10. Ruth Rosengarten, "Between Memory and Document: The Archival Turn in Contemporary Art," Untitled N.06, Portugal: Museo Calecao Berardo, 2012.

11. http://www.dayangyraola.com/2018/11/exhibiting-maceda-beyond-ethnomusicology.html, 于2022年8月8日造访。

12. https://www.facebook.com/TeachingExhibitions, 于2022年8月5日造访。

13. Ernst van Alphen, "The Politics of Exclusion, or, Reanimating the Archive," *The Nordic Journal of Aesthetics*, No.49-50 (2015), pp. 118-137.

14. 同上，p.129

15. http://pcan.org.ph/home, 于2022年8月5日造访。

16. http://pcan.org.ph/2018/03/14/an-ecological-the-obligatory, 于2022年8月5日造访。

17. https://pcan.org.ph/2017/12/08/raymundo-albano-texts, 于2022年8月5日造访。

18. 一次 Sidd Perez 和 Lian Ladia 之间的合作策展 http://www.on-curating.org/issue-25-reader/interview-with-planting-rice.html#.W9UxFidoQ_M, 于2022年8月5日造访。

19. https://lopez-museum.com/2014/12/11/catch-articles-of-disagreements-exhibit-on-view-until-december-20-2014, 此链接已失效。

20. https://www.facebook.com/editor.plantingrice/?_tn_=%2Cdk%2CP-R&eid=ARAVdhwbhV9X1c1ZOFXRYXZdmLMC0xxKXv3WlEDVIQerf5sIk9uOVO2KL2VDMIUKLjPBfSvEq9Bn5nDF, 于2022年8月5日造访。

21. "Articles of Disagreement" 小册子

22. Jacques Derrida and Eric Prenowitz, "Archive Fever: A Freudian Impression," *Diacritics*, Vol. 25, No.2 (Summer, 1995), pp. 9-63

23. Van Alphen 对 Andreas Huyssen 的引用，2015, pp. 133-135

24. Manoff 对 Dominick LaCapra 的引用，2004, p.14

25. Marlene Manoff, "Theories of the Archive from Across the Disciplines," *Portal: Library and the Academy*, Jan 2004: 4:1, p.18

26. Manoff 对 Marjorie Garber 的引用, 2004, p.22

27. 巴丹山范围内的原住民。他们大多务农, 而且有浓厚的音乐传统和灵性传统。在马塞达藏品中收录最多的是艾塔人中的马格布昆族（Aytas Magbukun）和马格库纳族（Aytas Magkunana）的音乐, 而奇安在他的图书馆研究中查阅收听了藏品中的这些内容。

28. Manoff 对 Marjorie Garber 的引用, 2004, p.129

14

复还、缮修与进退维谷
战争中的对象、记忆与文献

李继忠

第一部分
1. 前提之一
2. 前提之二

第二部分
3.1 关于"复还、缮修与进退维谷"
3.2 复还 —— 文献之间的对话
3.3 缮修 —— 不完整的维多利亚女皇像与遗失了的铜像蓝图
3.4 进退维谷 —— 战后的困境与公开拍卖
4. 后话

文章的书写方法为,首先在第一部分阐释两个前提(premises)——

一、香港的档案制度及产生方法建立的框架影响了档案研究与艺术创作;

二、从个人角度去看,档案之于艺术创作,以及在历史再书写的层面上,提供了一定的论述、脉络和转化。在第二部分中,笔者以一个长达18个月的艺术研究项目作为案例,去阐述制度、内容和艺术介入之间千丝万缕的关系,当中涉及个人面对档案与历史叙述之间的断裂(rupture)和误读(misreading),从而产生艺术想象。最后,笔者以提问"现在"、当下跟历史之间的关系作为文章终结。

第一部分

前提之一

自2012年起,笔者开始对于香港的整个档案管理、档案产生方法以及其公共性进行研究。当中最重要的研究对象就是香港政府档案处(Hong Kong Public Records Office,下简称档案处),因为档案处负责处理与管理所有从政府体系中产生的档案。自香港回归(1997年)后到现在(2019年),香港政府尚未制定档案法,但综观大部分邻近的亚洲国家与地区,包括中国大陆、澳门、台湾、日本、韩国、新加坡、印度、马来西亚、印尼、菲律宾、越南等等,都已早具备档案法。官方档案是香港社会的公共资产,然而,现存的政府制度欠缺约束公务员管理档案的法律,公务员只需遵守相关守则,包括"总务通告"(General circular)、"通函"(Memorandum)、"标准指引"(Guideline)及"工作守则"(Menu)等等,以上行政指引自然跟"法例"是两个层次。简而言之,在没有为档案管理立法的情况下,一旦官员和公务员不当处理作为公共资产的政府档案时,最高罚则是纪律处分,而纪律处分并没有一个公开透明的标准与罚则。例如,公务员在没有遵守指引下不备份而销毁档案,可能不用承担法律后果。换另外一个角度看,因为政府部门处理档案欠缺透明度,亦没有公众监察公仆的渠道,公务员之间只要不互相指控不当行为,官方记录上则不会存在任何"违规"事件。笔者在2013至2014年间向时任档案处高级助理档案主任许崇德询问关于香港政府总部在2010至2011年间迁往添马舰前,行政长官办公室、中央政策组及十二个决策局的共约600万份档案被销毁的事宜有否在事前征询档案处。当时许主任简短回应"没发现有迁往新政府总部的部门/办公室有不依循上述总务通告要求,自行销毁政府档案。"可见如此的行政常规存在着严重的漏洞,档案处亦没有行政权力去主动要求部门移交档案。近日香港政府就档案法立法进行公众咨询,因文章篇幅的原故在此不赘。

此外,英国政府于1997年7月1日香港回归前运走了部分重要和机密的档案,笔者在英国国家档案馆(The National Archives, United Kingdom)找到在香港产生而档案处却没有库存的档案。因此,档案处中部分殖民政府产生的档案并不完整和一致,例如档案编号不连贯等情况屡见不鲜,这可能是由于移交档案不当或其他政府部门借后不归还所导致。所以，自2000年初以来，香港特区政府一直向英国国家档案馆购买档案（黑白影印）复本。

前提之二

基于以上历史的缘由，以及作为一个次主权（sub-sovereignty）的"特别行政区"，香港在体制与法律上本应有一定程度的独立性，但事实上并非如此。作为一位艺术家，在研究与收集创作素材时，假若研究项目牵涉官方档案，而档案作为历史论述的确据之一（只不过是其中之一而非全部），笔者有必要在这时空框架（temporal-spatial setting）下厘清两个核心研究的前提：

一、我在处理什么？

二、制度（system）与其引申的调动（curation）如何界定"可被看见的"和"不被看见的"？

因此笔者在早期的创作理念上产生了范式转移——由透过原始资料、历史档案与文献去探求"历史真相"（historical truth），渐渐转而对于历史编纂（historiography）更感兴趣，比如书写那份档案的人是谁，以及他/她有否预想"读者"的存在、档案以什么状态和形式呈现、公众如何可以接触到档案、档案的开放程度（degree of accessibility）、制度如何塑造一个看事件的历史角度等等，以上因素都有助我了解什么在影响我的档案阅读经验及其可读性（readability），以及梳理历史与地缘政治的论述，继而融入作品中。

后殖民政府和公众在历史研究上面临重大挑战。我透过艺术回应档案面临的危机与迫切性，再探究近代历史叙述的多样性。此外，艺术可以是一种颠覆性的参与形式，换句话说，创造了一种自下而上的创造力，例如以民间档案的形式跟主流历史交织或比较、重新审视与建构一套相对于学院派档案处理的操作系统、添加跨学科的方法论并使其普及化，以使被边缘化的声音在当前社会文化语境下得以被听见。对笔者而言，档案和历史研究跟艺术创作并非泾渭分明，或前者辅助后者，反而是呈一体两面的状态——在阅览档案过程中，阅览室的温度、文献纸张的触感和气味、档案夹上用钢笔书写的英文草书、档案的编排次序等等，都一一累积、内化再转变成作品中不同的元素。第二部分中提到的项目就以"艺术家作为历史学家"（artist as historiographer）的角度切入，笔者尝试采用不同的方法去处理文献和档案，例如追查不同机构产生的档案继而作出比较、田野研究、访问、媒体技术的重塑、视觉呈现等等，以求在官方的历史叙述以外建构多层主观性。

第二部分
关于"复还、缮修与进退维谷"

"复还、缮修与进退维谷"这创作及研究项目以"过渡"为命题，探讨"纪念铜像"除了具精神性与符号性的象征意义之外，时间的进程对于"铜像"本质的赋予和改变；再者，为了彰显和宣扬意识形态，"纪念铜像"必然放置在公共空间中，在这前提下，"物"与"人"之间交织出来的关系怎样发展出一个社会性的论述；第三，"铜像"材质的选择是为了持久，以达至稳定的"纪念性"（monumentality），但项目的研究对象在战争中违反了我们的认知，"纪念铜像"开展了一系列物理性的转变与流通，正正回应了第一点关于符号在二战、战后与后殖民时代的变迁。

日本帝国军队在1941至1945年占领香港期间，为了满足总体战

(大东亚与太平洋战争)的战争资源需求,在日本本岛发起了"献铜运动",向民众征集任何可供重新炼制成武器的金属,包括家用金属器皿、衣服鞋履上所有金属配件、街灯灯柱、扶手栏杆、寺庙的钟、神袛与伟人铜像等等。当时,日本帝国陆军在香港中环的皇后像广场(Statue Square)掳走八座铜雕像与两尊香港上海汇丰银行(The Hongkong and Shanghai Banking Corporation Limited,以下简称汇丰银行)的铜狮子。到了1945年8月日本投降与战争结束后,英国香港政府获驻日盟军总司令(The Supreme Commander for the Allied Powers)通知,发现了四尊雕像,分别是维多利亚女皇(Queen Victoria)像,两尊铜狮子与昃臣爵士(Sir Thomas Jackson)(于1976至1902年间担任汇丰银行总经理),而有传爱德华七世(King Edward VII)与亚历山德拉皇后(Queen Alexandra)铜像则被运返英国,至于其余的铜像就无法寻回,相信是在战时被熔掉。[1]

有一部分战前和战争时期产生的原始资料(primary source materials)与档案在英国本土的战争与日本本岛[2]袭炸中佚失了,加上日本在投降后,在香港销毁了大量档案以免其落入其他势力手上。但战后香港的档案却保存得相对完整,当中包括官员之间的对话、港英政府向英国宗主国申请资金等公文;至于次源资料(secondary source materials),例如报纸和宣传刊物就因为战争时信息流通问题和各势力的宣传统战而产生差异。以学术研究的角度,我的研究主要以原始资料为主,再辅以次源资料;但在艺术创作上,后者给予了我很多想象的空间与时代的肌理。另外,除了香港档案处与英国国家档案馆收藏了相关档案,由于战后幸存的四座铜像中有两座是汇丰银行的狮子,有部分文献亦收藏在香港上海汇丰银行档案馆(HSBC Archives)内。

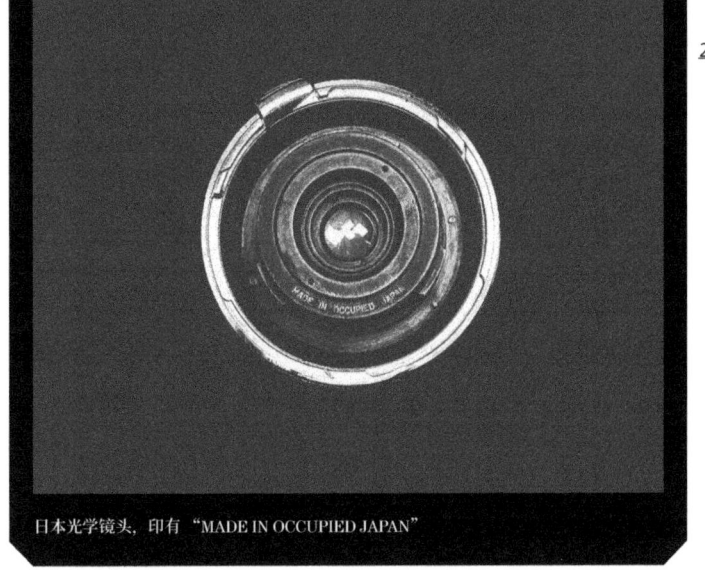

日本光学镜头，印有"MADE IN OCCUPIED JAPAN"

  项目中的作品由录像、雕塑、摄影与装置组成。1945年日本投降后，盟军进驻日本，其中一项强制措施是，日本有一系列的出口奢侈品必须刻有"MADE IN OCCUPIED JAPAN"。项目中有大部分的录像与摄影素材是透过一枚由日本光学（Nippon Kogaku）制造并刻有"MADE IN OCCUPIED JAPAN"的镜头所拍摄，镜头通过占领者的视角回顾香港曾为占领地这段历史。

  有一天，上级塞了一部相机给我，要我拍摄训练情况。
  我拿上手时抖擞了一下，以为是德国出产的 Leica III，
  看清楚机身顶部的刻字，才知道是日本 Nicca 出产的仿制品。
  驻日盟军总司令下令，日本在指定的出口产品上必须印有
   "MADE IN OCCUPIED JAPAN"字样。
  ——节录于《复还、缮修与进退维谷》录像作品（2018）[3]

复还——文献之间的对话

在战前香港皇后像广场中的铜像分别是维多利亚女皇（Queen Victoria）(1896[4])、亚厘毕亲王（Prince Albert）(1902)、佐治五世（King George V）(1920)、昃臣爵士（Sir Thomas Jackson）(1906)、爱德华七世（King Edward VII）(1907)、亚历山德拉皇后（Queen Alexandra）(1909)、特克的玛丽（Mary of Teck）(1909)及梅含理爵士（Sir Henry May）(1923)。原本皇后像广场的规划是中分对称，皇后像居中，坐南向北，面向第一代的皇后码头（当时的皇后码头专门用作接待重要人物，例如皇室成员与外国使节）。广场背靠汇丰银行，东面有中国银行（Bank of China）、终审法院（Courts of Justice）、香港会（The Hong Kong Club）、木球会（Cricket Ground）与和平纪念碑（The Cenotaph）；西面有皇后行（Queen's Building）、太子大厦（Prince's Building）、香港大酒店（Hongkong Hotel）、圣佐治大厦（St. George's Building）、历山大厦（Alexandra House）和京士大厦（King's Building）等等。从当时整个广场与外围区域的地理脉络看，皇后像广场是个集殖民政府的政治、商业、外交与消闲于一身的地方。

笔者在早段进行关于铜像发现地点的资料搜集时，主要参考三份档案——其一为档案处一份名为"STATUES ETC. FOUND IN OSAKA"的档案，内容是港英工务司署（Public Works）的官员于1947年2月回答英国《每日电讯报》（*The Daily Telegraph*）记者的提问[5]；另外一份为日本的档案，显示大阪府在战后处理归还铜像事宜[6]；第三份是《南华早报》（*South China Morning Post*）报道，转述铜像在日本大阪港的军械库（Armoury in Osaka Bay）被发现。《南华早报》

'Queen Victoria' Found

Tokyo, sept. 16.

From the murky shadows of the Osaka Army Arsenal the Japanese Government has produced the much-sought after statue of Queen Victoria which was looted from Hong Kong by the Japanese' Army

The crown and the right arm of the piece are missing, but it has been turned over to Ailled Headquarter's Civil Properly Custodian who had ordered it produced on complaint from the Hong Kong authorities.

Also recovered from the Japanese Army loot and turned over to SCAP, were two other bronzes-" a man in a frock coat" (believed to be the statue of the founder of Young Company and a pair of bronze lions-probably the two leonine guardians of the front entrance to the Hong Kong & Shang Hai Bank Building in Hong Kong.)

The frock-coated man was unscathed by the war's tribulations, but the two lions were much scarred and bullet pierced. All the objects will be turned over to the P-itish for return to Hong Kong-Associated Press

《南华早报》，香港（1946年10月18日）

转述盟军在1945年12月后发公文予香港英国殖民政府[7]，称他们在大阪湾的军工厂中发现等待被熔掉的四尊铜雕像。相反，根据另一份藏于香港汇丰银行档案馆的历史文献记载，美国海军中一位水手在东京湾的川崎造船厂发现四尊铜雕像，并怀疑那就是日军在战时从香港带走的铜像。该档案的原文（节录）本是英文，由笔者翻译作中文如下：

亚瑟摩士爵士私人信件节录[8]

香港档案 S/O, 1946年1月至12月

>   日期
>   1946年10月19日

《南华早报》早前的报道，提出那些铜像"由驻日美军在两个月前于大阪兵工厂被发现"并不准确。

大约在1945年10月某天，我看到一个美国水手在银行大堂徘徊，当时我问他是否需要帮忙，他告诉我他的故事。他原本在美国海军船上服役，在日本宣布投降后登陆东京湾，他的船员同伴被编制作小组前往□□□□日军战争俘房营。[9] 他抵达的俘房营就在川崎船坞旁，他就在那里发现那两座狮子。虽然他在上海驻兵前未曾探访过香港，但他记得在上海的分行门外有两座相似的狮子，当美军在川崎发现铜像时，他一度以为那是曾经在上海见过的狮子，后来知道上海的狮子一直在当地原封不动。[10]

他对于在川崎船坞发现铜像的地点，提供了非常细致的资料，但可惜当我再追问时，他拒绝提供他的名字与服役船名。我马上把资料转交给当时就在银行大厦第一层办公的英国皇家海军情报局人员——哥顿高地人、步兵团队长霍尔凯恩。

在1946年1月上旬我离开了香港回到英国，至今还未核实这一段归还铜像的历史。

F.H. 金

综合以上《南华早报》与档案的论述，笔者认为有以下五个导致资料混乱的可能性：

一、那位美国海军士兵误会那两座铜狮子是香港上海汇丰银行的雕像，因为同一份档案中，有另一份文献转述一位联军军人在东京皇居中看到另外两座狮子像。根据笔者的直观，盟军占领日本后，有不少不准确的信息在流传；

二、那两座铜狮子跟维多利亚女皇像与昃臣爵士像是分开被发现的；

三、以上的文献有一定的复杂性，除了文献的内容外，文献的档案夹被编辑成"亚瑟摩士爵士私人信件"系列，这意味着文献的前后关系并非自然产生，亦牵涉到档案学中创档人（creator）与作者（author）的身份能够界定档案的阅读经验的讨论。而当笔者需要查阅文献之间的脉络与前因后果时，往往到处碰壁。有趣的是，同一份档案夹中存有一份由执行布政司（Deputy Colonial Secretary）D.W.B Baron 发给汇丰银行的信件，信中提到大阪政府发现了一座相信是属于汇丰银行的铜像。可惜信中并没有描述细节与附上图片，但亦足以跟以上的文献产生矛盾。至于上述的文献是由金氏回忆战后在香港遇见那位美国水手，当时金氏把跟水手的对话内容报告给英国皇家海军情报局人员（霍尔凯恩队长）。文献本身是透过打字机打在汇丰银行的信纸上，来驳斥《南华早报》的报道，最后由金氏签署。纵使金氏就是这份文献的作者，当中亦有可能因金氏引述美国海军士兵的说话或记忆不准确而导致内容与事实不符。另外，基于文献的产生日期，及后成为亚瑟摩士爵士的私人信件，最后收藏于汇丰银行的文献库内这一连串的关系，文献中的金氏名字简写跟 *The History of the Hongkong and Shanghai Banking Corporation* 作者 Frank Henry Haviland King 十分相似，而 Frank Henry Haviland King 曾从军并在中国当过联络官（Liaison Officer）。但直到下笔之日，笔者还没有找到确实记录证实两者是同一个人。

四、《南华早报》的报道部分引述自美媒美国联合通讯社（Associated Press），报导中没有直接讲述消息来源是驻日盟军还是日方，所以只能把那次源更甚是第三手的数据视作参考；

五、在战后铜像与战俘由大阪途经东京运返香港。

到了研究的中后期，笔者终于从英国国家档案获得相关资料。1947年时任港督的杨慕琦（Mark Young）在当年2月向英国藩政院（Colonial Office）报告中提及，铜像由英国军事联络部（United Kingdom Liaison Missions）从东京带回港。所以，应以杨慕琦的报告[11]为准，但不能排除第（五）点的可能性，因为香港的官方档案只写明"维多利亚女皇铜像与汇丰银行的狮子同步运抵达殖民地"[12]。笔者期望未来可以在其他源头找到铜像从日本运回香港的出入口文献，或是驻日盟军移交给港英政府的官方记录。

在复还铜像的过程中，到底是在东京还是大阪发现铜像，其实没有影响最后在美英合作下运回香港的结果。但如果我们视档案为一种历程（archive as a process），以及文件作为一个历史叙述的主体而非单纯的一个载体，那么，从以上叙述之间的落差而延伸出去的想象，往往能在艺术创作上产生决定性的作用。在研究与创作同步进行的过程中，笔者常常应用德勒兹与瓜塔里所提倡的"块茎"(Rhizome)概念来处理档案,透过多样性连结而产生新的知识。瓜塔里以树类比主流历史观,即是以根作为基础,然后发展出主干和枝叶,为一种阶层分明的结构;相反,"块茎"既是根也是茎,好比过期面包上的真菌,纵使你除掉表面发霉的部分,但其实块茎已经深深在面包内蔓延而且互相指涉和连结。

套用在我的研究上,其中一个例子是我为了香港档案处的档案,专程到大阪进行实地考察,而意外地在大阪发现关于献铜运动的素材。

战时香港占领地总督强制实施"军票一色化政策",即用新发行印刷的军票代替原有的硬币,而港英硬币在战争中后期有多种用途,受多国贸易制裁的日本,不但可以用硬币作外汇向邻近地方(例如葡殖澳门)购买原材料,还可将硬币像铜像一样运往日本本岛熔解再生产兵器。大阪湾因地理便利,成为了重工业、兵工厂和战争资源仓库的集中地,亦有大量的战俘营,整个大阪市的社区网络因总体战的需求而大幅改变。当中,位于大阪浪速区的四天王寺在战后被挖掘出大量香港与法属越南货币,[13]另外,寺内的日本第一大梵钟亦跟香港的铜像有着相似的命运:

<blockquote>
在大阪的日子,
我们被搁在一堆从外地抢夺得来的贵金属中。
在他们国内,
凡是有金属成分的东西都缴去做武器,
银币铜币也因此停产了。
连寺庙的吊钟也被征调,
你说是不是很可笑?
</blockquote>

全日本最大的四天王寺大梵钟也被拖走分作几份。

——节录于《复还、缮修与进退维谷》录像作品（2018）

在误读、矛盾与机缘（serendipity）的牵引下，档案连结了作品中铜像与梵钟的历史与政治符号。自20世纪初以来，维多利亚女皇铜像不仅是18至19世纪英国对远东殖民地主权的关键标志，而且还经历了许多社会运动和事件。同样，梵钟作为寄托宗教信仰以及其精神（spirituality）的载体，它与铜像在物理和文化涵义上有相似的纪念性，而作为安置在公共空间中的巨型精神表征。而且，因它由相对永久性的材质制成，随年月会累积和内化集体记忆，继而成为了具复杂公共感情的纽带与符号，例如原四天王寺大梵钟钟楼在战后重建作大阪空袭死者的忠灵塔。有趣的是，两者都遭遇了不可逆转的物质转变（由铜被熔解再铸造成兵器）；战争的毁灭令精神性载体消失，但记忆与情感在日后用另一种形式出现。献铜运动发生在二战中日本和日占地区（不论是沦陷区和殖民地），不单是破坏了如女皇铜像等政治表征，亦直接导致这个项目另一个关注的核心问题——战后港英如何在资源匮乏的情况下修补破损的部分，而笔者的艺术介入也许是其一个填补断裂中空隙的方法。

缮修 —— 不完整的维多利亚女皇像与遗失了的铜像蓝图

当港英政府知悉铜像被发现时，并没有马上处理它们的去留，始终香港百废待举，而铜像复还的问题相对不重要。在英国藩政院（Colonial Office）的公文中，港英政府延迟处理铜像的其中一个主因，是战争破坏和改变了中环一带的城市景观和建筑，所以希望借此机会进行新一轮

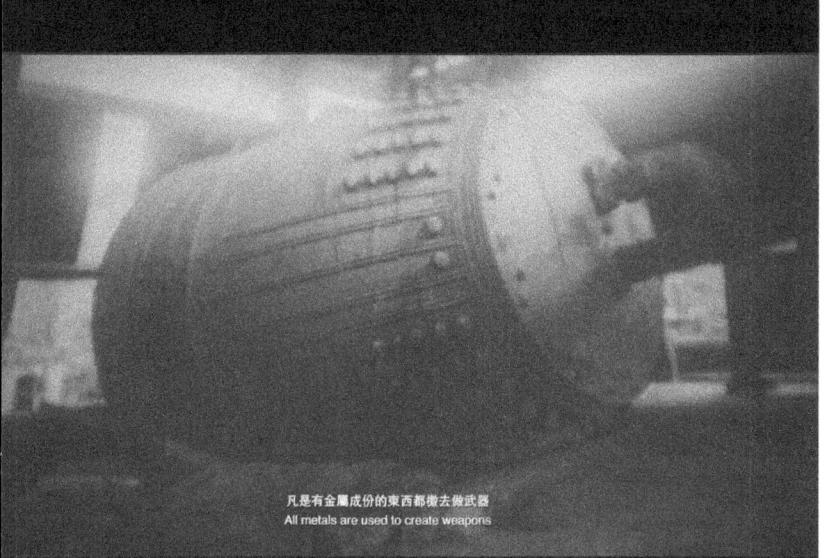

《复还、缮修与进退维谷》(2018-19) 录像静帧

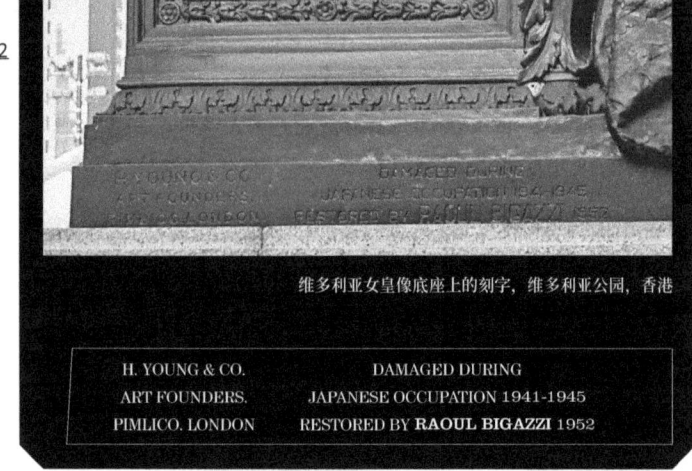

维多利亚女皇像底座上的刻字,维多利亚公园,香港

H. YOUNG & CO.　　　　　DAMAGED DURING
ART FOUNDERS.　　　　JAPANESE OCCUPATION 1941-1945
PIMLICO. LONDON　　　RESTORED BY **RAOUL BIGAZZI** 1952

城市规划与填海工程,并于1947年提交意见书予宗主国。[14]

与此同时,港英政府联同工务司署(Public Works Department)以及旗下的建筑办公室(Architectural Office),成立临时公共雕塑委员会(Public Monuments Committee)。委员会委托自30年代起于中环开设雕塑工作室的驻港意大利雕塑家拉乌尔·比加齐(Raoul Bigazzi)负责研究与重新制作女皇像失去的部分。

从委员会的讨论文件中可见,在女皇像从日本取回时,她的身体各处被切走或受到不同程度的损坏:

1. 她手拿着的宝球(Orb holding in her left hand);
2. 头上的皇冠(The crown on the queen's head);
3. 权杖(The sceptre)[15]
4. 拿着权杖的右手(The right arm holding the sceptre);
5. 皇座椅背上的正中央,安放在雕花底座的帝国皇冠(An imperial crown resting on the ornamental pedestal in the centre of the throne);

6. 皇座椅背上的狮子（A lion on the throne）；

7. 皇座椅背上的独角马（A unicorn on the throne）；

8. 一对耳环（A pair of earrings）；

9. 皇座椅脚旁的一块往下的镶板（A receding panel at the foot of the throne）；

10. 两口饰钉（Two studs）；

11. 皇座旁的一块镶板（One side panel of the chair）。

维多利亚女皇像原本由居住在伦敦波特兰坊区（Portland Place）的意大利籍雕塑家马里奥·拉吉（Mario Raggi）制作，再交由一间位于皮米里科（Pimlico）区的 H. Young and Company 艺术工作室铸造，完成后于1896年在香港正式公开展示。在铜像被运回港后，雕塑家比加齐要求港府向英国政府索取女皇像的制作蓝图以作参考。无奈当时英国政府在战前竟然没为女皇像的制作蓝图立档，或者是档案难逃战火被毁掉。香港政府唯有委托英国工务部（Ministry of Works）代为联络雕塑家，但最终都找不到他；但根据现存英国国家档案馆馆藏，当中不乏关于拉吉在创作维多利亚女皇像之前的委托工作文件和相片，[16] 奇怪的是，英国政府没有收藏到任何维多利亚女皇像的创作蓝图、手稿、官员与雕塑家商讨细节的文书，情况令人感到诧异。英国政府遂向铸造工作室询问，希望取得蓝图副本，但不幸地工作室在二战时被空袭摧毁，搬到另外一个地方后更失去联络。因此，藩政院建议委托铸造原皇后像广场中的英皇佐治五世铜像的莫辛格公司（Morris-Singer Company）代为制作。

笔者比较香港与英国的档案馆藏后，现阶段只能判定铜像的蓝图是佚失了，而比加齐是参考英国工务部提供的数帧1893年从伦敦运往香港前拍摄的女皇像照片,再加上他的艺术判断而制作出新的铜像部件的。再者,香港与英国的档案在文字上对女皇像失去部分的描述亦有所不同,这样在历史叙述上的歧异应该是基于两地对于铜像的认识,以及英国政府可以参考同类型的女皇像作出相应的揣测而造成。

在1947年中旬,香港与英国政府评估女皇像复修的成本和可行性。英国政府向莫辛格公司咨询意见,莫辛格公司建议两个方案:

一、把女皇铜像从香港运返英国量度尺寸,为失去与破损的部分重新制作泥塑模型与模具,再用失蜡法铸造部件,最后安装上铜像然后调整。

二、由香港的雕塑家(比加齐)为失去与破损的部分制作石膏模具,然后运往英国进行制作。

从艺术家的角度看,第一个提案固然是最妥当,因为复修工作必须直接从雕像套取泥塑模型才准确;纵使在接合位置上有误差,亦可以实时作出调整。铜像被破坏与切割的多为伸展出躯干外的部分,而且切口不整齐,如果在香港套取石膏模具,再交由英国雕塑家凭模具和绘图制作和铸造部件,则很有机会令部件与主躯干无法完美接合。

最后,港府没有采取以上任何一个提案,因为第一提案牵涉的资金超出预算,而英国政府亦不愿独力承担所有费用;而第二提案在可行性上实在没有保障。因此,港府决定委托驻港的比加齐制作模型。遗憾的是,笔者只找到比加齐在制作初期跟港府的对话,而没有资料显示他是在香港铸造部件。比加齐的工作室位于中环,观乎当时中环区的社区网络,主要以政商建筑物与民居为主,而铸造铜像的工作室必须有充足的空间和通风系统,所以笔者猜港府最后交由第三方铸造,即有可能是莫辛格公司。

当笔者细阅档案上叙述关于"复修"这一段的波折,以及档案之间的前文后理、排序与上下关系,发觉"复修"的过程、艺术家对于铜像的想象(始终比加齐在欠缺制作原稿的情况下重塑,必然有个人创作的成分)、当时官员与民众对于"复修"前后的看法,以上皆没有充分记载。因此,笔者在没有充足资料(包括蓝图和复修文献)的情况下,尝试用自己的方法去重塑失去的部分。

在2018年初,我向康乐及文化事务署申请给维多利亚女皇铜像进行3D扫描,以研究铜像当初缺失部分的痕迹与细部。经过多番交涉和调整方案,官员最终以"有机会损害公众安全"为由拒绝了我的申请。在1967年左派暴动中,维多利亚女皇铜像成为了本土左派宣示政治理念和破坏的对象。其后在1996年,内地艺术家潘星磊向铜像进行行为艺术,潘泼上红色油漆以及用锤把女皇的鼻敲歪了,而那次亦是港英政府第二次复修铜像。自此之后,皇后像四周围绕着一块面积约120平方米的草坪以及膝围栏,好比官僚制度与公众之间永远保持一段不容跨越的距离。这同时刺激我思考这类保护主义式的操作是否正是否定一座公共纪念雕塑的公共性。

如上文所述,当初爱德华七世与维多利亚女皇铜像皆由莫辛格公司铸造。从相片所看,笔者判断爱德华七世[17]铜像是透过一体式的铸造方法制作,其他比较精细的纹饰和身体部分则以焊接技术装嵌,由此推敲维多利亚女皇铜像亦以相似的手法铸造。在19世纪末,当代焊接技术基本上已经开始成熟与普及化,尤其是第一次世界大战中被大量应用在工业生产中,艺术雕塑当然亦同样受惠。而这正构成了后在研究铜像塑型上的心理盲点,尤其是缺失的部分第(9)和(11)项。

综观以上女皇像被日军撤走和破坏的部分,主要是从躯干体往外延

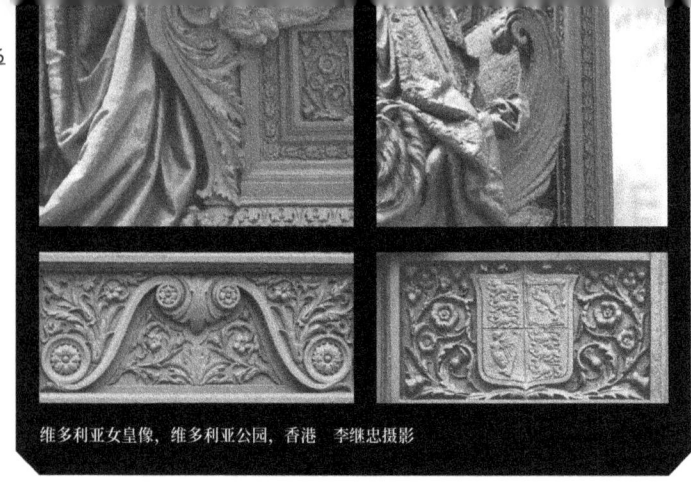

维多利亚女皇像,维多利亚公园,香港　李继忠摄影

伸的部分,例如皇冠、权杖、宝球、独角马、狮子等等。从操作层面上看,那些部分对日军来说是比较容易切走的。有趣的是,它们全部都具有丰富的殖民主义色彩和英国皇室权力的象征。至于第(9)项(皇座椅脚旁的一块往下的镶板)和第(11)项(皇座旁的一块镶板),香港的档案上没有详细文字描述细节,单从语意上理解名称,以及上述提到关于铜像铸造技术的思考,笔者当初判断第(9)与(11)项是座椅靠近椅背和扶手地方延伸出来的纹饰。但到了后期我从英国国家档案馆的相片得知,第(9)与(11)项分别是椅背靠近座台的纹饰浮雕和英国皇室的徽章,两者都是比较平坦的面块。这马上刺激我思考为何日军唯独对这两部分舍易取难?再继续寻找资料后,我发现浮雕和徽章的镶嵌位置有数个整齐的圆形小孔,至此,我终于明白那两部分是分别铸造,再用钮钉镶嵌到铜像主体上,而非一体式的铸造,所以日军能够利用简单工具就可轻易拆卸下来。笔者一开始排除了这种工艺做法,原因是当铜像长期暴露在户外,雨水会从钮钉和圆孔之间的空隙渗入,继而生锈,最后会导致破损甚至部分脱离主体。但至今笔者仍不解为何不利用焊接

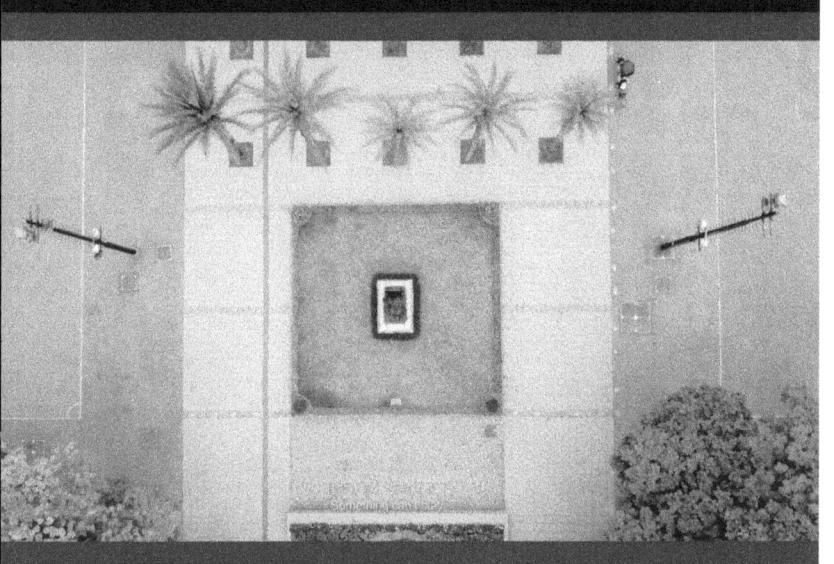

《复还、缮修与进退维谷》(2018-19) 录像静帧

技术代替。以此再推展,其中一份档案上记录两位官员的交谈提及到复修项目[18],他们提及记不起女皇像的衣服上有过两口饰钉,现在我推敲"饰钉"(studs)是指用于装嵌浮雕和徽章具有纹饰的钮钉。

在欠缺完整的历史文献和资料的情况下,从工艺的角度而言,逆向推敲铜像的原型和复修过程,本身存在着漏洞或者误差;但作为艺术创作过程,跟档案对话的维度就更广阔、更有时间性和互动。

进退维谷 —— 战后的困境与公开拍卖

当时政府内部有好几方面的讨论:

一、会否继续搜索其他失去的铜像,哪怕是部分残骸;

二、重新制作及铸造失去了的铜像;

三、会否维修已寻回的两座铜像(因为两尊汇丰银行的狮子应由银行自行决定);

四、铜像的维修费用;

五、铜像的维修细节和可行性;

六、铜像维修后是原址保留还是另觅新地点;

七、皇后像广场的去留。

正因战时香港资源外流,战后百废待举,港府陷入严重财困的局面,因此公共雕塑委员会就马上剔除上述第(一)项不作考虑。纵使如此,委员会一致通过马上斥资拆毁"Japanese War Memorial",即是供奉日军在二战中阵亡士兵(包括神风特攻队)遗骸与衣冠的忠灵塔,并于1947年2月26日下午4时29分用炸药炸毁忠灵塔。[19]此外,除了回收的铜像,香港、九龙和新界亦有大量由政府兴建的纪念碑有待维修,如无法有效复修就直接清除。因此,就第(二)与(三),委员会权衡

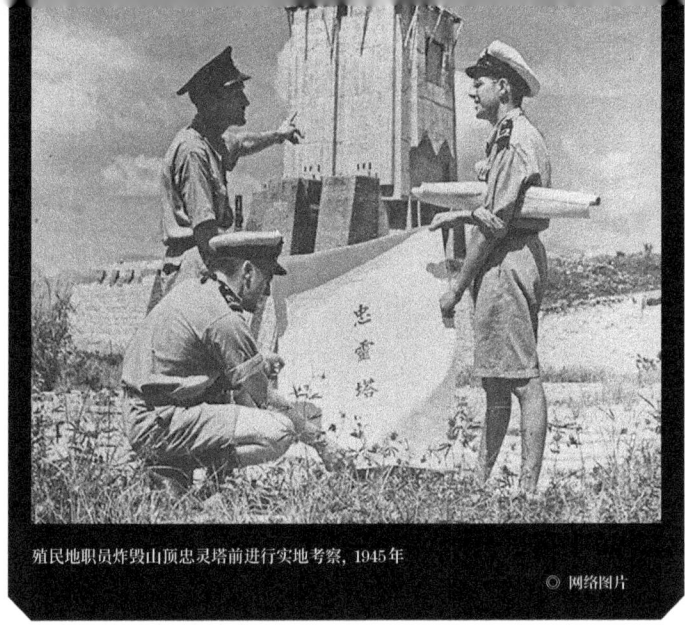
殖民地职员炸毁山顶忠灵塔前进行实地考察,1945年

◎ 网络图片

过纪念碑和铜像总共的维修费用,决定只集中资源在维多利亚女皇像身上,一来因为戾臣爵士像没有太大损伤,二来,就如委员在会议中提到,其他失去的铜像相对于女皇像"没有那么受欢迎",所以不花费制作铜像复制品。[20]

  官员们尴尬得不行了,派人再次把她移走。
  原本战时熔掉了的部分,找来意大利艺术家去重新塑造修补。
  但政府不够钱去修补,我老板不愿意无条件出钱,
    纠缠了一轮,
  最后拍卖了些东西才筹得一丁点资金去复修。
  但是,那次又一一把复修好的部件拆下来,
    把骄傲寄托在死物上,

> 你说人是不是愚昧虚妄得可爱？
>
> 远远的看着他们的窘态，
>
> 以前的她美得让人生痛，
>
> 现在苦了在生的人。
>
> ——节录于《复还、缮修与进退维谷》录像作品（2018）

在委员会讨论以及等待筹集维修资金期间，残破的女皇像从皇后像广场撤离，并被暂时安置到湾仔水务署仓库（现维多利亚公园原址附近的花园），在复修后将会重置到香港动植物公园一隅。但后来再改为移到在铜锣湾填海得来的土地，并正名为"维多利亚公园"[21]（Victoria Park）。

诚如上述关于复修铜像的转折过程，比加齐在1950至1951年间提交重塑与复修的报价为7,350港元。根据40至50年代香港的生活指数，木工与巴士司机月薪分别约23元与50元[22]，如以现在的物价标准推算，比加齐的项目工资应介乎500,000至735,000港元左右。最终，财政委员会于1952年5月22日批准了一笔14,800港元的基金用于修复维多利亚女皇雕像，当中包含比加齐的费用。

香港沦陷期间，很多资金都流向日军在太平洋与其他的战争区域。而当时陷入严重财困的港英政府，面对庞大的维修开支预算，遂向其中一个政府的重要资助者汇丰银行求助，但当时汇丰银行亦急需重建银行损毁部分以及补偿资产损失而自顾不暇。[23]自从矶谷廉介于1942年2月20日就任首任占领地总督起，汇丰银行就被占据作香港总督部，而前香港最高法院大楼则成为宪兵指挥总部。银行作为总督部的主因，出于银行的地理优势、银行储备以及日军回收钱币的任务。鉴于当时市民倾向把家中贵重物品存储在保险箱内,占领期间银行内的存款被充公,而钱币和贵金属遭没收并送往日本本岛熔掉再炼制武器,而在香港则改发军票作流通货币,保险库内的贵重财宝则透过不同渠道转售以换来军费。汇丰银行的保险库亦被日军用作储存由其他日据地区掠夺得来的物品之用,据因香港是东南亚往日本的中转站,直至战后日军撤离后为止。日军投降后,汇丰银行职员在保险库内发现大量不属于银行或存款人的资产[24],例如金银珠宝、军用品以及鸦片等等。但战后港英政府没法有效归还所有遗留在保险库内的物品,原因第一是很难联络上原本的所有者,因为他们部分已经在战争中亡殁或者移居外地;第二,如透过公告的形式召集物品的主人,有机会牵涉昂贵的行政成本,例如审核领取者是否原拥有者;第三,部分物品来自其他国家。因此港英政府决定通过公开拍卖(public auction)的形式,售卖以上物品以筹募重建公共建设和铜像的费用。但他们马上就遇到另外一个难题,就是并非全部物品都适合在公开拍卖中出售,例如二战后遗留下来的武器(子弹、军用汽车、枪炮)和鸦片等。以后者作为一个案例,港英政府就以半公开拍卖的形式售予新加坡的药厂用作制作麻醉药用途。而最后在公开拍卖中获得的收益,部分用以成立特殊收益基金[25](Special Revenue Fund),以支付把铜像运回香港与维修的费用。

在这段关于战争、殖民与后殖民的历史与记忆中,铜像以不同的形象和形态出现,当中的物流以及物质转变形成了一个完美的循环——由日军占领香港掳走铜像,把铜像熔掉转变成武器用于战争和侵略其他国家;到了日本战败投降,铜像由日本运回香港,港英政府搜集日军侵略得来与战争中遗留落下来的物品在公开拍卖中售出,转变成资金复修铜像。物质层次上,在这一个循环当中除了记载了铜像漂洋过海,经历了权力更替,亦见证符号性表征的转变,以及人们如何面对过渡(transition)这命题。

后话

这一段战争历史中牵涉的人(不论是官员或是原本毫不相关的人)都试图寻回一些东西,复修与恢复原本的状态,但奈何因各种原因陷入了进退维谷的困境,笔者在这个项目的角色也是这个轮回的一部分——复还(失去了的档案和历史)> 缮修(历史与铜像原形)>(在当代语境和系统下)进退维谷。文章开首阐述了香港档案系统的问题,正是反映出档案的存在并非只为了记载事件,还有是人们能否和怎样接触到档案,以及在怎样的环境与语境下阅览,因为我相信,档案的架构、制度与内涵该以人为本,档案用户的参与亦能再塑造历史叙述。此外,除了把铜像视作为投射意识形态的客体外,它在横向纵向的时间演进上(如各个社会运动中)提供了怎样的想象。

历史之于"现在"与"当下"

一般而言,我们对于"未来"有预期,就好像明天要在下午开一个会,然后在日历上标记;而"过去"就透过文字、档案、录像、影像等形式记录下来,时间本无形,物质某程度代替或代表了时间的推移。如鲍里斯·格罗伊斯(Boris Groys)所言,在现代社会中物质主导想象,人们过分着眼于"物"作为一种对于"时间"的凭证,继而对"现在"变得不敏感,因此历史叙述就像是寻回在物质生产中失去的"时间"。"现在"好像沦为"过去"与"未来"之间的过渡。现把过渡作为一种哲学性的讨论,过渡是一个过程还是结果?[26]

笔者在2018年参展"第12届上海双年展：禹步——面向历史矛盾性的艺术"，提交文章中的项目作为参展作品。不幸地在展览开幕前，笔者被文化部通知作品不适宜展出，原因是"项目涉及'香港日据历史'与'香港人的身份'"。当笔者在研究档案和创作作品时，常思考究竟我们对于"过渡"的觉察是来自于"已经过渡了"的那一刻（中文文法中没有这个时式，在英语中是"过去完成式"），还是我们预期"将会有由一个阶段转换成另一个"（未来式：还未被完成或确定）？那么过渡的现在式是什么？审查事件正好是当头棒喝——当用香港人的角度谈论自身身份成为禁语时，我们或主动或被动地融合在过渡的结果中，或卡在进退两难的狭缝里；我们有意识自己身处过渡的洪流，或是推动者，在笔者而言，艺术之于历史，正是在有限时间空间内处理过渡的"现在式"和"现在进行式"，并尝试敲凿出断层，最后制造复数的"现在"（presents）。

香港，2019年

注　释

1. 截至笔者下笔的日期（2019年），仍未在香港政府档案处和英国国家档案馆觅得关于爱德华七世与亚历山德拉皇后铜像从日本运回英国及其后修复或者处理掉的档案与原始资料。但笔者肯定两座铜像没有于战后运返香港，因为1951年财政部斥资拆除没有寻获的铜像底座，包括以上两座铜像。而公共雕塑委员会 (Public Monuments Committee)在1947年8月28日的会议中亦提及到还没有在日本找到爱德华七世与亚历山德拉皇后铜像。

2. "日本本岛"的名称在二战时用于区别占领地、殖民地与日本列岛。

3. 录像作品由五个不同的叙述组成：一个被扣押在香港而且被迫从事体力劳动的中国人，在完成日间工作后，被派去看守一座未完成的忠灵塔；一位日籍年轻妻子前往占领中的香港度假，心情沉重的她拼命想挽救与丈夫的关系；一件风水法器被放置于银行大门旁的铜狮子雕像基座底下，当铜狮子雕像被日本帝国陆军俘获时，她非常嫉妒另一座铜像；皇家香港义勇军军团的一名英国士官候补生讲述了在战争期间，他的日本制相机的故事；一位日本帝国陆军石匠接受了一项特殊使命，他必须要在短时间内，透过建筑重建"信心"和"公共生活"。

4. 铜像在皇后像广场矗立的年份。

5. "CENTENARY CELEBRATIONS - 1. QUESTION OF ..... 2. ERECTION OF A BRONZE STATUE OF H.M. KING GEORGE VI"（8.2.1939 - 19.1.1961）。香港政府文件处 (HKRS41-2-15E)，香港。

6. 「連合国財産（香港上海銀行所有銅像）の返還について」（昭和28.12.17）。日本国立公文书馆（平11大蔵00155100），日本。

7. "Queen Victoria Found",《南华早报》，1946年10月18日。

8. "Papers Re The Restitution of the Bank's Lions and Statue of Thomas Jackson"(1946)。香港上海汇丰银行档案馆 (PR140. GH0.22C)，香港。中文版本由笔者翻译。

9. 原档案上留有空白，相信是日本某一个战争俘虏营的名字，但后来被删去或涂改。

10. 这里指"香港上海汇丰银行"。

11. 原文为："Has been recovered from Japan through the co-operation of the United Kingdom Liaison Missions in Tokyo"

12. 原文为："The Statue of Queen Victoria

arrived back in the Colony at the same time as the Hong Kong and Shanghai Bank Lions."

13.《大阪新闻》,昭和二十三年十月十九日。

14. "Hong Kong: Statue of Queen Victoria, Showing Missing Parts"(1947)。英国国家档案馆(CN 3/46),英国。

15. 笔者从档案中所得知,在复修时,权杖的模型很可能是取自英国皇帝爱德华八世的权杖。

16. "Photograph of a plaster cast entitled 'Compulsory Education. A lady teaching a child, profile view"(1877年6月2日)。英国国家档案馆(COPY 1/37/322),英国。

17. "CENTENARY CELEBRATIONS - 1. QUESTION OF ..... 2. ERECTION OF A BRONZE STATUE OF H.M. KING GEORGE VI"(8.2.1939 - 19.1.1961)。香港政府档案处(HKRS41-2-15E),香港。

18. "PUBLIC MONUMENTS - 1. APPOINTMENT OF A COMMITTEE TO CONSIDER THE RESTORATION OF .... REMOVED OR DESTROYED BY THE JAPANESE. 2. DISPOSAL OF .... ERECTED BY THE JAPANESE. 3. RENOVATION OF THE STATUE OF QUEEN VICTORIA.(Map No. 186)"(16.06.1946 - 26.08.1964)。香港政府档案处(HKRS337-3-1),香港。

19. 同上。

20. 同上。

21. 香港动植物公园在日据时期曾命名为"大正公园"(Taisho Koen)。

22. 周家建,《浊世消磨:日治时期香港人的休闲生活》,香港:中华书局,2015年,第5页。

23. 汇丰银行在战前资助港英政府兴建皇后像广场(Statue Square)以及制作部分广场内的铜像。

24. "PAPERS RELATIVE TO AN INVESTIGATION INTO THE SEIZURE OF PROPERTY BY THE JAPANESE IN THE COLONY OF HONG KONG"(18.12.1945)。香港政府档案处(HKRS165-4-1),香港。

25. 笔者于2016年研究及创作关于公开拍卖的历史、系统与其牵涉的人与物，项目名称为《事物的秩序》(The Order of Things)。现存于香港政府档案处内最早关于公开拍卖的档案是1886年海军接收到了一批物品，然后商讨如何以公开拍卖的形式转售套现。早期的公开拍卖主要以公私营合作的形式进行，再委托独立拍卖官在官方与非官方场地进行公开拍卖。拍卖日期不定，视乎当时接收到拍卖品数目而决定。回归后，政府公开拍卖自2003年由香港政府物流署定期举办。公开拍卖的物品包括充公、无人认领物品和来自不同政府部门的闲置工具与器材。

26. Boris Groys. *Particular Cases* (Steinberg Press, 2016), p.157

15

阮纯诗的散文电影与"档案论"

马 然

作者感谢阮纯诗导演的一切帮助;同时也感谢潘律博士的邀请。
若非特别说明,本文中的英文、中文翻译皆为本人完成。

> 我的很多作品都诞生于好奇心——这依旧是我创作的出发点。(…) 我尝试理解不同的议题、更加宽泛的语境、我们的生活，以及事物之间的相互关联；我发现影像制作的过程实际上可以帮助我去发现这些话题。——阮纯诗

目前定居越南河内的影像作者阮纯诗，曾经在越南通讯社和其他政府机构工作，后赴美主修新闻学；尽管如此，她在作品中的视觉探索却更加倾向于颠覆所谓记录与虚构、主观与客观的明确边界。本章意在从阮纯诗混合而多元的方法论出发来讨论她在其跨媒体作品中对档案视觉资料的使用。

我认为在详细讨论阮纯诗的散文电影之前，有必要对她的创作轨迹做出简要回顾；这样我们或能够对她的影像"散文"与下文论及的"档案论"之间的关联有更加清晰的认识。[1]如前所述，当阮还身在美国时，她主要从事与新闻报道等有关的工作。在从美国回到越南定居之前，她有机会选修民俗学相关的影视课程，正是在那时，阮意识到影像制作可以作为自己的终身事业来追求。《爱男爱女》（Love Man, Love Woman, 2007）可被看作是阮回到越南后比较有代表性的民俗学纪录片实践。作品将焦点转向越南（河内）本土宗教"道母教"仪式中扮演重要角色的男性灵媒，即"dong co"；在他们主持"道母"仪式时，

这些灵媒需要以女性化的装扮以及肢体语言等进行易装演出。同时，民间言说也多将"dong co"与性小众社群紧密联系在一起。对阮而言，"道母"仪式俨然成为"越南的这一人群找到（属于他们自己的）社群和进行表达的唯一场所"。阮在这部作品中采用了比较常见的观察式拍摄，其中除了对"道母"信仰的记录，也有穿插大段与当事者（即灵媒们）的访谈。在我看来，《爱男爱女》不只是有关宗教仪轨的人类学记录。通过这部作品，阮从边缘化社群出发，为我们观察全球化时代越南的后社会主义转变提供了新鲜的视点。

在阮纯诗后来的作品中，尽管她仍然对民俗学的话题与研究方法（例如田野调查和参与式研究等）保持着强烈兴趣，我们也可以清楚地看到，她在作品中尝试从观察式纪录片的手法出发，转向带有高度自反精神与演绎性质的影像散文，意在突出"思考"本身的过程。电影学者劳拉·拉斯卡罗利（Laura Rascaroli）在其2017年专著中曾富有创建性地提出，"散文电影"的研究应当聚焦于"并置或是交互的电影元素之间的辩证关联，或者更确切地说，（应关注的是）并置的方法在文本中所打开的缺口"（8）。拉斯卡罗利提出散文电影可以被看作是"思考的电影"，而这一电影的思考发生在"之间"。也就是说，所谓思辨的动态是通过蒙太奇的影像语言（例如：剪辑、并置，以及再合成的技巧等）所形成的缺口与断裂而得以实现的。同时，她也指出，当影像语言不受经典叙事的支配并为之服务时，它对观众的要求也相应发生了变化；这种具有高度实验性且不连贯的影像语言所需要的是"思辨的"观众（Rascaroli 2017, 11）。

由于本章节篇幅所限，这里无法对拉斯卡罗利等著者的电影散文理论做出细致的回顾。不过我们或许可以借用阮纯诗2015年的电影散文

(亦是影像装置)《宾童龙来信》(Letters from Panduranga, 下文中简称《来信》)为例对"思考的电影"加以说明(这里也应该强调,在拉斯卡罗利2017年的论述中,《来信》是其中为数不多的来自非欧美语境的电影散文)。传承了古印度文明的占族人生活在越南宁顺省潘朗-塔占市——宁顺古称"宾童龙",这里是现今占族人仅存的地域。阮纯诗曾经在访谈中解释说,在最初的拍摄计划中,她本打算从民俗学的角度出发,在记录占族人当下的日常生活与社群的同时,也聚焦他们的历史与文化传承。然而在调研与拍摄的过程中,阮也清楚地意识到,一方面,作为拍摄主体的占族在越南当代的民族政治话语中,处于被忽视和边缘化的位置;另外一方面,占族的政治文化议题也和越南其他民族的有关议题一样,都与越南的殖民地历史及越战的遗产密不可分。

《来信》全片的叙述部分使用越南语,画外音内容为一男一女二人旅途中的书信交换,是拉斯卡罗利论述中提及的较为典型的"书信体散文";然而全片观众自始至终无法确定二人的身份与背景:女性叙述者用平静的语调分享了自己在占族人社区进行田野调查工作的心得;与此同时,男性叙述者则在作品开篇说明自己骑着摩托车踏上旅程,开始重走纵贯越南南北部的"胡志明小道";然而,他重走小道的目的与其说是为了重温北越(以及越南共产党)在越南战争中做出的革命贡献,不如说他是通过这次旅行重新去审视越南的后社会主义风景,故而这一旅程的空间位移也是对多重的、叠加的时间的探索……可以说,这些异质的"时代"都重合在了"当下"。例如,在影片的后半段,未来感十足的IT都会岘港和宁顺的核电站工程有关的末日景象重合;[2]作品的画面随即切到不知名场所的一处巨大的、人工形成的污水洼,"男性"的旁白此刻说明,他给"女性"的书信"发自未来"。同时,观众看到的是身着防核辐射污染服、面戴防毒面具的人们如群像般站立在摄像机之前（"男性"叙述者也许就是他们中的一员）——他们或许正是来自核未来的访客。

另外一方面，书信交换中的"女性"则以旁白坦陈道，无论她如何尝试去理解占族人和他们的社群，她依然需要不断与自己身为"局外人"的困境协商。在作品中，"女性"旁白者说明自己将镜头对准拍摄占族人时，总是需要在特写（即：拉近距离的观看）与风景照（即：远景观看）之间调整。阮也在访问中提及，对她来说，以占族人作为对象的最好的叙述方法应是同时讲述"两个故事"。其中，"一个故事讲述占族人自身，另外一个故事则有关殖民主义、战争、当代政治以及艺术家所选择的位置"（引自 Scott 2019）。阮认为影像作者在散文电影中既需要（与拍摄对象）"密切关联"，也应当懂得适时"消失"（引自 Gleeson 2015）。拉斯卡罗利在分析《来信》时也提出，阮的这部散文作品启发观众去反思"有关观看与拍摄人物和风景的意识形态与权力结构的问题"（2017, 149）。最后，我认为，虽然《来信》本身对档案资料的使用仅限于局部（例如在博物馆中所发现的图像、资料等等），这部作品本身也构成了一份有关占族人的另类媒体档案，尽管阮并无意宣称这部作品代表了有关"他者"的唯一真相。

阮在2010年后的散文电影实践可以从"档案论"这一批评角度来进行分析。从沃尔特·本雅明的文化理论与概念出发，特别是参考本雅明构思并书写的《拱廊计划》（*Arcades Project*）中以"档案为基础的批评方法"，电影学者凯瑟琳·拉塞尔（Catherine Russell）在其2018年的专著中对"档案论"这个新词重新做出了诠释，将之用以研究"以影像档案作为语言"的视觉实践；一般而言，"档案论"所指涉的作品完全以影像档案构建（如现成影像/found footage 等），并不包括如创作人员专门为影片摄制的纪录片片段等。正如拉塞尔所言，作为一种媒体实践，"档案论"意在"构建有关历史如何再现的知识"；同时，"这类再现不应被看作是伪影像，因为它们本身就具有历史性以及人类学价值"（Russell 2018, 22）。拉塞尔对"档案论"的界定并不刻板。不过她也指出，我们在把握"档案论"时，应当聚焦于"档案作者"是如何通过例如合成、挪用与拼贴等剪辑方式利用档案资料与影像来（重新）构建故事的。拉塞尔亦说明，"档案论"与散文电影互相交汇，意在"生成新的思考模式来反思过去……档案论也思考尚未发生的未来，和我们尚未及遭遇的、本可发生的未来"（25）。这里拉塞尔对"档案论"时间性的理解与拉斯卡罗利所强调的"未来哲学"不谋而合——对后者而言，所谓"未来哲学"所强调的正是散文电影如何通过时间错置与"不合时宜"来抵抗"思想的正统"，并与"当下"保持批判的距离。

回到阮纯诗的创作上来，我认为她的"越南经典再剪辑系列"对作为视听语言以及实践的"档案论"做出了极佳的展现。在这一"再剪辑"系列中，阮以国有越南电影制片厂的作品为主要档案材料进行创作，意在建构"一个想象的空间，以便于观众对历史事件及其角度做出自己的诠释"。有学者指出，纵观越南制片厂历史，其作品多是该社会主义国家所提倡的"革命电影"——这类影片题材总是与"民族解放运动"息息相关，并被看作是"新国家有效的政治工具"（Quí Hà 2018, 455）。基于该制片厂 1973 年由 Tran Dac（也译作陈德）执导的故事片《出征之歌》（*Bài ca ra trận*），阮创作了五分钟的实验短片《前线阵歌》（*Song to the Front*, 2011）[3]。陈德的原作以一名在"抵美救国抗战"（即越战）中负伤而几乎失去视力的年轻男士兵的故事为主线。尽

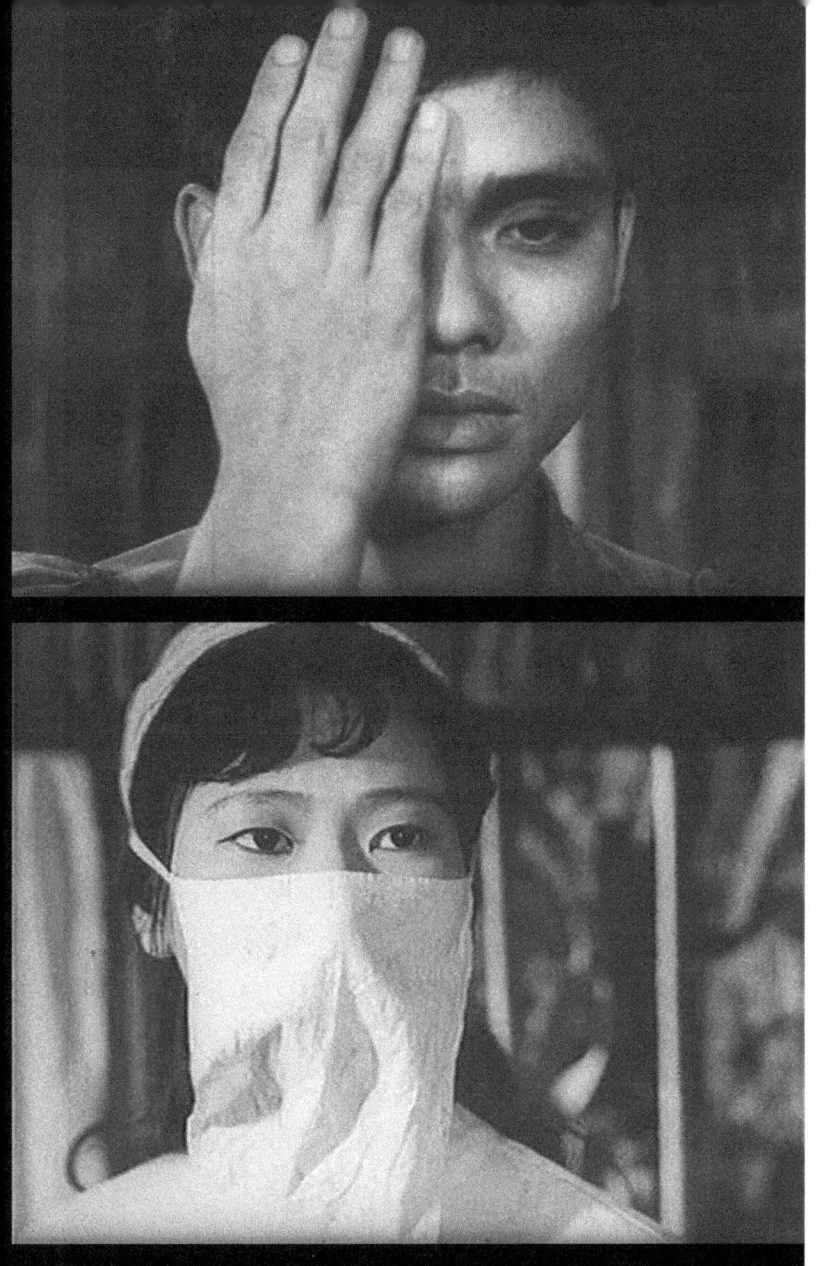

出自《前线阵歌》图片经由阮纯诗授权

管这部1973年的作品也包括大量的战斗场面,其叙事核心却围绕这名士兵失去视力暂时在医院休养时与一名年轻美丽的护士的邂逅展开——这名护士的扮演者正是越南的人民艺术家阮如琼(即Nguyễn Như Quỳnh,一般在演职人员名单中被称作"如琼"/Như Quỳnh,出生于1954年),我会在后文再次提及她。

在《前线阵歌》中,阮对蒙太奇的大胆使用令人印象深刻:伴随着斯特拉文斯基的"春之祭",这个无对白的实验片段突出的是护士与士兵之间的情感关联与张力。我认为观众无需熟悉陈德的原作就可以在这个节奏非常紧张的短片中构建自己的"故事"。片中,阮利用诸如慢动作、回放、定格和黑屏等数码剪辑手段去探索有关视觉的多种条件与可能性——其重点在于"如何"去看,并非仅在于看"什么"。如果说在1973年的原作中,士兵的视觉丧失(与恢复)都为突出革命意识形态与爱国主义情怀而服务的话,视觉的不稳定性与观看的操演则成为《前线阵歌》的重要主题。具体而言,《阵歌》多以《出征之歌》中的主观视角镜头为素材——在原作中,这些镜头本用以确认男主人公的视觉主体性;而在阮的实验作品中,男女主角之间的关系则通过对视线、凝视镜头的重新组合而得以重建。其中我们需注意的则是男主角的视觉出现不安定、甚至是被干扰(例如他治疗时戴着眼罩而无法视物时)的片段;我认为阮纯诗的"重剪"强调了女性(护士)观看、对视的姿态,这一建构也平衡了原作中的男性凝视。正如研究者Quí Hà所言,"阮并未忠实遵循男主人公决定献身国家所表现出来的'革命精神',她关注的反而是战时男性与女性之间的关系,并且突出了某种挑动的情欲"(Quí Hà 2018, 455)。

同时,《前线阵歌》中与眼神和凝视互相交织、并置的画面很难被界定为是回忆、想象，或是梦境——短片中的蒙太奇剪辑打乱了原作叙事的时间序列。例如，在阮的作品中，男主角与护士的画面之间时不时插入的是另外一位神秘女性的镜头——她似乎与年轻士兵有着某种浪漫的关联。对阮的观众而言，挑战或许正在于如何理解这位年轻甜美的女性的意象——她的影像也许来自于士兵的回忆片段，但也有可能，她只存在于他的想象之中。我认为，阮纯诗的"重剪"其目的并不在于重新讲好故事（即，我们也许并不需要用陈德的原作作为参照来理解《前线阵歌》的叙述）。阮重新构建的蒙太奇序列可以被看作是某种法国哲学家吉尔·德勒兹（Gilles Deleuze）所言的"时间 - 影像"，其中，"实在"与"潜在"的界限也变得模糊起来。拉塞尔曾经在延伸本雅明的论点时提出，档案论中所谓的"现下时刻"在与"过去形成割裂"的同时，也在向我们提示那些"未及实现的有关未来的意象"（Russell 2018, 4）。我认为，阮的"重剪"实践也印证了帕翠西亚·皮斯特斯（Patricia Pisters）有关"当代图像文化"的观察，即"所有的图像（实在的与潜在的）都是对其他图像（实在的与潜在的）的参照"。这一看法也与拉塞尔自身有关"档案论"的讨论形成呼应，即"我们一旦认识到图像、媒体，和移动影像都是历史与'真实世界'的一部分的话，图像与现实之间的关系就不会不连贯了"（Russell 2018, 50）。

此外，我希望进一步阐明的是，通过"重剪"的实验，一方面，阮纯诗与她所引用的越南革命经典影片建立了一种游戏般的、批判性的距离；另外一方面，也正是通过"重剪"，这些鲜为人知的、来自非欧美语境的电影传统亦得以被重新"发现"并在其"重生"中得到被再次欣赏与解读的机会，尽管这些"重剪"作品在全球美术馆、艺术机构展出时所触发的观众反应未必与它们在越南国内放映时得到的反应一致。

2015年，阮纯诗通过她的作品《名为越南的电影》(*Vietnam, the Movie*)和《十一个男子》(*Eleven Men*)对"档案论"做出了进一步的尝试。在《名为越南的电影》中，阮剪辑利用了来自更广阔范围内的与越南有关的影像资料，其中包括好莱坞主流制作、欧洲艺术影片，以及亚洲导演诸如大岛渚、萨蒂亚吉特·雷伊和许鞍华等的有关作品。阮通过这个"档案论"作品提示我们，任何有关越南的"真实"影像都已经沦陷，有关这个国家、其国民以及他们的苦难的影像不过是在为繁多的象征意义服务（Nguyen 2015）。

这里不妨以《十一个男子》为例略加以说明。这部作品的文字部分皆出自弗朗兹·卡夫卡的短篇作品《十一个儿子》(*Elf Söhne*, 1919)。改编后，作品以越南语女性第一人称视角的画外音讲述自己与"十一个男人"的故事，言语间充满了对这些男子的生理与心理特征细致入微的描写（皆来自于卡夫卡原著）。与每一个"男人"的故事相对应的是阮纯诗精心剪辑的蒙太奇段落；而这些影像片段的女主角无一例外都是前文提到过的越南人民艺术家如琼——她跨越数十载的银幕形象与片中的"第一人称"旁白恰如其分地结合在一起。具体而言，阮所使用的电影片段来自六部国有制片厂的黑白剧情片（都是60-70年代的作品，包括之前详细分析的《出征之歌》），以及越南裔法籍导演陈英雄的两部作品（1995年的《三轮车夫》/ *Cyclo*，以及2000年的《夏天的滋味》/ *Vertical Rays of the Sun*）。

我同意 Quí Hà 的论点，即在《十一个男子》中，"男人成为主角回忆的对象，而并非她生活的主体"（2018, 457）。改编的文本分配给女性叙述者一个具有流动性的位置，她从第一人称单数的角度发声，可以是女友、妻子、情人和母亲，但并未囿于其中任何一个角色；同时，

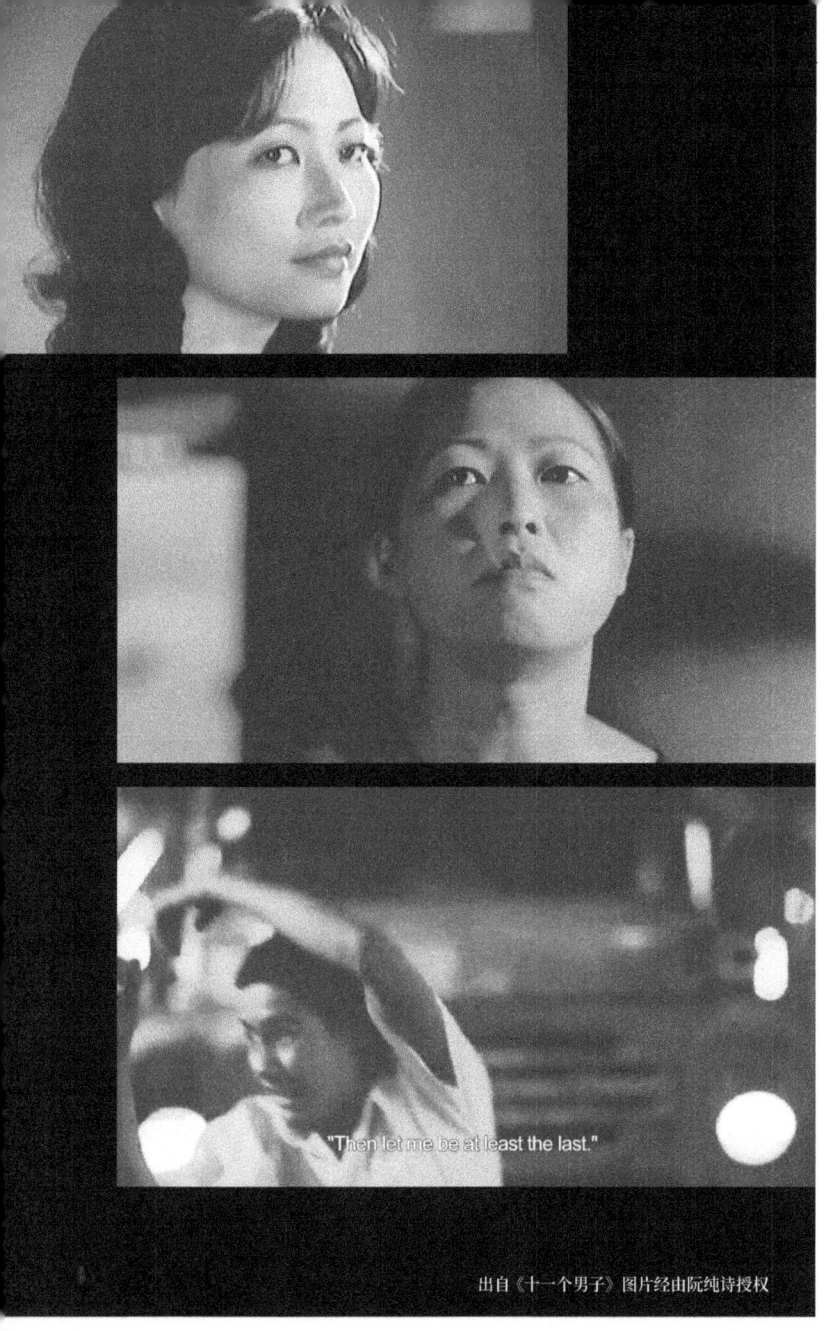

出自《十一个男子》图片经由阮纯诗授权

片中所有的男性都几乎保持缄默。我认为我们可以把《十一个男子》看作是《名为越南的电影》的另类版本；更具体而言，我认为阮纯诗通过这部作品对越南1953年以来的电影史做出了一个小型的回顾——1953年正是胡志明签署文件宣布成立国营新闻和电影制片部门的年份（Quí Hà 2018, 255），这象征着越南国有化的、社会主义电影的起点。在阮纯诗这个实验性的"历史回顾"中，她以女性第一人称单数为出发点，重新剪辑了如琼跨越社会主义建设时期和后社会主义时代的银幕形象。这里，如琼的角色并非为了推进国族寓言的展开而服务，反而，作品"聚焦于女性在电影中在权力、叙事以及欲望方面所表现出的潜力，而并不只限于关注她们是否在片中为民族利益献身或是帮助男性主人公达成了叙事的圆满"（Quí Hà 2018, 457）。

值得注意的是，《十一个男子》中有关最后四名男子的讲述，其视觉资源均来自陈英雄90年代的作品；在这四个段落中，如琼的银幕形象也从之前黑白作品中的青涩女子成为彩色影像中成熟而散发着性感光辉的中年女性——当然，没有人会忽视国营制片厂的黑白作品与陈英雄的法越合作艺术片之间所存在的巨大差别。然而我认为，阮纯诗的"重剪"在某种程度上也扰乱了社会主义国营制片厂体系与法越艺术联盟这两种视觉体系之间泾渭分明的区别。更确切地说，与其认为阮纯诗的剪辑意在突出社会主义制片厂体系与欧洲艺术片处理女性主体性所存在的巨大反差，不如说她的蒙太奇组合释放出了制片厂作品中本身所存在却压抑的情欲动能，并暂时悬置了这些作品原本想要通过这些银幕浪漫故事想要传递的政治信息。

在影片中，第十一名男子是女主角（陈英雄作品中的如琼）不幸遭遇车祸的儿子；他在陈英雄作品中悲惨车祸的镜头被阮纯诗放慢，再放慢。这段悲剧在卡夫卡的原作中早有伏笔，小说中的父亲指出，他（儿子）的弱点"显而易见是企图毁掉这个家"；原著中接着陈述道，"有时，他看着我好像要对我说：'我要带上你，父亲。'然后我想：'你是我最不相信的一个人。'他的目光好像又说：'那么我权且当你最不相信的人吧。'"。阮纯诗版本则将原著中的父子关系改动为母子关系。我并非不同意 Quí Hà 的论点，即《十一个男子》中发生在儿子身上的车祸"可以被看作是对他占有他的女人这一举动所作出的奖励与惩罚"（2018, 457）。然而我想强调的是，阮氏作品尾声是"母亲"如琼的一个慢镜头——是她正缓缓朝着银幕和观众的方向奔跑而来，影片亦终结于此。我认为这个奔跑的片段也象征着第一人称单数的女性从束缚她的影像与文学文本中挣脱出来，奔向自由。

在本章的最后部分，我想简单地以阮纯诗2018年的作品《第五电影》收尾。这部作品没有使用如《十一个男子》中的画外音叙述，画内音也基本未使用；反而，影片以字幕的方式引用了新西兰的毛利电影人巴里·巴克莱（Barry Barclay）2003年的"礼赞第四电影"。众所周知，巴克莱有关"第四电影"的理论深受政治电影的"第三电影"理论影响[4]——他借"第四电影"的概念来重新梳理原住民电影，以及原住民人群的银幕表象等诸问题。阮纯诗在自己作品中则借用"第五电影"来探讨"全球原民性"，以此来"作为所有被压迫者——包括妇女、少数族裔和被殖民者等——的象征"。[5]阮在作品中使用了诸如档案图片（她自己长期搜集的照片集等）、杂志剪报和来自新闻纪录片与剧情片的档案资料构建了她的"第五电影"。对熟悉阮的作品的观众而言，不难看出《第五电影》（*Fifth Cinema*）中的资料有部分出自她之前的作品诸如"地景系列"、《宾童龙来信》、《十一个男子》和《名为越南的电

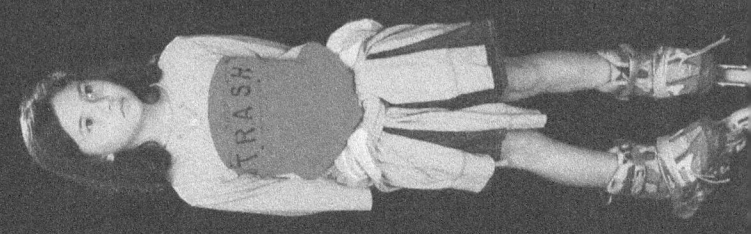

lẫn bộ tộc.
a tribal background.

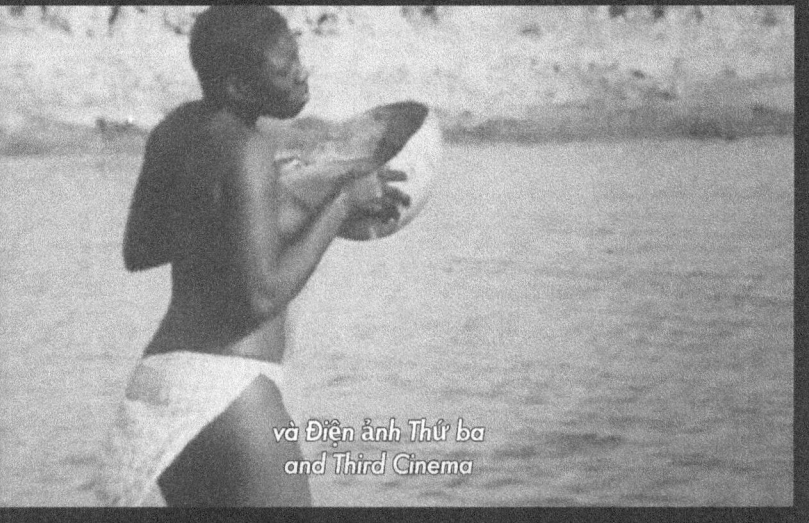

và Điện ảnh Thứ ba
and Third Cinema

出自《第五电影》图片经由阮纯诗授权

影》。另外一部分镜头则主要来自阮的"家庭影像",即她的混血女儿在镜头前摆出姿势的片段——往往她都面对镜头、沉默不语。

如前所述,尽管巴克莱所要质疑的正是原住民和影片与表现/表象的问题,他却并非在倡导原住民文化的本质论。与此相似,虽则阮纯诗强调她在《第五电影》中的主要目的在于探讨"越南的妇女的表现/表象"。值得注意的是,她在作品中将越南妇女在越战期间的有关表象(如姿态各异的她们在大街上行走的剪报资料等)与自己女儿的影像片段并置——后者的身份放在全球当下的视觉文化中来看,是对任何本质化的民族、文化身份中有关"我们"与"他/她们"的二元划分的一种僭越。正如一位评论家所言,《第五电影》中电影作者的女儿那挥之不去的存在"似乎是从经年累月的家庭影像集中取出的一个片段,它提出了这样的问题:她属于哪里?又是从什么位置发声?"(Valentine 2019)我认为这些问题也强调了我们应当如何从前文拉斯卡罗利所述的"之间"把握《第五电影》,和它的开放意义。

参考文献

江凌青,《从雕塑电影迈向论文电影:论动态影像艺术的叙事倾向》,《艺术学研究》,第16期,2015,页169–210。

Gleeson, Erin. 2015. "Nguyen Trinh Thi--Letters from Panduranga." Jeu de Paume. 2015.

Nguyen, trinh thi. 2015. "Vietnam the Movie (2015). "Nguyen Trinh Thi's Blog. 2015.

Quí Hà, Nguyễn Hoàng. 2018. "Song to the Front and Eleven Men: Handcrafting History, Refining Memories and Contesting Women's Sexuality." *Visual Anthropology* 31(4-5): 454-57. https://doi.org/10.1080/08949468.2018.1521195, visited on 7 August 2022.

Rascaroli, Laura. 2017. *How the Essay Film Thinks*. New York: Oxford University Press.

Russell, Catherine. 2018. *Archiveology: Walter Benjamin and Archival Film Practices*. Durham: Duke University Press.

Scott, IZABELLA. 2019. "Nguyen Trinh Thi – Interview." Studio International. February 19, 2019.

注 释

1. 本文虽然采用了"散文电影"的译法,但依然需要意识到"散文电影"和"论文电影"两种翻译的区别。江凌青解释说,"因为英文的essay指的并不全然是中文语境与文学史所理解的散文,而是小论文、或夹叙夹议的散文(而非广义的散文),强调的是来自作者的特殊观点。"江凌青,《从雕塑电影迈向论文电影:论动态影像艺术的叙事倾向》,《艺术学研究》,第16期,2015,页169–210。

2. 根据2016年的媒体报道,越南在宁顺与俄罗斯和日本合作兴建核电厂的计划也已停止。参考"澎湃新闻"2016年11月23日的报道 <https://www.thepaper.cn/newsDetail_forward_1566523>,于2022年8月5日造访。

3. 对作品标题的翻译参考了区秀诒的艺术评论《阮纯诗:抵抗的姿态》,2015年12月4日 <https://www.cinezen.hk/?p=5005>,于2022年8月7日造访。

4. 阿根廷的"解放电影小组"主要成员为奥克塔维奥·赫蒂诺(Octavio Getino)与费尔南多·索拉纳斯(Fernando Solanas);1969年他们共同起草了影响深远的"第三电影宣言"("朝向第三电影"/Hacia un tercer cine)。这一理论应运60与70年代在拉丁美洲、亚洲与非洲风起云涌的反殖反帝国的民族解放运动而生,提出"第三电影"与好莱坞的"第一电影"、欧美艺术影片的"第二电影"相对应，是一种反霸权、反资本主义的后殖民政治电影实践。

5. 参见阮纯诗的个人网页上与作品有关的导演陈述，<https://nguyentrinhthi.wordpress.com/2018/09/10/fourth-cinema-2018>，于2022年8月7日造访。

第三部分

公共与想象：作为社群自画像的档案库

16

仙台媒体中心 3·11 地震档案与美术展的关系

从"记录与回想：漫步影像之家"展说起

清水建人

简介

仙台媒体中心（Sendai Mediatheque, 简称：SMT）是 2001 年在仙台市开馆的公共文化设施。这座由伊東豐雄设计的创新建筑共有 7 层。第一层是被称作"开放性广场"的多用途空间。二层为儿童图书馆和影像库。三和四层为公共图书馆。五和六层为画廊。第七层则是放映馆和录音工作室。开馆以来，SMT 一直被市民视为仙台市中重要的艺术和媒体中心，也因极具特征的建筑外观而成为仙台市的地标。

SMT 不是一间博物馆。我们的目的不是为了展示我们的藏品和资料。SMT 从基本架构来说就与博物馆不同。我们没有"储藏室"，也就是说，没有一个特别的地方禁止一般游客参观。我们也没有一个"展览室"在有限的时间内向公众展示稀有展品。相反，像我们名称中的"theque"和我们建筑物的玻璃窗板所展示的那样，SMT 本质上是一层又一层的透明媒介。你甚至可以说，从一楼到七楼的人们在建筑物内的各种行为本身就是能被建筑外的公众所看见的。因此，SMT 的使用者来到这里就得接受这么个事实，即他们的活动是将被其他人看到的。如果你非要将它与博物馆比较，我认为我们的建筑是建立在对艺术欣赏行为的更上一级的元级赞赏之上的。换句话说，我们是一个致力于"呈现"和"表达"本身等活动的机构，而不是通过收集来进行知识积累的。

不过，SMT 也是一个艺术中心，并提供媒材制作的设施，以此在从

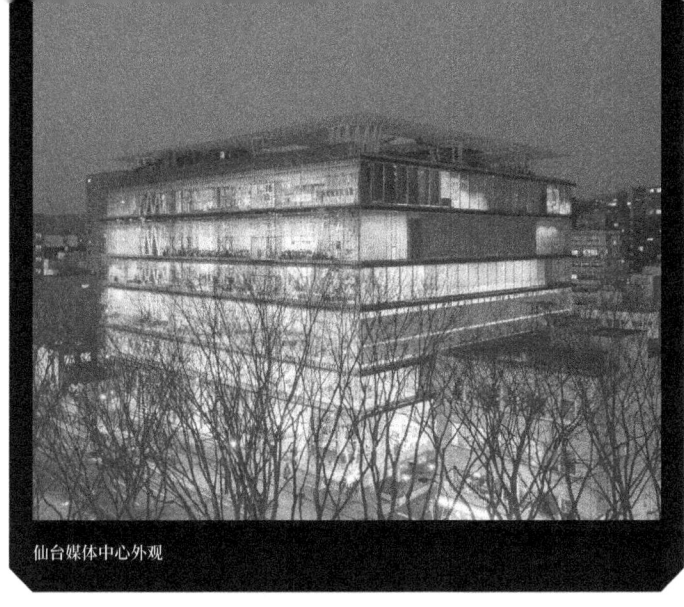
仙台媒体中心外观

作品的设计到展示整个过程中为艺术家提供协助。然而，我们并没有木材或金属加工设施。相反，我们提供的支助设备仅限于数码领域。比如，用户可以在七楼的放映馆中用电脑进行视频编辑。从这个意义上说，我们的设施可以算是提供某些特定用途的。然而，这个工作室也是一个能够在此"进行设计"的空间。考虑到近年来电脑和视频技术的普及，后者的角色可能更为重要。此外，用户可以咨询协助个人和团体规划的工作人员。或者，不同的用户可以在这个空间里自由交流，以实现跨领域的合作，并起草新的项目类型。虽然SMT仍然缺乏一些设施，但我们致力于向公众开放从规划到演示无缝工作的能力是非常出色的。此外，我们努力记录这种设计规划过程本身。实际上，SMT遵循的理想与其实践性的操作模式可视为一种试图"归档"的表现。

也就是说，SMT的档案馆收集各种活动的记录，在这些记录中，用户用不同的方法表达自己。我们强烈认为"归档"本身就是一种富有生产力的"活动"。我们在SMT的录制媒介设备（主要是静止和动态图像）实际上完全专注于数据。因此，虽然SMT的设施存在于物质空间中，但我们维护着一个看不见的档案库——不是物品而是数据。为了展示我们的工作成果，我们必须给他们一种形式。可以说这个活动为七层的SMT大楼添加了另一层意义。

今时今日，这种将普通人的创意之作，以及他们创造作品的过程全部归档的模式，毫无疑问是非常理想主义的。即使SMT有各种各样的设施，我们也无法立即完全实现这一理想，部分原因在于经营时所需的设备租赁费等。不过，我努力地让SMT在运作时更接近这个模式。SMT开馆后十年的2011年，发生了东日本大地震。作为对这场灾难的回应，SMT在2011年5月开始了一个名为"不要忘记! 3月11日中心"（以下简称recorder311）的新项目。"recorder311"以社区为服务的主要对象，用影像为核心的方式记录了地震后各地区的状况，项目于是在事实上逐渐形成了一个公共档案库。在这个项目的早期阶段，我们的思考背景主要是从阪神大地震中所吸取的教训。我们意识到在灾害发生后尽快记录灾害及其影响的必要性。因此，我们马上开始使用我们中心的设施来付诸实现我们的理念。从这个意义上说，可以说有点矛盾的是SMT理想的一部分最终在灾难危机开始时实现了。

"recorder311"的基本目标是创建一个社区档案库。创建这样一个档案库的目的是要和大众媒体唱反调，否定那种将定义我们"社会"和"现在"意味着什么的权利交给它们；相反，我们开展档案搜集活动，是为了追求我们自己认为具有重要意义的内容，以创建我们自己的社会并确认我们自己的现在。从这个意义上说，你可以把我们的工作称为一个致力于培养媒体素养的公共的教育计划。不过，我们不提供预先安排的数码学习课程。相反,我们的平台就是实践本身。任何人都可以注册成为参与者,不论技术能力或理解水平如何,只要他们认同我们的项目是将建立公共档案库作为方法而进行即可。"recorder311"强调创作意志的重要性。我们相信通过创作过程可以提升技术能力和培养理解力。

截止至2017年3月,"recorder311"团队已经将收集的1204个视频片段、3028张相片和63段录音存放在SMT。所有资料均可在SMT馆内或网站上阅览。"recorder311"吸引了许多不同的参与者,不仅仅有专业艺术家和摄影师,也有许多当地市民如学生和上班族。参与者不光来自仙台市和宫城县,也有来自日本关东和关西地区的居民参与。

3·11地震灾难三年后的2014年,SMT用"recorder311"档案馆所收集的资料,开始筹办名为"记录与回想:漫步影像之家"的展览。本次展览的主要目的是为上述隐形数码档案提供一个实体的形式。尽管能够在网站上浏览这些材料,将它们想象成一个结构整体是很困难的。如果我们所做的单单是在一个公共项目中召集参与者,并炫耀我们数据库的大小,那么这个项目就不再是一个培养媒体素养教育项目,从而失去其合理性。

展览概要

创作这次展览的动力并非来自我们的馆藏品。我们希望创造一些条件,让累积起来的所有归档活动都可以以物理形式展现。当我们把这一想法与上述SMT的理想中的操作模式放在一起理解时,这次展览的目的也许会更显而易见。然而,重要的是,这个展览实际上是暂时冻结了一个仍然在生长中的档案库的搜集活动,它只记录了某一段稍纵即逝的"现在"。此外,我们根据计划的展览密度继而仔细考虑所呈现物品的数

"记录与回想"展览

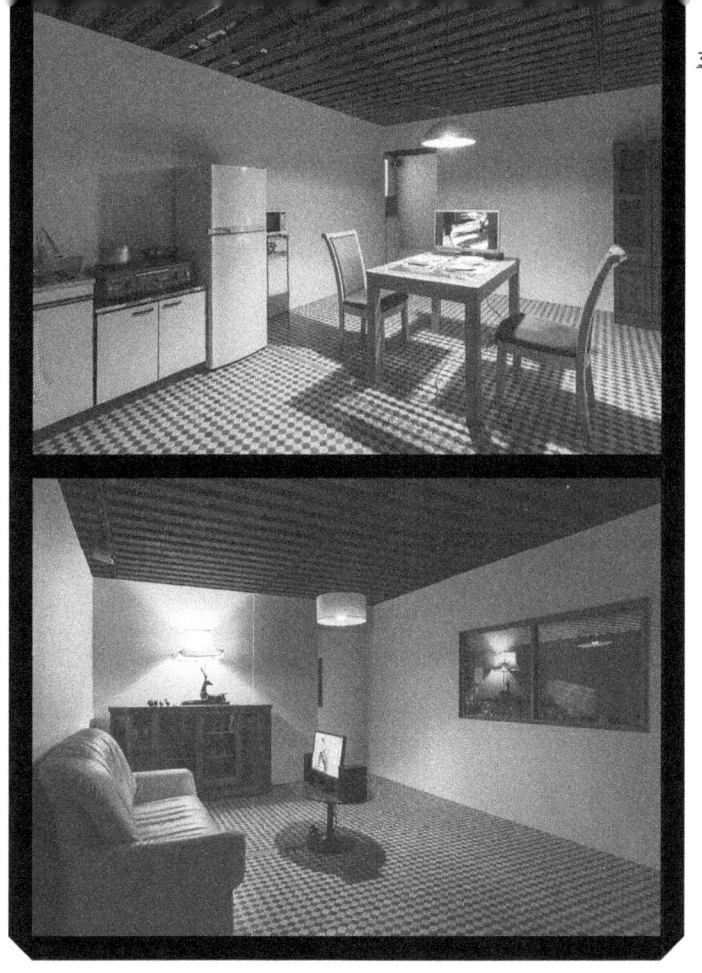

量和大小。SMT 的展览空间只有一百平方米。我们如何以这些物品自己的形式来保留关键信息？如何将它们组合在一个空间中？换句话说，我们如何有效地动员媒体展览的可视性，以求最佳地再现我们创建灾难档案的过程？这些问题是这次策展要思考的核心。

"记录与回想"展览试图应对这些问题。展览在六楼配有可移动墙

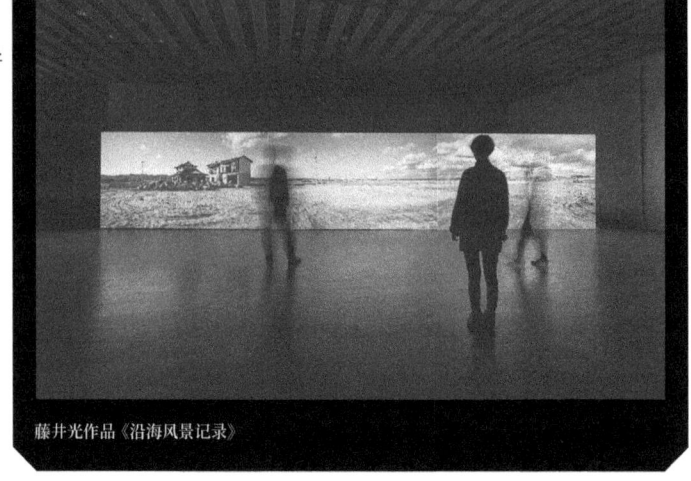

藤井光作品《沿海风景记录》

壁的展览空间中举行。我们利用有限数量的移动墙壁,搭建起了各种模拟家居"房间"的小隔间,在这些隔间中,我们展示了"recorder311"项目中记录的图像和视频片段。我们总共设计了21个房间来模拟各种各样的家居空间,如厨房、儿童房、卧室和客厅,这空间设计容许观众进出相连的房间。我们在房间的内部一共展示了20件作品。在每间大概20平米的房间内,我们布置了一些家具、水槽等,以求让它们看上去像一个个真的可以生活的空间。不过,这些房间的布局并不会完全与现实中的一模一样,比如说,你可能会直接从一个厨房走到另一个厨房。至于展品的内容本身,我们请了几位"recorder311"的艺术家制作原创或集体汇编作品,以增加艺术展览所需的活力。观众坐在预先安排好的椅子和沙发上观看作品,他们从一个房间走到另一个房间,漫步于这个"影像之家",正如展览的标题所述那样。

在展览动线的中后期,我们设置了一些房间让参与者可以从窗户里看到展出的作品。电影制片人藤井光(Hikari Fujii)的《沿海风景记录》(*Records of Coastal Landscape*)在这个设计中发挥了至关重要的作用。

我们展示了他的两部作品。由于两者都是由拍摄灾后海岸线的影像片段组成，我们将它们投射到房间外面的大屏幕上，就像人们能在室外看见一样。三台投影机上连续展示的影像片段来自2012年宫城县的亘理町。海啸使海岸线变得平坦，成为一片广阔的平地。藤井用固定相机对这个场景进行了好几个小时的拍摄，而在此过程中，在他12米宽的相机视野里几乎没有任何动静，除了在晴朗的蓝天中飘浮的云。你可能会看到一个丢弃的塑料袋在屏幕左侧的风中飘动，但仅此而已。展出这段视频背后的部分意图是通过影像媒体本身来思考它的意义。个人和大众媒体都发布了许多与3·11相关的视频。但是，大众媒体发布的内容通常被作成了电视剧而并没有生成档案文件。藤井通过高度机械化的拍摄过程对此进行了批判，将相机固定在真正的灾后景观中，和那些专门操纵情感的大众媒体产物进行对照。他试图捕捉当一个人第一次回到某个现在已经变得非常陌生的受灾地区的时刻。对许多人来说，那个时刻还是会让他们呆若石头，不知该说什么。

再进一步深思藤井的作品意图，我想他也想表明展览空间中的模拟房间，甚至房间外他自己的视频，都是不同意义上的人造物。我还发现了藤井对展览和档案本身的谨慎态度。也就是说，藤井巧妙地质疑着这种试图将灾难归咎于过去的心态，将灾难视为不过一场悲剧，并将任何档案记录或作品高度赞扬为"义举"。

濑尾夏美（Natsumi Seo）和小森春贺（Haruka Komori）的作品《海浪之下，土地之上》（*under the wave, on the ground*）是另一套专为展览制作的作品。灾难发生后，艺术家濑尾和电影导演小森搬到了岩手县的陆前高田市。他们开始通过各自的艺术媒介与居民合作，记录不断变化的生活和城市重建。陆前高田被海啸严重破坏。经过决定，在

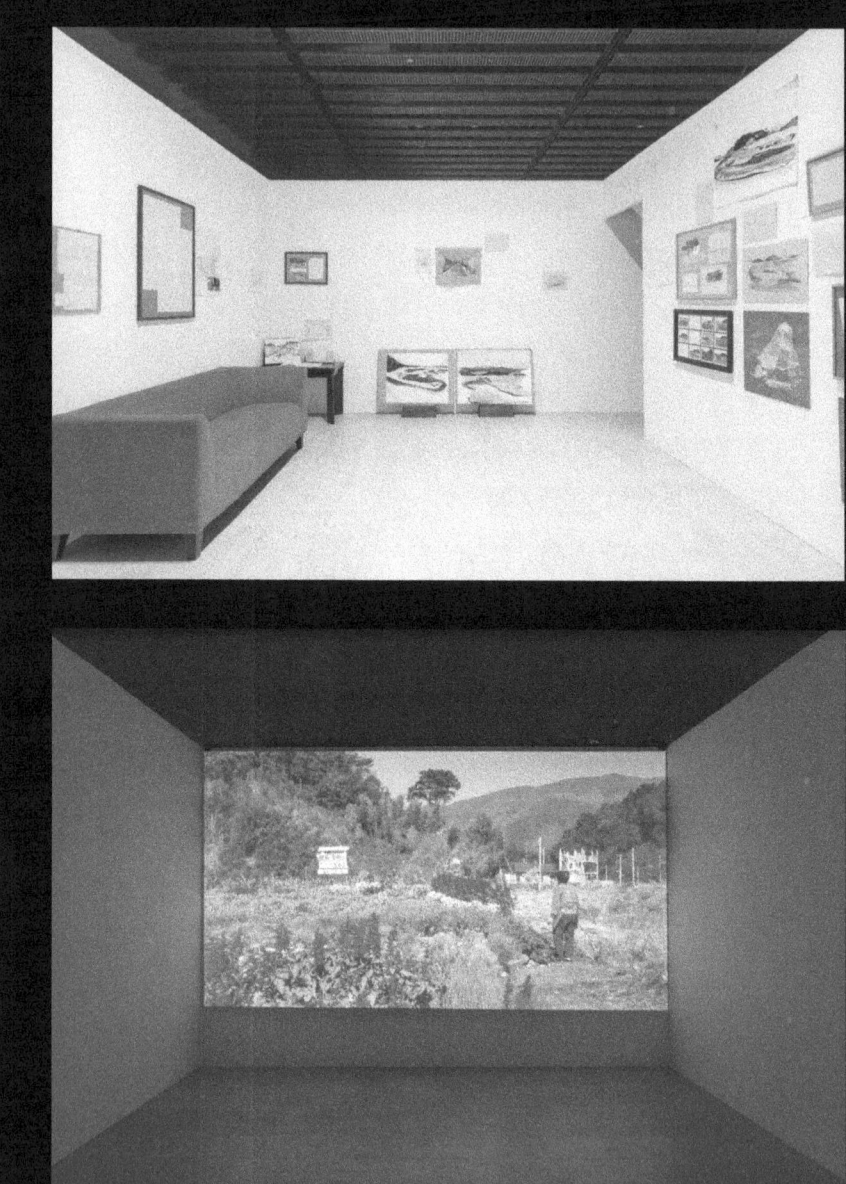

小森春贺和濑尾夏美的作品《海浪之下,土地之上》

暂时重新安置人口之后，原本的城镇将被填埋，从而在重建后城市的地平面高度将会上升。也就是说，这个小镇被彻底埋葬在地下。两位艺术家与该地区建立了密切的联系，濑尾通过绘画，小森通过电影，试图捕捉消失的景观和居民复杂的情感。他们根据与居民对话的"话语"创造出图像。尽管他们的媒介不同，我们很容易看出他们的艺术态度的共通性；他们都尽可能地与这个受灾地区创造深刻的联系，并在所有细节中揭示生活的现实。与此同时，他们花费大量时间和精力，努力自我反思艺术家"利用"灾区及其受害者的可能性。他们的工作体现了他们通过在不断与灾难本身发生切身关系的过程中，在文献生产和自我表达之间所产生的矛盾心态。他们的作品试图提醒大家，这些明显不同的心态其实来自同一个深层结构。

在藤井、濑尾和小森的作品中可看出，他们意识到使用当代视频媒体技术应对这一史无前例的灾难所蕴含的政治性。他们并非无条件地肯定在像SMT这样的公共机构进行的媒体素养项目；他们为这些项目的挑战做出了努力。换句话说，当今社会所需的媒体素养并不应该仅仅促进媒体运用来提升以个人为中心的信息传播能力。它更应该鼓励大众对媒体技术和环境的批评态度，以及谨慎认识使用媒体的后果。

关于"房屋"

3·11东日本大地震是一场覆盖范围巨大的灾害。此外，灾害的情况在每个地区都是不同的。因此，任何与这场灾难相关的象征性活动都附带着伦理上的责任，尤其是像仙台市这样的受灾严重的区域。如果一个展览对其展品的再现方法无法进行自我反思，就有可能会降低事件的复杂程度，并有将其单纯化的风险。克劳德·朗兹曼（Claude

Lanzmann)关于犹太人大屠杀的作品也说明了再现战争和灾难的困难。不过,朗兹曼充分理解了那种不可能性,并在此基础上创作了超过9小时的纪录片《浩劫》(Shoah)。在理解再现灾难的困难的前提下来表现灾难,也是本次3·11地震灾害展览的核心。

在本次展览的策展计划中,我们不仅仅是要完成创建数码档案和展示成果这样的行政目标,SMT也希望能够正视再现灾难的不可能这一难题。对于灾民来说,地震经历是个人的和具体的。我们不难理解为什么"记录与回想"展览所收集的大多数影像都是从个人角度拍摄或记录下来的。这些影像都是个人日常生活范畴中的记录。此外,"recorder311"的一些参加者虽然参与了公共数码档案的制作,却对于在展览会这样的物理空间中展示他们的作品感到不自在。因此,SMT决定将展览空间的设计尽量向生活空间靠近,让参观者们就像入侵者一样进入一个私人空间并观赏这些记录影像。

事实上,地震和海啸摧毁了大量的土地和房屋。当地兴建了临时房屋,并确定了集体搬迁目的地,在高地和内陆也建起了新的房屋。可是,只有很少房屋能够在原址重建。另外,由于地壳的运动,一些沿海地区的地面比地震前升高了许多,形成了新的地表,无法再看到原本的地表。也有一些房屋由于在福岛第一核电站20公里的限制范围内而无法进入。所以在本次展览中,我们强调"房屋"本身作为人与土地之间的某种关联的角色,它们也象征着两者间的各种联系。

虽然全球化正在加速,人们仍然无法如商品和资本般自由地在土地上移动。人们需要一个故乡来认同自己的身份。东北和关东地区的居民,无论是否直接受灾,都由于地震和伴随着的核电站事故,或多或少感受到如马丁·海德格尔(Martin Heidegger)提出的"无家可归"——

一种失去家园之痛。但是，我们不能够完全依赖于民族主义来为我们提供确认自己身份的想象之所。我们必须透过跟周围人的互动，来生产出一种基于情感的图像。本次展览会标题"影像之家"的意思，并非只是一个为了呈现影像而建的装置，而是对于"家本身形象"的探索。

当观众将展示的家和自己的家形象重合起来的时候，会产生一种家被作为媒介的不适感。他们会问自己："这个房间是再现了灾民的房子吗？"或者"这件家具是灾民的家具吗？"甚至"隔壁房间传来的声音真可怕。"观众能够感觉到灾难中的受难者仿佛在展览中的房间中和他们相遇。另一方面，我们并没有隐瞒展览房间只不过是仿制品的事实。我们设计展览空间时打算毫无保留地向观众展示房间是仿造的，因为各房间的临时组合墙壁是毫无遮蔽的。观众也明白这些房间和影像是对数年前地震灾难的回顾。当观众在影像的房间里行走时，他们沉浸在摄影和录像片段中，渐渐把过去与现在联结在一起，并深深感受到这些家正是悬置在时间中的形象本身。

我想在这里介绍一些我们在展览期间收到的调查问卷回复，从而得知观众对展览产生的一些感想。

- 展览有效地传达了一种不确定感、安全感的缺失以及日常生活的脆弱性。我感到伤心，但我又觉得好像可以坐在这些房间里，一直不走。我想知道如果我日复一日地回到这里会发生什么。（东京，六十多岁）
- 当我穿过这些房间时，我感觉自己好像迷路了。我最终注意到我不自觉地回忆起自己的灾难经历并通过镜头观察这些房间。离开展览后，我感到一股愉快的轻松感和奇怪的沉重感，就好像我在离开时带走了一些我去的时候没带着的东西。（宫

城，二十岁）

- 我觉得与他人分享个人经历是一件非常困难的事情。但是这个展览很好地解决了这个难题，比任何我以往看过的展览都要好。在走进每个房间时，我将自己的记忆投射到这些空间中。在一个房间里呆着，那些受灾地区的记忆以及受害者的话语就会开始深深地影响着你。（仙台市，二十多岁）

- 我一直认为电影是为公众制作的。但参观这次展览让我觉得每个作品都是为我而制作的。我只能通过将电影与自己分离并在理智的层面上观察它们来获得一些镇定。但我总认为是我自己在灾后拿起了相机拍了这些片段！（仙台市，二十多岁）

- 我以为我可以面对展览，但我一直在欺骗自己。每个房间都把我吓坏了。那些未经编辑的视频和声音。那种在某人房间里却听到了另一些人声音的经历。所有这些感受和情绪——我忍不住感到自己被"暴露"了。（仙台市，四十多岁）

这些回馈清楚地表明，从门到门穿过房间的行为是帮助参观者面对各种灾难体验的有效方法。就好像这样一来，每个人都有机会进入他们洞穴般的记忆深处中去那样。

艺术文档

通过这种方式，本次展览通过家的装置让我们能够体验到受害者的经历，在图像中捕捉到的个体艺术家的第一人称视角，并反复将它们投射到我们的身体和感受上。展览的另一个目的则是探索艺术与档案之间的关系。我认为"recorder311"网站所收集到的图像和记录正如博里斯·格罗伊斯所称的"艺术文档"（art documentation）。数码文档是公共数据，不存在于物理世界中。此外，大多数参与者既不是专业艺术家也不是作家，而是普通人。而共同的主题——这场三合一的灾难（译注：指地震、海啸和核灾）——当然是始终如一的。然而，每个参与者都选择了自己的主题和地点；他们也可以拍摄任何类型的照片或使用任何编辑方式。因此，鉴于每个数码文档都是完全个人化的，网站不仅仅是一个档案，而是一个"以艺术为基础的档案库"。

我们面临着一个全新的关于档案的问题：我们该如何制作、存储和传播本身就是艺术作品的东西？这就是艺术文档的工作，我们相信SMT正是以它现有的条件来探索如何面对这一挑战。此外，SMT并不是一个博物馆。因此，与其说是展览，可能将我们的活动称为装置更为贴切——比方说，我们不会在活动过后保存任何展示过的物品。此外，正如格罗伊斯所指出的那样，艺术文档——相对于艺术藏品而言——总体上是作为装置呈现的。我们这种将装置视为展览(installation=exhibition)的态度非常关键，因为它矛盾地强调了我们对临时和暂时的，而非不变的、固定的档案的重视。在这些档案里，我们可以以此想象艺术文档、装置和档案之间的关联。

在21世纪开馆的SMT被认为是一座新媒体机构。作为世纪交汇之处的象征，这里我们所说的新媒体本质上指的就是运用电脑与互联网的数字媒体。也许电脑不再适合被称为"新"的媒体，但图像仍然是今时今日流传最广泛的表达形式。格罗伊斯声称"生命政治"是这种向艺术文档转变的原因。生命政治是米歇尔·福柯在20世纪70年代后期所提出的概念。他认为，随着技术的进步，生命政治问题也会越来越明显。我认同新媒体让今天的生命政治变得越来越激烈，但是是在进步的意义上。如果不在政治层面上谈论技术的使用会如何影响社会，我们就无法谈论技术。互联网创造的图像媒体环境确实形成了一个媒体社会,它本身成为了生命政治和生命权力的代理人,而在其中,个人则失去了在政治上表达自己的能力。因此,作为一个为公众设计的艺术/媒体中心,SMT必须将"影像"重新展现为抵抗生命政治的一种技术,并在此过程中产生一种新的媒体素养。如上所述,这是媒体本身固有的探究力量,是挑战我们在本体论上思考的力量。

结论

在SMT成立10周年之际经历了东日本大地震之后,我们再次发现有必要问问我们自己媒体和艺术的本质究竟是什么,甚至公众和民主的意义为何。有鉴于此,我们组织了以基层社会与受害者主导的档案"recorder311";我们通过艺术文档的过程收集了普通人日常生活中的活动;我们制作了装置式的展览。每项活动的基本概念是其"叙事性"。灾后环境中诞生了无数的叙事。我们现在生活在一个全球化的社会中,我们每个人都依赖于一种共同的工具,即互联网来维持这种全球性。结果是我们现在经常忽略自己和他人之间的差异。也许我们相信互联网可以让我们摆脱所有沟通的不便。但是我们只有在我们自己的叙述中才能成为我们自身。归档这场三合一的灾难并将其作为一系列"文档作为艺术作品"的展览的真正意义在于,它使我们变得更加能意识到自己独特的个人叙事,我们从而能够想象一个集体的空间,在这里将我们自己和周围众多的其他个人叙事聚集在了一起。

日译英:Josh Trichilo;英译中:谢思堰;校对:李继忠

17

自己的影像自己救

记一个台湾民间影像保存运动

井迎瑞

前言

从2013年开始,我在台南艺术大学策划了一场名为"抢救家庭录像带大作战"的活动,一直到2018年11月在台北松山文创园区电影收藏家博物馆举办台北市社会局社工员的"家庭录像带修复工作坊",已经举办了第20场的工作坊,从一个艺文活动逐渐发展成了一个社会运动,参加对象从学校到了小区,从知识分子到一般民众,后来甚至远赴国外,渐渐掌握了社会的脉动,体察民情,感受民众之所需;这不仅是对于主流媒体的一次逆袭,更是一个深具意义的民间文化保存运动。过往"家庭电影"从未受到产官学各界的重视,往往被看作是业余的、不够专业的音像产品,以至于公部门的数据馆、图书馆与美术馆,都是以典藏主流的电影工业产品与名导名作而存在,家庭影像被视为民众业余留念之用,不具备艺术文化意义,更无收藏价值。家庭影像的载体——录像带和8毫米影片,政府没有政策,学术界和电影界也没有制定办法保存它们,以至于它们就随着时代变迁而被遗弃。然而家庭影像具有历史、文化与人类学的讯息,更是时代的记录,值得我们进一步解读,又因为它不具备创作与再现的意图,更能贴近常民生活,是研究民间生活与历史的真实文献,在后现代历史书写中更能弥补官方文献之不足。本文将描绘此一文化保存运动,也是一个柔性的社会运动的缘起、发展与未来前景,并且将讨论此运动的文化意义与美学思考。当然民间影像除了家庭电影、业余电影之外，还有庶民照片、家庭相簿等静态摄影，这也是一个很重要的区块，必须另文讨论。

Archive 中立吗？

作为一个档案人，在我入行的第一天，就以保持数据库的中立作为从事这个专业的信念，跟任何一个媒体一样，我们都知道档案库也有它的价值取向与立场，很难做到中立，但总是以这个精神要求自己，尽量做到"相对"的中立，至少它代表着一种包容与民主的精神。但是经过30年的操作后，我知道那是很困难的，即便是官方的数据库，都会因经费与典藏政策而决定收藏，同时涉及价值取向，为谁的利益而服务等问题。官方的数据库虽然是来自纳税人所缴纳的税款，照理应该为全民的利益而存在，但实际上恰恰不是如此，反倒是为了主流电影工业而服务，典藏名导名作，保存中产阶级的记忆，终究体现的是中产阶级的史观。中下阶级与劳动大众，没有媒体会关注他们的利益，保存他们的记忆，生产他们的历史，使得他们永远没有声音，成为社会的底层，没有人为他们代言。

所以会选择保存民间影像自然是表达一种立场，(台湾)官方不重视，只有民间自己来做，然而理想归理想，现实面则是困难重重，因为在媒体环境全面数字化的当下，模拟时代的媒体被视为过时与陈腐，数字化成为了一种新的全民运动，产官学各界甚至提出"数字落差"的概念，催化数字媒体的市场占有率，"数字化"成了当红炸子鸡，取得了话语的绝对优势。"数字落差"的概念促使一般民众产生莫大的焦虑，要赶上潮流，不赶快数字化就落伍了，因而取得了道德的高度。"数字落差"的概念是个歧视的名词，因为它造就了一个"高"与"低"的概念，没有数字化的民众将受到政策的集体霸凌。例如，官方就没有政策支持也没有资源投入到这一区块；官方电影中心也不会制定政策收藏、研究和保存模拟媒体，从而逼迫模拟媒体全面下架，大家考虑的都是数字化的市场占有率的问题，没有任何一方考虑到了模拟媒体上所记载的历史如何保存的问题。我们并不反对数字化，但是数字化之前，政策上，产官学各界是否也同时保护好了我们的重要文化资产，并做好了媒体的"迁徙"工作呢？也就是说，模拟内容的转制与保存的工作由谁来做呢？目前的情况是，官方并没有制定政策协助民间保存模拟媒体，厂商把所有的技术支持系统也迅速地全面更改为数字，导致市面上顿时录像带、录放机、8毫米摄影机、放映机和底片全面消失，因此民间影像没有了支持系统，成了媒体的孤儿。作为一种80、90年代民间记忆的载体在迅速流失之中，民间历史的保存产生了重大危机，因此我在推动民间影像保存时，感到极度困难，基本上是没有任何政策、经费与技术的支持。我呼吁抢救民间记忆和抢救家庭录像带，是违反社会潮流的，这样的困境我不会责怪"民间"，更不会责怪"小区"与"家庭"，官方才是最大的障碍，他们的"无意识"与"有意识"是最该被追究与检讨的对象，他们的不作为才是罪魁祸首。

我们环顾周遭，首先就是(台湾)所有教育体制里面没有"媒体素养"教育，尤其是如何带领学生去理解"家庭影像"的价值？如何欣赏家庭影像？其次，所有的公营媒体、保存机构、官方的电影数据馆和主流媒体几乎将所有的预算都用在保存主流媒体所生产的影像；台湾最高级别的电影资料馆至今保存的依旧是主流的名导名作与经典电影，换言之，家庭电影肯定不够经典，哪里有资格被典藏？这反映了一个什么样的"史观"？分明是一种"英雄史观"，而不是"人民史观"。这种史观刻意忽视人民的力量，抹去人民是推动历史向前的力量，以至于大量的家庭电影、家庭录像带由于媒体环境的变迁而被丢弃。官方机构和电影中心，连在帮助民间保存自己的影像方面都没有提供协助，更遑论由完整的官方体制来保存民间影像。从中央到地方，每一个县市政府，没有一个例外，无一重视民间影像，政府预算编列方向严重偏颇，只重视主流媒体和文青，就是不重视家庭与小区影像。县市政府千篇一律只会办那些国际影展与纪录影展，去逢迎满足文青的喜好，这方面有全面检讨的必要。

抢救民间影像为何是一种社会运动？

在台湾保存民间影像的人力严重不足，保存民间影像的机制几乎是零。若不是台南艺术大学多年的呼吁，连今天保护意识的稍稍抬头都不会有。但是仅仅呼吁是没有用的，必需自力救济，自己组织团队，组建工作室，自己办工作坊，来抢救民间影像和修复民间影像，以此推广保存意识。从2013年至今，台南艺大一共举办了20场工作坊，没有官方的资源，完全依靠民间的力量，推广"自己的影像自己救"的概念来响应"数字落差"的概念。我们从个人与家庭做起，走向小区，以乡村包围城市，以社会运动的格局，重启一个文化再生的运动，抢救、修复与典藏民间影像，并视之为一个新的公民运动。保存家庭电影，将会是后殖民阶段的文化公民权，是我们民间应得的，不需要官方的施舍，也不必是文青、精英、主流媒体与电影工业才能享受到电影资料馆、电影中心、博物馆和美术馆的服务。

为何是一种逆袭？针对谁？

在我们所举办的工作坊中，主要的元素是民众把家里发霉的或是无法播放的录像带带到工作坊现场，有我们的工作团队陪伴与指导之下让民众自己DIY除霉、修复并转档，转成DVD或是数字格式，可以带回家与家人分享，重温过去的时光，找回记忆，这整个过程就是一种建构主体意识的实践过程，体现了"自己的影像自己救"的理念，更重要的是对于主流媒体的一次反动、逆袭、抵抗。长期以来我们老百姓的权益被忽视、歧视，更被长期污染，主流媒体长期喂养民众影像垃圾，忽视民众知的权利，更忽视民众需要优质影像的权利，民众一直处于被动的消费，不仅不给我们优质影像，更不会生产属于民间观点的影像。工作坊试图经由DIY来实践"自己的影像自己救"，并由此扩大为自己的影像自己拍，自己的影像自己保存，这虽然是一小步，但是它的意义是对于主流媒体的一次揭竿而起的行动。我们做的虽然是一小步，但对于台湾的后殖民运动而言则是跨出了一大步，不可轻忽。将来，老百姓是要连本带利向主流媒体，向官方讨回公道的，这是属于常民的转型正义（注：Transitional Justice是民主政府对过去独裁政府实施的违法和不正义行为的弥补，通常具有司法、历史、行政、宪法、赔偿等面向，其根本基础在还原历史真相），而不是官老爷的转型正义。

如何定义民间影像？

民间影像泛指由民间、社群和家庭所拍摄的业余（非专业）影像，其目的以留念为主，是社群活动记录，也可能是表达社群要求，并不以公开放映或以营利为目的。家庭影像则通常只是为了留作纪念，其观众通常都是家庭成员，连表达创意与要求的目的都没有，所以没有再现的企图，拍摄的方式也不会有太多的干预，所以通常能够最大程度地接近生活现实，反映现实。正因为如此，对整个社会而言，或从整体历史的角度来看，家庭影像反而珍贵，因为它们最大程度地保留了一个时代的记录，让未来的观影者更能够看见真实，而不需要太多的解读过程。观看这些影像不需要费力去理解到底这个故事距离真实有多远，也不需要人们去琢磨到底要在众多影像之中哪些才是真实的，哪些才有价值。换言之，民间影像，尤其是家庭电影，在后现代历史书写当中才更显得重要，因为它们充满了人类学、社会学、乃至历史学的讯息；其价值有时更超越了主流媒体，因为主流媒体往往有太多的价值取向、商业炒作，甚至掺入了许多的捏造讯息。不过主流媒体倒也许是提供了不少反面教材，可让我们在了解什么是资本主义阶段的"主流媒体"的时候做参考。

工作坊的抢救对象有哪些？规划了哪些课程？

已经举办的20场工作坊的抢救对象是录像带，因为录像带是台湾民间80与90年代所流行的媒材与格式，几乎家家户户都曾经有使用过的经验，也都多多少少还保存着一些家庭录像带。内容或许是自己录的节目，或许是自己家中所拍摄的活动记录，例如小孩的成长、长辈的生日、家庭出游记录、婚丧喜庆等等，不一而足，这些都是珍贵的社会发展与历史记录。这部分我们会列为第一优先处理。其次我们将范围扩及到8毫米，超8毫米电影的抢救与维护。最后就是照片，如家庭相簿等等。我觉得我们有必要协助每个家庭保存他们的记忆，再不保存就来不及了。若干年后当我们再回头，一个所谓现代化阶段的台湾竟然是个失忆的社会。然后这是谁的错？是百姓的错吗？当然有一部分是百姓自己太大意了，但更多的不是官方的错吗？至今台湾连一个摄影博物馆也没有，据闻规划中的摄影博物馆典藏的依旧是名摄影家，与他们的作品，依旧是体现了英雄史观，而不是人民史观，这是台湾的问题，是大家的盲点，我们需要的是一个百姓的摄影博物馆,而不应是一个精英的摄影博物馆。

工作坊课程包含四个单元:

1. 历史教学:讲述宏观的媒体发展历史与变迁,说明工作坊的宗旨与目的,通常由发起人我本人来主持工作坊的开幕仪式,做主旨演讲。我会讲解抢救家庭影像的意义与重要性,并且呼吁公部门与社会各界需要重视抢救与保存民间影像的工作,不能任其在民间流失而视而不见。政府不能把所有的资源倾全力倾注于主流电影产业,分配少许资源保存民间影像应同样列为施政重点。

2. 录像带的修复教学:由我带领的培训团队来主持录像带的拆解与修复教学,由他们示范并且指导学员拆解、除霉、修复录像带,让每位同学都自己动手清理维护自己的影带,DIY体验揭开了"黑盒子"的神秘面纱,也打破了庶民难以"近用"媒体的迷思。

3. 录像带的转档教学;运用市面上能够取得的转档软件在笔记本电脑与培训团队提供的录放机即可进行转档,每位同学也都自己动手,能够使用简单软件把自己带来的影带转成数字档案。这种动手DIY过程本身就是一种"培力"的过程,具有很大的教育意义。

4. 家庭电影的放映与分享:这是工作坊的压轴好戏,每次到这一单元都堪称一次"家庭电影世界首映会",轮流放映同学自己修复的家庭录像带,有的是自己未曾参与的父母的结婚典礼,有的是同学襁褓时期成长记录,学员们分享他们首次看见这些从没看过的影像内心的感受,都表示迫不及待地想回去与家人分享这些重新找回的影像，重拾这段家庭历史与家庭记忆。

这整个教学过程是源自约翰·杜威（John Dewey）的"做中学"理念，与保罗·弗雷勒（Paulo Freire）"受压迫者的教育学"的概念，希望从DIY抢救家庭电影的过程中不仅获得媒体素养的提升，更能获得一种自觉与自主意识，所以这个教学过程是一种批判教育学的教学方法，对于那些受压迫者，那些在社会底层的劳动者，那些主流媒体永远看不见的、没有声音的群体，这种教育方法有望能够激发他们自主的维权意识，尤其能让他们将于媒体的"近用"视为一种文化的公民权。

结论

抢救民间影像的价值与意义我整理了四点如下：

（一）抢救民间影像是为了建构"庶民影像"之主体性。抢救家庭影像不是突发奇想，亦非奇技淫巧，也与"小确幸"无关。这是一个新文化运动，是深受上世纪60年代第三世界"激进媒体"的影响，与"人民电影"、"人民数据库"的主张相近。80和90年代台湾经济起飞，录放机、录像摄影机深入家庭，一般民众可以自己录像、自己播放，庶民拥有了影像制播的主控权，强化了阅听人的主体意识，也反转了民众消极的观影模式。那是一个影像民主化的年代，台湾民众第一次经历了"参与式"影像洗礼。然而这个经验被当前消费型的媒体文化所稀释，更被当前日益恶化党同伐异的媒体歪风所覆盖，以至于这种珍贵的经验被逐渐淡忘与轻忽。知识界必需不断的回顾与提醒，重新建构"庶民影像"之主体位置，"我们"才是媒体的主人。

（二）抢救民间影像是一种"抵抗"行动。在强势的消费型的主流媒体文化宰制之下，媒体近用权与文化公民权被牺牲，因此人民的影像要人民拍，自己的影像要自己救。工作坊看似轻松，操作过程看似欠专业，但这过程就是一个仪式，是一次属于人民自己的影像实践。我们从此拒绝主流媒体强灌人民影像垃圾，我们要追讨我们的话语权，因为那是全民的资产，我们要求自己定义的"转型正义"。

（三）抢救民间影像是一种另类选择。我们长期被好莱坞文化洗脑，以"说故事"与制造"奇观"成为影像生产的唯一选项而不自知。影音产品的生产为何一定要说故事？为何一定要制造奇观？我们为何不可以回到生活当中纯粹记录我们的生活，选择我们要看什么，来重新定义何谓"重要"？

（四）抢救民间影像是一种去殖民工程。"家庭录像带修复工作坊"是在地与第三世界的连结，是小我与大我的共构，反殖的过程也是反霸权的过程，好莱坞也许就是这样一个带有"殖民色彩"的霸权。从2013年开始，南艺大首先发起了这个民间的运动，我们从校园到小区、工厂、农村，到关岛、曼谷、马尼拉与其他第三世界国家，至今天已经是第20场的工作坊，我们会继续走下去。

公部门与社会各界需要重视抢救与保存民间影像的重要性，不能任其在民间流失而视而不见。设计并且发展一套简便可行的保存方法让民间使用，是政府、学界，无可推卸之责任。我们应该这样看：人民有免于丧失记忆的自由，因为那同样是天赋人权。

18

没有档案人的档案库

《我在呼唤你:人类与大象的重生》笔记

松本笃

档案属于谁？本文的目的是通过制作一本名为《我在呼唤你》（*I'm calling you*）的摄影集（出版于日本，2017年）的过程来探讨这个问题。

没有档案管理者的档案库

建立档案库这样的工作已经不仅仅局限于被我们称作档案工作者的专家。珍妮特·巴蒂斯安（Jeannette A. Bastian）和本·亚历山大（Ben Alexander）创造了"社群档案"（community archive）一词来描述近期全球范围内盛行的非专业档案保存，并描绘了一些引人入胜的例子（Bastian&Alexander 2009）。各种各样的人都开始在草根和以社群为本的档案项目里担当档案管理者的角色，日本也不例外。自21世纪早期以来，在国家档案馆、图书馆、画廊、博物馆等传统档案实践和理论的引导下，由非营利组织领导的草根档案库在各地萌芽。以东日本大地震为契机，上述的趋势将会变得越来越明显，我们可以预见日本的档案库建设方式将发生巨大的改变。我从伯纳德·鲁道夫斯基（Bernard Rudofsky）的《没有建筑师的建筑》（*Architecture Without Architects*, 1964）得到灵感，我把这样的倾向称作"没有档案管理者的档案库"。

笔者认为本人所组织的 AHA!（Archive for Human Activities, 人类活动档案）可以称作是现今日本"没有档案管理者的档案库"这一现象的代表。AHA！是一个提倡市井平民日常记录价值的档案项目。这个项目是remo，一个支持以档案、表达和媒体来创作艺术的非营利组织的一个子项目。remo于2002年在大阪成立，它致力于实践和研究自21世纪开始盛行的个人媒体所蕴藏的潜力。我从2003年开始认真地作为组织者参与remo，并开始开展一个在自媒体时代即将来临之际回溯其发展的脉络的项目。对我而言，我觉得可以从考古学的角度来重新理解个人档案所具有的社会价值。我认为针对当今媒体的记录和表现手法进行批判性观察，是一种行之有效的方式。我于2005年启动这个项目，并开始收集与归档用（日本）普通家庭中首先普及的8毫米胶片所拍摄的家庭影片。AHA！就这样开始了。

图像的作用如何跨越时空的距离？自成立以来，AHA！一直致力于解决这个问题。事实上，这个问题的真正起源可以追溯到我还在读初中时，那时候的我作为一个灾民经历了阪神·淡路大地震（1995年）。对当时的我来说，这个问题成了一种模糊的焦虑慢慢渗透着我，但是随着时间的流逝它渐渐地成型。它形成了以下一系列不太明确的问题："灾民如何将他们的经历传达给非灾民？我们如何把我们的经历分享给和我们亲近却没有共同经历的人们？非灾民如何才会觉得他们也能感同身受？有没有可能在不过度简化当事人经验的情况下创造一个体验给非当事人，或者那些和灾难完全没有关联的人？非当事人能给其他非当事人传达什么？究竟怎样可以算是当事人……"当AHA！在地震发生十年后于2005年成立时，我提出了更多跟我青春期时期经历相关的问题。这些问题关于记录的保存和记忆的继承，或者说是用媒介理论探讨了围绕着"图像"和"非当事人的体验"的问题。而且，我意识到了AHA！应该准确地针对这些实际问题作出回应。AHA！继续将这些问题视为其实践的中心,因为它肩负着收集和展示那些私人记录的任务。

我在呼唤你

近年,在美术馆的协助下,与记录和记忆有关的艺术作品在不断增加。一个具有代表性的例子便是于2017年9月完成的《我在呼唤你》艺术作品集(企划/编辑:松本笃,设计:尾中俊介「Calamari inc.」,发行:武藏野市立吉祥寺美术馆)[1]。在东京曾经存在过一头名为"花子"(Hanako)的著名亚洲象(1947-2016)。这头亚洲象是第二次世界大战后日本最早的和平象征之一,它的名字继承自一头在大战中的上野动物园里被宰杀的象。"花子"在当时是一个常见的女性的名字。人们说她可以实现孩子们的愿望。她之后被转移到井之头自然文化园单独圈养。在那里的两起意外使她被称作"杀人象"。六十年了,这头这么大的动物也算活了很久。她见证了日本战后的岁月并于2016年5月[2]去世。本文的目的是揭示她这69年间的每一瞬、每一日,发掘和重建长期不为人知的纪念照片和动物园中的记录,即各种在花子漫长寿命中所积累起来的相关档案记录,并通过它们讲述她的故事。我希望能够创造出与被主流支配的叙事不同的花子的形象。与此同时,我也希望能触及围绕着这头大象的人们的故事,那些失去和再生的故事。

创建这本摄影集的最初起因是因为自2015年起,AHA!在东京武藏野地区向大众征集家庭录像的8毫米胶片。在许多提交上来的胶片和家庭相册里,我们发现都有花子的身影出现。看到那一代人基本上拍摄了花子的一生时候,我们意识到,她就是连接照片中那些人的生活的线索。换句话说,花子的存在可以被理解为在几个层面上的一种媒介形式:在微观层面,它连接着不同时间里"拍摄者和他们的拍摄对象",在中微观层面,它记录着"武藏野历史";在宏观层面上,它的生活可以作为记录着"战后日本历史"的档案。我们在2015年11月至12月的实验性收集计划中收集了照片。截至2016年4月,基于"通过大象来看到人"

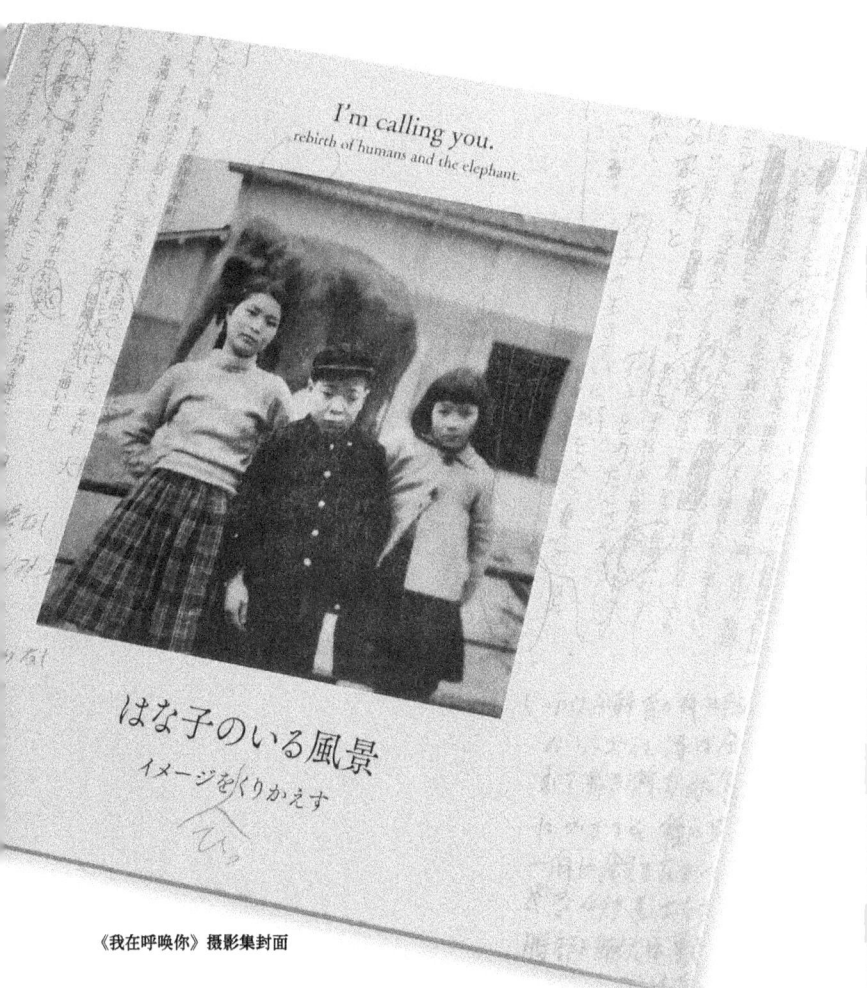

《我在呼唤你》摄影集封面

的概念，由大量来自城中各个家庭的花子纪念照片所组成的合集终于将要破土而出。

然而，就在该项目即将开始的时候，花子在5月26日去世了。花子，一个联系着各式各样的人的线索被切断了。大家纷纷对花子的死亡表示哀悼。花子的逝世也自然地改变了我们项目的性质。于是我们决定了第二个概念："通过人来看到这头象"。具体来说就是我们现在感觉到了回顾花子这前所未有的长达69年的生活的必要性，而这些纪念照片也成为了一个新的线索。《我在呼唤你》项目便在这个背景下继续上路了。接下来的问题就变成了我们如何将两个相反的目标——"通过大象看人"和"通过人看大象"的概念——组合成一本摄影集。在2016年7月，我们使用吉祥寺美术馆和井之头公园动物园作为接待中心，开始更广泛地收集"花子"分散于各地的纪念照片。

从小场所提出大问题

截止至我准备书写本文时，我们已经收集了三种材料：纪念照片、饲育日记和调查问卷。第一种收集的即是相片。从2016年9月后的三个月间，我们从邮局和电子邮箱收到了约550张照片，大多都是来自武藏野市周边的居民。不过，我们也从鸟取县和国内其他地区收到了一些照片，甚至还有通过SNS从美国收到照片。这550张照片都不是在跳蚤市场上或网络上找到的。在被我们收集到前，每张照片都存在于现在活生生的人们的个人相册或硬盘里。为什么在这么多年中，人们总是喜欢站在花子面前拍照？AHA！希望尽可能多地向公众公开照片，但由于预算和其他因素，我们被迫只能选择有代表性的一部分。不过，我们的选择标准并不是审美上的一致性，而是用了以下三个原则缩小了选择的范围。首先，我们排除了只有花子的照片，这些照片里她要么模糊不清，要么平平无奇。其次，我们优先考虑了那些标示了拍摄时间的照片。第三，被拍摄的人必须是面对相机的。最后，我们选择了169张照片放入摄影集里。

在选择了169张照片之后，下一步就是根据井之头自然文化园的饲育日记记下拍摄照片所述日期。在访客们留下花子纪念照片的那一天，饲养员留下了什么记录？通过这些日志——这些被谨慎地保存在一个单间里的日志，这些被不知道多少员工们日复一日地认真书写着的日志——我们看到了花子不为人知的日常生活。其中的一些日常被分类书写，也有些只能在照片里得到一点线索。举一些日志条目作为例子："花子昨晚表现得非常暴躁。她拉下了用于保持住房内热量的遮光窗帘，并将其撕破，并咀嚼成小块。窗帘已经不能用了。今天，我们看到她的行为没有异常"，"白天的行为没有变化。下午洗了身体。至于她咀嚼时明显的虚弱，我从她张大的嘴里能清楚地看出没有任何松动的牙齿，因此我认为她很可能有一颗蛀牙"，"四个年轻人在花子住所后面捅了个洞然后钻了过去。看起来他们爬过了大院内的围栏，有意骚扰她。警卫赶走了他们"。我们真正了解花子日常生活的经历吗？我们的工作自2017年3月开始全面展开。除了没有记录的日子，我们收集了111个日志条目，而这些都是以前除了饲养员以外不为人知的记录。

饲育日志的抄写工作告一段落后，最后一件事就是收集照片贡献者的声音。我们向169张照片的每个贡献者都发出了一份调查问卷，请求他们描述一次失去重要的人或者事的经历。在所有的这些照片里，焦点都是前景的人物，而花子总是在背景中失焦。但是以花子的离去为契机，这些人成为了照片的提供者。我想知道这些对花子的离去产生共鸣

p.1955.5.5
翻开粘贴的图片将展现另一张同一天拍摄的照片。此外,你可以在1955.5.5页面中找到补充问卷小册子。

p.1956.11.7
在同一天几乎同一时间拍摄的两张照片,来自两个不同的提供者。在这本书出版后,经过这么多年后,两位提供者终于相互认识了。

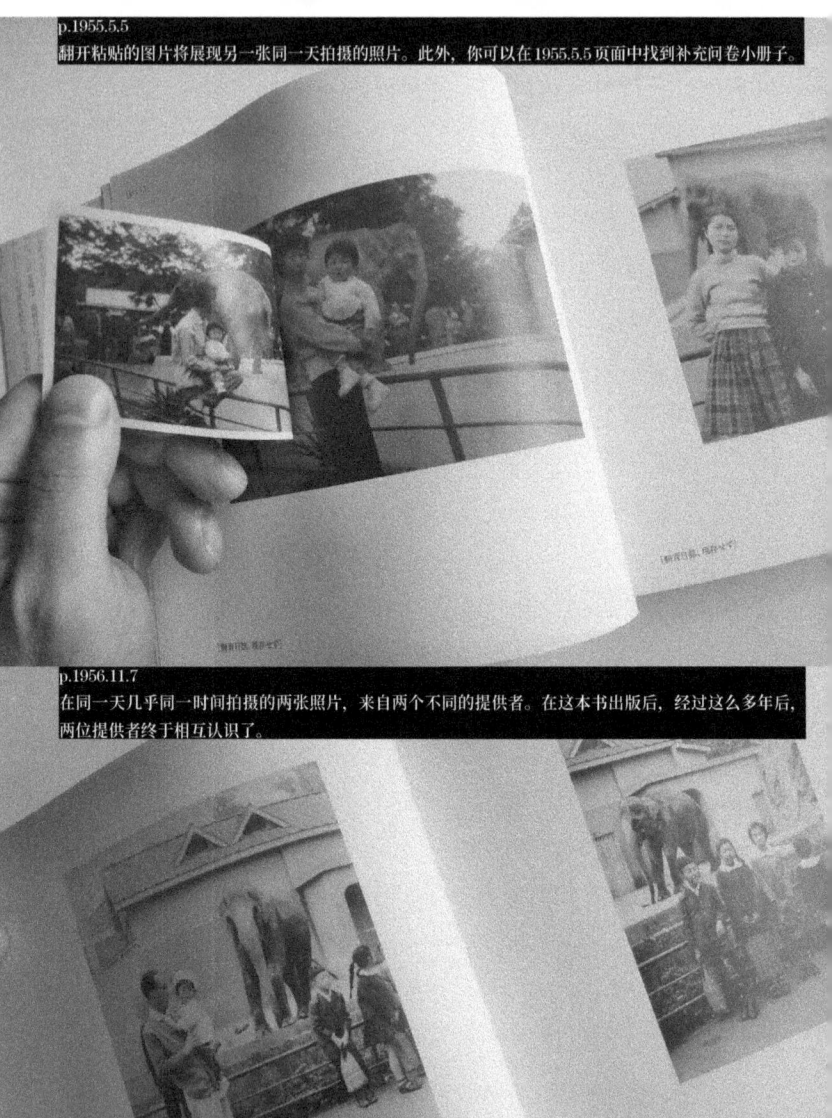

p.1975.4.1
在长时间保存于相框里之后,照片的中心部分已经褪色。我们还复制了当时留在图片背面的备忘录。

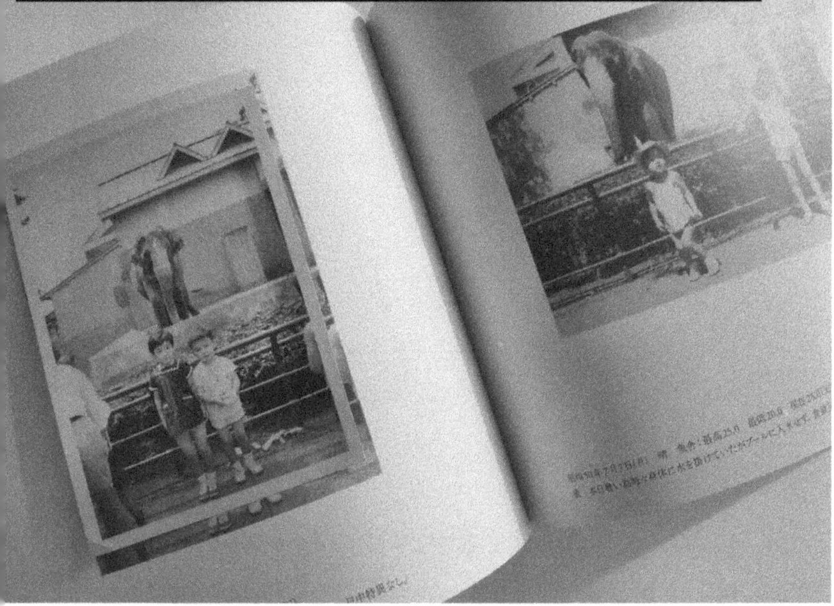

到主要部分的最后,问卷小册子将出现在封底下。将小册子的第一个条目与书中主要部分的图片相匹配,就会促使读者去看本书的开头。因此当读者翻阅本书时,图像就会被重新见证和翻来翻去。

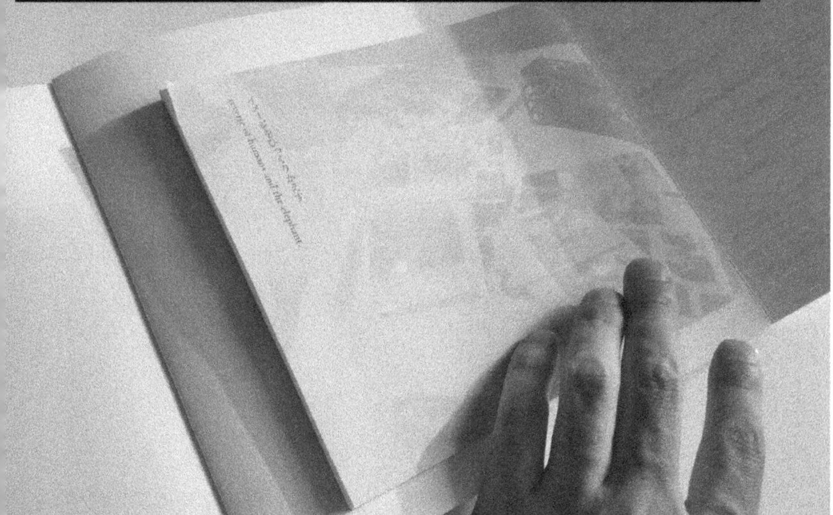

的人们曾在自己的个人生活里失去过什么。而收回的调查问卷其实就是我们在这69年中失去的事物的档案。与此同时,这份档案也是当我们开始回忆"缺失"的那一刻开始,我们对那些"不在这里"和"在这里"的边界在开始模糊的瞬间的一种记录。"我失去了家乡的风景,它永远的改变了。我出身于福岛。我最喜欢的回忆之一是我的儿子和我沿着海边散步。我们突然在海边驻足,这不是我们通常会做的事。那是震灾前一年的8月我回家时,在那次散步中我仔细地观察了大海。当时的情景我一直记得很深。""我的希望是父母身体健康,但我已经二十多年没见过他们了。如果这本记录有机会让我的父母看到就好了,也许在图书馆……""我发的照片是我弟弟和我的照片。那时我7岁,弟弟6岁。第二年,弟弟在井之头线的一次交通事故中丧生,所以这张照片记录了我和弟弟最后一次一起去自然文化园。事实上,这也是我和弟弟的最后一张合影。"我们从2017年5月开始收集调查问卷,一个月后,我们收到了106份回应。

再生和逆再生

这本摄影集探讨了如何让矛盾的概念共存,例如"通过大象看人"和"通过人看大象"。我认为关键在于"顺时的播放和逆时的回放"的这一双向概念。我在和设计师和美术馆策展人进行了深入探讨之后,我决定将书分为两个部分:第一部分为摄影集(主体,192页),第二部分为收集的问卷回应(卷末小册子,64页)。在第一卷中,我们在每一页上印了一张纪念照片和相应的饲育日志,并按照"从花子的出生到死亡"的时间顺序排列。在反复翻阅这些页面时,读者不断地面对以下事件:人和大象,图片和文字,观看和阅读的行为,以及个人和公共记录的领域。这个设计希望让读者能远离单独的元素，直到一个更完整的画面开始形成。

本书的第二部分是从照片的贡献者那里收集的106份问卷，按逆时序的方式排列，并总结在一本小册子中。然后，我们决定让附上的小册子突然出现在主书的末尾。换句话说，在按照时间顺序阅读照片的过程结束时，关于每个照片提供者的失去和纪念的故事就会在相反的时间顺序里展现出来。这里要注意的一点是我们在照片和问卷调查上都附上了日期。通过这样做，读者将不得不依靠这些日期来探索两个部分，从照片到日志条目，从日志条目再到问卷调查，最后再从问卷调查到照片。因此在这样的阅读移动中，读者能够体验大象的和人的视角。换句话说，通过向前翻页（再生）和向后翻页（逆再生），读者能在单张照片中遵循两个独立的时间线——人的和大象。读者最终可以穿过将人们和花子分开的此处和彼处，这是单靠照片无法做到的。

最后还有一件值得一提的事情，我们粘贴了大约30张实际照片以配合某些条目。我们希望对主要部分中记录的所有169张照片赋予相同的价值，所以我们先将所有照片转换为单色，然后再均匀地裁剪和调整了所有照片尺寸。随后，我们重印了我们收到的30份照片，并将它们贴在实际书页上印刷的单色照片上，如此一来后者就被隐藏起来了。当你翻起这些照片时，页面上会显示来自同一个提供者的不同照片。这些后面的照片则是1) 同一个人在不同时间的动物园照的照片，2) 同一个人同一个时间但不同的角度，3) 与照片提供者的问卷回应相关的近照。另外，我们不想掩盖我们的编辑工作。也就是说，我们想要表现制作这本书的过程，也就是我们如何将许多分散的个人物品集中在这个集子里的过程。我们还想让读者有机会反复思考真实与复制之间的差异。此外，我们希望通过展示在整个时间段内照片尺寸发生的变化来传达摄影的历史。最后，我们想要表现档案和记忆的脆弱性，因为我们知道这些附加的照片总有一天会掉落。在制作方面，因为这本摄影集在预算方面并不昂贵，也因为我们想要来自当地的参与者加入进来，所以这本书是在一个雇用精神残疾人的当地作坊里印刷的。

借用他人的视角

我们如何以花子的生活作为中介将陌生人联系在一起呢？相反，我们怎样才能通过这些陌生人的生活来表述花子的生活呢？《我在呼唤你》项目的挑战是如何用一种双向的方式将分裂的深沟两侧融为一体。任何评价项目成功的说法都基于对169张照片，111个日志条目和106份问卷的组织上。我相信这个项目的成功也是源于上述的相反时间顺序系统。我希望这本摄影集——包括所有的补充附加材料——在具有一定魅力的同时能够保留一种极简主义的美学。这样做的目的是传达档案、记忆和时间的深度和错综复杂。我们努力将经历了花子的一代人的生活与周围人的生活联系起来。这本摄影集对深度的追寻都源自于它从花子69年的生命中借来的169秒，以及106名提供者花费的时间的深度。他们都被花子的逝世所触动，从而写下了他们自己所失去的。

自2017年出版以来，该书一直受到好评。它已进入第二次甚至第三次印刷（截至2019年1月）。这是非常少见的，因为由日本的美术馆机构制作的出版物大多数都止于初版。我相信我们的成功当然归功于那些见过花子的人。但我也认为这要归功于那些从未见过她但又为本书内容投入精力的读者。此外，许多读者一定也看到了自己在书中的影子，尽管他们没有提交自己的照片。他们一定也感受到了在根据日期探索这些条目时所投入的精力。读者成长中的岁月被照片、服装、建筑物以及照片提供者所提到的所失中展现出来，这些不同因素的相互作用激发了读者自己的记忆和想象力。然后读者能够仔细地检视并重建这些记忆，从而再一次赋予它们新的意义。读者自己的记忆通过和这些从未遇见的人的记录便能够进行相互的重塑。的确，我们所有人都是在别人的目光中生活的。在页面翻开时，照片提供者的记录超越了个人的领域，成为所有人共享的宝藏。这本书也给所有从未见过花子的读者提供了一片想象的风景。

AHA！参加了2018年11月至2019年1月在台湾关渡美术馆举办的群展，在展览中展出了《我在呼唤你》项目的相关照片。我清楚地记得一群年长的女性站在一条长长的队伍中，在展览中徘徊的同时在深入地参与谈话。在那一瞬间我觉得他们已经很熟悉花子了，但我错了。实际上，花子的照片让他们想起来曾经去看"林旺"（编注：林旺是孙立人将军在1942年至1945年中国军队远征缅甸期间，于战后从日军部队手中接管的缅甸大象，后随孙赴台，并度过余生）时候的情形。林旺是有史以来最长寿的亚洲象，曾在台湾度过了其大半生。花子和林旺，日本和台湾。他们从未见过面，但他们是两头让人们的生活有了交集的大象。此外，如同这些大象，我们也有从未见过的读者和提供者，但后者记录的档案肯定会影响前者。从来没有相遇过但是互相回应着——大象与大象，人与人，人与大象。通过这种方式，这些图像跨越空间和时间并产生差异。也许正是因为这些差异，我们的生活才是如今这样。

日译英：Josh Trichilo
英译中：谢思堰；校对：李继忠

参考书目

Bastian and Alexander (2009) *Community archives: the shaping of memory* (Facet Publishing)

Rudofsky, Bernard. *Architecture Without Architects: A Short Introduction to Non-Pedigreed Architecture*. Academy Editions, 1964.

注　释

1. 这本书是为"对话 / 和平 B 部分"展览而制作的（武藏野市立吉祥寺美术馆，2017年。项目策划为大内曜）。

2. 最初，花子于1949年被安置在上野动物园，后于1954年搬到了井之头自然文化园。在撰写本文时（2019年），花子仍然是有史以来活得最长的亚洲象之一。

19

"诸众之貌"

黄孙权谈连结、网络和亚洲影像资料库

黄孙权 & 潘　律

2016/09/13　　香港湾仔 OVO Cafe

关于诸众之貌计划

以计数的词汇被创造出来描绘社会的集合,人民、大众、人群、群众、诸众,阶级等等。越是从上而下的权力部署就喜欢调动这些词汇,知识分子与民粹主义者几乎同样热情地表达对这些词汇的爱好。它们出现在各种传播媒介上,网络技术的发展使得它们愈来愈精采地指涉与它们恰恰相反的事务,精英、少数、小众、资产阶级集团的偏好。如今,我们企图重新构造这些词汇的内容,目的不在于绘制词汇的正确意涵,相反地,我们要歧义它们直到不同面貌出现为止。用植物的比喻来说,我们在找寻社会动力结构的种子,而非花朵。

我们希望建构一个生产开放性的平台,让内容发布具有更大的影响力与散布力,全部开源取用。然而,我们并不想倡导个人英雄主义般来推销成功改变世界的方略,"虽万人而吾往矣"是新自由主义道德加上科学研发至上复杂的合体。取而代之的,我们想看到一个群体如何在与其他群体交往中,展开知识与实践的自我学习,动员力的自主与连结。我们将从亚洲范围开始,在网站上建立群体交往的档案。以此开始,诸众方现。本计划原由亚际书院支持,现今为独立的社会项目。由来自台湾的黄孙权教授任统筹工作。 (摘录自 http://multitude.asia/about, 于2022年8月7日造访)

为什么会有"诸众亚洲"资料库?

潘:简单的讲一下你以前受的学术的训练或者是跟艺术相关的背景。

黄:我其实是读建筑出身的,大三大四的时候参加1990年的三月学运,在念研究所的时候就参与各式各样的这种运动,从反核到地下电台,到去AIC[1]抗议,反正你能够想象的我都做了,然后还去了地下电台主持将近一年多的地下音乐节目。那后来主要是因为在1997年我搞了一次台北市,大概是华人第一个反都市更新的运动,叫"反对市府推土机运动",经过那个运动以后我才发现干建筑和设计实在太蠢了,基本上是为资本家服务嘛,否则你根本拿不到case,那你帮公共部门服务又很无聊,反正体制就是有问题。所以后来我就去念了博士,那个时候我就开始转向建筑史和文化研究,当然还有社会运动研究。我大概从研究生二年级,硕士班的时候就搞《破报》,搞了二十年,所以我基本上是边念书边搞运动。其实我以前不太瞧得起艺术,我觉得艺术就是一个无聊的资产阶级的游戏。后来大概2007年还是2008年高雄师范大学他们搞了一个新的跨领域艺术研究所,需要找一个有空间背景的人去教,那我觉得很有趣所以就去了。去了以后就开始思考艺术可以干嘛,所以才开始慢慢搞一些跟艺术有关的东西。所以基本上我是不太懂艺术的,我大部分搞的其实都是我进到社区里面做田野和做组织的时候,发现艺术会比原本我们那种干枯枯做田野的方法更动人,然后我开始多了很多种不同的工具可以跟居民聊天,让他们聚在一块儿讨论自己的事情。也就是说艺术变成我在动员社区的工具,如果真的有艺术品的话那就是我的副产品,做了有人要拿去展览我觉得也很好啊,对我没有任何损失,那基本上我对艺术的态度就是这样。

潘:从什么时候开始把这个活动范围扩张到亚洲的?
黄:我以前在搞运动或者搞《破报》[2]。"诸众之貌",就是我开始可以有一些资金带一些钱去给他们,这大概是2012年左右的时候。

"诸众"是什么?

潘:"诸众"这个字当时选的时候是怎么想的?
黄:我其实一开始选择"诸众"没有太大的目的,就是那三本书嘛,奈格里他们那三本书,《帝国》、《诸众》和《大同世界》,我想的就是其实回到"诸众"每个人都很不一样,可是只有在一个共同行动过程中会变成一个multitude。这是三本书里头的核心概念,所以我在想什么样的状况是共同行动?我觉得音乐、戏剧、艺术可以让这个共同行动产生,那我们应该重新想象这件事情,所以我就很简单把项目叫做"诸众之貌"。

我觉得应该趁着这个机会重新整理一下这些我以前乱七八糟的经验。因为以前我在搞《破报》、做新闻的时候都会觉得好像新闻是未来的历史。可是你想想看可能台湾那种新闻是非常可怕的，如果这些新闻是我们未来的历史那惨不忍睹，所以我就在想可不可以回到那些我非常熟悉的经验，然后重新看一遍，找一些真正重要的东西把它整理出来，让这个东西变成以后我们当下的新闻。这是一开始的很模糊的想象。两次最主要的原因一个是2004年、2005年，我在岭南大学客座。所以那时候我就帮"香港独立媒体"搞了独立媒体，因为那时候我跟国际的黑客比较有联络，我也知道怎么搞编码，这次来我又跟香港建立非常熟的关系。

2013年我到中国美院去客座，那就开始谈这个"诸众之貌"的计划；后来我想认真做个亚洲的社会运动影像资料库，然后重新回过头去把一个案例全部梳理过一遍。所以"诸众之貌"是在这个状况下慢慢成形的。那时候有一些非常基本的原则，就是说我虽然讲香港独立媒体，但是我并不是在讲这个媒体本身，而是这个媒体它这么长的过程里头跟其他团体合作的关系是什么，然后这些人参加过跟参加后之间的变化又是什么，而且跟香港独立媒体有关的各种组织，从影行者到菜园村运动，再到独立小学，各种运动几乎我们都访问过一遍,我希望这些东西都可以留下完整的访谈资料。我要做 archive 其实是作为一个团体跟它周边的事情达成联系。

潘:可是"诸众之貌"其实某种程度上在做纪录片吗?
黄:我们做的是资料库,而不是真的是纪录片,所以你看我们的片子本身并不太好看,因为我们并没有要求做一个非常艺术性的作品,就是我要让一个影像变成一个索引吸引别人来读,然后我把这十年的历史都讲进去。资料库不会说话,如果有兴趣就去看我的访谈,我希望(观众)进去真正的访谈文本里面去。你可以把影片想象成我们背后那些交互的索引。

潘:你有觉得做资料库是一个自我壮大的过程吗?
黄:老实说我搞《破报》搞了二十年,它是台湾最重要的另类媒体,所以我想要说话的欲望可能还在,以前能用建筑说话,后来用媒体,那现在我就用 archive 告诉你说"你们这些年轻人不要觉得你们很屌或者很厉害,因为这些是你们的长辈都做过的"。我们这一代如果对下一代的贡献,就是把我们这代跟上一代的故事好好地留在这儿。你每次把中国美院的学生带出去,就是看香港、台湾、印度、日本、韩国、马来西亚,他们其实是会长大一点点,然后像中国美院的一些年轻艺术家条件非常好的,可以透过这种东西想象不同的艺术呈现。我在的那个学校是跨领域艺术研究所,很多学生都不是念艺术,研究所本来就是收很多奇怪的人,有念建筑、历史,有设计师,又有学影片拍摄的,因为我们的学生本来就很混杂。

潘:我在网站上也有看到 articulation,平时我们当然说的就是"连结与网络",是一种表达,但是还有一个就是联结的意思。

黄:这个概念一开始当然是从文化研究角度看,其实在我们真实的经历里头我们一直觉得 articulation 是"诸众之貌"最核心的概念。例如"黑手那卡西"乐队[3]里的"黑手"就去组织工人吉他班,教工人自己唱歌,但他觉得也不太够,所以他们开始去跟麻风病的病患、精神病的病患,还有性工作者一起合作、一起写歌。换句话说这个过程就开始让很多人连在一块了,所以他们其实就是 articulator,换句话说音乐也可能发挥 articulator 的功能。

性工作者在台湾上街的时候会戴公娼帽,因为怕你的孩子看到你上街,然后知道母亲是一个性工作者可能会不好。然后麻风病人当他意识到他要戴性工作者的帽子他突然觉得有点害怕,因为他觉得麻风病是我不能选的,可是性工作者是可以选择的,换句话说弱势还是会歧视弱势。我们不能把弱势全部都当成一块,好像这样他们都会互相合作,没有那么简单,正是因为这样弱势的很多东西才会被大的资本主义或者霸权压迫嘛，因为每个人都其实是社会结构的受害人，可是每个人都觉得好像跟别人不同，有可能还觉得自己比别人高一等。可是经过这个很长时间以后，那些麻风病的病患才意识到其实一般人对他们这种病的歧视就跟对那些性工作者的歧视是一样的，并没有什么高尚和低劣之分。然后他们才开始真正地认真唱歌。所以我觉得这个过程里头很像 articulation，就是开始让弱势者真正地手拉手，体会到社会压迫者非常多不同的来源，我们是在同一个社会结构里头遭遇到不同的歧视。连结不是我们两个志同道合手拉手就行了。

香港的独立媒体在这十年里头连接了非常多台湾、香港社会的主要的社会运动的力量。那我们去采访马来西亚的左派书店也是这样的。他是一个马来西亚人，但是是华裔，他本身在一些展场里头卖那些左派的书，后来就开始出版左派的书，不是盗版左派的书，就跟台湾的唐山书店老板一样。后来他就莫名其妙被抓去关了，关了十年。然后关的十年过程里，他每天起来都唱毛时代的歌，然后他说的左派理论都是监狱里头告诉他的，所以他出来以后发现马来西亚华人虽然很团结，但犯了一个错误，我们都谈马共，而马共里面有华人也有马来人；可是我们中国大陆谈都是谈中国、华裔这部分，但马共要怎么看待呢？所以他就开始认真的学马来语，然后把他的书店变成是一个左派的马来语，穆斯林跟马来人，甚至印度教徒也可以合在一起的地方，就是他的书店本身就变成是一个 articulation 可以发生的地方，那像马来西亚的左派的书店也给我很多启发。

那唐山书店[4]当然相对简单一点，对我们这一代来说，以前念书的时候书不是很贵吗？唐山老板就是把那本书拿来直接拍照出影印版，直接就变得很便宜。我念博士的时候几乎所有书都是盗版的，都是他出的，不然我根本买不起。在图书馆也根本借不到，因为只有两三本，大家都借。那我觉得其实这些东西都是 articulation，而且如果马来西亚那个左派书店的老板他培育了新一代的所谓左派知识分子，那唐山其实对我们这一代左派的知识分子来说也很有帮助。所以我才意识到每一代其实这些东西好像都是一个 articulation，所以我后来就鼓励我们这些策展人说你们就用这个概念去做一个展览，把这个东西做出来。我当时给他们一个目标说如果你可以 marking 一下广义的华人世界里头那些年轻人的连结的力量在哪儿。当然有点风险，因为涉及到很多敏感的东西，所以当然他们要自己小心避免踩线问题。

潘：再进一步讨论就是，"articulation" 里面也可能带了 "art" 这个东西。

黄：完全是巧合，不过刚刚好就解释了一切，因为我真的翻过"art"

这个拉丁文的解释，我看到最后一条的时候我好兴奋，觉得这就是我要的东西。

潘：您刚才说 art 是一种工具，对吧？

黄：这是一个非常难回答的问题，我承认根本上不管是建筑，或者是声音的艺术还是视觉的艺术，它的确是一个感性表达的工具，这个感性工具长期以来有一套标准让我们知道什么是好的什么是坏的。比如说我去访问印度那些科学家，他们在做农民扫盲运动的时候，把编的很多教材去给农民看，农民根本都不想学，因为看书很无聊。可是他知道农民是非常喜欢唱歌跳舞的，所以他就把教科书编成歌让他们唱，编成一个剧、舞让他们跳，让农民会觉得这是他们很习惯的形式，他就唱了，他就跳了，他就演戏了，但是那个演戏的过程他就学会科学知识。也就是说感性表达人类本来就会的，可是我们不晓得再怎么样的分工，这个东西离我们越来越远，以至我们越来越不敢去使用我们可以表达的方式，我们在歌星前面就不敢唱歌，或者我们在一个好的艺术家前面就不太敢画画，这个很怪，因为可能每个人都喜欢分好坏。所以从根本上我觉得如果你只是作为一个感性表达的工具的话那就没有好坏的分别，就没有什么比较艺术的分别，但是如果你在展览场域里头或者当代艺术里头那当然有, 因为它是一个论诸形态的决定,所以这个时候你就应该更有力量,更有政治触觉去介入这种展场中的论述结构,那才是策展的功用。我觉得在展场讨论艺术与否反而是另外一个战场,可是在生活或者在运动场合里头讨论艺术的功能与否是另外一个态度。我大概会很分裂地把它分开看,因为我觉得好像两边都有一些应该要战斗的地方,你也不可能说你一边倒,你都搞社会性参与的艺术就不管展场,因为不可能对这些艺术学院的学生说你以后不要去展场了,应该让他们两个都知道,他们总有一天会想办法突破一些东西。我落实运动的时候,我可以完全不管学生,我也不用管展场,可是如果你是一个教师的位置,你也很难说让你的学生都不要去展场。所以我觉得你应该是有非常的政治触觉去做这个工作。

潘:在"诸众之貌"的这个资料库的建立过程当中,有没有需要反思或者批评的例子?

黄:我觉得主要大概有两个问题,第一个问题是我有点一厢情愿,因为我一直觉得我必须让资料库自己会说故事,所以我坚持要做影片出来,而不是一个纯粹的资料库,因为我觉得要让资料库说话是你必须设计的,而不是你把档案放在里头它就自然会说故事。

第二是,我们的人力。我们的资料库在中国叫做"亚洲影像资料库",而不是"社会运动资料库"。即使我这样做的时候还是会让我的学生受其他美院的学生或多或少批评，好像我们都在做一些不太应该碰的东西，也就是说我虽然努力地把资料库往外带，让这些学生认识更多的案例，可是他们连他们自己内部的问题都没能解决。我其实现在比较关心的事情是如果这些做资料库的过程本身也是一个学习跟行动的可能的话，我会不会把这些学生陷在一个非常危险的位置上？主要还是我们不够人，其实我要找一些台湾的黑客来帮我们做，可是黑客会做很多技术的东西，但是没有办法生产内容，内容还是要我们一个一个拉，可是我们要的不是艺术家，我们是需要一些有分析能力的人，比如说你怎么把独媒和香港这十年的社会运动拉在一块儿，怎么把黑手跟台湾这二十年的社会运动拉在一块儿，所以其实是需要一些分析和研究的，而不是直接把档案收集起来而已，所以对我来说非常困难，换句话说我们要更多的研究才有办法做 archive，那这是我做之前根本没有想过的，那个时候只是傻傻地觉得那就做吧，后来发现 archive 其实要非常好的研究才有可能做得好，但很显然我们现在还没有能力去做，所以我们可以再多召集一点义工。

潘：那有没有想过把这个学生的网络再扩大到其他的地方？
黄：有啊，那就让香港的学生来帮我们、参加我们；或者不用参加我们，你就做香港，就比如我去泰国、去哪里我都鼓励学生你做一个东西来,就不要我们做嘛,你们自己做我们把它做成一个联合资料库不是很好吗?最好每个地点都有自己的身份合理性,就是我们运动者应该有一些人抽身出来把自己的运动整理好,然后我们可以做很多的翻译和交流的部分就行了。

潘:对,这个时候 archive 就变成了 articulation 了。

注　释

1. 编者注：AIC 是亚洲互联网联盟（Asia Internet Coalition）的简称。其主要成员为参与国际投资及经济贸易的全球因特网与科技公司。联盟成员包括 Amazon、Airbnb、Google、Facebook、Apple、Twitter、LinkedIn、Expedia、Rakuten、LINE 及 Yahoo（Oath）等公司。

2. 编者注：《破报》（全名《破周报》 *Pots Weekly*）是在 1995 至 2014 年期间在台湾发行的免费周报，该报曾是全台湾最具左派思想的刊物，报导以艺术、劳工运动、环保运动、性别运动等社会议题的消息与评论为主。

3. 编者注：黑手那卡西工人乐队，简称"黑手那卡西"，于 1996 年在台湾成立的工人乐团，积极参与社会运动，包括土地正义、劳工运动、工殇等社运议题。亦曾自发性义卖唱片，在各种社运场合展演。

4. 编者注：唐山书店隶属于成立于 1979 年的唐山出版社。唐山出版社以出版人文、社会学术类书籍为主。后于 1982 年成立唐山书店，贩卖许多文学、历史、哲学、文化研究之书籍。

20

实践中的实践

合作式艺术档案,从想象的社群到建设中的社群

曹珠贤

"家能否像音乐或电影一样串流呢?"[1]

村庄群体生活或部落单位为基础的传统社会,在经历重大变革进入现代工业社会以来,"家"——这个城市核心家庭的中心——已经成为界定人们生活方式的最具争议性的单位。大众通常想象的"甜蜜之家"在现代意识形态的语境下指代了这样一种图景;它是和谐的"四口之家"的舒适爱巢,由父亲,一个负责承担家庭经济的工业劳动者;母亲,家庭生活和抚养孩子的管事;以及健康、活泼的儿女组成。对于城市居民来说,这个"甜蜜的家"不仅是一种心理基石,更是物质方面的重要私人财产。在过去五十年的韩国社会中,由于城市居民对城市发展政策的敏感程度不同,一些成员迅速上升为教育良好的中产阶级,而其他人依靠微薄的政府支持和生活在临时安排的住所中,无可避免地受缚于贫穷的枷锁,而这种枷锁代代相传。

由于贫富差距继续造成严重的社会分裂,上世纪50年代出生的婴儿潮一代成为工业社会的主要建设者,并经历了1998年开始的金融危机和国际货币基金组织措施导致特殊中产阶级崩溃的情况。后来,2008年秋天世界性金融危机爆发了,他们的孩子也因此陷入了没有出口的黑暗现实——一个不平等和不公平的世界,人们才逐渐开始意识到这是由新保守主义(又称新自由主义)的趋势引起的。同时人们也越来越意识到,极端的利己主义和小团体主义已经持续了一段相当长时间,长到不能被认定为暂时性,它们已经变成一种社会氛围或时代精神的表现。这种明显不同于前几代人的竞争体系的氛围,在"极端利己"和"小团体主义"中总是倾向于一方。这也催生出一种迫切的希望——找到什么来抵消"极端的个人主义和利己主义"的威力,同时使人们转向不同的价值观——社会正义或"以社区为中心的价值观"。[2]

在2010年代,韩国和国际社会出现了多种新定义的、值得关注的社区生活概念。这些概念呈现出自发性的团结与参与,并回应了新保守主义和新自由主义政治经济平台中对人性和社会的假设。那么,新自由主义对人性与社会又有怎样的假设呢?新自由主义对人性的观点与早期自由主义相似,他们有着"将社区和社会的权力看作是最小的"[3]的特质。这是把自然生态系统中观察到的所谓"适者生存"法则投射到工业化人类社会,但只反映了自然法则中的竞争面向。新自由主义趋势把个人主义推向极端,"将最凶猛的动物王国取代人类社会。"[4]如今,被极端个体主义价值观驱使的年轻人开始用"正面攻击的方式"寻找其他形态的生活和共有社会的价值观。

一民美术馆的展览"社区档案:共同的韵律,共同的身体"就在这样的时代需求下组织起来,为了探讨自从2010年始,这些在韩国和其他国家出现的自愿团结和参与式社群主义的新运动以及其重要性。在形式方面,展览脱胎于另类历史写作以及从自下而上进行知识和文化生产的"反档案"方法论;在展览构成方面,它探讨了社群如何从传统的韩国社区模式转变为现代工业资本主义和当代全球资本主义模式,并联系整体社会的条件,同时也在时间维度上观察临时的、不断变化和模糊的社区特征,以及这些社区如何在新的媒体状况下出现。之所以选择这种将线性历史中变迁的社区价值观进行多变安排的构成方法,是为了拒绝一种"倒退"的观点,即将社群主义视为自由主义的对立面并呼吁社区的复苏,而不是多维度地看待社区现象。这种方法是为了研究未来的社区在当前全球资本主义和新自由主义世界中制造裂缝的可能性。

这个展览由三部分组成,"迭奏"——沿着人民的和谐自治(重新)创造的社群主义社会的轨迹,呈示社会网络中的联结过程,如何转化为新的声音的和谐共鸣,并通过档案素材及行为艺术与录像等实验性的介入;例如韩国传统乡村社会中农民群体演唱的劳动歌曲,以及一些少数团体反对亚洲的现代帝国主义的写作和电影作品。社群档案由20多个艺术家团队和8位研究员来展示,它具有"活档案"的特征,即"通过重复行动进化成一个有机体"。展览中的社群档案的材料包括了用社会学、历史学、哲学和人类学方法编成的部分,以及视觉艺术家的实验性介入的部分,如绘画、视频与设计、配以音乐的表演、戏剧和编舞的表演,以及各种工作坊。这些材料积极引入表演的元素,将过去的作品带入当前的语境,并记录个人的"表演剧目"以扩展现有的对于档案的认知。

最终,本次展览尝试透过参与式艺术档案的方式,去揭示隐藏在普通人日常生活中的异化现象,并通过表演小组-观众-档案学者(研究者/策展人)的协作记录和产生档案的方式,展现重构历史的可能性。使这个展览如此新颖的是,在历史的历时性面向里,它试着让普通人发现"自由社群不止是一个生产工具,而是创造自己命运的主体"[5],并在新时代的状况里重建社群;这个展览透过艺术介入让具有时代精神的档案具体化:通过创造关注普通人生活的人文档案来反对既有的独裁主义档案,并通过记录人们的记忆来推广这种档案。本文旨在通过检视相关案例来阐明如何激活这些概念。

"进行中的档案",转变和成长

大多数关于社群的记录并不是作为历史文献保存的,而是基于人们的记忆、口述和人们留存于生命中的痕迹,例如声音、舞蹈和节奏。展览的第一部分展示了一个"竞技场"式的舞台,介绍了人们的自然运动,融合了传统和未来社群的概念。它试图创造一种让观众被特定事件或档案所包围,可以暂时联合或者参与历史社区的情境。三三两两的观众聚集在纪录片、录音、采访、照片、乐谱、研究材料和与创造抗争历史的民众有关的社群视觉艺术作品的左右;观众们也能在舞台上偶尔观看朗诵戏剧和其他表演。以上的所有都成为了即兴社群的生活档案,这些"进行中的档案"的主体从未在任何时刻固定或完成,而是无休止地转变和成长。

展览以"*dure*"(두레)的档案作为开端,这是朝鲜王朝晚期的一个农业社群习俗,那时所有的村民都在田间劳作时互相帮助。展览这么做并不是试图把这个集体社群的活动作为一个需要恢复的原型来展示,而是打算关注在 *dure* 中劳动歌曲的"合唱"中的解放情绪,那种能让农民在集体劳作中忘记痛苦的歌声。劳动歌曲的编曲特征,在于其中主唱一边唱一边拿着农乐(nong-ak)[6]的旗帜,此时其他人会唱到"漫漫长路啊,农民们~!"。这种特征穿越时空,与法国哲学家菲利克斯·瓜塔里提到的"迭奏"(ritornello)[7]的概念联系起来。瓜塔里是一位活动家和理论家,他试图通过包括横越性、精神分析、分子革命和生态哲学的独特理论,来建立一种反抗资本主义社会的全球团结。他强调,在两极体系崩溃后的"后政治"时代,一种新的政治——微观政治,是有必要的。这种新的革命观点基于人民的潜力,一种依赖于可替代性欲望的、"从底层开始的革命"。这可替代性的欲望问道,"他们如今有什么

期盼?"和"他们未来有什么新的期盼?"

在这里,瓜塔里描述的可替代的欲望是基于意外的感知,并且展望于"替代性欲望的感性革命能够改变社区的关系网络"。[8]

"迭奏"指交响乐中的重复段落或者副歌,瓜塔里提出了"迭奏"的概念解释人们自然的欲望流动。他的"迭奏"概念指的是生活的存在领域中能够发现的副歌的和谐。这意味着每个人都有自己独特的节拍,为自己的韵律和时间流逝提供一致的节奏,因而他/她感受到时间的生命。正如鸟儿会通过特定的歌曲引诱自己的性伴侣,通过特定的叫声威吓入侵者,"迭奏"现象是"人们日常欲望创造的作品",会为重复的日常生活带来和谐。瓜塔里想通过"迭奏"概念强调的是,资本主义体系下的劳动"使一切都变得相同而无聊,使得人们无法在他们自己的生活中凭借自己的力量创造和谐,也没法像游戏一般设计自己的生活。"[9]

自治和谐的"迭奏"存在于每一个社群中。人们有能力创造自己的节拍和旋律,发出使团队和谐的声响。事实上,"甚至在群体的噪音中也能找到这种和谐的特征"。[10]芬兰语单词"Valituskuoro",意思是"投诉合唱团","用于形容一大群人同时抱怨某件事情的情况"。"投诉合唱团"最初于2005年由特勒弗(Tellervo)和奥利弗·卡雷尼(Oliver Kaleinene)在伯明翰成立,是一个开源项目。经过一系列工作坊和排练之后,这个开源项目收集了生活在某些特定城市的人们的日常投诉,并将这些投诉制作成歌词,与当地音乐家合作制作歌曲在公开空间演出,他们在几次工作坊和排练之后,最后将视频上传至Youtube。

在本次展览组织的首尔"投诉合唱团",20名志愿者表达了以首尔为背景的各种投诉,这些投诉由音乐家汉瓦德(Hanvad)制作成曲,并在一民美术馆的舞台上和首尔的光化门地区附近的场地进行演出。参与者提出了跟生活方式有关的琐碎的投诉并变成歌词，例如："为什么店铺员工必须一直表现友好，而只有客户才可以投诉？"、"为什么不允许艺术机构里的劳动者创建工会？"、"请不要表现得像一个老古董！"。同时，他们也从个人的角度用歌词描述了在这个新自由主义时代影响着韩国年轻人的事情。他们不仅自由地唱歌跳舞来分享快乐，也因着强烈表达的重复的副歌而拥有了一定的团结感。

因此，"投诉合唱团"中市民参与者的各种抱怨形成了一种互助的和谐，这种和谐构成了他们所属社区中已经存在的共识。这还不是全部。他们特有的"迭奏"也与他们所关联和联结的其他社会的网络产生共鸣，从而变奏成新的曲调。这种充满差异的和谐在生活里不断产生，也将会继续在愈加广泛的社会范围内吹来变革的风。结果就是，追寻可替代生活的社区变得能够创造自己生动、有节奏的生活，也通过"迭奏"取代了资本主义引领的时光。展览中尝试的表演档案是一个"进行中的档案"，它在不停地转变和成长，目的是让每个观众都能成为档案的成员和主题，它也介入于被人民和"底层"主体记录的历史材料中——他们的声音、手势和动作——而这就是一个不起眼但是重要的起点，它使得重新创造一个围绕社群主义的社会来替代现有社会状态成为了可能。

通过"反档案"构思的协调与对抗的场景

展览的第二部分围绕着一个档案表进行，这张表格处理着八个与社群相关的研究主题。那些档案由社会学家、历史学家、哲学家、社会运动分子、设计研究员和艺术家等涵盖，不仅贯穿了现代性的概念以展示传统社群的解构过程，同时也关注那些多元的文化运动，这些运动由社会发展进程中受到压迫的、新涌现的主体自发组成。此外，展览通过呈现人民运动抵制现代占主导的国家、政府和政治权力结构等案例,来描绘围绕着现代社群主义产生的张力和激烈斗争;另外,展览还展示各种对抗主流文化的亚文化,包括嬉皮士、朋克和嘻哈;还有其他国内和国际上的行动主义案例。观众可以在这个像共享研究的实验室一样的展览空间中游走,就像研究员的书柜和工作桌被带入博物馆一样,观众可以根据自己的规则对材料进行重新归类。

这种空间设计实际上违背了一般基于系统性分类来归档的概念。在过去十年的档案研究的领域中,有些研究方案着重透过收集材料和建立档案来反映人们的日常生活,并进行跨学科研究,现在已经存在自下而上进行归档、并试图反对精英的模式记录实际的生活面向的运动了。本次展览旨在展示由日常和创意的主题制作而成的档案,并重新构建社群的集体记忆。通过对这些个人(或团体)的日常生活进行归档的过程,展览的第二部分尝试引入"自下而上创造知识文化",而根据这个概念,每个社会的一分子都可以针对由机构、国家和社会呈现的既有历史,重新归类或发展出新的个人观点,从而研究如何在社会语境下理解和重构个人(群体)的行为和经历。也就是说,本部分所尝试的对于"日常生活档案"[11]的构建可以被称为是"积极的历史行动"。

在我们(韩国)现代社会的开端,日本帝国主义试图捏造和消灭的不仅仅是历史事实,还有传统农业社群中内在韵律的可能性。艺术家沈喆熊(Sim Cheolwoong)通过收集和分析朝鲜总督府在日本占领期间发行的英文文件中的数据,制作互动视频档案作品《产生》(Produce),并将由相关的摄影文件合成制作的图像转换为超文本代码。观众可以选择性地透过视觉去感知材料和实时变化的数字,因此当他们意识到历史史实的可变性,那么重新编写历史就是他们自己的责任。日本艺术家鎌田友介（Yusuke Kamata）的作品强调即使对于个人来说，感知历史也可以是多方面的，包括研究在不同时代存在于日本、韩国、台湾和美国的日式房屋，并采访因各种原因仍在韩国仅有的日式房屋中生活的人们。这项工作展示了人们对帝国主义历史的认知如何因人们非固定又多样化的观点而不同。

与此同时，社会学家徐东进（Seo Dong-jin）的档案以否认档案本身作为开端。他表示，在资本主义环境中，生活本身已经被商品取代，处理档案与消费景观的态度并无二致，他同时宣布会提交一份"假档案"。因此，他作为一名社会学家所展示的社群档案是关于社群的幻象。他虚构了国际情境主义（简称SI）的韩国分支，并使自己成为SI韩国唯一的成员，同时在展览中展示了他作为情境主义者的房间。在这个虚假的档案中，观众迷失了，很难找到自己的存在。艺术家和电影制片人克里斯多夫·施林根席夫（Christoph Schlingensief）曾经以"老大哥"的形式开展过一个艺术项目，就是通过制造虚假的情境迷惑人们。他在维也纳广场中间放置了一个装有监控摄像机的集装箱，里面装着被俘虏的12名寻求庇护的人。奥地利公民将通过一个网站观看他们的每一项活动，并在每天早上投票放逐其中一人直到留下最后一个人。最终的幸存者将通过与奥地利妇女结婚来获得奖励赠与公民身份。该项目的档案文件批判当时右派执政党和政权的"排外"政策，同时也是对民族主义的本质的醒悟。即使在今天，现今民族主义对全世界都具有很大的影响力。

艺术家郑恩英（Jeong Eun-young）近距离观察了"韩国古典女性剧院"的女演员，这个剧院在20世纪50年代初到60年代末非常受欢迎，也记录和收集了女演员们的记忆和口述材料。在这位艺术家的档案中，写着主要关键类别的词汇的便利贴被贴在多个文件盒上，这些文件将由观众取出、打开并根据他们自己的分类将其重新排列,就这样无休止地往复。通过这个由观众自主创建的古典女性剧院的档案,艺术家想重新编排关于性别展现的历史和社会观念;换言之,她想说明性别角色其实并不是天生的,而是被社会建构的。因此,这个档案记录了日常记忆中特定的主题,包括性小众群体,或女性通过让人们探索"她们独特的生活氛围",开启了根据被描述者的观点将其身份和历史留作公共记录的可能性。

最近,记录普通人日常生活的行动引发了向"日常生活归档"的范式转变。但对于这种"日常档案"在可代替性的知识生产领域中获得权威,不仅需要档案界的团结和实践,还需要研究员在各种学术领域(如人文和社科)和各种民间社会团体、地方组织以及行动者的共同努力。该展览展示了由研究员、行动者和不同范畴的艺术家就现代城市化而创建的记录着普通人生活的档案。社会学家卓恩(Cho Eun)从1986年夏天开始在首尔舍堂洞的一个因市区重建而等待拆迁的破旧住宅区进行田野调查,她追踪了一个家庭的生活超过30年。她的纪录片《舍堂洞加22》通过观察金海奶奶(Grandma Geumseon)及其子女的家庭生活而创作。在居住的街区被拆除了之后,他们一家搬进了上溪洞的一个出租公寓。卓恩在22年的时间里,通过孙子孙女这一代来追踪这个家庭,并通过纪录片揭示了韩国社会中代代相传的贫困结构,并提出了一个严肃的问题,韩国现代社会是否存在过社区和社群?

在舍堂洞的老房子被任意拆除的时候,一个新的中产阶级出现在首尔的江南地区。设计研究员朴海泉(Park Hae-cheon)的档案专注于一种因复式公寓文化而产生独特美学品味,这个档案实际来源于一系列名为"值得看的家居风尚"的文章,这些文章在《深春泉》(*Deep*

Spring Water)上发表,这本杂志在上世纪80年代在中产阶级间流行。有趣的是,由该杂志的出版商李光宇(Lee In-gyu)和其他出生成长在那大型复式公寓中的居民一起完成的"你好,遁村Jugong公寓"(*Hello, Dunchon Jugong Apartment*)计划,和朴海泉的档案成为了一个代际上的呼应。在近40年之后,由于他们的复式公寓住宅面临着因重建而消失的命运,在20世纪80年代出生的"公寓儿童"们自发地聚集在一起,不论在网上和实际生活中收集跟这个地点相关的个人物品,并积极地通过出版、电影制作和城市生态工作坊等活动进行归档。除了记录正在消失的东西以外,他们还发起了一些项目,希望通过团结一致将城市和住房政策转入生态和人文的视角,例如重新安置树木并再次种植成森林,和安置生活在那儿的流浪猫。这种向着"日常生活档案"进行的范式转移侧重于普通人的生活材料,最终有助于揭露隐藏在日常生活里的资本主义的异化现象。这个过程作为一种重要机制,去揭示其实普通人、小众和"底层"的人才是社会和历史的主要代言人。

村庄,社区和人们齐站在同一时间线上:播放档案!

展览试图建立的一个全新的档案模式——作为一个实用的平台,它可以当场显示和播放已制作和重建的档案。为此,在整个展览期间,自发生成的社区活动在各种媒体上不断出现和更新,包括Facebook,Twitter和YouTube等社交网络(简称SNS)平台以及当地社区广播电台。基于这种新的媒体环境,展览可以同时呈现出线上和线下进行的社区艺术实践,以及多人参与制作的网络项目等,提供给观众他们可以积极使用的平台。这些平台成为公共的领域,让观众能为自己发声,讲述"自己"的故事,并对社会问题和感兴趣的话题进行分享交流。

"归档的时间轴"是一个由八名 Twitter 作者发起的网络项目,在他们看来这就像是一个线上/线下写作小组。然而这个写作小组并不根据主流观点,而是根据其成员的个人立场和兴趣来记载新闻。项目的参与者是普通的办公室职员和学生等等。他们聚集起来是为了相互展示看不见的现实,并将他们的日常生活存档,期望这些古怪且难以混合的社会现实至少能在他们的时间轴里共存。参与者所写的文本是在展厅的一隅实时输出的,因此这些年轻人的日常生活文档,以及在韩国社会无数隐藏角落中发生的相关现象,都可以每时每刻通过不同的视角与观众见面。

与此同时,MediaCT 整合了一个村社区媒体团体的活动,展示了由当地学生、家庭主妇和缝纫工厂老板等人组织的节目,参与者可以亲自用手中的麦克风展示他们的兴趣特长。在展览空间内还设立了一个真正的互联网广播摊位,可以在普通观众的参与下进行广播。在整个展览期间,观众可以在听众的广告牌备忘录上写下他们对社区的看法以及他们想要听到的歌曲,并且还可以在广播播出时通过 Facebook 和 Insta Live 交换反馈。

在这样的交互式存档平台上,档案管理员(或策展人)的角色从单向的知识信息提供者和管理者,转变为负责寻找新的文档提供人和用家并帮助他们执行文档活动的中间人和助手。这些与公众日常生活密切相关的个人档案,能够揭示生活在资本主义社会中普通人的日常生活中隐藏的异化现象,并改变其结构。最终,展览试图无休止地问:"这个时代的档案是什么?"并体现出"在一个自由的社群中,人们不是生产的工具,而是掌握自己命运的主体"。[12] 这些日常和人文的档案基于来自社会各阶层的不同群体的个人生活,同时这些档案记录了他们的记忆,而不是由机构、政府这样的权威组织或有权力的人来整合和管理。同时，通过推广这个档案库，任何人都可以阅览、使用乃至更改档案。

这样的话，每个人都可以成为他/她自己生命的主体的自由社群社会的具体形式是什么样的？现在，"家"好像音乐或电影一样被串流遍及世界的已经不再是科幻小说中的幻想世界。克里斯多夫·K·托马斯（Christopher Kulendran Thomas）的《新伊拉姆》（*New Eelam*）是一部具有预言性质的网络爆红纪录片，他提出在不久的将来会产生新的经济制度和公民身份的概念，并表明随着科技发展，人们的生活将在全世界范围内相互联结，世界公民共同分享生产资料；而房屋也将不再是私有财产，而是集体拥有的共同财产。作为一名房地产商人和艺术家，托马斯提出了一种新的经济模式，人们共享全球连锁的奢侈度假胜地的会籍，并随时随地进行遥距预订，同时继续他们的生产活动和生活。他的策略旨在颠覆国家和公民身份的概念——即通过一条边界将个体限制在一个地区；并随着当下体系的演变，在当前的全球化历史中创造另一条轨道。

因此，K·托马斯的《新伊拉姆》认为公民身份不是一种独家特权，而是作为一种选择，并重新设想将国家作为分布式网络并超越单一领土界限的概念——这种跨国网络群体的概念显然超越了本尼迪克特·安德森（Benedict Anderson）对国家的定义，即"想象的政治共同体"，发表于1983年出版的《想象的共同体——民族主义的起源与散布》[13]。众所周知，安德森将国家定义为一个想象中的政治共同体，即使是在一个非常小的国家，国民们也不会相互认识，从未见过甚至听过彼此，而他们的头脑中只有共同体的概念。更具体地说，他的定义意味着"国家被有限地想象着"。因此，安德森对国家的崭新定义是"有界限的想象力"。[14]

特别是,作为一个想象的共同体,安德森对"民族"概念的批判性洞见的核心是发展"印刷"资本主义和"文本"的作用。他强调由报纸、杂志和书籍等印刷材料的公众传播中,随着信息传播给广大受众所需的时间被缩短,人们就能被注入相同的信念并发展成一个国家。他指出"文本"在想象与边界之间发挥着中介作用。此外,他声称想象的共同体体系也不一定需要是一个国家体系,这说明了一个民族有脱离国家体系而存在的可能性。如果我们进一步延伸安德森的"想象的共同体"理论,就会清楚地发现,自20世纪90年代以来,资讯科技的显著发展以及当今媒体环境(包括SNS在内)不断加速着人员、资本和信息的流动,我们再也无法通过传统的公民身份概念或民族主义等方法来解释新的社会和文化现象。

在这种语境下,安德森给出的定义声称国家像在"新伊拉姆"中想象共同体,即使国民间"不认识彼此的面孔"但共同体仍然行之有效,人们通过Instagram, Facetime, Skype等社交软件分享彼此的日常生活。或许国家共同体将成为由"体验"构成的共同体——不再是一个基于领土和边界概念的想象中的共同体,而是一种有机的东西,一个就算不了解彼此存在的人们也能通过跨国网络来确认彼此的存在的群体,并成为建立不断变化和扩大的新关系的地方。现在,在这条时间轴上的村庄、社区和人民即将消除公民身份、国家和民族的边界,以形成跨国的家庭和跨国的主体。

在这方面,这个档案展的目标是什么?各领域的研究员和作为时代的代表的普通人通过艺术的介入,试图通过迥异的评定手法去塑造档案。一位评论家给出了积极的回应,即通过展示社会科学领域的研究人员档案以及普通人的艺术作品、表演和文献，历史想象因此被加强了；而另一位评论家则说，展览让人感到困惑，因为它只是一种百科全书式的社群主义排列。然而，后者的观点仅通过线性的历史结构解读，似乎满足了当下对于社群主义的某种辩证性结论的需求，但他没理解这场展览的真正目的——那就是通过专注于个人的一整套生活"行动剧码"，以求在当下的资本主义世界创造裂缝，并开创未来的社群主义的可能性。

这个展览不是关于艺术档案，而是试图指出档案的论述如何通过艺术的介入来扩展和演变。它表明，当"进行中的艺术"作为90年代以来当代艺术的主流话语，它既不固定也没有完整的形式，但它在不断地发展和变革——当被应用于档案时，历史总是可以被重新编写；历史文献的主体不是掌权者，而是我们所有人；这些档案应由文献提供者、档案管理员和公众共同制作、管理和传播。例如，在展览期间在博物馆内外、网上和现实的情景中发生的"投诉合唱团"是一个记录人们对日常生活的抱怨、收集我们居住的城市中出现的各种问题的过程。人们在整理文件的过程中讨论和分享这些问题，试图通过唱歌的行为来产生共鸣、治愈、缓解和宣传来达到那个目标。他们积极参与的归档实践影响了个体的生命，介入了他人的生活，并在公共领域中改变社会。

档案可以作为一种历程继而发展出更具体的形式，有赖于个人的实践、社群的合作和艺术介入。通过艺术传播中最基础的方法——感知的传播——档案能够如同一个生物体一样，生长和增殖。

韩译英：金济珉；英译中：谢思堰；校对：李继忠

注 释

1. 这句话出现在 Christopher Kulendran Thomas 那部走红的科幻纪录片 *New Eelam* (2016) 中。在这项工作中提出的"新伊拉姆"是作为一个网络概念的社区,它分散在国家这个仅限于领土的概念之外。在这里,公民身份不是根据遗传特权,而是根据选择。在这个作品中,艺术家想象一种超越国界的生活,并提出一个关于社群主义如何演变成一个新的经济体系来取代私有财产的建议。

2. Cheol Kim, "What is Justice -Values of Liberalism and Communitarianism, Freedom and Equality, Equity," *Social Theory*, vol. 39, 2011, pp. 40-42.

3. 同上注,页43。

4. 同上注。

5. Kun-Hong Kwak, "A Study on a Paradigm Shift to Archives of Everyday life," *The Korean Journal of Archival Studies*, vol. 29, 2011, p. 29.

6. 韩国社区的乐队音乐,舞蹈和仪式。

7. 瓜塔里将 ritornello 定义为"一种重复的连续介质,可以使存在的情感结晶"这句话"带着声音维度、情感维度和面部维度,它们将无休止地渗透在彼此当中。"这是一种"传播时间晶体的节奏"。Felix Guattari, *Chaosmose*, Sujong Yoon, trans. Seoul: Dongmunseon, 2003 [1992], p. 28.

8. Seung-Cheol Shin, *Felix Guattari's Ecosophy*, Hongseong: Geumulko, 2011, p. 11.

9. 同上注,74-75。

10. Felix Guattari, *Chaosmose*, p. 28.

11. Kun-Hong Kwak, p. 29.

12. 同上注。

13. Benedict Anderson, *Imagined Communities: Reflections on the Origin and Spread of Nationalism*, London: Verso, 1991 [1983].

14. 关于"有边界的想象的共同体"的讨论,请参阅: Sang Kook Lee, "From an Imagined Community to a Network Community: A Critical Review of Benedict Anderson's Theory of Nationalism in the Case of the Karen," *East Asian Studies*, vol. 35, No.2, 2016, pp. 227-279.

21

关于印度尼西亚公民与地方社群建构档案馆的一些趋势

凯瑟琳·阿扎利

尤利·安达里·玛迪肯玲雅斯(Yuli Andari Merdikaningtyas 2007)在描述印度尼西亚视觉艺术档案馆(Indonesian Visual Art Archive, 简称IVAA)时提到，那些在印度尼西亚被认为"重要"或是"数据齐全"的档案馆，像是国家档案馆、印度尼西亚电影数据馆和耶辛(H.B.Jassin)文学档案中心都位于首都雅加达。当IVAA于1995年成立时（当时还是珊美蒂艺术基金会的档案中心），还被称为是"位于日惹的艺术档案绿洲"。她同时还指出直到1995年日惹仍缺乏图书馆和档案馆。

的确，印度尼西亚在典藏、保存或建立协同工作标准与分类标准上都还得克服相当巨大的挑战。就人口和地理而言，印度尼西亚有令人目眩的多元文化，包含三百多个族群和六百种语言，分布在多达13,000个热带湿溽的岛屿上。如许多后殖民国家，大量的相关档案仍收藏在前殖民母国。印度尼西亚的档案馆发展历程，因为不同殖民政权的更迭，经历了本尼迪克特·安德森所谓的"语言隔离"(linguistic sequestration)。在17、18世纪，荷兰东印度公司统治着印度尼西亚大部分的区域。尽管在当时被认为是世界上最大和最富有的公司，他们既无财力也无意愿普及荷兰语——一个普遍被认为是次要的欧洲语言。印度尼西亚的荷兰语教育是在20世纪初才被仓促建立，且仅是为不到百分之一的人口服务。[1]四十年后，日本占领印度尼西亚时同时废止了任何荷兰语教育。1949年印度尼西亚独立后,荷兰语几乎在印度尼西亚境内绝迹,只有少部分受殖民教育或是在荷兰相关机构求学的精英仍会荷兰语。

此外,在独立后的二十年内印度尼西亚深陷冷战泥淖,在这段时期共产党遭到镇压,保守估计多达五十万人被屠杀(Roosa 2006),接踵而来的是三十年苏哈托家父长的威权统治。在这段期间,信息及其来源变得高度政治化——即便在今日国家档案馆仍未能搜集齐全60年代的重要档案。[2] 更不用说在政府严密控制下,国家档案馆极度缺乏资金、技术和专业人员。我们可以说"国立"不但不是深化图书馆与档案馆制度的助力反而是阻力。私人收藏,如可和耶辛匹敌的普拉姆迪亚(Pramoedya Ananta Toer)个人收藏是"唯一(半)独立且向公众开放的典藏"(Hill 1990)。不幸的是大部分这些收藏都在苏哈托(甚至是苏卡诺)执政的60到90年代间被摧毁或是受审查,因为执政者知道这些手稿或档案可能带来的风险。[3] 即便是有强力私人资助而能在苏哈托政权下生存的印度尼西亚电影数据馆或是耶辛文学数据馆,也在赞助者退场后,或是政权更迭下摇摇欲坠。

尽管如此,在国立图书馆出现以前,印度尼西亚在19世纪便已经有私人和集体经营图书馆(称为Taman Bacaan,直译为"阅读园")的悠久传统(Zaini-Lajoubert 2008)。在1970到1990年间,许多位于城市的图书馆出借通俗小说和漫画,这是因为书价高昂,远超过大部分人所能负担。自1992年起印度尼西亚甚至启动了一个非正式的、混合的图书馆计划称为"人民的阅读园"(Taman Bacaan Masyarakat,简称TBM),虽说政府的TBM计划经历些许变化,总的来说,不同于图书馆,TBM大多位于乡村(参见Håklev 2008),

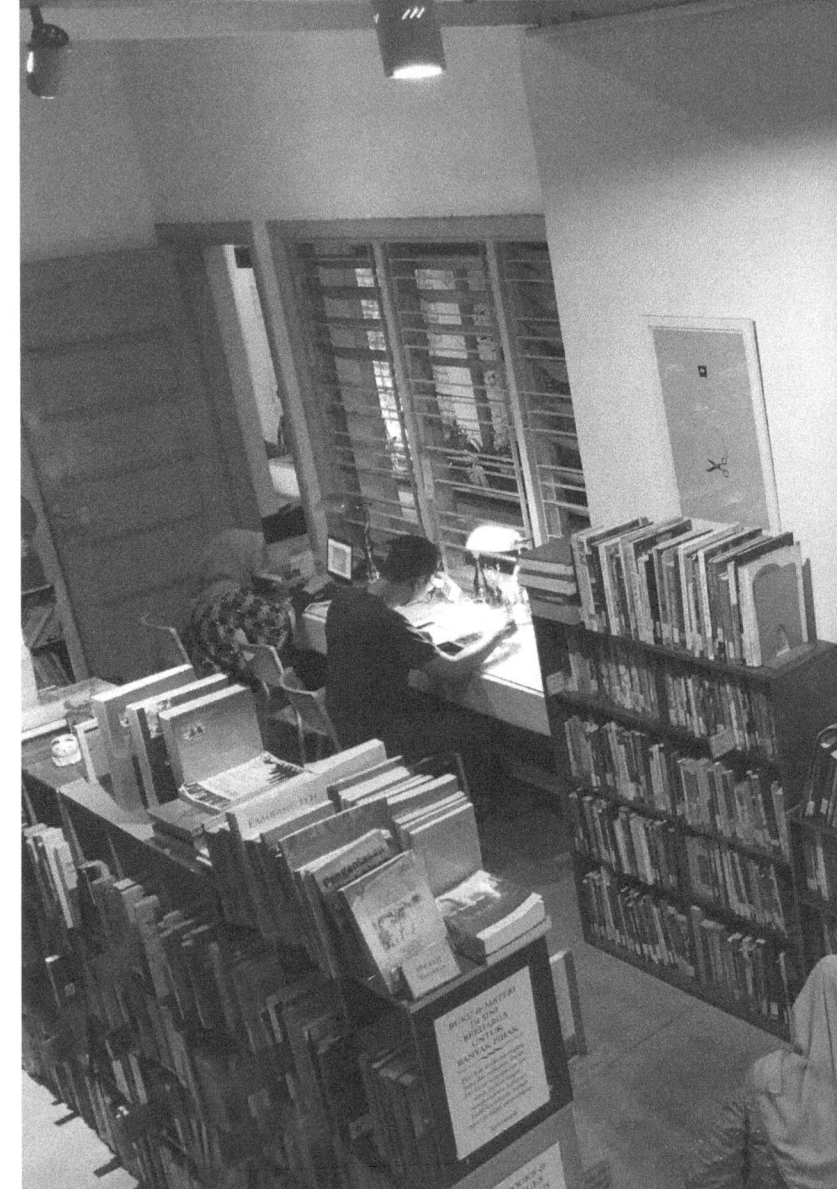

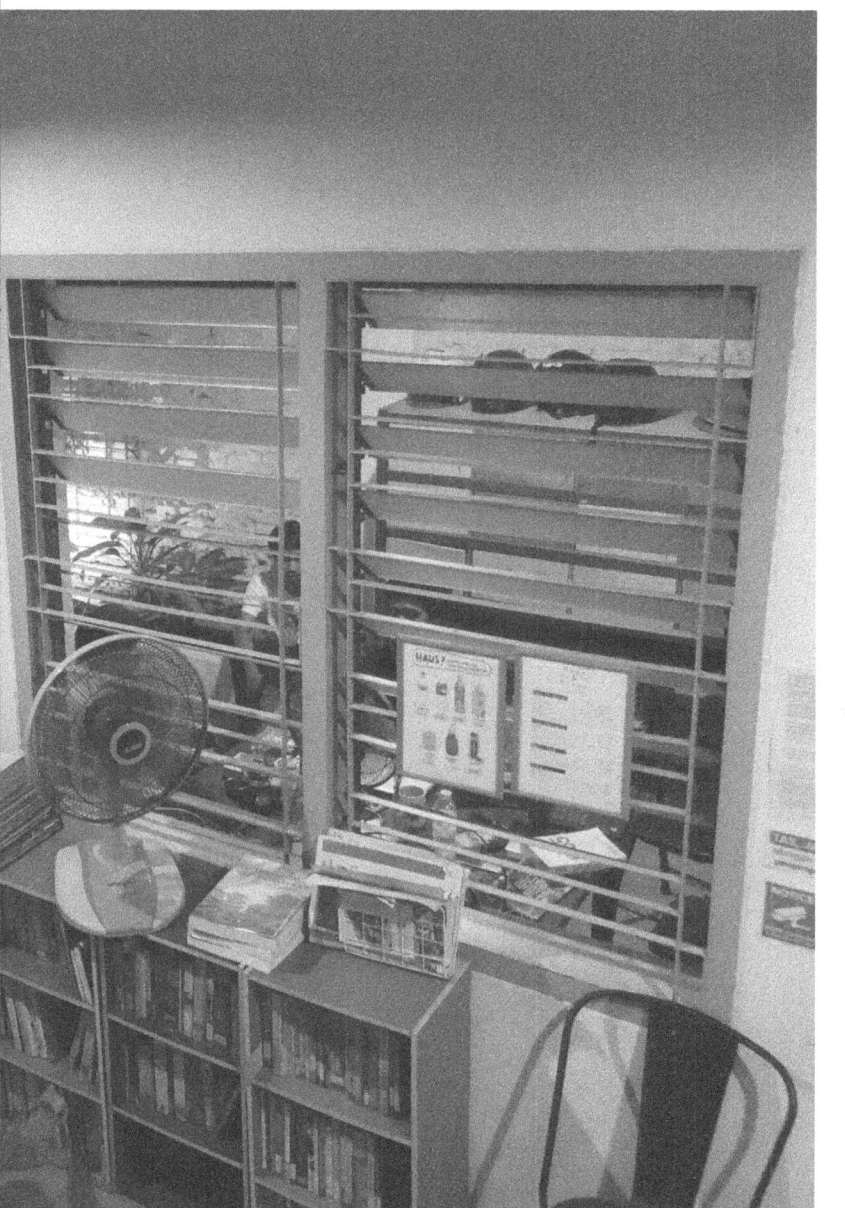

并且大量仰赖志愿者，特别是女性义工的帮忙。Håklev 指出 TBM 和乡村医疗中心在发展上有相似之处，事实上这是所有印度尼西亚以乡村为单位的社福措施，像是幼童教育等，共享的特质（Newberry 2012）。这个特质是这样的：社福措施透过社群网络，而非国家或专业人士散布流通。在苏哈托执政期间，这样的社群网络担负了关键的治理和监管工作。

在20世纪末，印度尼西亚经历了重大的变化。1998年，亚洲金融危机重创印度尼西亚、存续32年的威权政府被推翻，次年印度尼西亚经历了全球规模最大的分权过程。与此同时，尽管只限在大城市和校园，网络和信息科技开始普及（Lim 2002）。这些助长了不同形式的集体和组织的形成，在国际通用用语下，它们通常都被归类成艺术团体或是艺术家集合。尽管这些组织有不同的目标、形式和政治倾向，他们在不同程度上也有展示和典藏的功能。在某些方面来说，这反映了在世界各地发生的不同信息组织或是画廊、图书馆、档案馆和博物馆（简称 GLAMs，即是 galleries, libraries, archives, museums）间原先看似清晰的边界逐渐模糊，或是再次模糊的现象。[4]特别是在印度尼西亚，除了那些有军方背景的机构外，GLAMs 皆尚未发展出专门化和明确的制度边界（McGregor 2007）。

这篇文章会着重在那些由公民或是地方社群发起的档案馆。他们致力于透过社群参与和多元作者的方式发展"新主体性"。我们这里是以较宽松的方式定义"档案馆"——他们各有不同的专精之处与不同的收藏、目标、意识形态和关于档案馆目的与受众的预设。一些档案馆同时是图书馆，也有一些是从非常态性的艺术展览或是装置转变而来。这一类的档案馆不同于长期的有固定开放时间的档案馆，他们更接近于"档

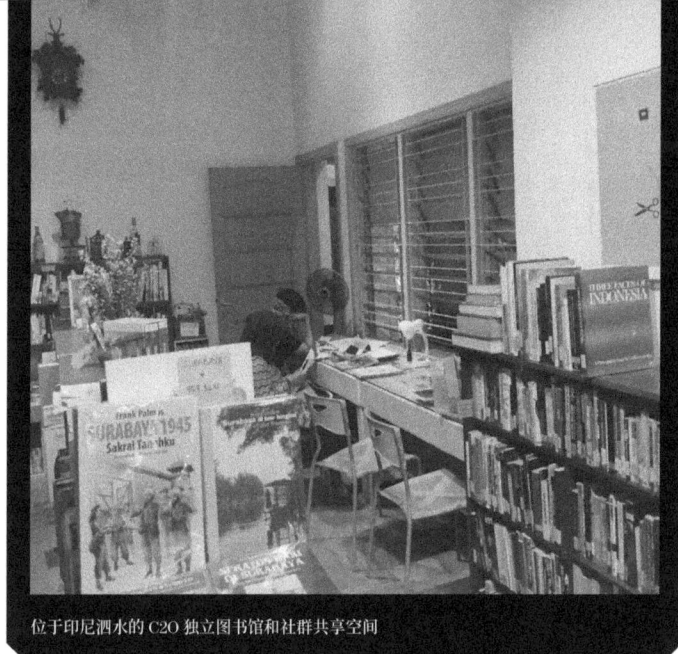
位于印尼泗水的 C2O 独立图书馆和社群共享空间

案作为展品"的概念。另外一些档案馆可能只存放于网站或是社群媒体上。他们并不代表印度尼西亚所有的档案馆,但他们能让我们了解印度尼西亚个人与社群建构档案馆的一些近期趋势。

在这里,我必须说明我个人的立场与局限。我个人目前于泗水经营一间名为 C2O(https://c2o-library.net,2022 年 8 月 7 日访问)的独立图书馆和社群共作空间。有别于我们学习的典范 IVAA,[5] C2O 本身并不专注于典藏工作,而是一个阅读、工作和黑客的共享空间。但这也让我得以和很多不同的从事视觉艺术以及档案工作的人接触。

智能手机与社群媒体

如我之前的著作中指出(Azali 2017),最近我们看到许多新的利用既有社群媒体，像是Instagram或是脸书来收藏档案的尝试。这和印度尼西亚社群媒体使用率增高有关。印度尼西亚是一个"手机优先"的国家，也就是说大多数的印度尼西亚人是先使用手机而非桌面计算机。尽管在其他地方画廊、图书馆、档案馆和博物馆逐渐增加对社群媒体的仰赖程度，在印度尼西亚大多数的在线档案馆仅仅使用社群媒体，绕过了需要更高成本、技术与劳力建立或是维持的在线档案网站。

例如，印度尼西亚街头艺术数据库（Indonesian Street Art Database，简称ISAD）自述为"印度尼西亚街头艺术典藏的游击倡议"，他们利用Instagram、Facebook和Tumblr来记录印度尼西亚的街头艺术。在"创意媒体协作"和印度尼西亚维基媒体的赞助下，ISAD也曾在2012年试着建立一个网站（http://indonesianstreetartdatabase.org/），作为ISAD计划成果的一部分。可惜的是，在我写作这篇文章的时候，这个网站已停止运作。他的Instagram页面仍持续上传不同的街头艺术记录，并和不同的活动与媒体合作。这些上传都是透过主题标记或是用户标记来完成。

毋庸置疑的是，社群媒体平台组织视觉信息的方式也代表着不同的生产和获取知识的模式。如Hochman（2014）指出，透过手动（添加关键词或是主题卷标）或是经由后设数据的自动方式（如使用者名称、地点坐标或是时间标记等），大量的影像被转换成可重复存取的结构。人工智能、机器学习和视觉分析的晚近发展，也带来更多种分类方式，如人脸辨识或基于色彩与形状等。不同于基于严格的分类与后设数据的有系统的典藏方式，社群媒体的档案库是更为流动、短瞬、片段与主观的，也凸显了其社群、档案和展演的面向。不令人意外的是，这一转变引发了许多关于将控制权与隐私交给一个外来的"档案员"或是"策展人"

的问题。这里的策展人指的是那些不断变化的算法或服务器,它们可以无预警或是在随机的状况下调整、改变或是删除已上传的档案(Hogan 2010)。这情况让人联想起在热带气候典藏对象会遭遇的挑战,像是:快速的腐朽速度、无预警的删除与微调,以及希望有一个记录与典藏平台的欲望。

流行音乐典藏和串流

另一个被科技(特别是更快的网络和串流设备)影响的数据库领域是流行音乐。一个值得注意的案例是印度尼西亚流行音乐数字数据库"群岛节奏"(Irama Nusantara, http://iramanusantara.org,2022年8月7日访问)。它是在2013年由音乐工作者大卫·塔里根(David Tarigan)、基斯坦科斯·派安料高浩(Christoforus Priyonugroho)、汤马·艾弗安特(Toma Avianda)、阿尔文·于那塔(Alvin Yunata)、诺曼·伊利亚斯(Norman Illyas)、丹·戴安·胡兰达妮(dan Dian Wulandari)和其他伙伴发起。[6]这个计划起源于他们喜欢收藏印度尼西亚音乐的黑胶、卡带和CD的嗜好。他们接着扩大其典藏范围到私人收藏、二手音乐市集和音乐电台,特别是国营的印度尼西亚共和国电台(Radio Republik Indonesia,简称RRI)。他们最近和创意经济局的合作让更多人能利用RRI的资源,并让他们能在印度尼西亚各处记录音乐电台的数据库。为避免侵害著作权,"群岛节奏"是以最低比特率串流这些歌曲。

"天堂加美兰计划"(Lokananta Project,简称LP)则是一群音乐家、摄影师、作家、设计师和策展人建立的关于成立于1956年印度尼西亚第一个唱片公司天堂加美兰的数字数据库。天堂加美兰最初的业务是为 RRI 以黑胶的形式制作和流通素材。[7]当代流行乐队如"温室效应"（Efek Rumah Kaca）和"白鞋情侣会社"（White Shoes and the Couples Company）也试着透过现场演唱会提高"天堂加美兰"的知名度，并为这个计划募款。在嘉润基金会（Djarum Foundation）的赞助下，网站 lokanantamusik.com 报导有五千卷母带已经被数字化。然而在写作这篇文章时，该网站已停止运作。我们只能希望这只是暂时的状况。

"群岛节奏"和"天堂加美兰"计划皆专注于老音乐，而同时印度尼西亚仍有很多网络音乐公司透过网络以数字形式发行音乐。这些通常是在艺术家确保其著作权的状况下，以开源授权（例如，创用 CC 授权）让公众无偿使用。一个有名的先驱案例是 Yes No Wave（http://yesnowave.com，于 2022 年 8 月 8 日造访）。为了增加能见度与使用率，并避免大量下载的带宽问题，他们，如其他网络音乐品牌一样，将他们的作品上传到网络档案库（https://archive.org/details/yesnowave，2022 年 8 月 7 日访问）。

"旧时光"的热潮

越来越多人对"旧时光"（Tempoe Doeloe）感兴趣——历史上，这段时光特指 1870 年到 1914 年一战前荷属东印度公司在印尼的殖民时期。当然，这个断代方式仍有诠释的空间。许多历史和遗产社群，以及餐厅、咖啡店和书籍都以 Tempoe Doeloe 作为他们的店名或是标题。

作家杜库·伊玛·目维多多（Dukut Imam Widodo）擅长描写东爪哇的城市，他的著作包括《*Tempo Doeloe* 泗水》、《*Tempo Doeloe* 玛琅》、《*Tempo Doeloe* 锦石》甚至《*Tempo Doeloe* 美食》。他并非学院

出身,自称为"历史的拾荒者",而非"历史学家",并声称他广泛阅读,寻访各个图书馆和旧物店寻找旧书、地图和相关城市的照片。他原先是一家水泥公司的经理,其后创立了出版公司出版自己的著作。虽然有的历史学家认为他的著作不够严谨,无可否认的是他的书很有效地推广了地方史。另一位作者奥利维尔·约翰内斯·拉普(Olivier Johannes Raap),同时是一位专精从荷兰搜集印度尼西亚古物的收藏家。他在印度尼西亚出版了一系列的书,包括《*Tempo Doeloe* 爪哇的欢愉与哀愁》和一本关于旧明信片的图鉴《*Tempo Doeloe* 爪哇的工人》。

档案作为展品

如同他的近亲图书馆(关于微型图书馆展览,参见 Mattern 2012),档案馆和其相关设施逐渐成为受出版和艺术计划追捧的缪斯(或许早已经是了?)。档案早已是各个艺术展览的主题,这在那些试着诘问或和历史叙事对话的展览中特别明显。通常这些展览并不预期要建立一个可长期持续的档案馆,他们的兴趣主要是美学的、探索性质的、有时是自我质问乃至自我推销。

例如,萨利赫·侯赛因(Saleh Husein)在他的作品中同时利用"不断扩张的拾得档案数据库"和"百科全书式的取径和近乎科学的精确性来处理档案、'事实虚构'和大众科学"。他的一件作品"阿拉伯宴会"(绘画装置,壁画和档案)2013年于雅加达双年展、2015年于东京当代美术馆、大阪国立美术馆和新加坡美术馆展出。[8]这也启发了其他艺术家,像是艾迪奥·阿尔巴(Adhiel Alba)开始尝试运用档案,并以展出古文件和寻获对象的手段探索关于身份、系谱和旅行的议题。

在2018年4月至5月,印尼著名作家,同时也是一位鲜为人知的孜孜矻矻的档案收藏者普拉姆迪亚（Pramoedya Ananta Toer）的笔记、档案和物件在雅加达的对·话画廊（Dia.Lo.Gue）展出。展览名叫"我是普拉姆：笔记和档案"（*My name is Pram: Notes & Archives*）。自1961年起，相传普拉姆搜集了不下五千本书，整理从报章杂志搜罗来的剪报，其中包括殖民政府试着边缘化的民族运动。他招集他在国家大学的学生来当研究助理，加上友人的协助，帮助他整理他的私人档案和图书馆。但这一切不辍的努力在他1965年被捕时便戛然而止，他的图书馆被洗劫并摧毁。这场展览提供了一个暂时的窗口让大众得以知道他的工作方法，以及他是如何巨细靡遗地建立他的数据库好呈现历史人物（特别是印尼民族主义者）和被压抑的历史事件，并以此挑战殖民知识生产与历史书写。

延伸思考

上述案例呈现了公民或是地方社群试着利用不同方式建构档案库，界定什么是该被这个社会记住或是遗忘的种种尝试。随着典藏工作牵涉到越来越多的来自民间的持分者的利益，人们逐渐认识到个人与政治实为紧密相关。于此同时典藏工作也将越来越"私人"的对象纳入收藏范围：像是个人档案、家庭照片、食谱、医药指南、民谣等等；这些对象和政府档案、法院记录和国家机密档案同处一室。在公共经费有限的状况下，人们使用不同方式，例如利用数字工具如社交媒体（如Instagram和脸书）、在网站上典藏和串流音乐、举办特展来探问他们的过去或是把在过去被压抑的人事物带回来。

数字科技——这些包括网页、社交媒体、智能型手机、可携式录像录音装置以及如人脸辨识的视觉分析中的机器学习——的快速成长，以及逐渐降低的成本,都剧烈改变了搜集、储存、典藏和使用信息的方式。记录本身看起来变得更简易与便宜,这往往让人不禁"过度记录"或是"过度分享"。然而不同于记录,保存和典藏会受到技术过时和物理腐朽的影响,这都为维持互操作性和长期保存增加成本,并提高困难度。此外,数字保存是处于一种高度变动的状态,其内容、储存位置和档案间的超链接往往会改变和消失。(Hedstrom 1997)

从某些方面来说,数字技术和由脸书、Instagram、Google、WordPress.com、archive.org 和档案分享网站提供的外部服务器可能看似提供一个给个人和社群建立在线档案库容易使用的替代方案,一个能避开审查的平台。而的确许多印度尼西亚社会运动参与者与档案员都会使用这些技术。但是印尼的档案馆和储藏空间仍是在"随时变化和定义不清的政治限制下"运作,在这之中"一但情势有变,有的材料可能会被视为政治上太过敏感而被审查"(Hill 1990)。比如即使普拉姆迪亚的作品逐渐受到印尼青年欢迎,他的书仍是禁书。当新科技让更多人,通常是以快速与片面的方式,参与建构档案库的过程,如何维持一个档案库是一件复杂的物流工程,需要相当的基础建设与专业知识,以及公众和法律的支持。

英译中:刘以霖

参考书目

Anderson, Benedict R. O'G. 2013. "Letters, Secrecy, and the Information Age." *Southeast Asia Program at Cornell University Bulletin*, no. Fall: 13-17. https://seap.einaudi.cornell.edu/publication/2013-fall-bulletin, link expired.

Azali, Kathleen. 2017. "Digitalising Knowledge: Education, Libraries, Archives." In *Digital Indonesia: Connectivity and Divergence*, edited by Ross Tapsell and Edwin Jurriens, 189-206. Singapore: ISEAS.

Farid, Hilmar. 2008. "Pramoedya Dan Historiografi Indonesia." In *Perspektif Baru Penulisan Sejarah Indonesia*, edited by Henk Schulte Nordholt, Bambang Purwanto, and Ratna Saptari, 79-110. Jakarta: Yayasan Obor Indonesia. http://hilmarfarid.com/wp/342/, link expired.

FreedomHouse. 2015. "Freedom on the Net 2015: Privatizing Censorship, Eroding Privacy." Washington. https://freedomhouse.org/report/freedom-net/freedom-net-2015, visited on 7 August 2022.

Given, Lisa M., and Lianne McTavish. 2010. "What's Old Is New Again: The Reconvergence of Libraries, Archives, and Museums in the Digital Age." *The Library Quarterly* 80 (1): 251-69.

Håklev, Stian. 2008. "Mencerdaskan Bangsa: An Inquiry into the Phenomenon of Taman Bacaan in Indonesia." Presentation for the course Advanced Seminar in International Development Studies, IDSD01Y, International Development Studies, University of Toronto at Scarborough.

Hedstrom, Margaret. 1997. "Digital Preservation: A Time Bomb for Digital Libraries." *Computers and the Humanities* 31 (3): 189-202. https://doi.org/10.1023/A:1000676723815, visited on 7 August 2022.

Hill, David T. 1990. "The H. B. Jassin Literary Documentation Centre." *Asian Studies Review* 14 (2): 109-14. https://doi.org/10.1080/03147539008712689, visited on 7 August 2022.

Hochman, Nadav. 2014. "The Social Media Image." *Big Data & Society* 1 (2): 1-15. https://doi.org/10.1177/2053951714546645, visited on 7 August 2022.

Hogan, B. 2010. "The Presentation of Self in the Age of Social Media: Distinguishing Performances and Exhibitions Online." *Bulletin of Science, Technology & Society* 30 (6): 377-86. https://doi.org/10.1177/0270467610385893, visited on 7 August 2022.

Lim, Merlyna. 2002. "Cyber-Civic Space in Indonesia: From Panopticon to Pandemonium?" *International Development Planning Review* 24 (4): 383-400. https://doi.org/ttp://dx.doi.org/10.3828/idpr.24.4.3, link expired.

Liu, Oiyan, and Eric Tagliacozzo. 2008. "The National Archives (Jakarta) and the Writing of Transnational Histories of Indonesia." *Itinerario* 32 (1): 81-94. https://doi.org/10.1017/S0165115300001716, visited on 7 August 2022.

Mariana, Anna, Erie Setiawan, Galatia Puspa, and Sani Nugroho. 2014. *Arsipelago: Archival Work & Archiving Art & Culture in Indonesia*. Yogyakarta & Jakarta: Indonesian Visual Art Archive (IVAA) & Komunitas Bambu.

Mattern, Shannon. 2012. "Marginalia: Little Libraries in the Urban Margins." *Places Journal*. May 22, 2012. https://placesjournal.org/article/marginalia-little-libraries-in-the-urban-margins, visited on 7 August 2022.

McGregor, Katharine. 2007. *History in Uniform: Military Ideology and the Construction of Indonesia's Past*. Singapore: NUS Press.

Merdikaningtyas, Yuli Andari. 2007. "Oase Dokumentasi Seni Rupa Dari Yogyakarta =An Oasis of Art Documentation in Yogyakarta." In *Folders: 10 Tahun Dokumentasi Yayasan Seni Cemeti*, edited by Farah Wardani, Aisyah Hilal, Agung Kurniawan, and Nadiah Bamadhaj, 16-71. Yogyakarta: Indonesian Visual Art Archive (IVAA).

Newberry, Jan. 2012. "Durable Assemblage: Early Childhood Education in Indonesia." In ARI Working Paper Series No. 194. Asia Research Institute Working Paper Series. Singapore: Asia Research Institute, National University of Singapore.

Reid, Anthony. 2011. *To Nation by Revolution: Indonesia in the 20th Century*. Singapore: NUS Press.

Roosa, John. 2006. *Pretext for Mass Murder: The September 30th Movement & Suharto's Coup d'État in Indonesia*. Madison: University of Wisconsin Press. https://uwpress.wisc.edu/books/3938.htm, visited on 7 August 2022.

Zaini-Lajoubert, Monique. 2008. *Karya Lengkap Abdullah Bin Muhammad Al-Misri*. Jakarta: Komunitas Bambu.

Zorich, Diane, Gunter Waibel, and Ricky Erway. 2008. "Beyond the Silos of the LAMs: Collaboration Among Libraries, Archives and Museums." Dublin: OCLC Research. https://doi.org/10.1.1.140.8022, visited on 7 August 2022.

注 释

1. 在1901年，根据记录仅有1600名印度尼西亚人有小学程度的荷兰语知识，不到五十人有中学程度。尽管我们很难知道确切的识字率，因为现存数据是以殖民标准为本（因而没有考虑到丰富的区域语言）。印度尼西亚的识字率仍低于邻国。在20世纪30年代左右只有6.44%识字，而只有三百分之一的人会荷兰文。(Reid 2011, 12-13)

2. 常被提及的例子是能证明苏哈托是合法从苏卡诺手中取得政权的1965年3月11日文件至今仍下落不明。但60年代以降的文献资料缺漏，或是难以从印度尼西亚国家档案馆取得也不是新闻（Liu and Tagliacozzo 2008）。

3. 令人心痛的反讽是看到耶辛文学档案中心遭遇到类似的预算删减和长期经费不足的问题。在2011年耶辛中心惨淡的情况在传媒与社群媒体上创造一股"抢救文学中心运动"，但是文学档案中心的经济状况仍没有显著改善。

4. 一些人称这为图书、档案和博物馆（libraries、archives、museums，简称LAM）的数字幅合，并认为这些不同机构间应建立合作关系以克服这三者间缺乏沟通的困境（Zorich, Waibel, and Erway 2008）其他人则提醒我们其他历史案例，并认为这情境应被考虑为"再幅合"（Given and McTavish 2010）。这些讨论中一个重复出现的主题是，图书馆、档案馆、博物馆和其他机构间的边界逐渐模糊，且功能逐渐重叠，因而无法轻易以既有框架分类的现象（Azali 2017）。

5. IVAA 出版了两本双语文集：*Folders: 10 years documentation by Cemeti Arts Foundation* (2007) 和 *Arsipelago: Archival Work and Archiving Art & Culture in Indonesia* (Mariana et al. 2014)。这两本都是非常有用的关于艺术领域中，不同于一般典藏方法和分类方式的典藏概念和实践（如拼贴、舞蹈、音乐、电影和行动海报等）的参考书目。

6. 根据 Irama Nusantara（http://iramanusantara.org，于2022年8月7日造访）Lokananta（http://lokanantamusik.com，于2022年8月7日造访）的网页资料我分别为印度尼西亚滚石杂志（http://www.rollingstone.co.id/article/read/2016/01/28/140506035/1093/lokananta-luncurkan-perpustakaan-digital-arsip-musik，此链接已失效）和 Tirto.ID（https://tirto.id/jalan-sunyi-para-pengarsip-musik-bvwb，于2022年8月8日造访）写了关于他们的文章。

7. 除了继续保持其历史录音之外，Lokananta 后来转型成一个专营地方歌曲（lagu

daerah)、艺术表演、书籍和杂志出版的厂牌。70和80年代是他们的黄金时期,但到了1999到2000年间,他们停止运作。在2004年他们被并入Perum PNRI,一个包含多媒体、录音、重新灌录、发展辅助印刷和插画的公司。

8. 驻地艺术家:萨利赫·侯赛因,新加坡南洋理工大学。
http://ntu.ccasingapore.org/residencies/saleh-husein 于2018年11月7日浏览。

http://www.listentothecity.org

22

归档"共"空间
反城市化和反拆迁的斗争

首尔倾听城市小组 & 谭佩林

2019

PT: "倾听城市小组"(Listen to the City)曾参与包括发生在(韩国)城市和农村在内的各种社会行动。在过去的十年里,你们不断地制作有关经历土地私有化、拆迁和士绅化(gentrification)的地方的出版物和纪录片。你能举出农村地区的内城河,以及城市地区被拆迁的(首尔)清溪川和乙支路的例子吗?

LTC: "倾听城市"是一个组织形式灵活的艺术 - 城市行动主义团体。我们在2009年开始活动,与公众分享城市问题。腐败的国家从"公地",如河边、山地和老城的(再)开发中获利。韩国法律只强调土地所有者的权利,但政府却忽视空间使用者(通常是租户、工人和农民)的权利。我们受到韩国反士绅化运动、城市权利运动和女权主义的影响。我们认为仅仅强调对城市的所有权是不够的。公民必须介入,以改变新自由主义的父权制城市规划。所有的社会问题,包括城市问题,都是从那些从不听从城市的边缘人群的意见开始的。现在,城市规划者必须从一个发言者转变为一个倾听者。

农村拆迁和城市拆迁并无不同。两者问题是完全一样的,就是说土地发展的成果归于1%的高收入阶层。而另一方面,大多数租户失去了他们的家和工作。在韩国,大约80%的居民是重建区的租户,他们没有任何权利参与或阻止城区发展。居民们不会听到开发的过程。政府和建筑公司通常不会听取被驱逐者的意见。

韩国的城市发展史与韩国的河流发展史有关。早在20世纪70年代，独裁者朴正熙开始开发首尔市的河边和首尔南部地区，以赚取金钱来维持他的独裁政权。国家是最大的开发商，法律的设计使城市的官方很容易从公民手上征用土地。这股开放浪潮中第一批重新开发的地点之一是清溪川地区。在韩国历史上，河流和河边曾经是"公地"，然而，在日本帝国时代的殖民管理时期，河边和河流已经开始属于国家，于是国家有权管理和出售河边。在独裁时代，国家开始收回河边，建造公寓，并向公众出售，获得了巨大的利润（清溪川，汉江）。这种河流开发比开发棕地更容易、更快。这也是韩国政府经常将手伸向河流的原因之一。

从2009年冬天开始，我们定期去洛东江调研河流的破坏情况。从2009年到2014年，韩国政府在韩国的四条主要河流上修建了22座水坝。政府将弯曲的河流改为笔直的，并将河边的洪泛区和稻田变成了新的公寓楼、停车场和足球场。这是一种美其名曰"绿色"的士绅化。政府为该项目投入了22万亿韩元。至少有18,000名农民被驱逐，包括有机地农民，26,000公顷的农业用地消失了。

其中一条河流是洛东江上游的内城河。这条河的上半部分已经被一个叫做永州的大坝淹没。我们在那里开始了拯救湿地的项目，并将项目过程的记录集结成了一本书。"购买内城河湿地的广场"是一个购买内城河私人湿地以保护湿地的项目。我们在

2011-2016年的1月通过公众捐款购买了一些土地。我们希望我们能够打开河流周围的人工河岸,使河流能够自然流动。我们每个月都会到内城河进行实地考察,了解大坝建设对自然和人类的影响。

我们最近在首尔市中心的清溪川和乙支路地区开展了反城市化运动。清溪川是流淌在首尔旧城中心的一条小溪的名字。在溪流周围,上世纪20年代在日本帝国的殖民管理下建立了金属工场。因此该地区便成为韩国金属制造业的基础。这些工场通常有60-80年的历史,有很多人以手工业者的身份在那里工作。然而,市政府却希望将这些工场所在的区域开发为豪华的住宅公寓区。

去年冬天,私人开发商驱逐了400家工场,一年内清溪川地区有1万人面临被强行驱逐的命运,全然不顾工具市场和机修厂实际上是作为一个有机体连接在一起的区域,也有很多艺术家用机修厂生产艺术作品。然而,这并不意味着只有当市政府停止了建设,我们才应该努力思考如何才能拯救这个地区并使其再次充满活力。

PT:"倾听城市"制作纪录片也出版关于反拆迁斗争的书籍。你能谈谈更多关于电影和书的信息,以及你们作为一个集体是如何组织起来的吗?

LTC：我们制作关于城市问题的专业电影和书籍。我们试图倾听被边缘化的人和生命的声音。你可以很快在网上看到我们的一部电影。这部名为《城市见证者》的纪录片时长30分钟，期间我们采访了五位制作了关于城市冲突电影的电影人。最近，我们还制作了一部关于残疾人的纪录片，他们在2017年浦项地震发生时未能逃脱。

"倾听城市"从2009年龙山惨案（译注：2009年1月20日，韩国警方在首都首尔龙山开发区驱赶要求提供赔偿并展开示威的拆迁户的过程中，双方发生冲突引发大火，导致6人死亡的惨剧。）后开始与人们讨论这些问题，龙山惨案是韩国当代城市史上最严重的驱逐事件之一。

在2009年1月19日的强行拆迁中，五名被拆迁人和一名特警死亡。棚户区居民是普通居民，他们是50-70岁左右的租户。他们爬上高楼层试图保护自己免受三星建筑公司雇佣的私人打手的攻击。大约10个小时后，特警被派去驱逐他们。就在此驱逐过程中发生了火灾，有人死亡。上周是这场惨案的第十个纪念日。自惨案发生以来，活动家们为修改关于强行驱逐的法律做了最大的努力，然而，由于韩国的房地产制度像其他国家一样只为富人设计，因此很难改变法律体系。

从龙山开始,"倾听城市"开始制作杂志、电影和研讨会,批评韩国发展主义文化中的暴力过程。人们过去不怎么谈论拆迁或重建,因为许多公民认为强行拆迁是合法的,但擅自占用土地是非法的。人们受主流媒体的影响,忽略了被拆迁人的声音,扭曲了事实。房地产是一个有利可图的行业,不需要劳动就能赚钱,因此很多人想拥有的房子和建筑不是用来居住而是用来投资。整个国家都迷恋房地产市场,在这个国家,当房东是孩子们最流行的梦想之一。我们试图改变文化和日常生活中对这种发展主义的看法。

PT:在过去的10年里,社会变化如何影响韩国的档案工作?审查制度和性别问题的争议如何影响你的工作?面对这种情况,档案工作正在/可以发挥什么样的作用?

LTC:在我看来,韩国社会发生的最有价值的社会事件之一是2016年韩国的"带上标签"女权主义运动和2017-2018年的Metoo运动。女性艺术家在2016年第一次说出了韩国的厌女症和剥削,一年后Metoo运动开始了。韩国社会是一个父权制社会,少数社会主义活动家和无政府主义者也是厌女症患者。通过烛光运动,公民们在2017年改变了政府。虽然我很难说这是一场革命,因为我们只不过是把国家从一个新自由主义政府转移到另一个新自由主义政府手上。然而,韩国的女权运动的确改变了日常生活和对世界的看法。

"倾听城市"自2016年起加入了女性艺术家协会(AMA),与艺术界的厌女症和强奸文化作斗争。一些女性艺术家在性虐待和性骚扰后的二次骚扰中离开了艺术圈。一些艺术家包括女性艺术家反对我们的团体,认为在我们的社会中男女平等。

PT:你们在使用社交媒体进行活动时的策略是什么?

LTC:社交媒体是我们传播我们的想法和目标的重要资产。特别是当我们用低预算组织活动和集会时,社交媒体很有价值。现在,我们与许多艺术家和设计师合作,阻止清溪川地区的城市化,我们集体操作Instagram、Facebook、Twitter。我们可以在没有新闻公司的情况下迅速与许多人分享重要的图片。我们是制作图片、口号和如何与人沟通的专家。这些技能对于通过社交网络分享我们对士绅化和社会不公的想法很有用。

PT:档案实践如何影响你的行动主义和艺术创作过程,因为这两者总是需要社区和当地公民的参与?

LTC:历史似乎总是关于皇帝和英雄的故事。韩国社会处于专制文化、激进文化和民族主义文化之下,这影响了记录历史的方式。

记录的行为本身就是一种斗争。我们称之为记忆斗争。官方的城市历史忽略了边缘化群体，如被驱逐者、无家可归者、移民、女性和残疾人。我们的目标之一是改变城市历史的概念，让这一历史的中心从城市政府的观点转移到被边缘化的人身上。大多数的城市冲突都是从专制和父权的观点开始的，认为规划者是完美的，他们已经知道了一切，甚至他们从来没有听过生活在城市里的人说什么。

在哈贝马斯对城市规划和政治的影响下，城市政府强调了治理模式。然而，女权主义和社会主义的城市规划师们批评了只有有权力的人才能参与辩论的治理模式。不仅是规划者，市民也应该倾听人民的声音，应该把城市看作是不同行为者共同生活的地方。为此，我们需要一个像样的历史，告诉人们城市是如何集体创造的。记录隐藏的城市故事是改变对城市冲突看法的策略之一。

作者简介

加治屋健司 Kajiya Kenji

加治屋健司是一位艺术史学家及东京大学大学院综合文化研究科副教授。加治屋同时还是日本艺术的口述艺术史档案库理事。他最近的出版物包括《作为信息的绘画：日本对抽象表现主义的接受》，载于《亚洲的美国艺术》(伦敦：Routledge, 2022)。他是《从战后到后现代1945-1989年的日本艺术：原稿》(纽约：现代艺术博物馆，2012)一书的共编者。他的第一本专著《无形的现代主义：彩色田园绘画和二十世纪美国文化》近期将由东京大学出版社出版。

陈侗 Chen Tong

陈侗，1962年生于湖南，1983年毕业于广州美术学院中国画系，1986年至今任教于广州美术学院中国画学院，主要从事基础教学，2019年底任中国画学院副院长，2022年10月退休。教学工作之余，从事多种当代文化实践，包括书店、出版、艺术机构和乡村文化培育，创建了"博尔赫斯书店""实验艺术丛书""午夜文丛""录像局"等多个项目和实体。2010年获法国文化部颁发"文学艺术骑士勋章"。

格雷戈里·加利根 Gregory Galligan

格雷戈里·加利根博士,是一位独立策展人/艺术史学家以及位于曼谷的非营利研究平台THAI ART ARCHIVES™(自2010年)的负责人/联合创办者。他在设计及建筑(INDA)国际项目进行全球现当代艺术史的教学,并于朱拉隆功大学(曼谷)文化管理硕士课程(MACM)任教,内容包括文化管理以及当代历史/理论策展实践。

森下隆 Morishita Takashi

森下隆现任日本土方巽档案馆总监。他曾于东京目黑区的石绵馆(アスベスト馆)工作,石绵馆自1972年起为土方巽的工作室及舞台。在1986年土方巽离世以后,森下隆一直收集和保存土方巽舞踏的资料,他致力于把资料公开,旨在将土方巽的舞踏推广到世界各地。其后,他于1998年在庆应义塾大学艺术中心设立了土方巽档案馆。森下隆一直以总监身份管理档案馆,将土方巽档案馆发展成日本的代表性舞蹈档案。土方巽档案馆每天接待大量来自世界各地的舞蹈研究人员和舞蹈员。森下隆亦是一位作者,他的著作包括《土方巽和舞踏》(共同作者,2003)、《无与伦比的舞踏,土方巽》(报章连载,2011-)、《土方巽——舞踏身体的摄影记录》(2014)、《土方巽概念意义上的舞踏——舞踏创作的创新方法》(2015)。

许元豪 Koh Nguang How

许元豪于1963年出生于新加坡。他是艺术家村（The Artists Village）的艺术家。他的艺术创作始于1988年，包括摄影、拼贴、装置、表演、文档、档案和策展。他于1992年开始在新加坡画廊21的"表演周"展出艺术档案，又于2004年在新加坡p-10的"勘误表"（ERRATA）展进行展览。他于2005年发起了"新加坡艺术档案馆计划"（SAAP）；随后在SAAP举办了超过15件主题作品和展览，如："新闻中的艺术家"、2011年新加坡双年展，以及于2017年东京国家艺术中心举办的"太阳雨：从东南亚80年代到现在的当代艺术"中的"TAV档案"等超过15个展览。

黄海昌 Wong Hoy Cheong

黄海昌的作品包括绘画、摄影、油画、表演，以及电影。黄的电影《狗洞》（2010）已列入古根海姆的收藏。这部电影探索了日据时期以及二战及之后，独立以前的马来西亚。影片探索了战争对人的心理影响，由战争产生的压力或许会引发极端和无法道明的反应。2011年黄获得了洛克菲勒基金会贝拉吉欧创意奖学金。他曾在吉隆坡、国家美术馆（1996、2004），以及台北诚品画廊（2010）举办过个展。他的作品还参与了多个国际性展览，包括法国里昂双年展（2009），以及在新加坡美术馆的展览《探讨家庭、历史和民族：东南亚当代艺术二十年1991—2011》（2011）。

艾哈迈德·马萨地 Ahmad Mashadi
毕业于新加坡国立大学，现为新加坡美术馆的资深策展人。

沙布尔·侯赛因·穆斯塔法 Shabbir Hussain Mustafa
毕业于新加坡国立大学，现为新加坡国立大学博物馆的助理策展人。

沙弥·达斯 Samit Das
沙弥·达斯1970年出生。他擅长绘画、摄影、互动艺术作品和艺术家出版，通过艺术和建筑装置创造多感官环境。他曾在印度圣蒂尼克坦的美术学院（Santiniketan Kala Bhavan）学习美术（1989-1996年硕士和学士），受查尔斯·华莱士印度信托奖学金（Charles Wallace India Trust 2001-02）资助在伦敦坎伯韦尔艺术学院（Camberwell College of Arts）学习经验后课程（书籍艺术）。他对寂乡建筑的重要研究发表了题为《寂乡的建筑：泰戈尔的空间概念》（德里，Niyogi出版社）。达斯获巴黎Villa Vassilief的保乐力加（Pernod Ricard）奖学金，研究印度艺术中的现代主义和2017年巴黎的关系，随后举办了个人展览。他对物质文化的历史和它对视觉语言的影响深感兴趣。2016年，他曾在瑞士圣加仑的物质档案（Material Archive）进行研究驻留，并由Pro-Helvetia支持。他的作品在印度和国外展出。

董冰峰 Dong Bing-feng

董冰峰，现为中国美院跨媒体艺术学院研究员。2005年至今曾先后担任广东美术馆与尤伦斯当代艺术中心策展人、伊比利亚当代艺术中心副馆长、栗宪庭电影基金艺术总监、北京OCAT研究中心学术总监。同时他也担任多个艺术机构、艺术理论丛书和影展的学术委员、主编与国际评委。董冰峰曾获"CCAA中国当代艺术评论奖"(2013)、"YISHU典藏国际版中国当代艺术评论奖"(2015)和亚洲艺术文献库"何鸿毅家族基金中华研究驻留奖"(2017)。董冰峰的研究领域包括影像艺术、独立电影、中国当代艺术史、展览史与当代批评理论。

孙松荣 Sing Song-yong

法国巴黎第十大学表演艺术所电影学博士。现任国立台北艺术大学电影创作学系、艺术跨域研究所教授（合聘）。主要研究领域为现当代华语电影美学研究、电影与当代艺术及当代法国电影理论与美学等。著有《入镜丨出境：蔡明亮的影像艺术与跨界实践》(2014)，编著《蔡明亮的十三张脸：华语电影研究的当代面孔》(2021)等。

嶋田美子 Shimada Yoshiko

嶋田美子（1959年生于东京）是艺术家及1960年代日本艺术的研究者。于2015年取得伦敦金士顿大学（艺术史）博士学位。她的作品主要研究太平洋战争的文化记忆及女性在当中所扮演的角色，例如《反学院》(2013)，《中岛由夫症候群》(东京，2015)，《从涅槃到灾难》(大田秀则画廊，2017)。她建立整理了日本艺术评论家 Yoshida Yoshie（ヨシダ·ヨシエ），以及现今已被分别收录于加州大学洛杉矶分校东亚图书馆及庆应大学艺术中心的一位舞者辻村和子的档案库。现任教于东京大学，讲授内容包括1960年代的日本艺术和政治，以及日本艺术与女性主义的关系。

艾琳·莱加斯比·拉米雷斯 Eileen Legaspi Ramirez

艾琳·莱加斯比·拉米雷斯现任菲律宾大学迪利曼分校艺术研究系副教授，负责社会发展博士项目内工作，配合对菲律宾各地特定地点的社区艺术倡议的长期研究。最近，她更具体地关注文化劳动的情感方面，持续在批评和艺术史领域工作。她目前是《东南的当下：亚洲现当代艺术的方向》杂志的集体编辑之一。

区秀诒 Au Sow Yee

区秀诒出生长大于吉隆坡,目前工作于台北。她的创作主要以录像、观念、装置等混合形式,探讨和扩延影像与影像制造以及和历史、政治、权力之间的关系。入围 "2018年亚太酿酒基金会杰出艺术奖"(Asia Pacific Breweries Foundation Signature Art Prize,简称亚太艺术奖)。目前为"数位荒原"的特约作者,吉隆坡"亚答屋84号图书馆"共同创办人之一。

达鸯·伊劳拉 Dayang Yraola

达鸯·伊劳拉是菲律宾大学艺术学院理论系的副教授。她还担任菲律宾大学美术馆的策展人一职。她曾是菲律宾大学民族音乐学中心的档案员和收藏总监。作为一名独立策展人,她是 Project Glocal (2011-)——一个艺术驻留平台、Composite Noises (2015-)——一个声音艺术表演平台和 Sonic Manila Research (2014-)——一个声音实践归档项目的创始人和首席策展人。达鸯·伊劳拉拥有菲律宾研究的学士学位,博物馆研究的硕士学位,以及文化研究的博士学位。自2014年以来,她的研究重点是声音实践/声音艺术的生态学。

李继忠 Lee Kai Chung

李继忠是艺术家、《艺术档案(库)的可能与不可能:亚洲的理论和经验》的副编辑。他的研究式创作主要关于历史及编纂,系统和意识形态。从早年开始,李氏有感于香港历史档案管理上乏善足陈;其后他发展以档案研究方法为基础延伸至创作与研究实践。李氏透过一系列研究、社会参与及行动介入来响应历史论述,以个体实践作为对政治与艺术的转化。除了个人创作外,未来致力建立不同的公共档案库。李氏于2017年开展了六个以"迁移"作命题的相连研究式项目系列——在泛亚洲脉络中的历史与社会意涵为基础,探索人口与物质流转,以至地缘政治论述。

马然 Ma Ran

马然是日本名古屋大学人文研究学科的副教授。她的主要研究兴趣与亚际研究、跨国电影和银幕文化以及电影节研究等领域相互交叉,而她所发表的学术论文亦多聚焦于电影运动、作家主义的政治性以及影像展映、流通与批评的体制化语境之间的相互关联。她当下的研究兴趣是与跨国华语语系媒体相关的移动、基础设施和情动等议题。马然是 *Independent Filmmaking across the Borders in Contemporary Asia*(阿姆斯特丹大学出版社,2019年)一书的作者。

清水建人 Shimizu Kento

清水建人出生于1976年，他是仙台媒体中心高级策展人。他主要策划的当代艺术展览包括《志贺理江子：螺旋海岸》(2012)、《记录与回忆：行走于影像之家》(2014)、《很高兴见到你：技 - 美术》(2017)、《Hyslom 临时人类》(2018)、《青野文昭：单声道、睡眠、越路山、画外音》(2019)以及《复修叙事》(2021)。

井迎瑞 Jiing Yng-ruey

井迎瑞是电影与档案学教授。他是美国加州大学洛杉矶分校（UCLA）电影电视硕士和教育学博士。纪录片导演，电影档案学、影像维护学专家，云南艺术学院影视学院客座教授，厦门大学人文学院讲座教授，1989-1997年任台湾电影资料馆馆长，2014年获颁台北电影节卓越贡献奖，"影视听遗产保存贡献奖"，2015-2020年任东南亚暨亚太地区影音资料馆协会（SEAPAVAA）执委委员。

松本笃 Matsumoto Atsushi

松本笃1981年出生于日本兵库县。自2003年开始,松本开始参与remo——一个致力于档案、表达和媒体来创作艺术的非营利组织——的活动。2005年开始他致力计划与营运"AHA!"(Archive for Human Activities,为人类活动归档),一个关注业余爱好者文献的项目,当中包括收集8毫米胶片和家庭相册等等。他的主要作品包括《有花子的风景》(武藏野市吉祥寺美术馆,2017)。他也是《田野映像术》(古今书院,2015)一书的共著者之一。最近他出版了《我记得》(remo, 2022),此书根据一位东日本大地震受害者在过去11年中写的育儿日记所编写。

黄孙权 Huang Sun-quan

台大建筑与城乡研究所博士,曾参与2005年香港WTO第六届部长级会议、2004-2005年台湾乐生院行动及2003年台湾反战运动。1997年担任反对市府推土机——14、15号公园反拆迁运动总召,并拍摄《我们家在康乐里》纪录影片。自1994年起担任《破周报》总编辑,并且是台湾最早一批以媒体身份经营部落格的部落客。近年开始从事策展工作,作品包括:盐埕一一九》,高雄师范大学艺术学院创意空间(2008),"我们家在康乐里/城市光栅",深圳香港城市\建筑双城双年展、《生声不息-断层路径行动》(与艺术家吴玛利合作)(2007),《宝藏岩GAPP》(Global Artivists Participation Project)(2003-2004)。2016年起任中国美术学院跨媒体艺术学院网络社会研究所所长。

曹珠贤 Cho Juh-yun

曹珠贤目前是 Drifting Curriculum 的成员和策展主任,这是一个混合平台,进行多学科策展研究项目和新的学习形式的实验。她还在延世大学传播与艺术研究生院担任文化媒体的兼任教授,并在韩国科学技术研究院(KAIST)人类世研究中心担任副研究员。基于敏锐的当代话语研究,通过过去五年在一民美术馆策划和监督的十多个主要展览、项目和出版物,她以实验的形式捕捉和呈现了紧急社会问题中未被披露的部分。同时,她一直在策划展览,通过各种媒体实验,如戏剧、表演、后戏剧和游戏,在观众参与、社区和档案艺术领域寻求新的艺术形式。她的策展项目包括1920年的记忆剧场《淘金热》(2020);《1948-2020年的更好的人:挑选你的国民议会代表》(2020);《云中的不朽》(2019);《翻书:21世纪的革命动画》(2018);《城市里特尔内洛:社区的档案》(2017);《2017年做吧,首尔》(2017)。

凯瑟琳·阿扎利 Kathleen Azali

凯瑟琳·阿扎利是一名研究员和实践设计师。她是 C2O library & collabtive 的创始人兼总监，C2O library & collabtive 是一个独立的图书馆和联合社区空间。她拥有埃尔朗加大学的文化研究硕士学位，并撰写了关于替代图书馆的论文，该论文被新加坡国立大学亚洲研究所授予 2013 年研究生研究奖学金。凯瑟琳目前在新加坡工作，是东南亚研究所（ISEAS）的全职研究员。

谭佩林 Pelin Tan

谭佩林是土耳其社会学家、艺术史学家和艺术家，居住在土耳其的马尔丁。她是 2020 年凯斯-哈林艺术与行动主义的第六位获奖者。她是巴特曼大学的教授和电影系主任。波士顿/斯波莱托的艺术、设计和社会研究中心的高级研究员和策展人。沃洛斯色萨利大学建筑学院研究员（2021-2026）。2022 年，谭是里斯本 MAAT 的客座策展人。她与艺术家安东·维多克（Anton Vidokle）合作拍摄关于艺术和社会的实验电影；最近他们因拍摄关于吉尔伽美什的短片而获得沙迦艺术基金会的资助（2020）。

倾听城市 Listen to the City

"倾听城市"是一个始于2009年的艺术、城市主义、研究行动主义团体。他们以韩国首尔为活动基地。这个团体由城市研究人员、设计师、电影制片人和活动家组成。他们的成员的组织形式灵活开放，作品具有多样化的战术形式，可以根据主题的不同而改变。他们对"倾听城市"如何能倾听被社会忽视的人或事物感兴趣。他们的目标是从一个不可持续的城市过渡到一个可持续的城市。可持续的过渡不仅涉及平等、环境正义，也涉及文化和性别。因此，女权主义立场和女权主义认识论对于规划他们的活动至关重要。

P+ 档案库 P+ARCHIVE

P+ARCHIVE 位于东京都千代田区。P+ARCHIVE 是一个档案库机构，负责"整理"、"保存"、"应用"与社区和社会相关的艺术文化活动创作的背景和过程记录，并将其视为我们社会的宝贵文化财产，传承至未来。P+ARCHIVE 的"P+"包含三个 P 的含义，分别是 PUBLIC（公共利益），PROCESS（举办活动的过程）及 PEOPLE（参与活动的人）。

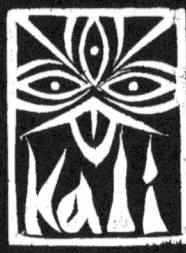

迦梨计划（Kali Projects）是一个立足地方现实、基于人的境遇的艺术和出版计划，其手段包括但不限于文字、影像、版画和会展，力图探索现实主义在今天的形式、作用和潜能。迦梨计划关心亚洲和第三世界地区的历史经验和具体状况，鼓励通过各种可行且有效的方式来记录和传递来自本土的声音。

主　　编　　潘　律
副 编 辑　　李继忠

作　　者（排序依据文章次序）

加治屋健司、陈侗、格雷戈里·加利根（Gregory Galligan）、森下隆、许元豪
黄海昌、艾哈迈德·马萨地（Ahmad Mashadi）与沙布尔·侯赛因·穆斯塔法
（Shabbir Hussain Mustafa）、沙弥·达斯（Samit Das）、董冰峰、孙松荣
嶋田美子、艾琳·莱加斯比·拉米雷斯（Eileen Legaspi-Ramirez）、区秀诒
达鸯·伊劳拉（Dayang Yraola）、李继忠、马然、清水建人、井迎瑞
松本笃、黄孙权、曹珠贤、凯瑟琳·阿扎利（Kathleen Azali）
倾听城市小组（Listen to the City）和谭佩林（Pelin Tan）、P+档案库

责任编辑	陈 韵
校　　订	宋小啤
书籍设计	3in & laushanying@hotmail.com
出　　品	迦梨图书 + 虚无乡档案（The Phantom Archives）
开　　本	125 × 175 mm
页　　数	440 + 28
语　　言	简体中文
出版日期	2023年8月15日，一版一印
Ｉ Ｓ Ｂ Ｎ	978-1-80377-044-4
联系电邮	kaliartsandbooks@gmail.com
网　　址	kaliprojects.com

未经许可，不得以任何方式复制或抄袭本书之部分或全部内容。版权所有，侵权必究。

Published by
KCL Publishing House Ltd
An Imprint Of Billson International Ltd
27 Old Gloucester Street
London
WC1N 3AX
UK

First published 2023
ISBN 978-1-80377-044-4

©SHANGHAI KALI CULTURAL COMMUNICATION COMPANY LTD. All rights reserved.
The original content within this product remains the property of SHANGHAI KALI CULTURAL COMMUNICATION COMPANY LTD and cannot be reproduced without prior permission. Updates and derivative works of the original content remain the property of SHANGHAI KALI CULTURAL COMMUNICATION COMPANY LTD and are provided by SHANGHAI KALI CULTURAL COMMUNICATION COMPANY LTD.
The authors and publisher have made every attempt to ensure that the information contained in this book is complete, accurate and true at the time of printing. You are invited to provide feedback of any errors, omissions and suggestions for improvement. Every attempt has been made to acknowledge copyright. However, should any infringement have occurred, the publisher
invites copyright owners to contact the address below.

27 Old Gloucester Street, London WC1N 3AX UK
Company Number:14114430
cs@billson.cn

www.ingramcontent.com/pod-product-compliance
Lightning Source LLC
Chambersburg PA
CBHW040519220526
45473CB00013B/2917